KB070354

# 운경 이재형의 생애와 정치역정

나남
nanam

나남신서 2096

운경 이재형의 생애와 정치역정

2022년 1월 30일 발행
2022년 1월 30일 1쇄

엮은이 (재) 운경재단
기획 동아시아연구원
연구진 심지연 · 신복룡 · 김용호 · 강원택
발행자 趙相浩
발행처 (주) 나남
주소 10881 경기도 파주시 회동길 193
전화 (031) 955-4601 (代)
FAX (031) 955-4555
등록 제 1-71호 (1979. 5. 12)
홈페이지 http://www.nanam.net
전자우편 post@nanam.net

ISBN 978-89-300-4096-9
ISBN 978-89-300-8001-9 (세트)

책값은 뒤표지에 있습니다.

# 운경 이재형의 생애와 정치역정

심지연·신복룡·김용호·강원택

雲耕

동아시아연구원 기획
운경재단 엮음

나남
nanam

운경 이재형 선생(雲耕 李載瀅, 1914~1992년)

**이재형,《노자》의〈流水不争先〉(흐르는 물은 앞을 다투지 않는다) 휘호, 1987, 색지에 먹,151.5cm×42cm, 운경재단.** 《노자》 제8장의 "가장 좋은 것은 물과 같다. 물은 온갖 것을 이롭게 하면서도 다투지 않는다. 뭇사람들이 싫어하는 곳에 머무니 그러므로 물은 도에 가깝다"(上善若水 水善利萬物而不爭 處衆人之所惡 故幾於道) 중에서.

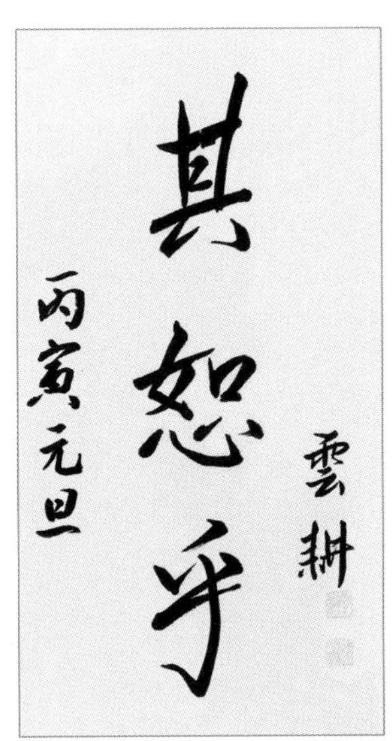


**이재형,《논어》의〈其恕乎〉(그것은 용서다) 휘호, 1986, 색지에 먹, 33cm×63cm, 운경재단.**
《논어》〈위령공편〉(衛靈公篇)의 "어느 날 자공이 공자에게 물었다. '한마디 말로 제가 평생 동안 실천할 말이 있습니까?' 공자가 대답했다. '그것은 용서다. 자기 스스로 하고 싶지 않은 것은 다른 사람에게 시키지 말라'"(子貢問曰 有一言而可以終身行之者乎 子曰 其恕乎 己所不欲 勿施於人) 중에서.

# 운경 이재형 선생 연보

## 출생

1914. 11. 7 경기도 시흥군 남면 산본리에서 부친 이규응(李奎應)과 모친 양남옥(梁南玉)의 장남으로 태어남. 선조의 일곱째 아들인 인성군(仁城君)의 10대 종손

## 학력

| | |
|---|---|
| 1928. 3. 20 | 군포공립보통학교 졸업 |
| 4. 5 | 경성제일고보 입학 |
| 1932. 3. 21 | 교과서 물려받기 운동 등 학생회 활동으로 퇴학 |
| 9. 2 | 배재고보 편입 |
| 1934. 3. 3 | 배재고보 졸업 |
| 1938. 3 | 일본 주오대학(中央大學) 법학과 졸업 |
| 1984. 12. 22 | 명지대 명예 법학 박사 |
| 1992. 1. 30 | 일본 주오대학 명예박사 추서 |

## 경력

| | |
|---|---|
| 1939 | 금융조합과 조선일보 양사 합격<br>경남 합천군 삼가면 금융조합 이사로 사회생활 시작 |
| 1948. 5. 10 | 경기도 시흥군 제헌의원 당선(무소속) |
| 5. 31 | 1회 국회 재경위 금융·통화 분과 상임위 활동 시작 |
| 1950. 5. 30 | 2대 국회의원 당선(무소속) |
| 8 | 탄핵재판소 심판관 선임 |
| 1951. 3. 9 | 재정경제위원회 위원장 선임 |
| 1952. 11. 6 | 상공부 장관 취임 |

| | | |
|---|---|---|
| 1953. 9. 30 | 〈상공행정 백서〉 발표 |
| 12. 9 | 자유당 출당 |
| 1954. 4. 26 | 3대 민의원 선거 후보 사퇴 |
| 1958. 5. 2 | 4대 민의원 당선(무소속) |
| 1960. 4. 22 | 국회 시국대책위원회 위원장 선임 |
| 4. 27 | 4·19 이후 광범한 수습대책 마련 |
| 6. 10 | 국회민의원 부의장 당선 |
| 7. 29 | 5대 민의원 당선(무소속) |
| 8. 18 | 무소속 의원들을 규합, 정책질문서 작성을 주도하여 총리 인선에 결정적 역할을 함 |
| 1962. 3. 16 | 정치활동정화법에 묶여 칩거 시작 |
| 1963 | 동양TV 회장 취임<br>정부의 견제로 기업활동이 여의치 않아 6개월 만에 사임 |
| 8. 1 | 국민의 당 창당부위원장으로 정치활동 재개 |
| 11. 26 | 국민의 당 총선 참패로 전국구 1번이었으나 등원 실패 |
| 1967. 1. 26 | 신한당 야당통합추진 대표로 활약, 신민당 출범에 기여함 |
| 6. 8 | 7대 국회의원 당선(신민당 전국구) |
| 11. 4 | 한국정치문제연구소 설립 |
| 1968. 5. 20 | 신민당 부총재 당선 |
| 1969. 9. 13 | 공화당 의원들에게 3선개헌안 철회 제안 |
| 10. 15 | 강원도 원주에서 3선개헌 반대 연설 |
| 1970. 1. 26 | 신민당 총재 경선에서 유진산에게 패배 |
| 1971. 2. 8 | 신민당 탈당<br>"나는 지금이라도 진정으로 국가 민족의 운명을 담당할 민족주체세력을 모으고 키우는 일에 나의 작은 능력이나마 보탤 수 있다면 아직도 늦지 않았다고 생각한다"는 내용의 성명서 발표 |
| 1977. 7. 17 | 전주이씨 대동종약원 이사장 취임 |
| 1980. 12. 2 | 민주정의당 창당발기위원장 선임 |

1981. 1. 15 민주정의당 대표위원 선임
7. 17 제헌동지회 회장 선임
3. 25 11대 국회의원 당선(민주정의당 전국구)
4. 11 한일의원연맹 · 한일친선협회중앙회 회장 선임
5. 6 11대 국회 교섭단체 대표연설에서 대통령 단임제의 중요성 강조
1982. 5. 7 이철희 · 장영자 사건 해결 위해 전두환 대통령과 독대
1983. 5. 18 일본 勳一等旭日大綬章 수훈
1985. 2. 12 12대 국회의원 당선(민주정의당 전국구)
5. 13 12대 국회의장 당선(125회 국회, 272명 중 231표 득표)
9. 20 정기국회 개회를 선포하며, 수많은 난제 해결을 위해 여야의 자중자애 호소
"다수의 횡포를 지양하고 소수 의견을 존중할 줄 아는 슬기와 소수의 독선적 아집으로 인한 정체에서 탈피하여 합리적 승복으로 정치적 효과를 발휘하는 민주적 의정 운영의 지혜도 다 함께 터득한 성숙한 의원임을 하루빨리 자처할 수 있게 되어야 합니다"라고 함
1986. 6. 5 임시국회 개회사에서 개헌특위 구성을 앞두고 "헌정사와 민주정치사에 찬연히 기록될" 의정활동 요청
1987. 5. 12 12대 국회의장 당선(133회 국회, 170명 중 165표 득표)
6. 29 6 · 29 민주화선언 후 노태우 민주정의당 대표가 전화
"선생님이 시키는 대로 했으니 뒷일을 부탁한다"고 함
10. 12 대통령직선제 개헌안 본회의 통과에 대한 감회 피력
"이곳이 국회의사당만 아니면 소리 높여 만세를 불러도 좋습니다. 마음속으로 힘차게 만세를 부르면서 …"라고 함
1988. 3. 8 국회의장으로서 12대 국회의 마지막 사회를 봄
5. 29 국회의장 사임서 제출, 정계 은퇴
1992. 1. 30 사직동 자택에서 동맥경화증으로 서거. 향년 79세
1993. 1. 27 재단법인 운경재단 설립(이사장 강영훈)

발간사

# 한국 민주주의 품격을 높인 운경을 기리며

운경 이재형 선생이 일선에서 활약하던 1948년 제헌의회 시대부터 1980년대 후반까지 우리 정치는 실로 파란만장의 역사였습니다. 헌법 제정과 대한민국 건국을 마치자마자 6·25 전쟁이 터졌고, 10여 년의 독재와 부패와 빈곤, 4·19와 5·16, 3선개헌과 유신, 박정희 시대의 종식과 신군부 시대, 6월항쟁과 직선제 개헌으로 이어진 그 장구한 세월 동안 운경 선생은 우리 정치의 한가운데에 서 있었습니다. 국민의 복리(福利) 증진과 법치를 근간으로 옛 선비정신을 신생 대한민국 정치에 접목하는 것이 선생의 정치 신념이었다고 저는 감히 더듬어 봅니다.

그러나 선생의 정치역정은 한국 정치사와 똑같이 가시밭길의 연속이었습니다. 선생은 정략정치에 치이고 파벌정치에 밀려야 했습니다. 한국 정치의 이 오랜 병통은 자부심 강하고 도도한 선생에게 깊은 상처를 안겨 주었습니다. 그 상처는 분노와 좌절로 이어져 정치인으로는 절정의 시기인 50대 후반부터 10년 가까이 선생을 현실정치와 등지게 했습니다. 그러나 정치는 운경 선생이 떨쳐낼 수 없는 천부(天賦)의 무거운 멍에였습니다. 1980년대에 선생이 다시 정치 전면에 나선 것은 깊은 나라 걱정과 개인의 자유와 민주주의 발전을 위해 더 가야 할 길이 있다는 선생 신념의 소산이었다고 생각합니다.

개인적으로 저는 바로 이 시기에 선생을 처음 뵈었습니다만, 사실은 선생의 위명(威名)조차 몰랐습니다. 30대 중반의 청년이던 저는 선생과 하도 거리가 멀어서 겨우 뒷줄에 서서 깨금발을 해가며 느릿느릿 이어가는 선생의 말씀을 들어야 했습니다. 그러나 나중에는 과분하게도 선생의 고임을 받아 여러 번 필생의 가르침을 받았습니다. 국회의장석에 앉아서도 어려운 문제에 봉착할 때마다 선생을 생각하곤 했습니다. 옛사람들은 단 한 번 가르침만으로도 스승으로 모셨다고 하는데, 그런 의미에서 저는 운경 선생의 정치적 제자라고 할 수 있습니다.

이제 선생의 30주기를 앞두고 그 생애와 정치역정을 집대성한, 허례(虛禮)도 과공(過恭)도 없는 꽉 찬 책을 선생 영전에 올릴 수 있게 되어 참으로 기쁩니다. 장차 우리 정치의 발전을 위해서도 귀중한 사료가 될 것으로 믿습니다. 심지연 선생을 비롯해 집필에 참여해 주신 네 분 학자들께 진심으로 감사드립니다. 이 귀중한 책이 나올 수 있도록 적극 도와주신 동아시아연구원(EAI) 하영선 이사장님과 손열 원장님께도 깊이 감사드립니다.

어느 사회나 젊은 세대는 그 아버지와 할아버지 세대의 고난과 역사에 대한 관심이 엷다고 합니다. 대한민국이 이만큼 잘사는 것, 그리고 지금 우리가 누리는 민주주의가 어떤 길을 걸어왔는지에 대해 신진세대가 공부할 수 있는 여건을 우리들이 만들어 주어야 한다고 생각합니다. 그래서 운경 선생의 인간과 정치뿐만 아니라 대한민국 현대 정치사의 줄거리를 기록한 이 책이 정치인만이 아니라 청년들에게도 폭넓게 읽힐 수 있기를 기대합니다.

추운 시절이 되어서야 비로소 송백(松柏)의 푸르름을 알게 된다고 했습니다. 이 책에 기록된 운경 이재형 선생의 정치와 행장(行狀)이 갈수록 험악해지고 국민을 갈라놓는 우리 정치에 큰 울림을 주리라 기대하고 꼭 확신합니다. 다시 한 번 집필진 여러분의 노고에 깊이 감사드립니다.

2021년 12월

운경재단 이사장 강창희

서문

# 한국 미래 정치의 이정표 '운경 정치학'

2019년 여름, 사직동의 고즈넉한 운경 고택(古宅)에 초대받았습니다. 운경재단이 기획하는 운경 이재형 30주기 추모사업에 동아시아연구원의 지원을 요청받는 자리였습니다. 해가 갈수록 심각하게 분열하며 사사건건 대립하는 한국 정치현실을 바라보며 '어른'이 필요한 한국 사회에서 운경을 재조명하면 어떨까 하는 생각을 가졌습니다. 운경을 전기학적(傳記學的)으로 분석하여 한국의 정치과정을 보다 심층적으로 이해하는 동시에, 운경에서 세월의 경륜과 지혜를 찾아 미래 정치의 길잡이로 삼고자 하는 것입니다. '운경 정치학'을 향한 조심스러운 탐색이었습니다.

우선 연구를 이끌어 줄 최고의 책임자를 모셨습니다. 제33대 한국정치학회장과 제3대 국회입법조사처장을 역임하여 학계와 실무에 두루 능통하며 당대 최고의 한국 정치사 연구자인 심지연 경남대 명예교수입니다. 심지연 선생님은 기대한 대로 학계의 드림팀을 구성하였습니다. 제9대 한국정치외교사학회 회장을 역임한 신복룡 건국대 명예교수, 제35대 한국정치학회장을 역임한 김용호 윤보선민주주의연구원장, 제45대 한국정치학회장인 강원택 서울대 교수 등 한자리에 모이기도 어려운 분들이 기꺼이 연구에 참여하였습니다. 그 순간 연구 성과는 예정되었다고 말할 수 있습니다. 심지연 선생님을 비롯한 4인의 드림팀의 노고에 깊이 감사드립니다.

운경재단은 현대사의 거인인 운경 이재형 선생의 뜻을 기리는 유가족이 힘을 모아 현재까지 이어져 오고 있습니다. 운경재단이 30년간 지켜낸 한결같은 노력이 모여 오늘의 명저(名著)가 탄생했다고 믿습니다. 기획부터 출판까지 전 과정을 꼼꼼히 챙긴 운경재단이 있었기에 운경 이재형의 생애와 정치역정을 발간할 수 있었습니다. 의미 있는 궤적을 남기게 된 것을 진심으로 축하드리며, 동참할 수 있었음에 감사드립니다.

2021년 12월

동아시아연구원장 손 열

# 차례

제1장

# 총론

## 운경 이재형의 정치역정과 노선

심지연

## 1. 머리말

1914년 11월 조선조 14대 임금 선조의 일곱째 아들인 인성군의 10대 종손으로 태어난 운경 이재형(雲耕 李載瀅) 선생은 1948년 34세의 나이에 제헌의원에 당선되어, 1988년 5월 74세의 나이로 정계에서 은퇴할 때까지 한국 정치사에 큰 족적을 남긴 정치인이다. 신생 독립국으로 출발하는 과정에서부터 혁명과 쿠데타, 그리고 군사반란을 거쳐 제6공화국 출범에 이르기까지 이재형은 명가의 종손답게 이 땅에 민주주의를 회복하기 위해 노력했고, 이를 위해 일신상의 희생도 마다하지 않았던 정치인이다.

정부수립 과정에서 이념대립으로 혼란했던 시기에 그는 농지개혁을 지지했고, 한국전쟁 기간 중에는 국가재건을 위해 종합계획을 수립하는 등 경제를 발전시키기 위해 노력했다. 1960년 4월혁명 후에는 시국의 안정을 위해 진력함으로써 제2공화국의 순조로운 출범을 도왔다. 그리고 7·29 선거 이후에는 무소속 의원들을 규합하여 장면(張勉) 내각을 출범시키는 데 적지 않은 기여를 했다.

한편 군사 쿠데타로 장면 내각을 타도하고 정권을 장악한 공화당이 박정희 대통령의 장기집권을 위해 3선개헌을 추진하자, 이재형은 민주주의 원리에 어긋난다면서 이를 저지하기 위해 혼신의 노력을 다했다. 공화당의 독선과 독주를 막기 위해 노력하는 과정에서 그는 선명노선을 견지했는데, 이로 인해 유화노선을 걷는 신민당 지도부와 적지 않은 갈등을 겪었고, 결국 탈당성명을 발표하고 정계를 은퇴했다.

정계 은퇴 이후 종친회 일을 맡아 보며 세월을 관조하던 이재형은 1979년 10·26 사건 이후 신군부가 정권을 장악하자 종래와 다른 길을 걷게 된다. 1980년 신군부가 만든 집권당인 민주정의당의 대표위원에 추대됨으로써 종래 야당의 신분에서 여당의 신분으로 변신, 국정에 책임을 져야 하는 입장에 놓인 것이다. 여당에 몸을 담고 있던 동안에 그는 신군부 세력과 적지 않은 갈등을 겪었다. 이는 민주적 절차를 중시하려는 그가 이를 형해화하려는 신군부를 제어하고 순화하는 과정에서 발생한 것이다. 그때마다 이재형은 풍부한 정치적 경륜과 지혜를 발휘하여 여러 난제들을 수습해 나갔다.

신군부가 수립한 제5공화국 참여에 대해서는 여러 가지 평가가 있을 수 있다. 그러나 신군부와의 갈등 속에서도 이재형은 1987년

6·29 민주화선언을 비롯하여 대통령 단임제를 실현하는 데 적지 않은 기여를 함으로써 민주 회복이라는 역사적 소임을 마무리했다. 바로 이 점이 그로 하여금 합리적 보수 정치인의 위상을 지니게 하는 것이라고 본다.

## 2. 농지개혁 지지와 경제개발계획 수립

해방 후 결성된 많은 정당과 사회단체가 토지개혁을 주장했으며, 남한에 수립된 미(美) 군정도 여러 차례 농지개혁을 권고했다. 이재형도 이 부분에서 예외가 아니었다. 조상 대대로 봉건적 토지소유제도로 고통을 겪어온 많은 소작인이 오랜 세월을 두고 갈망하던 농지가 자기 소유로 되면, 이들 소작인은 안정감을 갖게 되어 정치적으로나 사회적으로 보수적 입장에 서게 되고, 이에 따라 이들이 심리적으로 반공의 방파제가 될 수 있다는 사실을[1] 이재형은 간파했기 때문이다.

미군정은 소(蘇) 군정하의 북한에서 실시된 토지개혁이 남한 농민에게 주었던 충격을 감안해야 했다. 토지개혁으로 북한에서 지주와 소작인 관계가 일소되고 농민이 사유재산을 만들 수 있는 물적 기초가 확립되었다는 좌익진영의 선전에 농민이 크게 동요했기 때문이다. 동시에 봉건적 지주제가 존속하면 대지주가 농산물을 독점하게

---

1 이기홍, 1965, "농지개혁 시말기," 〈신동아〉, 8월호, 300쪽.

되고, 이럴 경우 장차 미국의 원조농산물과 대립하는 구조가 될 것이기 때문에 한국의 경제구조를 원조경제체제에 적합하도록 재편성하기 위해 농지개혁을 권고한 것이기도 했다.

한편 공산당은 8월 테제에서 "소작관계에서 봉건적 잔재를 일소하자"는 구호를 내걸고 농민들을 지속적으로 선동했다. 공산당 산하 전국농민조합총연맹은 결성대회에서 "북한의 토지개혁을 절대 지지한다"는 내용의 결의를 채택하고 각종 시위에서 토지개혁을 구호로 내걸었다.[2] 이와 같은 상황에 대처하기 위해서도 미군정은 지주계급의 반대가 있었음에도 농지개혁을 권고하지 않을 수 없었던 것이다.

당시 이러한 실정을 파악한 이재형은 봉건적 토지소유제도가 지속되는 한 근대적 산업국가로의 발전은 어렵다고 보고 경자유전(耕者有田)의 원칙 아래 농민이 일정한 농지를 갖는 농지개혁을 적극 지지했다. 그러나 방법론적인 면에서 이재형은 소작농을 자경(自耕)이라는 이름으로 농지에 묶어 두는 것은 좋은 방책이 아니므로, 그들을 산업화로 유도하여 귀농하지 않고도 살 수 있는 방법을 강구할 것을 주장했다. 농지개혁법 심의 과정에서 소작농의 전업(轉業)을 권고한 것인데, 그렇지 않으면 소작인은 숙명적으로 농사만 짓게 될 것이라는 우려에서였다.[3] 만석꾼의 아들로 태어난 그에게 농지

---

2 김남식, 1984, 《남로당 연구》, 서울: 돌베개, 94쪽.

3 국회사무처, 1959, 《국회정기회의 속기록》, 2회 78호, 22쪽.

개혁은 그야말로 자신의 살을 도려내는 것과 같았겠지만,[4] 농민들에게 유리한 합리적 법안을 만들기 위해 노력했던 것이다.

농지개혁에 이어 이재형이 경제발전을 위해 기울인 업적으로는 상공부 장관 재임 시절 국가재건 종합계획을 수립한 것을 들 수 있다. 전쟁의 여파로 부실한 산업시설의 대부분이 파괴되어 민생이 도탄에 처한 상황에서 무엇보다 시급한 것은 경제를 재건하고 민생을 안정시키는 일이었다. 경제재건과 민생안정을 위한 작업을 이승만 대통령은 국회 재정경제위원장으로 있으면서 귀속재산 처리문제를 포함하여 정부의 경제정책에 쓴소리를 마다하지 않던 이재형에게 맡겼다. 38세의 그를 상공부 장관에 임명했던 것이다.

1952년 11월 상공부 장관에 취임한 이재형은 당시의 경제관료들을 동원하여 1953년 9월 30일 상공시책에 관한 백서, 즉 〈상공행정백서〉를 발간했다. 백서에서 이재형은 전 국민의 경제적 복리를 위해 봉사한다는 신념 아래 노력한 결과 "우리나라 상공업계는 파괴와 혼란기로부터 이탈하여 앞으로는 종합적이며 과학적인 새로운 계획 밑에 산업재건의 길로 일로 매진할 시기에 도달하였다"는 점을 강조했다.[5] 백서는 우리나라 최초로 공업, 전기, 광무(鑛務), 수산, 상역 등 각 부문별 현황과 계획을 일목요연하게 정리하고 발전 목표를 설정했다. 백서가 발간됨에 따라 장차 과학적 개발계획을 수립할 수

---

4 운경재단, 2002, 《정치 이전의 것을 하러 왔소》, 서울: 삼신각, 66쪽.

5 〈조선일보〉, 1953. 10. 2.

있는 기초가 비로소 마련되었다고 분석할 수 있다.

이재형은 백서에서 과학적이고 조직적으로 종합된 산업재건 체계를 수립하여 산업과 금융의 일원화를 성취할 제반 시설을 마련하려 했으나, 책정된 계획에 미달한 감이 있다는 것을 시인했다. 그렇지만 그 원인을 규명하여 앞으로 시책 실천에 만전을 기할 것을 다짐했다. 이를 위해 UN 원조기관과 긴밀하게 협력하는 한편, 현 기구와 인원을 법이 허용하는 범위 내에서 가장 능률적으로 그리고 유기적으로 배치 조직함으로써 상공시책에서 더 좋은 성과를 현양(顯揚)할 것이라고 결론을 맺었다.[6]

이재형의 주도로 발간된 백서는 비록 소략한 것이었지만, 후일 우리나라의 경제개발계획을 수립하는 기초가 되었다고 평가할 수 있다.

## 3. 정책질문서 작성

4월혁명의 발발로 정국 혼란이 최고조에 달할 즈음 이재형은 국회 시국대책특별위원회 위원장으로 선임되어 시국을 안정시키기 위한 방안을 다각도로 모색했다. 그 첫 조치로 그는 비상계엄 해제를 제안하여 이를 만장일치로 통과시켰다. 사회혼란을 막기 위한 광범위한 수습대책의 일환으로 시국수습결의안도 작성하여 통과시켰다.

---

6 〈조선일보〉, 1953. 10. 3.

결의안의 골자는 이승만 대통령의 즉시 하야와 3·15 선거 무효 및 재선거 실시, 그리고 과도내각하에 내각제 개헌 실시 등으로,[7] 당시 시위에 나선 학생과 시민들의 요구를 정확히 반영한 것이라고 할 수 있다.

결의안을 통과시킨 데 이어 이재형은 두 개의 건의안을 제출했다. 첫 건의안에서 민중의 시위가 부정선거에 대한 불만과 누적된 비리 등에서 발생했으므로 시위대원들의 의도하지 않은 범법행위나 과오는 불문에 부칠 것과, 시위대에 발포 또는 폭행을 한 경찰관과 이에 협조한 불량배를 처단할 것을 요구했다. 두 번째 건의안에서 이재형은 도시의 치안이 혼란상태에 빠져 있으므로 대학생들이 질서유지에 나설 수 있도록 군이 차량 제공 등 적절한 조치를 취해 줄 것을 요구했다.[8]

이처럼 무소속 신분이면서도 시국대책특별위원장으로서 당 소속을 가리지 않고 동료 의원들과 적극 소통하며 시국수습을 위한 결의안과 건의안을 마련, 통과시킴으로써 이재형은 의원들의 신망을 한몸에 받을 수 있었다. 자칫 사회적 분위기에 편승하여 흥분하고 산만해지기 쉬운 회의를 원만하게 진행하고 합리적 대안을 제시했기에 신뢰를 받은 것인데, 그 결과는 국회부의장 선거에서 나타났다. 1960년 6월 10일 거행된 국회의장단 선거에서 민주당의 쟁쟁한 후

---

7 국회사무처, 1960, 《국회임시회의 속기록》, 35회 9호, 7쪽.

8 국회사무처, 1959, 《국회임시회의 속기록》, 35회 10호, 5쪽.

보들을 제치고 이재형이 부의장으로 선출된 것이다.

민주당이 휩쓸다시피 한 제5대 민의원 선거에서 이재형은 무소속으로 여유 있게 당선되었다. 7·29 선거에서 민주당이 예상을 뛰어넘는 압승을 거둠으로써 민주당 정권의 성립은 기정사실이 되었다. 그러나 민주당이 신파와 구파, 양 파로 나뉘어 별개의 정당처럼 행동했기 때문에 무소속 의원들의 향배가 구파 또는 신파 집권 여부의 관건이 되는 판국이었다. 신·구 양 파가 우열을 가릴 수 없을 정도로 막상막하의 규모였기에, 양 파는 '집권경쟁은 곧 무소속 포섭경쟁'과 마찬가지라고 간주하고 인적·물적 관계를 총동원하여 무소속 의원들을 포섭하기 위해 총력을 기울였다.[9]

이러한 상황에서 이재형을 비롯한 무소속 의원들은 행동통일을 기하기 위해 1960년 8월 6일 당선자 대회를 열었다. 대회에서 이들은 교섭단체 구성을 포함하여 총리 지명 동의에 임하는 입장 등의 대책을 협의했다.[10] 이재형을 포함한 무소속 의원 44명은 개원식을 마친 다음 '민정구락부'를 결성하고, 8월 9일에는 원내 교섭단체 등록을 했다. 교섭단체 등록 후 이재형은 민정구락부 정책부장으로 선출되었는데, 이를 기점으로 그의 존재는 더욱 부각되었다. 민주당 양 파의 입장에서 볼 때, 총리 인준의 캐스팅보트를 쥐고 있는 무소속을 포섭하려면 정책적으로 접근해야 했는데, 그가 바로 무소속 집

---

9 〈조선일보〉(조간), 1960. 8. 7.

10 이날 무소속 민의원 의원 36명과 참의원 의원 9명이 참석했다[〈조선일보〉(석간), 1960. 8. 7].

단의 정책을 총괄하는 위치에 있었기 때문이다.

이처럼 민주당 신·구파가 모두 총리 지명과 인준을 위해 최대한 노력을 기울이는 상황에서 민정구락부 내 순수 무소속 의원 25명은 집단행동의 명분을 찾기 위해, 총리 후보를 내세우는 민주당 양 파에 뚜렷한 정책을 제시할 것을 요구하기로 했다.[11] 이것이 그 유명한 5개 항의 정책질문서로 질문에 대한 양 파의 답변 내용을 받아 보고, 이를 분석하여 지지 여부를 결정하겠다는 것이었다.[12] 이러한 성격의 질문서를 작성하고 발송하는 과정에서 이재형은 정책부장으로서 주도적 역할을 했다.

1차로 윤보선 대통령이 구파의 김도연을 총리로 지명하자, 무소속 의원들은 그의 인준을 거부하기로 결의했다.[13] 이들은 구파가 보내온 답변을 검토한 결과, 내용이 전혀 구체성이 없고 무성의해서 총리로서 만족스럽지 않다는 결론에 도달했다고 거부 이유를 밝혔다. 이 여파로 김도연은 총리 인준을 받지 못했다. 이후 2차로 신파의 장면이 총리로 지명되자, 무소속 의원들은 장면 역시 부결하기로 했다. 그러나 김도연에 대해 적극 반대했던 것과 달리, 장면을 부결키로 결정한 이유는 분명히 밝히지 않음으로써 소극적 반대에 그쳤

---

11 〈동아일보〉(조간), 1960. 8. 14.

12 5개 항의 정책질문서 요지는 ① 4·19 뒤처리 구상, ② 조각 방안, ③ 경제위기 타개책, ④ 국회 운영방안, ⑤ 행정부 운용방책 등이다〔〈조선일보〉, 1960. 8. 15〕.

13 이들은 김도연에 대한 찬반 투표에서 12 대 6으로 반대가 많아 거부하기로 결정했다(이용원, 1999, 《제 2공화국과 장면》, 서울: 범우사, 60쪽).

다. 그에 따라 신파의 장면은 과반수가 넘는 득표로 총리로 인준될 수 있었다.

결국 정책질문서를 대하는 민주당 신·구 양 파의 진정성과 구체성 여부가 총리 인준 표결에 결정적 영향을 미쳤다고 할 수 있다.[14] 이를 볼 때 이재형이 무소속 의원들을 규합하여 정책질문서 작성을 주도한 덕분으로 장면 정부가 출범할 수 있었다고 주장하는 것도[15] 근거가 없는 것이라고는 할 수 없다.

## 4. 싱크탱크 창립과 3선개헌 반대

이재형을 비롯한 많은 야당 정치인들은 군사 쿠데타 이후 민정이양이라는 구실 아래 실시된 1963년 선거에서처럼 야권이 분열된 상태로는 대선과 총선에서 승리할 수 없다는 인식을 공유했다. 그 결과 야권 통합에 대한 공감대가 형성되어 1967년에 통합야당인 신민당이 창당될 수 있었다.

신민당 창당 후 7대 총선에서 전국구 의원으로 등원한 이재형은 이전처럼 맹목적인 반대투쟁만으로는 공화당 정권의 독선과 독주를 막을 수 없다고 판단했다. 그리하여 한국 정당사상 최초로 싱크탱크

---

14 구파와 신파가 제출한 답변 내용에 대해서는 〈조선일보〉(조간), 1960. 8. 18 참조.
15 운경재단, 《정치 이전의 것을 하러 왔소》, 234~235쪽.

설립에 나서 1967년 11월 4일 '한국정치문제연구소'를 창립하고, 연구소 회지로 〈한국정치〉(韓國政治)를 발간했다.[16] 정부와 여당의 정책에 반대하더라도 합리적이어야 하며, 동시에 대안도 제시해야 한다는 생각에서 연구소를 설립했던 것이다. 싱크탱크 설립은 당시 다른 정치인은 생각지도 못한 선견지명이 있는 발상이라 할 수 있다.

회지 창간사에서 이재형은 신민당을 근대적 정당으로 육성 강화하고, 야당으로서의 사명을 다할 수 있도록 미력이나마 기울여 보자는 충정에서 연구소를 창립했다고 밝혔다. 야당의 고질병이라 할 수 있는 유해무익한 파쟁을 지양하고 퇴폐적 당풍을 쇄신하면서 아울러 뚜렷한 비전과 적당한 정책을 제시하는 것이 근대 정당의 필수 요건이며, 정치인이라면 누구나 지녀야 할 신조이기 때문에 연구소 창립이 필요하다는 것이다. 연구소 창립을 통해 효율적 대여투쟁은 물론 차기 집권을 기약할 수 있도록 노력하는 것이야말로 국민의 여망에 부응하는 길이라고 이재형은 보았다.[17]

연구소는 규약 제2조에서 정치, 경제, 사회, 문화 등 각 분야에 걸쳐 이론과 정책 및 실제에 관한 문제들을 조사 연구하여 통일되고 번영된 민주한국을 이룩할 수 있도록 적정한 정치풍토와 정책을 실

---

16 연구소 발기 취지문에서 국민은 "집권 유지에만 혈안이 되어 있는 현 공화당 정권을 물리치고 자유롭고 번영된 통일 한국을 민주적으로 성취할 역량 있는 정권의 조속한 출현을 그 어느 때보다도 고대하고 있는 것이 사실"이라고 분석했다("발기취지문," 〈한국정치〉, 1집, 156쪽).

17 이재형, 1968, "회지 〈한국정치〉를 내면서," 〈한국정치〉, 1집, 1쪽.

현하는 데 기여하는 것을 목적으로 한다고 밝혔다.[18] 이 목적을 달성하기 위해 이재형 자신도 정책입안에 필요한 글을 여러 편 기고했고,[19] 직접 연사로 나서 강연하기도 했다.[20] 그리고 각 분야의 교수와 전문가, 정치인들을 초빙하여 여러 차례 순회강좌와 학술토론회를 개최하고, 여기서 발표된 내용들을 부정기적으로 발간되는 회지에 게재했다.[21]

싱크탱크 창립으로 정권의 독선과 독주를 견제하려 했던 이재형은 1969년 들어 공화당이 박정희 대통령의 집권 연장을 위해 3선개헌을 추진하자, 헌정 수호를 내걸고 이를 저지하기 위해 전력을 기울였다. 그는 공화당이 원초적으로 헌법파괴 행위로 집권하고 또 부정선거로 정권을 연장했기 때문에 개헌 논의도 새삼스럽게 놀랄 바

---

18 "규약," 〈한국정치〉, 1집, 57쪽.

19 이재형이 발표한 글들은 다음과 같다.
이재형, 1968, "회지 〈한국정치〉를 내면서," 〈한국정치〉, 1집, 1~2쪽.
이재형, 발행일 미상, "가변환율의 불가변," 〈한국정치〉, 3집, 1~4쪽.
이재형, 1969, "부익부 빈익빈의 조세정책," 〈한국정치〉, 6집, 251~271쪽.
이재형, 1969, "3선개헌 반대의 논리," 〈한국정치〉, 7집, 11~31쪽.
이재형, 1970, "우리는 왜 3선개헌을 반대하는가?," 〈한국정치〉, 8집, 181~186쪽.
이재형, 1970, "세계여행을 다녀와서: 법주사 야외강좌 현장에서." 〈한국정치〉, 9집, 5~14쪽.

20 이재형이 연사로서 한 강연은 다음과 같다.
이재형, 1970, "세계여행을 다녀와서," 〈한국정치〉, 9집, 5~14쪽.

21 〈한국정치〉는 1968년 1월 1집을 발간한 이래 1970년 8월 9집까지 나왔다. 여기에 실린 필자 명단을 게재 순서대로 정리하면 대략 다음과 같다.
민병기, 차기벽, 김윤환, 오병헌, 한동섭, 양호민, 신상초, 탁희준, 안병욱, 이정식, 김점곤, 임종철, 한기춘, 장원종, 부완혁, 남재희, 윤길중, 지명관.

없고, 공화당의 본질이나 생리로 볼 때 악랄한 방법을 써서라도 기어이 개헌을 강행할 것이라고 보았다. 그리고 개헌안은 민주주의 생활과 법질서를 파괴하는 헌법파괴 음모로 합법을 가장한 쿠데타가 분명하다고 주장했다. 따라서 헌정을 수호하고 반민주적 헌법개정을 단호히 반대하는 것은 민주주의 법질서와 이를 옹호해야 하는 민주시민의 엄숙한 의무이자 신성한 권리라고 단언했다.[22]

아울러 이재형은 공화당의 3선개헌 논리는 이승만 대통령의 3선을 위한 1954년 자유당의 개헌안과 그 대상이 일치하며 심지어 제안 의도의 표현까지 일치한다고 분석했다. 즉, 공화당 간부가 말하는 개헌의 필요성은 경제건설을 계속하고 북괴의 도발에 대처하기 위해서는 현 대통령이 계속 집권할 수밖에 없기에 그 길을 만들어 주어야 한다는 것인데, 이는 15년 전 자유당 간부의 개헌안 제안 설명과 꼭 같다는 것이다.[23]

이어서 이재형은 개헌을 한 후 집권한 사람에게는 참담한 개인적 비극이 있었고, 개헌에 반대하는 국민은 꽃다운 자식을 수백 명씩 생죽음시키는 통곡할 만한 비극을 겪었다는 것을 지적했다.[24] 그는 또한 개헌을 추진하는 자는 "역사가 보여 준 참혹한 전철(前轍)에 스

---

22 이재형, 1969, "3선개헌 반대의 논리," 〈한국정치〉, 7집, 13쪽.

23 이재형은 당시 자유당 의원이 개헌이 필요하다는 논리로 ① 전쟁으로 부흥이 시급하고, ② 계속 국난을 타개하려면, ③ 이분(이승만) 밖에 이 나라를 이끌 사람이 없는데 국민이 또 이분을 모시고자 할 때 그 길을 만들어 주어야 한다고 발언한 것을 예로 들었다(위의 글, 25쪽).

24 위의 글, 13쪽.

스로 자기의 시체를 놓으려는 자"라고 단언하기까지 했다.[25] 이재형의 이 지적은 10·26 사건과 5·18 비극을 그대로 예견한 것이라고 할 수 있다.

개헌 문제에 대해 이재형은 야당의 입장에서도 개정을 요구하는 부분이 없지 않다고 말했다. 그러나 특정인의 장기집권을 위해 헌법을 파괴하고 권위를 실추시키는 것은 결코 용납할 수 없다고 했다. 한국의 개헌사(改憲史)를 볼 때, 어떠한 개헌 논의도 집권당의 부당한 의도에 이용당하고 말 것이기 때문에 오로지 헌법 옹호의 자세만이 요구된다고 주장했다.[26]

그리고 공화당의 개헌 주장은 모순과 자가당착으로 일관되어 있다고 지적하고, 헌법에 규정된 3선금지 조항은 1인 장기집권으로 초래되는 독재를 막고 부패가 불러일으킬 수 있는 혁명을 제도적으로 미연에 방지하기 위한 '혁명방지 조항'이라고 말했다.[27] 그러면서 모든 힘을 다해 원내외에서 개헌저지 투쟁을 전개할 것을 선언했다.

이처럼 이재형은 헌법을 수호하기 위해 3선개헌 반대논리를 개발하는 한편, 동료 의원들과 함께 적극적으로 개헌안의 본회의 통과저지를 위해 본회의장에서 농성에 돌입했다. 그러나 1969년 9월 13일 본회의 토론이 종결되어 표결 절차를 남겨 두고 있는 상황에서 야당의 본회의장 철야농성으로 표결이 불가능하게 되자, 이효상 의

---

25 위의 글, 20쪽.

26 위의 글, 29쪽.

27 이재형, 1970, "우리는 왜 3선개헌을 반대하는가?" 〈한국정치〉, 8집, 185쪽.

장은 회의 종료를 선언하면서 9월 14일은 일요일이므로 9월 15일에 회의를 속개한다고 선포했다. 이처럼 회의 종료를 선포한 이효상은 9월 14일 새벽 국회 제3별관에서 공화당 소속 의원들과 정우회, 무소속 의원들만으로 본회의를 열어 개헌안을 변칙적으로 가결, 통과시켰다.

이후 공화당은 국민투표 통과를 위해 전국 유세에 나섰고, 신민당도 이에 맞서 개헌반대 유세에 나섰다. 이재형도 신민당 개헌반대 유세단의 일원으로 참여, 1969년 10월 15일에는 강원도 원주에서 개헌반대 연설을 했다.[28] 이날 연설에서 그는 '국회의원은 몇 번씩 하는데 대통령도 몇 번씩 못할 것이 어디 있느냐?'는 이효상의 부산 발언을 반박하며 개헌의 부당성을 강조했지만,[29] 국민투표 통과를 막을 수 없었다. 1969년 10월 17일 실시된 국민투표에서 개헌안은 유권자의 77.1%가 참가한 가운데 65.1%의 찬성을 얻었기 때문이다.

이로써 박정희 대통령의 3선이 가능해졌으나, 후일 박 대통령의 개인적 비극과 함께 꽃다운 생명이 희생당하는 비극이 발생하고 말았다. 이재형의 예측이 그대로 들어맞았다고 할 수 있다.

---

28 연설의 전문은 이재형, 1970, "개헌반대 연설문," 〈한국정치〉, 8집, 203~240쪽 참조.

29 이재형은 이효상의 발언에 대해 "만권(萬權)을 장악하고 있는 행정부의 수반이란 자가 계속 재임한다고 하면 그것은 독재로 가는 길을 피할 수 없기 때문에 제한을 가하는 것입니다. 누구도 대통령은 두 번밖에 못합니다. 미국도 그렇고 모든 민주주의 국가가 그런 것이요, 그 조항을 고칠 수 없는 것입니다"라고 반박했다(이재형, 1970, "개헌반대 연설문," 〈한국정치〉, 8집, 219쪽).

## 5. 5공 참여와 대통령직선제 관철

1970년 1월에 실시된 신민당 총재 경선에서 유진산에게 패배한 이재형은 당내 주류로부터 적지 않은 견제를 받았다. 뿐만 아니라 8대 총선을 앞두고 자신이 원했던 지역구인 종로·중구가 아니라 영등포 지역 출마를 권유받자, 탈당을 결심했다. 1971년 2월 8일 이재형은 신민당은 도무지 정권을 교체할 의사도 능력도 그리고 자격도 없는 집단이라고 판단했기 때문에 탈당한다는 내용의 성명을 발표했다.[30] 8년간 자신이 몸담았던 당이 명색은 야당이지만 실제로는 여당이나 마찬가지라면서 신민당에서 국회의원을 하는 것에 회의를 느낀다는 비난과 함께 그가 탈당선언을 하자, 신민당은 커다란 혼란에 휩싸였다.[31]

신민당을 탈당한 이후 10년 가까이 이재형은 정치권과의 모든 교류를 끊고 사직동 자택과 산본리 농장을 오가며 지냈다. 강산도 변한다는 10년의 세월 동안 숱하게 많은 정치적 사건들이 발생했지만, 그에 대한 언급 없이 오로지 침묵을 지키며 관조의 시간을 보냈던 것이다. 그가 다시 정치무대 전면에 등장한 것은 12·12 사태 이후 권력을 장악한 신군부가 주도적으로 만든 민주정의당의 창당발기위

---

30 〈동아일보〉, 1971. 2. 8.

31 이재형이 '명야실여'(名野實與)라고 신랄하게 비판하며 탈당하자, 신민당 주류는 그의 탈당이 당원의 연쇄 탈당으로 이어질 것을 우려하여 대책 마련에 부심했다(〈동아일보〉, 1971. 2. 13).

원장 자격으로 참여하면서부터다. 민주적 절차와 과정을 중시하던 그가 군사반란으로 정권을 탈취한 집단이 주축이 되어 만드는 정당에, 일반 발기인도 아닌 발기위원장으로 참여했다는 것은 역사의 아이러니라고 할 수 있다.

5·16 주체세력은 공화당 창당 시 법조계에 신망이 높은 정구영을 초대 총재로 옹립하여 군대 색깔을 희석시킨 효과를 보았다. 마찬가지로 신군부로서는 선명야당 실현에 앞장섰던 이재형을 영입함으로써 군대 색깔을 지우고 3김으로 대표되는 구태정치를 단절시키는 효과를 거두려 했던 것으로 분석된다. 이와 같은 의도에서 신군부는 자신들의 색깔을 지우는 일에 가장 적합한 '국민이 존경하면서도 참신한 인물'로 선정한 이재형을 영입하기 위해 많은 공을 들였다. 이재형도 어느 정도 이를 예상하고 있었던 것으로 분석된다. 이는 그가 자신의 역할은 '카키색을 벗기는 일'이라고 은유적으로 말한 것에서 그대로 드러난다.[32]

이 표현에서 알 수 있듯이 이재형은 젊은 혈기의 아마추어들에게 이 나라를 맡길 수 없다는 생각에서 민주정의당 참여를 수락했던 것으로 이해된다.[33] 권위주의 체제하에서도 민주적 원칙을 지키는 데 기여할 수 있는 여지를 만들겠다는 결심에서 참여했던 것으로 분석된다. 이는 그가 신군부 등장으로 초래될 국민의 피해를 최소화하고

---

32 김도현, 1997, "내가 카키색을 벗기는 일을 해야 되지 않겠나," 운경재단, 《운경 이재형 선생 평전》, 서울: 삼신각, 31쪽.

33 방우영, "운경을 생각한다," 운경재단, 《운경 이재형 선생 평전》, 115쪽.

"군인들의 발호를 막으려면 그들 속으로 들어가는 것뿐"이라고 자신의 심경을 토로한 것에서[34] 확인할 수 있다. 미증유의 위기에 처해 있는 상황에서 국가의 침몰을 면하게 하려면 자신부터 역사에 징용(徵用)되어야 한다는 각오에서 참여했던 것인데,[35] 이는 '참여 속의 개혁'을 의도한 것이라고 할 수 있다.

창립발기인 총회가 끝난 후 가진 기자와의 인터뷰에서 이재형은 자신의 민주정의당 참여는 민주주의 회복을 위한 것이라면서 전두환 대통령과의 면담에서 이를 확인하고 다짐받았다고 밝혔다.[36] 그가 민주회복을 내세운 것은 자신의 5공 참여를 합리화하기 위해 지어낸 말이라기보다는 진심에서 우러나온 것이라고 할 수 있다.

이는 민주정의당 대표 또는 국회의장 취임 이후 이재형의 행적을 추적해 보면 쉽게 확인할 수 있다. 이철희·장영자 사건이 터졌을 때 대통령 처삼촌인 광업진흥공사 이사장 구속을 건의한 것이라든지, 학원안정법 제정을 막은 것이라든지, 대통령직선제 개헌을 제안한 것 등이 그러하다. 비록 겉으로 드러나지 않았지만 이 점에 대해 많은 정치인들이 의견을 같이한다. 정치적 고비가 있을 때마다 어려운 정치현안이 물 흐르듯 순리적으로 풀려나갈 수 있도록 그는 많은 노력을 기울였다.

---

34 주돈식, 1998, "참여 속의 개혁," 운경재단, 《(속) 운경 이재형 선생 평전》, 서울: 삼신각, 261쪽.

35 운경재단, 《정치 이전의 것을 하러 왔소》, 448쪽.

36 위의 책, 449쪽.

민주회복을 위해 이재형이 기울인 노력 중에서도 가장 공들였던 부분은 대통령직선제 개헌과 단임제 실현이었다. 독재로 이어지기 쉬운 장기집권의 폐단을 막는 것이야말로 진정한 민주주의 회복이라고 생각했던 그는 이의 실현을 위해 부단히 노력했다. 많은 사람들이 독재와 장기집권에 크게 염증을 느끼던 상황이었기에, 그는 국민이 직접 대통령을 선출하고 단임제를 통해 주기적으로 권력이 교체되도록 하는 것이 필요하다고 확신했다. 그리하여 이를 제도화하는 것을 목표로 삼았던 것이다.

바로 이러한 입장이었기에 이재형은 전두환 대통령에게 직선제를 제안했고, 노태우 대표에게는 직선제를 수용하여 정면으로 돌파할 것을 권유했다. 이처럼 그는 직선제와 단임제를 관철시킴으로써 이 땅의 절차적 민주화를 이루는 데 결코 적지 않은 업적을 남겼다.

## 6. 맺음말

지금까지 살펴본 바와 같이 이재형은 7선 의원으로서 현대사에서 위기에 처할 때마다 정치력을 발휘하여 한국정치가 정상적 궤도로 진입하도록 하는 데 커다란 기여를 했다. 그의 기여가 있었기에 민주적 절차가 도입될 수 있었다. 이런 의미에서 그는 민주회복에 기여한 정치인이라는 위상을 지닌다.

상공부 장관까지 지낸 이재형은 자유당 시대에는 출마를 포기할 수밖에 없을 정도로 박해를 받았지만, 불의와 타협하는 비굴한 자세는 결코 취하지 않았다. 자유당 정권에 굴하지 않은 저력이 바탕이 되어 그는 4대 총선에서 재기할 수 있었고, 이러한 정치력이 뒷받침되어 4월혁명 이후 혼란한 시국을 수습하는 데 앞장설 수 있었다.

민주당 시대에도 이재형의 저력은 여지없이 발휘되어 장면 정권을 출범시키는 데 적지 않은 기여를 했다. 이는 무소속 의원들을 규합하여 민주당 신·구파의 접근에 정책적으로 대처하도록 함으로써 가능했던 것이다. 그의 정치력이 없었다면 아마 장면 정권의 탄생은 어려웠을 것이라고 본다. 그러나 군사 쿠데타로 장면 정권이 붕괴되고 정치활동이 금지되는 바람에 그는 더 이상의 정치력을 발휘할 수 없게 되었다.

이재형의 저력은 야권 통합과정에서 다시 빛을 발하게 된다. 분열된 야권을 통합하는 데 있어 그의 정치력이 유감없이 발휘되어, 통합야당인 신민당이 창당된 것이다. 신민당 의원으로 활동하면서 그는 야당의 체질이 바뀌지 않는 한 수권정당으로의 비상은 불가능하다는 생각에서 싱크탱크를 창립했다. 그리고 각 분야 전문가를 초빙하여 학술회의와 강연회 등을 개최하는 등 정책 대안의 마련에 주력했다.

한편 공화당이 박정희 대통령의 3선을 위해 개헌을 추진하자 이재형은 이를 반대하는 논리를 적극 개발하고 반대 연설에 나섰다. 자유당 정권의 개헌논리를 공화당이 그대로 인용하고 있음을 지적한 그는 개헌이 당사자의 비극은 물론 국민적 불행을 초래할 것이라고 말했는데, 그 예측은 후일 그대로 적중했다.

이처럼 공화당의 독선과 독주를 저지하기 위해 정치력을 발휘하는 이재형을 신민당 내 주류는 못마땅하게 생각하여 견제하기 시작했다. 주류의 견제로 자신의 저력을 더 이상 발휘할 수 없게 되자, 그는 아무런 미련 없이 신민당을 탈당하고 정계 일선에서 은퇴했다.

이후 10년 가까이 정치권과 담을 쌓고 지내던 이재형은 신군부가 주도하는 민주정의당 대표위원으로 정계의 최일선에 다시 섰다. 민주정의당 참여에 대한 평가는 크게 엇갈리지만, 국가가 침몰의 위기에 놓인 상황에서 자신부터 징용되지 않으면 난국을 헤쳐 나갈 수 없겠다는 생각에서 그는 신군부의 영입 제의를 받아들였다. 군인들의 젊은 혈기만 갖고는 위기를 극복할 수 없다고 보고, 정치력을 발휘하여 민주주의를 회복하겠다는 굳은 의지의 소산이라 할 수 있다.

이재형의 이와 같은 행보는 절차적 민주주의 회복이라는 측면에서 볼 때 긍정적으로 평가할 수 있다. 자칫하면 장기집권이 재현될지 모르는 엄중한 상황에서 대통령직선제를 골자로 한 개헌을 이끌어내는 데 크게 기여했기 때문이다. 이러한 관점에서 볼 때, 우리는 이재형이 합리적 보수정치의 상징으로 자리매김할 수 있는 인물이라고 생각한다.

제 2 장

# 제 1 공화국

## 격랑의 물밑은 고요히 흐른다

신복룡

### 1. 1950년대의 시대적 배경: 신생공화국의 탄생

일반적으로 해방정국과 같은 격동기에는 이성이 마비되고 반사적으로 감성이 강화되는 심리상태가 나타나며, 논리보다 격정적 웅변에 호소하게 된다. 궁극적으로 보수보다 개혁의 가치가 더 호소력을 가질 수밖에 없다. 35년에 걸친 식민지 지배로부터의 해방은 과도한 욕구를 분출하게 했고, 타협보다 투쟁을 선호하게 했다. 이러한 상황에서 대화보다 거리의 정치(*politics on street*)가 더 효과적이었다. 기존의 정치적 기반이 없는 선동가형 정치인은 이러한 혁명의 심리를 이용하여 대중조작이나 대중조직 또는 대중동원 등의 방법으로 손쉽고도 유리하게 권력에 접근할 수 있는 방편을 마련할 수 있었다. 이러한 상황은 좌파 혁명가에게 최적의 조건을 제공했다.

이럴 경우에 나타나는 이념적 정향은 민중주의이다. 한 시대의 민중운동이 구체화하는 과정을 살펴보면, 먼저 어떤 상징이 출현하고, 그것이 하나의 쟁점으로 부각되고, 조직이 형성되고, 마지막으로 이를 이끌 지도자가 출현하는 도식(圖式)으로 전개된다. 이를 해방정국에 적용해 보면, 가장 호소력이 높은 상징은 분단과 통일, 그리고 민중이었다. 좌익은 "당신들이 역사의 주인이다. 이제 그대들의 시대가 왔다"고 선동하기 시작했다. 그들은 "희석(稀釋)하지 않은 독주(毒酒)를 마신 사람처럼 자유를 외쳤다."[1]

해방의 감격은 너무 눈부신 것이어서 당시 지식인조차 현실을 직시하는 데 어려움이 있었다. 독립에 대한 조급한 성취감과 과잉기대, 격정, 질주, 함성, 이성의 마비, 분파주의, 복수심과 애증, 과거의 비극에 대한 책임 추궁이 난무했다. 이 모든 것으로 말미암아 현실의 행동은 결코 이성적이지 않았다. 해방에 대한 인식도 서로 달랐고, 정확하지 않았다.

해방은 당연히 독립으로 이루어지리라는 도식과 고정관념이 깨어지자 민중에게 많은 환멸과 좌절을 안겨 주었고, 그로 말미암아 분노는 더욱 증폭되었다. 극좌와 극우가 이성을 잃은 지는 이미 오래되었다. 헌법 제13조는 언론의 자유가 보장되어 있음을 인정했지만, 그 자유는 법률에 따라 제한될 수 있었다. 군정포고 제1호의 효력은 그대로 유지되었고, 그 근거가 바로 미군정 법령 제88호에 고

---

1 Plato, *Republic*, Ⅷ, § 562.

스란히 남아 있었다.[2]

감정은 이념이나 주의보다 강했다.[3] 그런 점에서 해방정국을 '이념의 대결'로 보는 데에는 한계가 있다. 이념의 대결이 되려면 '전열'이 갖추어져 있어야 하는데, 해방정국에서는 전열이 정비되지도 않았고 강고하지도 않았다. 이념은 설익은 낭인(浪人)들의 무상한 왕래이자 생계형 도구였을 뿐이다. 만약 해방정국에서 이념의 대결이 정교했다고 보면, 적대세력보다 내부 갈등이 더 심했던 사실을 설명할 수 없다. 해방정국에서 우익은 우익의 손에 죽었고, 좌익은 좌익의 손에 죽었던 것이 이를 뒷받침해 준다.

해방정국에서 일제 잔재와 신생공화국 사이의 사회적 갈등 속에 조련되지 않은 지식인이 겪어야 하는 고통이 있었고, 공산주의와 자본주의는 불편하게 동거했다. 이념을 뚜렷이 표방하지 않은 무소속 출신이 제헌국회 전체 의석의 3분의 2를 차지했던 사실은 원내의 어떤 세력도 안정세력 구축을 어렵게 했으며, 정치기류가 얼마나 표류했었는지 잘 보여 준다.

시대적으로 역사는 늘 격동이었다. 제1공화국은 참으로 난국이었다. 신생국 초기의 미완성된 자본주의를 인위적으로 접목하는 과정에서 발생하는 사회적 갈등을 설득하고 봉합하는 짐도 버거운데, 설상가상으로 한국전쟁이라는 동족상잔(同族相殘)이 다가왔다. '통

---

2 운경재단, 《정치 이전의 것을 하러 왔소》, 199쪽.

3 장택상, 1973, "滄浪遺稿," 장병혜 편, 《상록의 자유혼》, 경산: 영남대 박물관, 229쪽.

일'이라는 명분만으로는 개전 이유가 설명되지 않는 전쟁에서 300만 명의 인명손실이 발생했고, 부실했던 산업시설이 파괴되었다. 그리고 어떤 약물로도 아물 수 없는 적의와 상처는 수양산(首陽山) 그늘이 강동 80리를 덮듯, 그 후 불행한 역사를 지속시켰다.

역사를 지탱하는 힘이 누구에게서 창출되든, 이런 상황에서 가장 진지하게 고민하고 또 역사를 망가트리는 사람은 정치인이었다. 그들에게는 정치적 도제(徒弟)로서의 수련 기간도 없었고, 명리에 앞서 조국을 걱정하는 대승적 고뇌나 의지도 부족했다.

결국 제1공화국의 출범 후 신생국가의 건설이라는 초기의 목표와는 달리 반목과 분노, 그리고 의미 없는 테러리즘 속에서 중요한 시기를 허송했다. 우선순위로 볼 때 경제적인 측면에서 식민지 유산을 청산하고 자립경제로 가는 길이 시급했고, 정치적으로는 독립국가로서의 정체(政體)를 마련해야 했다. 그러나 이런 문제들은 성숙하지 못한 시민의식과 부존자원의 부족과 개발기술 이탈로 뜻과 같이 진행되지 않았다.

정치가 안정되지 않고 민중의 요구가 촉박할 때, 역사를 영웅주의로 볼 것인가, 민중주의로 볼 것인가 하는 논쟁을 넘어, 문제의 해결은 결국 지도자의 역량이요, 사람의 문제일 수밖에 없다. 역사에는 지배층이나 지도자의 의지에 따라 국가의 흥망성쇠가 좌우된 사례가 허다했다. 그런 시대에 이재형이라는 인물이 있었다.

## 2. 왕가 종손으로서의 엄숙주의

### 1) 가계와 가풍

알몬드(Gabriel A. Almond)와 파월(G. B. Powell)의 이론에 따르면, 인간의 정치사회화 과정은 ① 가정교육, ② 학교, ③ 종교, ④ 또래(*peer group*), ⑤ 직업, ⑥ 대중매체, ⑦ 가입단체, ⑧ 사회·문화적 환경으로 형성된다.[4] 인간에게 타고난 유전적 성품이 없는 것은 아니지만, 어찌 보면 인성(人性)이라는 것은 운명적이다. 더욱이 한국과 같은 전통사회에서 인성은 부모(조상)의 영향에서 벗어날 수 없다.

이재형(李載瀅, 1914~1992년)의 정치적 오리엔테이션에서 가장 중요한 인자는 그의 가계이다. 그는 조선조 제14대 선조의 일곱째 아들인 인성군(仁城君)의 제10대 종손이다.[5] 이재형의 사직동 집터는 본디 선조가 태어나 자랐고 그 생부인 덕흥대원군의 사당을 모셨던 도정궁 터였다. 순조를 이어 헌종이 위독해지자 순조비 순원왕후가 덕흥대원군의 종손인 이하전(李夏銓)을 내심 후계로 정했다. 그러나 당시의 세도정치는 왕통의 정상적 승계마저 허락하지 않았다.

---

4 Gabriel A. Almond & G. B. Powell, 1992, *Comparative Politics Today: A World View*, New York: Harper Collins, pp. 36~39; Gabriel A. Almond & G. B. Powell, 1978, *Comparative Politics*, New York: Little, Brown & Co, pp. 87~97.

5 전주이씨 대동종약원, 1993, "전주이씨 海平君 파보," 《운경 이재형 선생 조의록》, 서울: 전주이씨 대동종약원, 69쪽.

세도정치 가운데서도 안동〔壯洞〕 김 씨의 세력은 막강하여 세상 사람들은 오직 장김(壯金)이 있는 것은 알았어도 국가가 있다는 것을 알지 못했다.[6] 그들의 횡포는 《대전통편》(大典通編)의 규정을 넘어서는 것으로 국왕의 권위에 도전하는 의미를 지녔다.[7] 홍선대원군 이하응(李夏應)은 세도정치 아래서 이와 같은 왕실의 몰락을 견딜 수 없었다. 그는 개탄하기를, "종실이 쇠퇴하니 우리 형제들은 장동 김 씨 문전에서 옷자락을 끌며 얻어먹으면서 구차한 삶을 바라기보다는 차라리 한꺼번에 유쾌하게 되는 것이 좋지 않겠는가?"라고 말하곤 했다.[8]

순원왕후는 김조순의 딸로서, 헌종이 죽자 대신을 모아 대통을 이을 일을 논의하였다. 그 자리에서 영의정 정원용은 전계군의 3남인 변(昪: 뒷날의 철종)을 세우자 하고, 권돈인은 완창군 이시인(李時仁)의 아들인 도정 이하전을 세우자 하여 오래도록 결정하지 못했다.[9] 능력으로 보나 세계(世系)로 보나 이하전이 왕위를 계승하는 것이 순리였다.

그러나 세도정권은 이하전의 왕위계승을 달가워하지 않았다. 세도가문으로서는 기개가 출중한 그의 능력이 버거웠기 때문이다. 마

---

6 "世惟知壯金 而不知有國家," 〈외척 망국의 화〉조, 《매천야록》(1/上) 갑오 이전.

7 김병우, 2003, "大院君의 宗親府 强化와 "大院位 分付," 〈진단학보〉, 제96집, 79쪽.

8 "興宣曰 且宗室日替 我兄弟悽悽 與其日曳裾壯金之門 冀添丐以苟活 毋寧一時溘然爲快乎," 〈南延君 葬地〉조, 《매천야록》(1/상) 갑오 이전.

9 박제형, 1975, 《근세조선정감》(상), 서울: 탐구당, 15쪽.

침내 이하전은 왕위계승에서 탈락했을 뿐만 아니라 역모의 누명을 쓰고 제주도에 안치되었다.

이하전의 죄목은 이러했다.

> 왕의 후손이 된 사람이 편안하고 쉬운 마음가짐으로 스스로 올바르게 행동하지 못하고 불령(不逞)한 패류(悖類)들이 아무 때나 출입하게 함으로써 결국 그들의 손아귀에 희롱당하는 것을 면치 못하였다. 다만 흉역(凶逆)을 도모한 정절(情節)을 그가 이미 몰랐다고 하였으니, 이는 미련하고 몰지각한 사람에 지나지 않은 것이다.[10]

이하전은 끝내 죽음을 맞이하게 된다.[11] 이재형은 이와 같은 가문의 비극을 잊을 수 없어 한국전쟁의 종전과 함께 상경하여 1953년에 도정궁을 매입하여 정치적 둥지로 삼았다. 그는 이 집을 매입한 뒤 당호를 '연비여천'(鳶飛戾天)이라 지었다. 이는 《시경》(詩經) 〈대아(大雅) : 한산한 계곡〔旱麓〕〉 편의 "솔개는 하늘을 날고 물고기는 연못에서 노누나"(鳶飛戾天 魚躍于淵)라는 구절에서 따온 것이다. 우리에게 흔히 연비어약(鳶飛魚躍)이라는 고사로 널리 알려진 대구(對句)이다.

---

10 "鞫廳以罪人李夏銓 議啓敎曰 而爲其後承者 不能恬約自修 使不逞悖類 出入無常 竟未免爲把弄中物 而第其匈圖逆節 渠旣不知云 … 特貸一縷 濟州牧安置 當日押送."〔《철종실록》 13년 7월 25일(병오)〕

11 박제형, 《근세조선정감》(상), 28~29쪽.

그 의미는 "솔개는 하늘을 날고, 물고기는 연못에 노는 것이 순리" 이듯이 "정치인은 근실(勤實)하게 정치에 전념하고 농부는 열심히 농사짓는 것이 본분"이라는 공자(孔子)의 뜻을 전승하려 함이니, 세상 만물은 각기 있어야 할 곳이 있다는 것이다. 세상 사람들은 대개 연비누천(鳶飛淚天: 솔개는 하늘에서 울고)으로 잘못 알고 있는데 淚天이 아니라 戾天인 것을 보니 그것을 쓴 이와 주인의 품격을 알 만하다. 여기서 '戾天'은 '至天'(하늘에 올라)과 같은 뜻이다.

이재형이 세상을 떠났을 때 한 만장(輓章)에 기록되어 있듯이, "왕족의 후손들은 길이 속마음에 새기리라"(璿源後裔 永銘心肝)는 생각은 그의 생애를 지배했다.[12] 그는 '양반의 위엄을 잃느니보다 죽는 편이 낫다'고 생각했다.[13]

이재형은 1914년, 부친 이규응(李奎應)과 모친 양남옥(梁南玉)의 장남으로 태어난다. 이재형의 장남 이홍용(李洪鎔)의 증언에 따르면, 이재형의 어린 시절에 훈도한 분은 할아버지 이수붕(李秀鵬)이었다.[14] 조선왕조 시대의 어느 기록에도 그의 이름이 등장하지 않는 것으로 보아 그는 아마 포의(布衣)였던 것으로 보인다. 그러나 예사롭지 않은 그의 이름으로 볼 때 그는 유가와 노장에 깊은 조예

---

12 전주이씨 대동종약원, 1993, 〈전주이씨 대동종약원 강릉분원장 達榮 哭輓〉, 서울: 전주이씨 대동종약원, 155쪽.

13 봉두완, "아름다운 사랑을 따라간 노정객," 운경재단, 《운경 이재형 선생 평전》, 128쪽.

14 전주이씨 대동종약원, 〈전주이씨 대동종약원 강릉분원장 達榮 哭輓〉, 이홍용의 증언, 124쪽.

가 있었던 것으로 보인다.

이재형의 생애에 배어 있는 정치 양식은 지사형 정치인이라기보다 선비형 정치인이었다. 높지 않은 목소리에 자신이 해야 할 일이 있을 때면 마다하지 않았던 것도 그러한 성품 때문이었던 듯하다.[15] 그는 말을 아끼는 사람이었다.[16] 훗날 국회의장이 되었을 때도 '의장님'이라는 칭호보다 '선생님'이라고 불린 데는 그럴 만한 연유가 있었다.[17]

차남 이두용(李斗鎔)의 증언에 따르면, 선대는 조정으로부터 하사받아 대물림해온 5천~6천 석 농지를 소유했다.[18] 이렇듯 가문의 역사와 조상의 혼이 서려 있는 땅에서 태어난 이재형은 남부럽지 않은 소년 시절을 보낼 수 있었다. 가훈에 따르면, 새 식구는 1년 정도는 부모를 모신다. 손님이 와서 주안상을 내오면 아들들이 무릎 꿇고 옆에 앉아 술시중을 든다. 이재형은 스스로 "마당 쓸고 물 긷고 장작 패는 일은 절대 남에게 시키지 않고 스스로 하는 것이 우리 집안 내력"이라고 말했다.[19] 그가 태어날 무렵 부친 이규응은 서대문에서 정미소를 운영하면서 목재상과 약간의 광산 투자로 재산을 모았다. 만석꾼의 아들로서 명민했던 이재형은 당대 최고의 명문인 경성제일고등보통학교에 입학했다.

---

15 김중위, "해학에 능했던 선비형 정치인," 운경재단, 《운경 이재형 선생 평전》, 70쪽.
16 노신영, "늘 사숙하던 정계 원로," 운경재단, 《운경 이재형 선생 평전》, 90쪽.
17 박인근, "눈물 흘리며 다짐하시던 직선제 개헌안의 주역," 운경재단, 《운경 이재형 선생 평전》, 106쪽.
18 이두용(운경재단 고문) 인터뷰, 2020. 11. 26.
19 방우영, "운경을 생각한다," 운경재단, 《운경 이재형 선생 평전》, 115쪽.

훗날 그의 아우 이재준(李載濬)은 형의 학창 시절에 관하여 이런 회고담을 남겼다.

> 1928년 봄, 4학년 공부를 다 마치고 5학년 진급시험까지 쳤는데 피신하지 않으면 안 될 처지에 놓였어요. 광주학생사건 이후로 학생들 사이에 항일사상이 퍼졌는데 조직적으로 교련이나 영어 선생 같은 사람들을 괴롭히고 천장절(天長節) 같은 때 일본 국가를 부르게 되면 이중삼중으로 불러서 혼란시키고, 시키지도 않은 에스페란토어와 중국어 같은 것을 배우고 다녔더니 불령선인(不逞鮮人)이라고 낙인이 찍혔소이다. 등교를 거부하고 만세 한 번 부르고 허무하게 학교에서 쫓겨나니, 부모님은 괘씸도 하고 겁도 나셨겠지. 그러니까 에이, 학교 가면 뭘 하나 하게 되었어요.[20]

경성제일고보에서 당시 교내 시위를 주동했던 이재형이 교과서 물려받기 운동을 펼치고 비밀독서회를 주도하다가 퇴학당한 것이 광주학생운동(1929년) 이후였으니까 1932년 전후였을 것이다.[21] 이후 이재형은 자신이 민족주의자라 불리는 것을 좋아했다. 그는 배재고보로 옮겨 졸업한 다음 1938년에 일본 주오대학(中央大學) 법학과를 졸업했다. 졸업과 동시에 그는 일본 도쿄에서 실시하는 〈조선일보〉 기자 시험과 금융조합 이사 시험에 모두 합격했으나 금융조합을

---

20 대림산업, 1999, 《大林 60年史》, 서울: 대림산업주식회사, 72쪽.

21 운경재단, 《정치 이전의 것을 하러 왔소》, 28쪽.

선택했다. 아마 가산의 관리와 무관하지 않을 것이다.

이재형은 충남 홍성군 황천금융조합에서 이사 견습을 시작하여 청양금융조합에서 근무하다가 1939년에 경남 합천군 삼가(三嘉) 금융조합 이사로 보임하였다. 1943년에는 서울 서대문 금융조합 부이사로 전근하여 근무하다가 1944년에는 경기도 시흥군 안양금융조합 이사로 일했다. 1945년에는 수원시 수원금융조합 이사로 전동 발령을 받고 부임하자마자 다시 서울 지역으로 전동 발령을 받고 8·15 광복을 맞이했다.

해방 직후에 이재형은 조선금융조합 연합회본부의 사업부로 발령되어 금융 질서를 회복하고 재건하는 역할을 했다. 재임 중에 그는 금융 야구팀을 재편성하고 훈련해 우승을 차지했다.[22] 그의 정치 여정이 그렇거니와 특히 일본어에 능숙했지만 일본인과의 대담에서는 항상 통역을 대동하고 우리말을 사용했다.[23]

그 무렵 아버지 이규응은 맏아들 이재형이 정치의 길로 들어서리라 예상하고 자신의 기업을 둘째 아들 이재준에게 물려주었다. 그것이 이재형으로 하여금 해방 후 철기(鐵騎) 이범석(李範奭)이 이끄는 조선민족청년단에 발을 들여놓게 하는 계기가 되었다. 아버지 이규응은 "형은 정치를 하고, 아우는 기업을 세우라"는 뜻을 두 아들에게

---

22 전주이씨 대동종약원, 《운경 이재형 선생 조의록》, 89~90쪽, 116쪽: 李揆聖의 조사, 김주인의 조사; 운경재단, 《정치 이전의 것을 하러 왔소》, 30쪽.

23 안희경, "만세 부르던 제일고보 동창생," 운경재단, 《운경 이재형 선생 평전》, 149~150쪽.

심어 주었다. 그에 따라 이재형은 정계로 진출했고, 동생들은 기업을 일으켜 오늘의 대림산업(大林産業)을 이루었다.

이재준은 1939년에 인천시 부평역 부근에서 150평 규모의 땅을 사 부림상회(富林商會)를 시작했다.[24] 그들의 상호가 대대로 '숲'〔林〕을 포함했고, '큰 나무'〔大林〕가 국가와 사회를 위해 무엇을 할 수 있는지 생각한 대목에 가훈이나 설립자의 뜻이 담겨 있을 것이다.

이재형의 평소 삶에서 주목할 것은 재벌가 출신으로서 그의 씀씀이다. 보는 이에 따라 그는 인색한 사람이었을 수도 있다. 평생토록 검약과 절제로 일관해온 그는 돈을 낭비하는 것을 용납하지 않았다. 어느 일식집에서는 단돈 3천 원이 더 비싸다고 자리를 옮길 만큼 깐깐한 면도 있었다.[25] 그는 인색함과 너그러움을 구분할 줄 아는 인물이었다.[26]

이재형은 생전에 "나의 재산으로 공익을 위해 많은 일을 하라"는 유언을 남겼다.[27] 그는 고향에 있는 안양고등공민학교가 경영의 어려움을 겪는다는 소식을 듣고 과천면 토지 4천여 평을 희사했다.[28] 한국 정당의 뿌리가 허약한 원인이 당 운용자금을 특정 인물이 부담

---

24 대림산업, 《大林 60年史》, 76쪽.

25 신용남, "두레박 물에는 위아래가 있지," 운경재단, 《운경 이재형 선생 평전》, 147쪽.

26 봉두완, "아름다운 사랑을 따라간 노정객," 운경재단, 《운경 이재형 선생 평전》, 127쪽.

27 전주이씨 대동종약원, 《운경 이재형 선생 조의록》, 125쪽.

28 〈동아일보〉, 1949. 9. 30.

하기 때문이라는 사실을 못마땅하게 여겨, "500원 당비를 모으기 위해 1천 원을 써도 좋다"는 방침을 고수하기도 했다.[29]

이재형은 상공부 장관 시절에 공정과장 신현확(申鉉碻)을 불러 요정 출입을 삼가도록 질책했으며, 남은 판공비의 수령을 거부했다.[30] 공무원들이 술집이나 다방에 드나드는 것을 금지하고 이를 어기면 파면 조치한다는 강력한 영(令)을 내린 적도 있다. 이 지시에 따라 실제로 상공부 과장 한 사람은 다방에 갔다가 3개월 정직을 당했다.[31] 그는 자신의 이러한 삶이 조광조(趙光祖)의 이상주의처럼 끝나는 것이 아닌지 우울하게 고민하곤 했다.[32]

### 2) 심혼(心魂)

그 무렵 약관의 이재형의 흉중(胸中)에 담긴 심리적 유전자가 무엇이었을지 헤아리기란 그리 쉽지 않다. 그러나 그의 심중이 아무리 깊고, 내색하지 않는다 해도 본심을 숨기기는 어렵다. 그의 생애와 행적에서 물이 배어나듯이 나타나는 마음의 바탕은 노장(老莊) 사상이다. 그를 훈도한 할아버지의 함자인 수붕(秀鵬)이 예사롭지 않

---

29 이종찬, "내게 정치를 가르쳐 주신 운경," 운경재단, 《운경 이재형 선생 평전》, 226쪽.

30 신철식, 2017, 《신현확의 증언》, 서울: 메디치, 124쪽; 양순직, "나라 이삭이라도 건지고 가야지!," 운경재단, 《운경 이재형 선생 평전》, 155쪽.

31 운경재단, 《정치 이전의 것을 하러 왔소》, 137쪽.

32 이도형, "조정과 중용, 불굴의 정치인," 운경재단, 《운경 이재형 선생 평전》, 192쪽.

다. 《장자》(莊子)의 첫 구절 대붕(大鵬)을 유념하지 않았다면 그런 이름을 지을 수 없다. 그는 어린 시절 할아버지의 슬하에서 중국의 경전과 서예를 배울 때, 이미 알게 모르게 노장사상을 물려받았다. 그 현상은 그의 삶의 곳곳에서 확인할 수 있다. 그는 지인들에게 "유수부쟁선"(流水不爭先)이라고 쓴 서예를 즐겨 선물했는데, 그 뜻은 "흐르는 물은 앞을 다투지 않는다"는 것이다.

이 말은 《노자》(老子) 제8장을 요약한 것으로서, 그 원문은 다음과 같다.

> 가장 좋은 것은 물과 같다.
> 물은 온갖 것을 이롭게 하면서도 다투지 않는다.
> 뭇사람들이 싫어하는 곳에 머무니
> 그러므로 물은 도에 가깝다.
> (上善若水 水善利萬物而不爭 處衆人之所惡 故幾於道)

이재형에게는 노장의 훈계가 흐른다. 그러한 측면은 그의 이름에서도 잘 나타난다. 그의 한자 이름 李載瀅을 자세히 들여다보면 오행(五行), 곧 금목수화토(金木水火土) 다섯 글자가 모두 들어 있다. 이런 이름은 의도적으로 짓지 않는 한 드문 일이다. 더욱이 瀅 자는 우리의 옥편은 물론이고 《강희자전》(康熙字典)에도 없는 글자로, 그의 할아버지가 작명하면서 독자적으로 만든 글자이다. 이재형 이전에는 이런 한자가 없었다.

어떻게 이런 일이 가능한가? 조선왕조의 왕은 서민이 쓰는 한자와 피휘[33]하는 상례가 있었다. 이를테면 고종의 이름은 이희(李熙)인데 희(熙) 자를 쓸 때 밑의 불 화(灬)를 쓰지 않고 불 화(火)를 밑받침으로 쓴다. 이 제도가 확대되어 선원(璿源: 조선 왕실의 후예)들은 글자를 만들어 이름을 쓰는 경우가 있었는데 李載瀅이 바로 그런 용례다.

그 시대의 정치인이 대부분 그러하듯이 이재형의 정치 행로도 그리 순탄하지 않았다. 남들보다 박해를 덜 받았지만, 그에게도 몇 차례의 정치 휴면기가 있었다. 모두가 스스로의 선택으로 진퇴를 결정한 것이었다. 원인과 뜻이 어디에 있든, 의정활동을 포기한다는 것은 정치인에게 치명타가 될 수 있음을 그가 몰랐을까마는, 자신의 소신을 꺾을 수가 없었던 탓이다. 그는 자신의 진퇴에서 언제나 명분에 따랐고, 그때마다 명문의 출사(出仕)나 은퇴 성명서를 발표해 세인들의 관심을 집중시켰다.

그렇게 진퇴를 결정하기란 쉽지 않았을 것이다. 이재형은 노자의 가르침의 핵심인 "멈추어야 할 곳을 알아야 한다"〔知止〕는[34] 철학을 인지하고 있었다. 정치인에게 흔히 있을 수 있는 일이라고는 하지만, 그의 멈춤은 그의 의지였다는 점에서 남들과 다른 데가 있다. 그의 정치 휴면은 노장사상으로 무장된 독특한 선비 기질을 보여 준

---

33 피휘(避諱): 임금의 함자에 쓴 용어를 서민이 쓰지 못하도록 피하는 왕실의 풍습이다. 중국도 천자의 이름을 피휘하며, 공자를 성인으로 추앙하여 그의 이름도 피휘하여 그의 이름자인 丘를 쓰지 않고 邱를 쓴다. 우리나라의 大丘를 大邱로 쓰는 것이 그 대표적인 사례이다.

34 "이름이 이미 생겨난 연후에는 대저 그칠 줄 알아야 한다. 그침을 알면 위태롭지 아니하다"(名亦旣有 夫亦將知止 知止 可以不殆), 《노자》, 32장.

다.[35] 그는 정치를 즐김이나 호사의 수단으로 여기지 않았다. 이재형의 '멈춤'〔止〕과 '물러남'〔退〕과 '기다림'〔待〕의 철학은 그의 의정활동에서도 잘 나타난다.

정부수립 이듬해인 1949년, 반민특위 문제로 정치권이 어지러울 때 그는 이런 발언을 했다.

> 정부는 지난 제10차 본회의에서 결의한 국무총리 이하의 각료를 전원 퇴진시키기를 거듭 요청함을 결의한 바 있습니다. 다음에 반민특위에 대한 경찰의 불법행동은 즉시 정상으로 회복하고 내무차관 이하의 책임자를 처벌하고, 다음에 여기에 대한 정부의 만족한 조치가 없을 때 국회는 여기에 앉아 있을 필요가 없습니다. … 우리가 물러가는 것은 오늘도 할 수 있고 내일도 할 수 있는 것입니다. 물러가기가 급한 것이 아니고 이 행정부에 대해서 우리의 굳은 결의를 원수(元首)에게 최후로 호소하고, 그것이 틀리면 간다고 소리칠 것 없이 다 갑시다.[36]

이때 이재형의 나이 35세였다. 모두가 그렇지만, 신생국 창설의 초대 국회에서 젊은이로서 국가원수의 진퇴를 제기하는 데에는 담력이 필요했을 것이다. 그러나 그가 말하는 진퇴는 "당신의 진퇴"가 "나도 함께" 또는 "우리가 모두"라는 전제를 담고 있었기 때문에 힘

---

35 이종연, "뒤를 돌아보지 않는 고고한 정치인," 운경재단, 《운경 이재형 선생 평전》, 223쪽.

36 《제헌국회회의록》 3회 13차 회의, 1949. 6. 6. 문법이 맞지 않거나 중복되는 췌사(贅辭)는 문장을 다듬었다.

을 받을 수 있었다.

이재형은 생전에 자신의 정치 입문에 관하여 "정치 이전의 것을 하러 왔소"라는 말을 자주 했다. 그래서 그의 평전 제목도 그렇게 지었다. 그의 글에는 그가 말하는 "정치 이전의 것"이 무엇인지 구체적인 언급이 없다. 그것은 무엇이었을까? 그의 정치행적을 살펴보며 미루어 짐작해 보면 도가(道家)에 가까운 이상사회였을 것이다. 그의 정치적 이상을 가까이서 바라보며 정확히 이해했던 사람은 아마 류근일(柳根一)이었을 것이다.

그는 이재형이 세상을 떠난 뒤 다음과 같은 추모의 글을 남겼다.

> 그러나 운경은 자신이 걷고자 했고 이루려 했던 정치적 목적만은 이루지 못한 분이었음이 분명하다. 그것은 이재형 자신이 그토록 경멸했고 바꿔 보려고 했던 정략 정치, 패거리 정치에 휩쓸리지 않고는 이룰 수 없는 한계를 갖고 있었다. 한국적인 정치상황에서 세력을 결집하지 못했던 이재형의 정치적 한계는 결국 '언제든 떠날 수 있는 자세를 갖춘' 선비형 정치인의 모습을 나타냈다. 그리하여 선생이 정계 일선에서 물러나고 또 이승을 떠나면서 이 나라에서는 선비형 정치, 풍류 정치는 막을 내리고 말았다.[37]

류근일의 추모사는 이재형의 쓸쓸한 뒷모습을 보는 것 같다. 그것은 그의 참모습이었을 것이다. 그는 평생 가까운 듯하면서도 멀었

---

37 류근일, "잉어가 놀라겠다!," 운경재단, 《운경 이재형 선생 평전》, 95쪽.

던 유진산(柳珍山)의 권모술수를 견디기 어려웠을 것이다. 그리고 물러나는 것이 차라리 가문과 자신의 이름에 얼룩을 입히지 않은 채, 깨끗한 이름을 남기는 길이었을 것이다.

## 3. 중도노선 앞에 넘치는 파고(波高)

신생국가의 건설 과정에서 나타나는 개혁이라는 명제를 놓고, 진보와 보수의 갈림길에서 가장 중요한 가치가 무엇인가에 대해 각기 처지나 입장이 다를 수 있다.

동양과 서양에서 공통으로 인정받는 미덕은 아마 "지나치지도 않고 부족하지도 않음"〔中庸〕일 것이다. 그러기에 공자도 "모름지기 그 중심을 잡으라"〔允執厥中〕고 가르치면서[38] "나라와 가정을 다스리는 사람은 부족함을 걱정하는 것이 아니라 고르지 못함을 걱정한다"고 말했다.[39] 아리스토텔레스도 '중용'을 최고의 미덕으로 칭송했다.[40] 몽테스키외는 중용의 정신을 높이 평가하면서, "그것이 입법자의 정신이어야 한다. 정치적 선(善)은 도덕적 선과 마찬가지로 언제나 두 극단 사이에 있다"고 주장했다.[41]

---

38 《논어》, 〈堯曰〉.

39 孔子曰 "丘也聞有國有家者 不患寡而患不均," 《논어》, 〈季氏篇〉.

40 Aristotle, *Politics*, Book II, Chap. 16.

41 Baron de Montesquieu, *The Spirit of the Laws*, Vol. II, p. 156, Book XXIX, § 1.

정치적 정향(定向)으로 볼 때, 중도노선은 철학이라기보다는 기질이나 성격으로 보는 것이 옳다.[42] 따라서 그들의 행위는 이성적이라기보다 정서적인 경우가 많다. 그들은 세상을 바라보는 지혜를 가졌고, 역사의 안목도 지녔다. 다만 그들은 질주하고 싶지 않을 뿐이다. 그들은 이지(理智)를 갖추었으며, 그 선택은 문화적 정향에 기울어 있다.

중도주의자들은 급진적 좌파나 반동적 우익들처럼 극단적 쟁점을 제시하지 않으며, 행동이 민첩하지도 격렬하지도 않다. 따라서 그들은 좌우익 모두로부터 적의(敵意)와 질시를 받는다. 해방정국에 대한 기존 논리는 우파와 좌파의 대립을 과장했지만, 사실 그보다 우파의 내부, 좌파의 내부 투쟁이 더 격렬했다. 해방정국을 굳이 대립으로 이해하고자 한다면, 그것은 극단파와 온건파의 대립이었다. 이런 상황에서 온건파가 이기는 경우란 없다.

### 1) 초대 조각(組閣): 김구와 이승만의 만남과 헤어짐, 그리고 이범석

1948년 좌익진영의 반대투쟁에도 5·10 선거는 유권자의 75%가 등록했고, 등록유권자의 95.2%가 참여했다.[43] 이어 7월 17일에 헌법

---

42 Leon P. Baradat, *Political Ideologies: Their Origins and Impact*, Englewood Cliffs: Prentice Hall, 1994, pp. 20~21; 신복룡 외 역, 2005, 《현대정치사상》, 서울: 평민사, 53쪽.

43 심지연, 1995, "해방의 의미와 해방정국의 전개," 《한국현대정치사》, 서울: 법문사, 7쪽.

을 공포하고, 8월 15일에 정부수립을 선포했다. 이재형은 1948년 정부수립을 앞두고 경기도 시흥에서 제헌국회 의원으로 당선되었다. 5월 10일에 시행된 제헌의원 선거에서는 무소속 후보가 대거 출마해 해방정국에서의 불안정한 정당구도가 그대로 나타났다. 전체 948명 출마자 가운데 417명(44%)이, 당선자 200명 가운데 85명(42.5%)이 무소속이었다.[44]

5월 31일에 국회의 개원과 더불어 수행할 첫 과제는 국회의장단을 선출하는 일이었다. 제주 4·3 사건의 여파로 말미암아 그곳의 의원을 제외한 국회의원 전원 198명이 투표에 참여했다. 그 결과 188표를 얻어 이승만(李承晩)이 국회의장에 당선되었고, 뒤이어 신익희(申翼熙)와 김동원(金東元)이 부의장에 뽑혔다. 이와 같은 이승만의 압도적 당선은 그 시대의 정치인과 국민에게 "이승만의 절대 지지"라는 착시를 일으켰다.

그러나 이승만의 정치적 기반은 그에 대한 민중의 찬양과는 달리 취약했다. 제헌국회 개원 당시의 원내 세력분포를 보면 198명 의원 가운데, 대동청년당이 14명, 조선민족청년단이 6명, 기타 정당 단체 소속이 11명, 무소속이 85명이었다. 한국민주당은 본디 당적을 가지고 당선된 의원이 29명에 불과했지만, 소속이 분명치 않은 의원들을 영입하여 60여 명의 의석을 차지하는 원내 세력으로 부상했다.[45]

---

44 심지연, 2009, 《한국정당정치사》, 서울: 백산서당, 51~52쪽.

45 윤치영, 1991, 《윤치영의 20세기》, 서울: 삼성출판사, 236쪽.

미국이 이승만을 적극적으로 지원했다는 주장은 그들의 자평이었을 뿐 사실과 거리가 있었다. 외교적 수사(修辭)와 현실은 많이 달랐다. 정권의 핵심부에서 이승만과 미국의 관계가 예상했던 것만큼 우호적이고 굳은 동맹관계가 아니라는 것이 알려졌을 때 이승만의 기반은 크게 흔들렸다. 그럼에도 미국이 이승만을 지지하는 쪽으로 흘러간 것은 당시 사회주의 사조가 압도하던 민중적 분위기에서 대통령직선제로 가면 좌익이 승리하리라는 우려가 있었기 때문이다.

여기서 이승만이 왜 김구(金九)나 토착세력인 김성수(金性洙)와 제휴하지 않고 먼 인연의 이범석과 제휴했는지 알려면, 당시의 정치지형을 살펴볼 필요가 있다. 이 시점에서 군정과 그 뒤를 이은 군사고문단은 이승만보다 김규식(金奎植)을 더 선호하는 입장이었다. 군정사령관 하지(John R. Hodge)는 정가 요인들을 불러 "미국 국무성이 앞으로 수립될 정부 수반으로 김규식 박사를 지지하고 있으니 이 박사에게서 손을 떼라"고[46] 노골적으로 협박에 가까운 압력을 가했다.

이와 관련하여 윤치영은 다음과 같은 증언을 남겼다.

> 이 무렵은 미군정의 총책임자 하지 장군이 이 박사가 다니던 배재학당의 영어교사이자 선교사였던 노블(William A. Noble) 목사의 아들 노블(Harold Noble: CIA 한국지사장) 박사를 앞세워 이 박사가 자기들의 정

---

46 장택상, "滄浪遺稿," 장병혜 편, 《상록의 자유혼》, 268, 312~313쪽.

책에 유유낙락(悠悠樂樂, *sic*) 하도록 하려고 협박과 회유의 양면 작전을 노골적으로 펼치던 때였다. 이 박사가 끝내 미군정에 협력하지 않을 경우, 자기들은 즉각 남한에서 철수할 것이며 북쪽의 소련군이 밀고 내려와도 할 수 없는 일이라고 으름장을 놓는 경우도 비일비재하였다.

UN한국위원회(UNCOK)가 입국한 뒤로도 하지 장군은 이면에서 이 박사보다는 김규식 씨를 내세워 미군정의 종래의 정책을 따르도록 하려는 속셈을 드러내기도 하였지만, 한국 문제는 이미 미국으로부터 UN으로 이관된 것이고 미군정을 지휘하는 본국 정부의 주관 부서도 〔전쟁성에서〕 국무성으로 바뀌어 있었다.[47]

하지 사령관이 보기에, 이승만은 히틀러 같았고, 김구는 알 카포네 같았고, 김규식은 미국 부통령 월리스(Henry A. Wallace) 같았고, 김일성(金日成)은 작은 스탈린 같았다.[48] 그사이에 새로 부임한 주한 미국대사 무초(J. J. Muccio)는 이탈리아계 미국인으로[49] 교활한 외교관이었다.

이러한 상황에서 1948년 7월 20일 이승만은 국회에서 출석의원 196명 가운데 180표를 얻어 대통령에 당선되었다. 김구는 13표, 안재홍 2표, 서재필을 찍은 무효표는 1표였다. 그 득표수가 상징적이다. 7월 24일에 이승만은 대통령에 취임했다. 이승만에게 주어진 첫

---

47 윤치영, 《윤치영의 20세기》, 195~196쪽.

48 Bruce Cumings, 1990, *The Origins of the Korean War*, Vol. II, Princeton: Princeton University, pp. 192~193.

49 윤치영, 《윤치영의 20세기》, 224쪽.

책무는 국무위원을 지명하는 것이었다. 국내의 지지기반이 미약했던 이승만으로서는 당연히 국내파 지도자 김성수를 먼저 주목했다.

이에 대한 이야기는 장택상의 회고록에 남아 있다.

> 이승만 박사가 나〔장택상〕를 보내어 김성수 선생을 무임소장관으로 내각에 끌어들이려다가 실패했는데 다시 시도해 보라 했다. 그래서 무슨 장관을 맡기시려느냐고 물었더니 무임소장관이라 했다. 내가 김성수 선생을 찾아가 그 말을 전달했다가 일언지하에 거절당하고, "그런 말 하려면 다시 오지도 말라"고 면박을 들었다. 며칠 뒤에 무임소장관 이청천(池青天) 장군을 만났더니 자기도 그만두겠다고 했다. 그래서 그 연유를 물으니 "싹수를 보니 틀렸어. 싹이 노랗단 말이야" 했다.50

이러한 우여곡절을 거치면서 정부수립과 함께 이승만 대통령은 초대 내각의 각료를 발표했다. 어수선하고 허술한 정부수립 과정에서 그는 먼저 내각을 구성했다.

8월 3일과 4일에 걸쳐 이루어진 내각을 발령일자 순으로 살펴보면 다음과 같다.

- 재무부 장관: 김도연(金度演: 김포, 컬럼비아대학, 제헌의원, 한민당)
- 법무부 장관: 이인(李仁: 대구, 메이지대학, 과도정부 검찰총장)
- 국방부 장관: 이범석(李範奭: 서울, 중국 윈난강무학교, 광복군)

---

50 장택상, "滄浪遺稿," 장병혜 편, 《상록의 자유혼》, 331~332쪽.

- 농림부 장관: 조봉암(曺奉岩: 강화, 모스크바공산대학, 조선공산당, 제헌의원)
- 교통부 장관: 민희식(閔熙植: 서울, 네바다주립대학, 군정청 운수부장)
- 내무부 장관: 윤치영(尹致暎: 서울, 아메리칸대학, 독촉, 제헌의원)
- 문교부 장관: 안호상(安浩相: 의령, 뮌헨대학, 서울대 교수)
- 사회부 장관: 전진한(錢鎭漢: 문경, 와세다대학, 대한노총위원장, 제헌의원)
- 상공부 장관: 임영신(任永信: 금산, 남가주대학, 민주의원, 여자국민당, 중앙대 학장)
- 체신부 장관: 윤석구(尹錫龜: 서천, 황포군관학교, 군산건준위원장, 제헌의원)
- 외무부 장관: 장택상(張澤相: 칠곡, 에든버러대학, 수도경찰청장)
- 무임소장관: 지청천(池靑天: 서울, 광복군 총사령관, 대동청년단)
- 무임소장관: 이윤영(李允榮: 영변, 숭실사범학교, 감리교 목사, 제헌의원)
- 공보처장: 김동성(金東成: 개성, 오하이오주립대학, 조선일보 편집국장)
- 법제처장: 유진오(兪鎭午: 서울, 경성제대, 보성전문학교 교수, 헌법기초위원)

제1차 내각 구성에 가장 강력하게 반발하고 나선 것은 한국민주당(한민당)이었다. 그 첫째 이유는 김성수를 국무총리에 임명하지 않았기 때문이다. 특히 수석 각료에 앉은 장택상이 첫 지탄의 대상이었다.[51] 초대 내각의 구성에 불만을 가진 한민당은 당초 20여 명에 불과

51 윤치영, 《윤치영의 20세기》, 213쪽.

했던 당 소속 의원이 시류에 따라 커지는 소장파 세력에 맞서기 위해 또한 이 대통령의 독주를 견제한다는 명분을 내세우며 당세를 확장했다. 1949년 2월 10일에는 대한국민회(大韓國民會)를 만들었던 신익회 의원 세력과 대동청년단의 지청천 의원 세력을 규합하여 민주국민당으로 개편하고 새로운 출발을 했다.[52]

초대 내각 구성에서 이승만은 김구의 임정계를 완전히 배제했다. 한민당 출신은 김도연 한 명만 입각했다. 장택상은 한민당의 창당에 관여했을 뿐 정식 당원은 아니었으며, 윤치영과 임영신은 한민당의 입당을 거절했다. 스스로 구미파로 자처했던 그들은 토착 지주세력에게 우호적이지 않았다. 친일의 흠결이 있는 사람은 윤치영과 유진오뿐이었다. 이를 보면 이승만을 한민당이나 친일지주와 함께 엮는 것은 사실과 다르다.

조각은 마쳤지만 국무총리 지명과 동의에서 이승만은 실수했고, 그 초기의 상처가 그의 정국 운영에 장애가 되었다. 이승만이 보기에 국무총리는 대통령을 보필하는 수석비서 정도였기 때문에 인물에 중점을 두지 않았던 것이다.[53] 이런 상황에서 이승만은 종로구 제헌의원 이윤영을 총리로 임명했다. 이윤영은 북한에서 월남하여 무당무파였으니 권력 편중이나 세력 확장도 우려할 것이 별로 없었다. 또 개인의 위인도 권모술수에 능하거나 재주꾼 같아 보이지 않

---

52 위의 책, 235쪽.

53 위의 책, 208쪽.

왔던 것이 이승만이 그를 선택한 동기였다.[54]

그러나 예상과 달리 국회에서 재석의원 193명 중 찬성 59표, 반대 132표로 이윤영의 국무총리 지명 안이 부결되었다. 이재형의 회고에 따르면, 이윤영이 부결된 이유는 당시 불쾌하게 얽힌 남북관계에서 이북 출신에 대한 한민당의 거부감이 작용했기 때문이다.[55]

이재형은 이와 관련하여 다음과 같은 회고담을 남겼다.

> 이 대통령이 백사(白史, 이윤영)를 국무총리에 지명한 이유라면 … 남한에서 백사의 정치적 역량, 제보 등에 치중해서 국무총리에 지명한 것이 아니고, … 북한에 있는 조선민주당의 부당수였던 이윤영, 당수 조만식(曺晩植) 선생이 월남하지 못한 데 대한 애절한 향념(向念), … 대통령은 월남하지 못한 북한 동포에 대한 대한민국으로서의 배려를 생각해서 조민당 부당수인 이윤영을 국무총리로 지명하였던 거야.[56]

이윤영이 이북 출신인 것이 거부에 영향을 미친 것은 사실이지만, 더 중요한 것은 이승만을 동반자로 생각했던 무소속의 배신감이었다. 그들은 먼저 한국이 기독교를 국교로 하는 국가도 아닌데 독선적으로 목사를 무임소장관을 거쳐 국무총리로 임명하는 절차를 밟았다고 일부에서 불만이 있던 뒤라 더욱 뒷말을 듣게 되었다.[57]

---

54 이윤영, 1984, 《白史 李允榮 회고록》, 서울: 사초, 141쪽.

55 운경재단, 《정치 이전의 것을 하러 왔소》, 45쪽.

56 이윤영, "이재형 선생이 본 백사," 《白史 李允榮 회고록》, 217쪽.

실수는 이승만 못지않게 이윤영에게도 있었다. 당초 1948년 5월 31일에 역사적 제헌국회 개막식이 열리자 이승만 의장은 이윤영 목사에게 개회 기도를 부탁했다. 이윤영은 오늘의 기쁨을 말하고 애국지사와 미국 및 UN에 감사했다. 또한 북한 동포들을 걱정하고 토지개혁과 교육 문제에 대한 기도까지 이어갔다.[58] 장황한 기도에 기독교인조차 민망히 여겼다. 기독교 국가에서도 있을 법하지 않은 이 돌발 사건은 이승만과 이윤영의 실덕(失德)으로 이어졌으며, 이윤영 총리 표결에 좋은 영향을 주었을 리 없다.

훗날 이윤영은 자신의 낙마를 정치적 희생으로 돌렸다. 애국지사요, 임시정부 초대 대통령으로서 독주하는 이승만의 고집을 좀 꺾어야겠다는 야당의 맹목적 감정도 작용했겠지만, 함께 남하한 김동원 의원의 방해공작 때문이었다고 이윤영은 회고했다.[59]

이승만은 몹시 당황했다. 그는 무소속이 압도적인 국회에서 그나마 29석을 차지한 한민당에 도움을 요청했다. 당시 한민당은 91명이 출마하여 29명이 당선되었으며, 영향을 미치는 숫자가 적지 않아 원내 최대세력을 형성하고 있었다. 뿐만 아니라 독립촉성중앙협의회와 대동청년단, 조선민족청년단의 이름으로 출마, 원내 최대세력에 영향을 미치고 있었다. 그 결과 한민당 계열로 헌법기초위원회 위원에 14명이 뽑히는 잠재적 거대 정당이었다.[60] 이승만으로서는

---

57 윤치영, 《윤치영의 20세기》, 209~210쪽.

58 위의 책, 203쪽.

59 이윤영, "이재형 선생이 본 백사," 《白史 李允榮 회고록》, 141, 157~158, 353~354쪽.

선택의 여지가 좁았다.

여기서 고려할 사항은 이승만과 한민당의 관계다. 당초에 한민당이 이승만을 선택한 것은 사실이지만, 부통령을 기대했던 김성수의 탈락으로 소원한 상태였다가, 다시 이범석 총리 동의안 협조를 통해 가까워진 듯했다. 그러나 내면을 살펴보면, 이승만이 한민당을 선택했다기보다 한민당이 생존 전략으로 이승만을 선택했다고 할 수 있다.

따라서 이승만과 한민당의 제휴는 화학적 결합이 아니라 물리적 집합이었고, 그 응집력이나 동류의식은 외관으로 보기보다 취약했다. 이승만은 자신을 따르던 추종자만으로 국가를 경영할 수 없었다. 애국지사로서의 명성이 퇴색하면서 대외적으로 나타난 것보다 입지가 훨씬 취약해졌을 때 그는 어떻게 카드를 버리는지 잘 알고 있었다.

여기서 한 가지 풀고 가야 할 문제는 임시정부라는 거대 세력과 명성 그리고 국민의 지지에도 김구는 왜 배제되었는가 하는 문제이다. 이 문제의 단초를 보면 이승만과 김구는 귀국하는 모습부터 달랐다. 내심이야 어찌되었든, 미군정은 이승만에게 호의를 보였다. 김구에 대한 미국의 태도는 냉랭했는데, 이 부분은 김구에게도 책임이 있다. 김구는 자신이 새 국가 건설의 법통이라는 자부심을 가지고 있었다. 이승만과는 오래전부터 위임통치 파동과 임시정부 대통령 탄핵 사건(1925년)으로 서로 씻을 수 없는 앙금이 쌓여 있었다.

이에 대해 장택상은 가슴 저린 회고록을 남겨 놓았다.

---

60 김준연, 1949, 《독립노선》, 서울: 홍한재단, 26쪽.

주석 김구 씨가 귀국하여 서대문의 고(故) 최창학(崔昌學)의 집에 자리 잡았을 때, 김성수, 송진우, 조병옥, 백관수, 김준연, 허정, 그리고 나는 귀국한 김구 씨를 만나러 서대문 최창학의 집〔竹添莊〕을 찾아갔다. 오후 3시에 문 앞에 도착하니 일본식 장총을 멘 경비원 5~6명이 서 있었다. 우리는 여섯 사람의 명단을 내놓고 주석을 만나러 왔다고 뜻을 전했다. 그 가운데 두 사람이 우리 명단을 받고 우리보고는 "문밖에 서 있으라" 하고는 안으로 들어갔다. 우리는 문밖에 서 있었다.

그러나 약 한 시간이 지나도 명단을 갖고 들어간 사람은 그림자도 나타나지 않았다. 우리는 추운 날씨에 장구한 시간을 서 있가도 어려워, 할 수 없이 문밖에 맨땅 위에 그대로 주저앉았다. 약 한 시간 반 뒤에 이자가 나타나더니 "주석이 바쁘시니 더 기다리라"고 명령하다시피 말하고는 그대로 들어가 버리고 말았다. 그래서 우리는 3시간을 추운 날씨에 맨땅 위에 그대로 앉아서 기다렸다.

6시가 좀 지나자 자칭 주석의 비서 격이라는 김석황(金錫璜)이라는 사람이 나타났다. 백관수가 아는 터라 "이미 해가 저물었으니 좀 만나게 해달라"고 간청하였다. 그가 들어갔다가 나오더니 "면회가 좀처럼 어려우니 좀 기다려 보라"고 말하고 자취를 감추었다. … 허정 씨가 불같이 화를 냈다. … 다시 30분이 지나 웬 중국옷 입은 자가 나타나더니 우리를 옥내로 안내했다. 우리는 그자를 따라 일본식으로 된 최창학의 집 2층 방문을 열고 들어섰다. 주석 김구 씨는 좌석에 앉은 채로 요지부동, 우리 여섯 사람의 큰절을 차례로 받았다. 우리는 임정이 귀국한 인사말을 올리고 물러 나왔다.[61]

---

61 장택상, "滄浪遺稿," 장병혜 편, 《상록의 자유혼》, 186~187쪽.

당대의 지도층 인물 7명이 엄동설한에 경교장 담장 밖 맨땅에 앉아 3시간 반을 기다릴 때 그 심정이 어땠을까. 아무리 전직 국가수반이었다 해도 앉은 채로 절만 받고 말없이 손님을 돌려보냈을 때 이를 겪은 사람은 이념과 국가관을 초월하는 모멸과 갈등을 느꼈을 것이다.

이런 점에서 해방정국의 갈등을 이념으로 설명하려는 것은 잘못된 것이다. 그들의 갈등은 사사로운 애증이었고 보대낌이었으며 '주판 놀음'이었다. 해방정국에서 정치적 시선이나 지표는 정치적 후각에 우선하지 않았다. 정치적 애증이 이념을 압도했다.

## 2) 조선민족청년당의 등장과 이재형의 입지

이범석은 1946년 6월 22일에 배편으로 귀국했다. 해방 직후에 귀국했다가 여의도 비행장에서 미군의 제지를 받고 중국으로 되돌아갈 때부터 그는 마음을 매우 크게 다친 상태였다. 중국에서 다시 귀국한 그는 1946년 10월 12일에 비정치 비군사(非政治 非軍事)를 선언하며 천도교당에서 조선민족청년단(朝鮮民族青年團, 약칭 族青)을 창단했다. 백낙준, 김활란, 현상윤, 정인보, 조소앙 등이 창단식에 참석하여 축하했다. 안춘생(安椿生)이 훈련부장을 맡았다. 그들의 전성기인 1949년에 단원은 호왈백만 명이었다.[62]

---

62 이재형은 족청이 가장 번창했을 때 단원이 130만 명이라고 주장했다(운경재단, 《정치 이전의 것을 하러 왔소》, 49쪽).

당초 "비정치"라는 표어와 달리 2차 미소(美蘇) 공동위원회 이후, 1947년부터 족청은 정치세력으로 변모하여 우익의 입장에서 남한 단독선거를 지지했다. 이러한 변모는 초심을 잃은 것이 아니라 시대가 그것을 허락하지 않았기 때문이다. 총선 결과 소속 정파를 족청으로 밝히고 입후보한 20명 가운데 홍희종, 이정기, 정균식, 문시환, 안준상, 강욱중 등 6명이 당선되었다. 무소속이나 타 정파로 당선된 인사는 이재형, 윤재근, 김웅권, 김웅진, 연병호, 윤병구, 신상학, 홍범희 등 모두 14명이었다.[63]

그 무렵 우익의 집결이 필요했던 군정에서 청년운동에 예산을 지원하게 되었다. 따라서 조선은행 이사인 백두진과 감사인 유창순, 송정범이 음으로 양으로 자금을 지원했다. 산만하던 청년단체가 족청으로 통합된 것은 비교적 유족한 재정의 경제적 지원과 무관하지 않았다.[64]

족청의 여세를 몰아 이범석은 초대 국방부 장관으로 발탁되었다. 전설 같은 청산리 전투와 광복군의 법통을 이어받은 이범석은 대동청년단의 이청천을 제치고 국방부 장관에 발탁될 만큼 족청의 위세는 높았다. 당시 미국은 해외 독립운동 진영 가운데 좌우익 극단에 소속하지 않은 인사를 경비대에 영입할 계획을 세우고 있었다. 그런 가운데 족청은 다른 우익단체처럼 격렬한 반공이나 극우적 이념을

---

63 운경재단, 《정치 이전의 것을 하러 왔소》, 49쪽.

64 백두진, 1976, 《백두진 회고록》, 서울: 대한공론사, 77쪽.

표방하지 않았던 점도 긍정적으로 작용했다.[65]

이승만은 김성수에게 윤치영을 보내 이범석에 대한 동의안 표결에 협조를 요청했다. 또 국회 내 비한민당 계열 의원들까지 표를 몰아주어 8월 2일에 이범석 국무총리 임명이 국회 인준을 받았다.[66] 조각 과정에서 이인과 장택상은 이범석을 지지했다.[67] 이범석은 김성수를 만나 12부 4처 가운데 6석을 한민당에 배정한다는 거래로 이범석의 총리 지명을 얻어내는 데 성공했다.[68] 그러나 거래와 달리, 이승만의 반대에 봉착하여 이범석의 약속은 이루어지지 않았다.

아마도 이범석은 장개석(蔣介石)을 롤모델로 삼았을 것이다. 열혈한 우국주의, 반공주의, 배일사상이 뒤섞인 그의 행로는 더 큰 꿈을 가지고 있었을 것이다. 그의 카리스마도 도움이 되었다. 말 위에 우뚝 선 그의 인상은 마상(馬上)의 만주 군벌(軍閥) 같았다. 그의 비서였던 강영훈의 증언에 따르면, 이범석은 영어·러시아어·일어·중국어에 능통했다.[69]

막상 이범석 국방부 장관이 겸임 국무총리로 임명되자 그에 대한 기피 세력이 등장했다. 그들의 논리는 국방부 장관이 족청 단장이기도 하므로 이들의 세력이 강화되는 데 대한 견제책으로 국무총리와

---

65 강영훈, 2016, "철기 장군 이범석시대 회상," 이범석, 《우등불》, 서울: 백산서당, 362쪽.

66 윤치영, 《윤치영의 20세기》, 211쪽.

67 박용만, 1986, 《제1공화국 경무대 비화》, 서울: 내외신서, 57쪽.

68 인촌기념회, 1973, 《인촌 김성수전》, 서울: 인촌기념회, 552쪽.

69 강영훈, "철기 장군 이범석시대 회상," 이범석, 《우등불》, 378~379쪽.

국방부 장관을 겸직하게 해서는 안 된다는 것이었다.

여수·순천사건이 일어난 지 3개월이 지난 1949년 2월 시국수습대책위원회는 그동안 수정에 수정을 거듭하던 대정부 건의안을 확정하여 본회의에 제출하였다. 이 건의안은, "겸임 아닌 전임 국방부 장관을 두고 긴급 다단한 군무에 전력케 할 것"이라는 항목이 들어 있었다. 그 말은 국무총리와 국방부 장관을 겸직하는 이범석에게서 군권을 빼앗아야겠다는 의도가 분명했다.

이러한 주장을 반격한 사람이 곧 이재형이었는데, 그는 이렇게 반론했다.

> 여수·순천에서 일어나는 이 반란이 바야흐로 전국적으로 미만(彌漫)해서 발전될는지, 또 반란 이외에 어떠한 형태로 이것이 계속해서 야기될는지 그 판단을 하기 매우 어렵습니다. … 우리가 정부는 계엄령도 즉시 해제하고 군경 직책의 한계도 명확히 하지 않으면 안 되고, … 이 나라의 행정에 모든 혼란과 파탄이 국방부에만 있는 것이 아니고 산업, 경제, 내무 행정, 외무 행정 모든 행정에 있는 것입니다. 반란 지대를 토대로 해서 말하는 건의안에 이런 안〔겸임불가안〕을 넣지 않으면 안 되겠다는 것은 모든 각료에게 요구도 해볼 것이고, 또 그보다도 근본적인 문제에 대해서도 수습대책위원회가 왜 따지지 않느냐 이러한 말씀이요.[70]

---

70 《국회회의록》 제헌국회 2회 23차, 1949. 2. 5.

이 무렵 정계에 투신한 이재형은 정치적으로 무소속을 표방하면서도 몸은 족청에 담고 있었다. 그는 생전에 자신이 어떤 인연으로 이범석을 만나게 되었는지에 대한 글을 남기지 않았다. 아마 그 무렵 여느 청년들이 그랬듯이, 해방의 감격과 청년의 혈기 그리고 이범석의 기백에 대한 경외감이 그를 족청으로 이끌었을 것이다. 인생은 지나고 보면 운명인 경우가 많다. 인연이라면 이범석이 이재형의 경성제일고보 선배라는 것밖에 짐작 가는 것이 없다.

이재형은 훗날 자기의 삶을 회상하며 이런 말을 남겼다.

"그게 다 철기(鐵驥) 선생한테 배운 거여 … 꿋꿋하게 자신을 지키며 산다는 게 얼마나 어려운지 알어?"[71]

한편 이제까지 소장파 논객으로서 청구회를 이끌어왔던 이재형은 1949년 9월 21일, 국회 수립 이후 첫 교섭단체 등록이 시작된 제5회 국회가 개회되자 소속 의원 23명과 함께 청구회(靑丘會)를 신정회(新政會)로 개칭하여 교섭단체 등록을 마쳤다.[72] 그가 대체로 지주계급의 이익을 대변하던 한민당을 선택하지 않고 족청을 선택한 것은 예사롭지 않다.

이재형은 자신이 한민당을 기피하는 이유를 다음과 같이 피력한 적이 있다.

---

71 봉두완, "아름다운 사랑을 따라간 노정객," 운경재단, 《운경 이재형 선생 평전》, 122쪽.

72 운경재단, 《정치 이전의 것을 하러 왔소》, 83~84쪽.

우리 국회에는 자기네가 하는 것이 다 진리이고 자기네가 하는 것이 국회법이고 이런 것만을 고집하는 한 패가 있어요. … 그것이 소위 한민당 계열이라는 것을 우리는 여기에서 지적하는 것입니다.[73]

그러나 이범석은 무인이었지 '정치적'이지 않았다. 애국투사로서의 이미지가 식어갈 무렵 족청은 온갖 정치세력의 견제를 피할 수 없었다. 그것은 이승만도 마찬가지였다. 그 역시 족청이라는 거대한 조직을 가진 이범석을 정권의 2인자로 앉혀 놓기에는 부담이 클 수밖에 없었다. 정치권의 집요한 공격, 주변의 비방과 이승만 자신의 독선은 이범석을 이 기회에 완전히 꺾어 버리자는 계산이었다.[74]

이범석에 대한 정적(政敵)들의 비방도 정치적 금도를 넘어섰다. 정적들은 철기의 얼굴이 일본의 전범 도조 히데키(東條英機)를 닮았다느니, 그대로 두면 히틀러를 꿈꾸는 위험한 인물이 될 것이라느니 하면서 험구했다.[75] 족청은 무솔리니의 흑셔츠단이나 히틀러의 갈색셔츠단과 마찬가지로 카키색 제복을 입었다. 그것도 구설이 되어 국민에게 두려움을 주었다.[76]

1949년 1월 5일 이승만이 족청 해산령을 내려 "국무총리를 사임하든 족청을 유지하든 하나를 선택하라"고 지시했다. 정치적으로 볼 때

---

73 《국회회의록》 제헌국회 6회 58차, 1950. 3. 21.

74 운경재단, 《정치 이전의 것을 하러 왔소》, 62쪽.

75 강영훈, "철기 장군 이범석 시대 회상," 이범석, 《우등불》, 383쪽.

76 박용만, 《제 1공화국 경무대 비화》, 92~93쪽.

당내 숙청 이유는 대체로 대동소이하다. 첫째, 모함에 따른 경우, 둘째, 당사자의 배신에 따른 주군의 분노, 셋째, 당사자의 과대 성장에 따른 주군의 위기의식 등이다. 이범석은 셋째 이유에 해당한다.

이러한 정치기류에 가장 격렬히 저항한 사람은 이재형으로 국회에서 이렇게 항변했다.

> 어떠한 직과 그 직에 배치하는 인물에서 그것을 구별해서 두는 것보다도 한 사람으로 하여금 겸임시킬 적에 보다 더 인적 배합과 유기적인 관련을 맺는 것도 세계에 허다히 있는 것입니다.[77]
>
> 우리가 대통령중심제하에서 정부 불신임의 권리를 국회가 가지고 있지 않음으로써 제출한 이 정부 불신임 결의가 하등의 효과가 없을 것이라는 이야기가 있습니다마는, 적어도 현 정부의 정책을 우리가 시정할 수 없고 국정의 일체 개선과 진전은 그네들의 퇴진・쇄신으로 말미암아 기대할 수 있다는 전제하에서 민의를 대표해서 그러한 결의를 했다면, 정부가 제출한 일체의 정책 법률안, 예산안 이러한 것을 우리가 신뢰할 수 없다고 결정한 정부 당국의 정책 … 을 또한 신임할 여지조차 없습니다. …
>
> 우리는 대통령중심제라는 것이 혼란기의 정치 안정을 기하기 위해서 우리가 만들어 놓은 것입니다. 다른 사람이 만들지 않고 우리가 만들었던 것입니다. … 그러나 우리는 이 이상 불법이 없는 것이요, 이 이상 민주주의가 유린한 것이 없다고 하는 것을 잘 알고 있지 않습니까.[78]

---

77 《국회회의록》 제헌국회 2회 23차, 1949. 2. 5.

78 《국회회의록》 제헌국회 3회 13차, 1949. 6. 6.

이러한 저항에도 이범석은 결국 1949년 1월 15일에 족청을 해산했다. 이미 이범석을 견제하기 시작한 이승만은 대책위원회의 건의를 받아들여 3월 20일에 그를 국방부 장관에서 해임했다. 족청이 해산된 지 한 달여 만의 일이었다. 해산의 명분은, "모든 청년단체를 해산하고 통일단체를 만드는 것은 그 목적이 곧 건국 청년의 통일조직으로 … 유독 민족청년단만이 자체 문제로 시일을 지연하여 국가대사 진행에 지장이 되기에 이를 유감스럽게 여겨 해산토록 한다"는 것이었다.[79]

이에 대하여 강영훈은 다음과 같은 회고담을 남겼다.

> 조선민족청년단은 이범석이 심혈을 기울여 조직, 훈련해온 청년단체로서 히틀러 유겐트처럼 운명을 함께할 수 있는 청년조직이었다. 그러나 모든 청년단체는 전시의 군 예비병력으로 활용할 수 있도록 1948년 10월 14일 신성모(申性模) 씨를 단장으로 하는 대한청년단으로 통합되었다. 통합의 이면에는 철기의 세력을 견제, 무력화하기 위하여 기회를 노리던 정치세력의 움직임이 있었다.
>
> 항간에는 전국 조직을 가진 족청의 철기를 그대로 두면 그를 중심으로 하는 쿠데타가 일어나리라는 풍설이 있었는데, 거기에는 허정 씨를 중심으로 하는 '7인조'라는 정치그룹이 있었다. 7인조의 임무는 모든 청년단체를 대한청년단으로 통합한다는 구실로 족청을 해산하고, 철기를 국방부 장관에서 해임하는 것이었다. 7인회에는 허정과 신성모

79 운경재단, 《정치 이전의 것을 하러 왔소》, 61쪽.

와 철기가 참모총장으로 천거한 채병덕(蔡炳德)이 들어 있었다.[80]

강영훈은 좋은 뜻으로 한 말이었겠지만 그 반향은 그리 좋지 않았다. 이제 이승만으로서는 이범석을 제거한 데 대한 대안이 필요했다. 그래서 등장한 인물이 신성모였다. 영국 해운학교 출신인 그는 해방정국에서 미국과 이승만이 필요로 하는 조건인 영어를 이해하는 선원 출신이었다. 이승만은 그를 발탁하여 대한청년단을 조직하도록 하고 그 강령까지 지어 주는 신뢰를 보였다.

대한청년단의 강령은 다음과 같다.

① 우리는 청년이다. 심신을 연마하여 국가의 간성이 되자.
② 우리는 청년이다. 이북 동포와 합심하여 통일을 완성하자.
③ 우리는 청년이다. 파괴분자를 숙청하고 세계 평화를 보장하자.[81]

이재형은 이 문제를 국회로 가져가 이렇게 이승만을 공격했다.

대한청년단이 문교부 소관으로서, 8,200만 원의 보조금을 지원한다고 되어 있는데, 대한청년단은 우리가 볼 때 교양단체라고 봅니다. 교양단체가 국토방위에 중요한 책임을 진다고 이야기하는 그 근거가 어데 있나? 10만 명의 국군과 5만 명을 훨씬 넘는 경찰이 이 국경을 경비하는 데 나는 부족하지 않다고 보는데 대한청년단, 교양단체, 문교부의

80 강영훈, "철기 장군 이범석시대 회상," 이범석, 《우등불》, 371~372쪽.
81 박용만, 《제1공화국 경무대 비화》, 97쪽.

소관하에 있는 이 단체가 국토방위를 하지 않으면 안 된다고 하는 그 지도 이념을 문교부 장관은 어디서 부여하고 있나?

그것 한번 답변해 주셔야 할 것이고, 다음에 대한청년단의 단장이 국방부 장관을 겸하고 있는데 대한청년단에 대한 감독자인 문교부 장관은, 단장 국방부 장관 신성모 씨에 대해서는 어떤 감독을 하고 있나? 그것이 잘 되던가, 안 되던가?[82]

족청을 살리려던 이재형의 노력은 여기까지였다. 그는 거대한 국가권력과 음모 앞에서 꿈을 접어야 했다. 족청의 용도가 끝났을 때 이승만이 그들을 버리고 더 나아가 한민당과의 관계를 청산한 것은 자연스러운 일이었다. 이승만 세력은 1951년 말, 전시에 자유당을 창당함으로써 대안을 찾았다. 1951년 12월 23일에 창당된 자유당은 국민회, 대한청년단, 대한노총, 대한농민회를 흡수하여 총재 이승만, 부총재 이범석을 선임했다. 말이 선임이었지, 그의 수족을 묶은 것이었다.

### 3) 조선민족청년단의 부침

이재형은 조선민족청년단이 몰락한 이후 1952년 1월 17일 자유당 교섭단체에 가입하여 원내 자유당에 합류했다. 자유당 당원으로 입당한 것은 아니었다. 한국에서 정권은 마치 소용돌이와 같기에[83] 집

---

82 《국회회의록》 제헌국회 6회 58차, 1950. 3. 21.

권자의 흡인력이 강화되는 상황에서 중립으로 처신하기가 쉽지 않았을 것이다. 내각제를 지지하는 것은 아니었지만, 그렇다고 이승만 대통령의 국정운영에도 만족할 수 없었던 이재형은 일단 정국의 추이를 지켜보기로 작정했다.[84]

이재형은 자유당 입당과 함께 정책연구부장으로 선임되었다. 곧이어 그는 1952년 11월에 상공부 장관으로 발탁되었다. 그동안 국회 재정경제위원장으로서 보여 준 능력에 대한 보상이었을 것이다. 이로써 이재형과 야당의 길을 걷기 시작한 한민당은 돌이킬 수 없는 적대관계로 들어섰다. 이후 이재형은 친여당의 실세로 반한민당계 인사로 분류되며, 여당 입장에서 대표적 논객으로 불리게 되었다.[85]

1952년 7월 19일, 창당작업에 이어 목전에 다가온 제2대 대선정・부통령 후보를 지명하기 위해 대전에서 소집된 자유당 임시전당대회에서 내홍(內訌)이 폭발했다. 이승만을 대통령 후보로 지명한 데에는 이견이 없었으나 부통령 후보 지명에 어려움이 있었다. 이 회의에서 이범석을 후보로 지명했으나, 8월 5일 시행된 투표 결과 이승만이 암묵적으로 지지한 함태영(咸台永)이 당선되었다.

이것이 이범석 몰락의 단초였다. 이승만의 정치적 조작으로 족청이 자유당에서 분화하고 그 틈새를 이용하여 이기붕(李起鵬)이 실세

---

83 Gregory Henderson, 1978, *Korea: The Politics of the Vortex*, Cambridge: Harvard University Press.

84 운경재단, 《정치 이전의 것을 하러 왔소》, 123쪽.

85 위의 책, 59쪽.

로 등장했다. 이로써 자유당뿐만 아니라 한국 현대사의 물길이 바뀌었다.[86] 그 배후에는 미국이 작용했다.[87] 당시 경무대 비서였던 박용만은 "이 모든 것이 장택상의 작품"이었다고 회고록에 남겼다.[88]

족청계는 장택상 총리와 김태선(金泰善) 내무부 장관이 경찰력을 동원하여 선거에 개입했다고 비난을 퍼부으며 투쟁을 선언하고 나섰다. 신라회(新羅會)의 보스인 장택상은 이에 만만치 않은 응전을 벌였다. 하지만 엉뚱하게도 일제강점기의 경성부윤(京城府尹, 市長)이던 후루이치 스스무(古市進)의 밀입국 접촉이 빌미가 되어 총리직에서 퇴진하기에 이르렀다. 결과적으로 장택상과 이범석의 관계는 견원지간(犬猿之間)으로 악화되었다.

그 이듬해 다시 대전에서 열린 자유당 전당대회에서 족청계가 반대파를 제거하고 자파 세력 일색으로 개편을 단행했다. 한때 족청계 전성시대의 절정에 이르는 듯했지만, 이범석의 낙마로 다시 내리막길을 걷게 되었다. 1952년 4월, 정치파동 직전에 국방부 장관직에서 물러나 정중동을 보이던 이기붕 일파가 부상하는 시기를 맞이하게 되었다.[89]

당초부터 이승만이 희망하는 부통령은 ① 부유층 출신이 아니고,

---

86 심지연, 2004, 《한국정당정치사》, 서울: 백산서당, 101~103쪽.

87 이종원, 1996, "이승만 정권과 미국: 냉전의 변용과 대체 세력의 모색," 〈아메리카 연구〉, 제40호, 89쪽.

88 박용만, 《제 1공화국 경무대 비화》, 169쪽.

89 윤치영, 《윤치영의 20세기》, 288쪽.

② 1천만 명의 이북 동포를 대표할 수 있고, ③ 새 정부가 승인을 받는 데 '유익한 자산'으로 평가될 수 있는 인물이었다.[90] 이승만은 부통령의 존재를 그리 중요하게 여기지 않았다. 그는 장면 부통령과 식사 한 번 나눈 적이 없었다.[91]

이 무렵 1953년 3월 11일 장택상을 중심으로 하는 신라회 의원이 자유당 입당 신청했다. 그러나 감찰부장 신태악(辛泰嶽)의 요구로 장택상만은 심사를 받아야 했다. 나머지 내무부 장관 진헌식(陳憲植), 상공부 장관 이재형, 국회의원 양우정(梁又正)은 입당이 허락되었다.[92] 이것으로 이승만과 장택상의 밀월은 끝나고 그 적대관계는 4·19 혁명 때까지 계속되었다.

정·부통령 선거에서 부통령에 출마한 이범석은 의외로 낙선했다. 1953년 9월 12일에 이승만은 자유당 총재의 자격으로 담화를 발표하여 잔존 형태로 남아 있는 족청의 해산을 거듭 명령했다. 이승만은 자유당 총재의 자격으로 담화를 통하여 "자유당 안에 구(舊) 족청을 중심으로 하는 세력이 있어, 내 의도에 대립하여 당내 통일을 해치며 전 국민의 통일정신을 위험하게 하여 분열을 일삼고 있으니, 어떤 아픔을 당하더라도 숙청되어야 한다"고 발표했다.[93]

그 뒤에도 이승만은 국무회의에서 실명을 거명하며 족청과 손을

---

90 위의 책, 207쪽.

91 박용만, 《제1공화국 경무대 비화》, 120쪽.

92 위의 책, 162~163쪽.

93 백두진, 《백두진 회고록》, 208쪽.

끊으라는 말을 자주 했다. '족청의 참모장'으로 지목되던 이재형 상공부 장관도 10월 7일에 사임했다.[94] 사실 이재형은 이미 사표를 제출한 상태였다. 그는 퇴임 기자회견에서 자신의 '업적 부진'만을 거론했을 뿐 어떤 원망이나 불평을 말하지 않았다.[95] 이로써 족청은 1949년 1차 숙청에 이어 두 번째로 거듭 숙청되었다.

이승만 정권의 건국공신들이 패각 추방을 겪는 틈새에 자유당의 주도권은 족청계에서 이기붕·최인규·홍진기·이갑성·배은희 등의 신흥관료로 이동했다.[96] 족청의 책사였던 양우정은 정국은(鄭國殷)과 일본인 밀정 후루이치 스스무 간첩사건에 연루된 피의자로 구속되었다. 족청 공격의 전위는 전 경무대 비서요, 자유당 조직부장 박용만이었다. 족청계의 숙청은 이승만과 족청의 적대로 이어졌다.

이재형의 시련은 여기서 그치지 않았다. 그는 상공부 장관에서 물러난 직후인 12월 9일에 자유당에서 출당되었다. 그리고 곧 검찰에 소환되었다. 그는 전 내무부 장관 진헌식과 함께 정국은 간첩사건의 연루자로 연행되었다. 당시 40~50명이 소환되었다. 이재형과 진헌식은 정국은 간첩사건에 관련한 수회(收賄) 혐의로 국방부로부터 검찰청으로 이송되었다.[97]

---

94 운경재단, 《정치 이전의 것을 하러 왔소》, 537쪽, 연보; 박용만, 《제1공화국 경무대 비화》, 187쪽.

95 〈동아일보〉, 1953. 10. 8.

96 운경재단, 《정치 이전의 것을 하러 왔소》, 146쪽.

97 〈동아일보〉, 1953. 12. 4.

정국은은 일제강점기에 〈아사히신문〉(朝日新聞) 기자를 지내면서 경기도 경찰의 밀정 노릇을 한 죄목으로 1949년 반민족행위처벌법에 따라 반민특위에 체포되었다가 병보석으로 풀려나온 바 있다. 이후 그는 〈연합신문〉과 〈동양통신〉의 주필을 겸임하는 등 언론계에서 계속 활동하다가, 일본을 드나들며 암약한 국제간첩 사건의 주범으로 1953년 8월 31일 체포되어 육군 특무부대장 김창룡에 의해 구속되었다. 정국은의 혐의는 북한 조선노동당 예하 간첩으로서 대한민국 국방부를 출입하면서 군사기밀을 빼내고, 일부 정치인들과 결탁하여 이승만 정부의 전복을 꾀했다는 것이었다. 그는 군법회의를 거쳐 사형선고를 받고 1954년 2월 총살되었다.

그러나 이 사건은 정국은의 사형이 집행되었다는 발표 후에도 그가 살아 있다는 사실이 알려져 의혹을 사는 등 석연치 않은 점이 많았다.[98] 당시 정가에서는 내무부 장관 윤치영이 족청을 거세하기 위해 조작한 사건이라는 말이 나돌았다. 물론 윤치영은 이를 부인했다.[99] 이재형은 생전에 정국은 간첩사건에 관해 아무 말도 하지 않았다. 그는 검찰에서 어떤 고초를 겪었는지, 김창룡에게 어떤 가혹행위를 당했는지 가슴에 묻고 갔다. 이 사건에 대해 유고를 남긴 것은 윤치영뿐이다.

---

98 people. aks. ac. kr/front(검색일: 2020. 10. 10); db. history. go. kr/item(검색일: 2020. 10. 10); 임채민, "잘 몰랐던 경남문학지대 5: 함안 출신 양우정," 〈경남도민일보〉, 2007. 12. 21.

99 윤치영, 《윤치영의 20세기》, 292쪽.

족청의 문제에서 마지막 다룰 부분은 그의 역사적 평가이다. 족청이 자신의 정체성을 어떻게 정의하든 해방정국에서 족청은 그들을 우익으로 보는 국외자의 보편적 시선과 달리 무소속을 중심으로 하는 중도노선 또는 온건우파 정치집단이었다.

여기서 한 가지 짚어 보아야 할 점이 있다. 왜 해방과 정부수립 초기에 중도노선은 몰락했는가? 중도파의 몰락은 곧 극우나 극좌의 시대가 오고 있음을 뜻하는데, 그 어느 쪽이든 바람직한 역사는 아니다.

중도노선은 그 역사적 소명과 미덕에도 불구하고, 세상에서는 그에 대해 어느 정도 사시(斜視)가 형성되어 있다. 그들은 때로 나약하게 보이기 때문이다. 그들은 동지가 되어 달라고 손을 내미는 좌파나 우파의 요구에 선뜻 따르지 않는다. 어느 한편에 서지 않는 것은, 그들이 기회주의적이어서가 아니라 생리적으로 극단을 피하려는 심성으로 무장된 사람들이기 때문이다. 그들은 때로 비굴하다는 평가를 받고 양면의 적으로부터 공격을 받기도 한다. 그러나 중용은 나약하거나 온순하다는 증거가 아니라 강인하다는 증거이다.[100]

이 문제를 정치학의 스펙트럼에 비추어 본다면, 이들은 바로 온건파를 의미한다. 그들의 입지는 제한되어 있다. 그들에 대해 좌파 진보주의자들은 유약하다고 비난하고, 우파 보수주의자들은 기회

---

100 Charles Merriam, 1964, *Political Power*, New York: Collier Books, p. 202; 신복룡 역, 2006, 《정치권력론》, 서울: 선인, 288쪽.

주의자 혹은 회색분자라고 비난한다. 여느 사람의 눈에 그들은 멈칫거리는 것처럼 보인다.

어느 사회를 가리지 아니하고, 중도파가 숨죽이며 살아야 하는 곳에서는, 판단이 자유로울 수 없고 그 결과는 비극적이었다. 혁명의 격정은 이들의 지혜를 용납하지 않는다. 이러한 상황 때문에 중도파는 더 강인하지 않고서는 생존하기 어려운 특성을 지닌다. 그들은 강한 지탱력을 필요로 한다. 그것은 재산과, 회색분자라는 시선으로부터 자기를 지킬 수 있는 논리와, 민중적 지지기반을 의미한다.

그런 점에서 이재형의 정치 중단은 낙선이나 정치적 패배가 아니라 시대가 겪은 좌절이었다. 그런 시련 속에서 그는 1953년 3대 국회에 출마하지 않았다. 동지들이 입후보 등록을 마쳤지만, 물러나리라는 소신을 굽히지 않았다.

그는 정치의 길을 접으면서 지역구민에게 다음과 같은 작별의 글을 남겼다.

> 경애하는 시흥 군민 여러분! 여러분께서 지난 〔4월〕 24일부로 나의 민의원 의원 입후보 등록을 마치어 주셨다는 말씀은 잘 들었습니다. 그러나 나는 나 단독의 의지와 책임으로 이를 취소하기로 하였습니다. 나는 동지들의 분외(分外)의 후의에 감격하면서도, "나로서는 도저히 감내할 수 없는 국회의원 생활을 더 계속하여서는 아니 되겠다"는 나의 기왕의 결심을 번의(翻意)할 수 없습니다. 나는 나가서 화려한 국회의원으로서의 영예를 전취(戰取)하려 하기보다 평범한 시민으로서의 비굴을 감수하려는 용기가 나에게 있었다는 것을 무한히 기뻐할 따름입니다.

민주주의 정치는 '유추'(類推) 보다도 '실증'(實證) 이 비교의 자료로 제공되기를 원하는 것입니다. 그러므로 우리는 우리를 제거한 후의 자유당이 모처럼 열중하고 있는 모범적인 민주주의의 건설공사를 방해하려 하지 말고 그네들이 요구하는 자숙(自肅) 길을 좀더 걸어가 보려는 '현명'(賢明) 을 잊어서는 아니 되겠습니다. 이렇게 하는 것만이 나와 동지들에게는 물론이려니와 국가 민족에게도 도움이 될 것입니다. 나를 탄(彈) 하지 아니하는 동지들의 관용(寬容) 을 빌어 마지않습니다.[101]

견디기〔堪耐〕 어려웠다는 그의 말이 크게 울린다. 무엇이 그를 그토록 마음 아프게 했을까? 이재형은 낙향하여 '우춘방'(又春坊) 이란 화원(花園) 을 운영했다. 돈을 벌자 함이 아니라 마음을 달래고 추스르고자 함이었다. 우춘방이란 상호는 이재형이 직접 지었다. 본래 '춘방'(春坊) 이란 조선왕조 시대 시강원(侍講院) 에서 왕세자를 교육하던 시강학사(侍講學士) 에게 주던 벼슬의 하나였다. 그 춘방 앞에 '우'(又) 자 하나를 더한 것이었다.[102] 아마 그는 육영(育英) 을 생각했던 것 같다. 그 시간에 그는 주로 낚시와 골프, 사냥으로 세월을 기다렸다. 허름한 시골에서 묵기도 했다.

아마 이 무렵에 운경(雲耕) 이라는 호를 지었을 것이다. "구름을 밭으로 삼아 간다"는 그의 호에서 탈속하고자 하는 고뇌가 보인다. 비록 정치에 발을 들여놓았지만, 속인으로 살고 싶지는 않았을 것이

---

101 〈조선일보〉, 1954. 4. 30.

102 운경재단, 《정치 이전의 것을 하러 왔소》, 150쪽.

다. 그의 호에는 그의 생애를 지배한 노장(老莊)의 표현이 다시 보인다. 흘러가는 구름이 아름답게 느껴지는 것은 "세월에 대한 상념(想念)"이다.

1972년, 이범석이 세상을 떠난 뒤 이재형은 철기 이범석 장군 기념사업회 회장을 맡아 옛 상사에 대한 도리를 지켰다.

## 4. 식민지 유산과 중농주의 사이에서

새 집 살림에도 어수선하고, 고치고 들여놓고 버려야 할 일이 많은 법인데, 한 신생국가의 창설에 해결해야 할 일이 오죽 많았겠는가? 요구와 분노가 훈련되지 않은 자유의지와 함께 섞이면서 나라는 소용돌이처럼 어지러웠다. 거리는 함성과 질주로 가득 찼고, 결핍으로부터의 해방을 요구하는 민중의 요구를 감당하기 어려웠다. 더욱이 지평선 너머에는 내란의 먹구름이 어른거리고 있었다.

### 1) 친일청산 문제

이런 상황에서 제헌국회가 처음 당면한 어려움은 친일 문제에 대한 담론이었다. 인간이 고난을 지탱하는 에너지 가운데 하나는 복수심이다. 이것은 인간의 마성(魔性)이나 도덕성과는 별개의 문제이다. 비극이 지나간 뒤에는 누군가에게 책임을 물어야 한다. 이는 옳고 그름이나 선악을 가리려는 정의감 이전에, "나는 당신처럼 살지 않았다"는[103] 차별화를 위해서도 거쳐야 할 씻김굿이었다.

친일청산을 외치는 목소리 앞에는 김구가 있었다. 그는 귀국하면서 곧 친일 문제를 거론했다. 40년에 걸친 국가폭력에 시달린 한국인의 삶에서 친일을 추궁하는 것은 그리 단순한 문제가 아니었다. 김구가 귀국하자마자 "국내에 남아 있던 모든 사람이 친일파였고, 따라서 그들은 감옥에 가야 한다"는 논리를 폈을 때[104] 국내파 민족주의자들은 아연실색했다. 그는 독선적이었고 많은 국내 민족주의자들이 등을 돌리게 했다. 더 나아가 임정은 경찰을 반역자로 비난했다.

반민특위가 조직되고 활동에 들어갔으나, 처음부터 강고한 저항에 부딪혔다. 1948년 7월 7일 사임서를 제출한 김상덕(金尙德) 위원장은 국회에서, "공소시효가 단축되어 앞으로 50일밖에 남지 않은 상황에서 남은 반민족행위자를 처벌할 자신이 없어 사표를 낸다"며 물러났다. 이로써 반민특위 활동은 사실상 종말을 맞았다.

1948년 8월 19일, 이재형·김인식·이유선·김웅진·박기운·김기철·김명동·서용길·김용재·이종린·임석규·이종근 등의 의원은 '정부 내 친일파 숙청에 대한 긴급건의안'을 제출하고 의원들을

---

103 Andrew Rigby, 2001, *Justice and Reconciliation: After the Violation*, Boulder: Lynne Rienner Pub ; 장원석 역, 2007, 《과거 청산의 비교정치학》, 제주: 온누리, 5쪽.

104 Mark Gayn, 1981, *Japan Diary*, Rutland: Charles E. Tuttle Co., p. 433: "November 7, 1946 in Seoul".

상대로 설득했다. 그들이 표방한 친일 잔재 청산의 논리는 이러했다.

> 신국가를 건설하며 신정부를 조직하면서, 정부는 모름지기 친일적 색채가 없는 고결무구(高潔無垢) 한 인사를 선택하여 국무위원 및 기타 고관을 임명함으로써, 민족적 정기를 앙양하며 민심을 일신케 함이 당연함에도 불구하고 근일(近日) 정부가 국무위원과 고관을 임명하면서 대일협력자를 기용함은 신국가 건설의 정신을 몰각한 부당한 조치라 규정치 않을 수 없다.
>
> 그 예로, 국무위원 중에 1942년 4월 교동(校洞) 초등학교 사건의 황민화 운동을 적극 추진한 자와 조선어 폐지 반대를 고창하던 다수 애국지사를 일제에 밀고하여 영어(囹圄)에서 신음케 한 자도 있으며, 대동아전쟁 때 일본 군부에 물품을 헌납, 아부하여 치부를 한 자도 있으며, 조선총독부의 고관이었던 자 또는 문필로 일제에 협력하였던 자들이 장(長) 혹은 차석·차관에 기용됨에 비추어〔鑑〕 이들을 숙청할 것을 건의한다.[105]

건의안은 한 표의 반대도 없이 가결되었다. 부일(附日) 세력의 저항도 만만치 않았다. 경찰의 반민특위 습격사건까지 일어나자 반일 세력의 목소리는 잦아들 수밖에 없었다. 국회에 대한 일련의 정부 처사가, "국회에 대한 중대한 모독이요, 강압적인 방법에 따른 위협"이라는 의식을 대부분의 의원에게 심어 줌으로써 국회와 정부 간 대립은 악화하였다. 그 와중에 이승만은 반민족 행위에 대한 공소시

105 운경재단, 《정치 이전의 것을 하러 왔소》, 52~53쪽.

효를 1950년 9월 21일에서 1949년 8월 31일로 단축하는 내용의 '반민족행위처벌법 중 개정법률안'을 내놓고 이의 처리를 요청했다.

그 후 1949년 11월 17일, 정부가 '반민족행위재판부기관 임시조직법'을 제정해 반민특위 특별재판기관 해체에 따른 '반민족행위처벌법'에 규정된 범죄자 심판을 위한 임시 특별부를 대법원에 설치함으로써 반민족행위자의 처벌은 국회에서 사법부로 이관되었다. 이로써 반민특위는 8개월 동안 친일행위 682건을 조사하여 이 가운데 408건에 대하여 영장을 발부하고 559건을 검찰에 송치했으나, 실제로 기소된 것은 221건이었다. 그나마 재판까지 종결된 것은 38건에 지나지 않았고, 실형을 받은 사람은 겨우 7명뿐이었으며, 이들마저 형집행 정지나 감형으로 석방되었다.[106]

이승만은 '인물 추천함'을 만들어 전국 8도 청사에 걸어 놓고 각료로서 자질을 갖춘 인물을 추천해 달라고 요청했다. 일제강점기에 도지사를 지낸 사람의 추천서도 한 장 있었는데 아무래도 자천(自薦)한 듯했다. 이때 이를 두고 몇몇 장관들이 반대의견을 피력했는데 그중에는 이재형도 있었다. 그때 이재형은, "아무리 인재가 없다 하더라도, 각하께서 지금에 와서 친일한 사람을 쓰려고 독립운동을 한 것은 아닐 것입니다"라고 말했다.[107]

그러나 친일 문제는 정서나 감정만으로 해결될 수 없는 여러 가지

---

106 운경재단, 《정치 이전의 것을 하러 왔소》, 81~82쪽.

107 안희경, "만세 부르던 제일고보 동창생," 운경재단, 《운경 이재형 선생 평전》, 151쪽.

어려움을 안고 있었다. 망국의 시기에 조국을 가장 먼저 배신한 무리는 지식인들이었다. 이것이 곧 지식인의 함정이었다. 무구(無垢)한 백성에게는 조국을 배신할 능력도 없다. 해방정국에서 친일 논쟁은 이승만의 보수진영에게 너울을 씌우는 구실로 이용되었다. 그러나 적어도 친일 논쟁은 한민당으로서는 더 물러설 수 없는 화두였다. 가장 격노하여 반격에 나선 인물은 조병옥이었다. 당시 정보망을 장악했던 그는 정계에서 내로라하는 사람들의 친일 비리를 꿰뚫었던 터라 할 말이 많았다. 그래서 나온 논리가 "친일(*pro-Jap*)은 먹고살다 보니 저지른 일(*pro-Job*)"이었다는 것이다.[108]

역사적으로 볼 때 한국 현대사에서 친일 논쟁은 35년 동안 지속한 일제 식민통치의 역사적 책임을 소수 친일세력에게 한정함으로써 한층 더 폭넓고 깊이 있는 성찰과 반성의 기회를 가로막는 결과를 초래했다. 친일 논쟁이 "먼저 태어난 불운과 늦게 태어난 행운"을 누리는 방법이 되어서는 안 된다.[109] 세계사에는 수많은 망국의 사례가 있지만, 소수의 '부역자'들에 의해 나라가 무너지지는 않았다. 망국은 국가의 총체적 부실로 말미암은 것이지 침략자의 야망이나 소수의 내부 부역으로 이루어지지 않는다.

---

108 趙炳玉, 1959, 《나의 회고록》, 서울: 민교사, 173쪽.

109 안병직, 2002, "과거 청산과 역사 서술: 독일과 한국의 비교," 《역사 속의 한국과 세계》, 서울: 역사학회 창립 50주년 역사학 국제회의, 796~797쪽.

## 2) 농지개혁

수탈 경제에서 벗어난 당시 한국의 경제상황은 세계적 하층 빈국이었다. 부존자원의 부족에 일본 기술자의 귀국으로 공업시설은 피폐했다.[110] 민족자본이 형성되지 않은 데다가 식민지 경제산업이 다 그렇듯이 기술전수가 없는 상황에서 기술자가 부족하고 경영이라는 개념은 빈약했다.[111]

경제에 전문성이 없는 자신에 대해 잘 아는 이승만은 1952년 3월 2일 당시 재정에 밝아 '백재정'(白財政)이라는 별명을 듣던 백두진을 재무부 장관으로 발탁하여 난국의 타개를 도모했다.[112] 전시에 지속하는 정국의 추이를 지켜보던 이재형은 이범석과의 교분을 돈독히 하면서 의정생활 중에도 재정위원장으로서의 능력을 인정받던 터였다. 그러나 그의 의정활동이 그리 오래가지 않았다.

이재형은 1952년 11월 6일에 상공부 장관으로 임명되었다. 그의 상공부 장관 입각은 족청계의 후원이 한 요인이었지만, 이승만의 그에 대한 믿음도 작용했다. 이런저런 연유로 38세에 당대 최연소 장관으로 입각한 그는 세간의 이목을 집중시키며 전시경제의 담당자가 되었다. 그의 입각은 예외적이며 파격적이었다.[113] 그가 자서전의 제목

---

110 한국은행 통계에서 확인할 수 있는 가장 앞선 GNP는 1953년으로 67달러였다(http://blog.naver.com/ubo/220310571869, 검색일: 2021. 1. 7).

111 한국일보사, 1981, 《재계 회고 8: 송인상 편》, 서울: 한국일보사, 101쪽.

112 백두진, 《백두진 회고록》, 112쪽; 한국일보사, 《재계 회고 8: 송인상 편》, 90쪽.

을 《정치 이전의 것을 하러 왔소》라고 지은 것은 무슨 뜻일까? 먹고 사는 일, 곧 경제가 정치에 우선한다는 뜻이 아니었을까? 훗날 그는 민주당이 경제제일주의를 표방한 것에 쌍수를 들어 환영했다.[114]

남북한 정부수립과 더불어 경쟁적으로 부상한 첫 정책대결은 토지문제였다. 농경사회에서 땅은 영혼과 같다. 과거 어린이의 최초의 놀이는 '땅 따먹기'였다. 마키아벨리의 말처럼, 인간은 아버지를 죽인 원수는 세월이 가면 점차 잊기 마련이지만 토지를 빼앗아간 무리와 아내를 빼앗아간 무리는 죽는 순간까지 잊지 못한다.[115] 고대 로마 최고의 개혁자인 그라쿠스 형제(Tiberius & Caius Gracchus)는 귀족에게서 땅을 몰수하여 농민에게 고루 나눠주려는 거대한 계획을 세웠으나, 결국 그것이 빌미가 되어 두 형제가 모두 비참한 최후를 마쳤다.[116]

북한은 남한보다 먼저 무상몰수·무상분배의 토지개혁을 단행했다. 사회주의 국가이기에 가능했던 그와 같은 정책은 남한 농민에게 복음처럼 들렸을 것이다. 이러한 사실을 누구보다 정확히 감지했던 좌익은 토지의 무상몰수·무상분배를 강령으로 제시함으로써 민중의 심리를 장악하는 데 성공했다. 그러나 여기서 우리가 혼동하는

---

113 〈동아일보〉, 1952. 11. 7.

114 《국회회의록》 5대 37회 81차, 1960. 9. 10.

115 마키아벨리, 2020, 《군주론》, 신복룡 역, 서울: 을유문화사, 17장 4절.

116 플루타르코스, 2021, "티베리우스 그라쿠스전," "카이우스 그라쿠스전," 《플루타르코스 영웅전》, 신복룡 역, 서울: 을유문화사,

문제가 있다. 그것은 다름 아니라 북한은 '토지개혁'이었지만, 남한은 '농지개혁'이었다는 점이다. 이 둘은 의미상 큰 차이가 있다.

지주의 아들이자 일찍이 남들보다 먼저 금융과 재정을 이해했던 이재형은 이 문제를 고민하고 처리할 적임자였다. 그는 남한의 농지개혁이 좌익의 선동에 따라 남한 농민의 무상분배를 요구하는 데 담긴 어려움을 잘 알고 있었다. 그는 농지개혁의 기본 취지에는 동의하지만, 단지 자경(自耕)만을 인정하라는 주창이 현실적으로 불가능하다는 것도 알고 있었다.

가령 직접 자기 손으로 농사짓지 않고 사람을 사서 농사짓는다든지 혹은 머슴 제도와 같은 악습을 그대로 남겨가면서 농지개혁을 하는 것은 의미 없는 일이라고 판단했다. 또한 자경하지 않는 사람이 농토를 가질 수 없는 제도, 곧 부재지주(不在地主)를 억제하는 제도 안에서 자경을 인정하는 것이 타당하다고 생각했다.[117]

농지개혁법은 경자유전의 원칙에 따라 실제로 농사짓는 사람이 일정한 땅을 갖도록 하는 것이지만, 농촌의 사정은 이러한 한마디로 해결하기 어려운 상황이었다.[118] 만석꾼의 아들인 이재형에게 농지개혁법의 제정은 스스로 고백한 바와 같이 "자신의 살을 도려내는 작업"이었다.[119] 그러나 누구보다 농지개혁에 적극적이던 그는 소작농들에게 유리한 합리적 법안을 만들고자 노력했다.

---

117 《국회회의록》 제헌국회 2회 80차, 1949. 4. 20.

118 《국회회의록》 제헌국회 2회 78차, 1949. 4. 18.

119 운경재단, 《정치 이전의 것을 하러 왔소》, 66쪽.

이재형이 우려한 것은 남한의 실태에 비추어 농지개혁이 오히려 "농민들의 영원한 소작화"를 초래하며, 소작화는 가난을 유발하고 끝내 이농(離農)을 유발할 것이라는 점이었다. 소작농을 영구히 자경이라는 이름으로 농지에 묶어 두는 것은 좋은 방책이 아니므로 그런 소작이라면 차라리 그들을 산업화로 전환하여 귀농(歸農)하지 않고도 살 수 있게 하는 방법을 강구해야 한다는 것이 이재형의 생각이었다. 그런 점에서 그는 소작농의 전업을 권고했다. 이번 농지개혁이 그런 방향으로 진행되지 않으면 이 나라는 영원히 소작 국가로 연명할 것이라고 우려했다.[120]

따라서 어차피 농지개혁을 하려면 질병·공무·취학 등 사유로 말미암아 한때 이농했던 무리의 귀농을 허락해야 한다. 그래야 농촌 경제의 악습인 부재지주가 농사를 전업(專業)으로 하고자 하는 의욕을 불러일으킬 수 있다. 후일에 귀향하여 농사짓겠다는 조건으로 소작인과 경작자의 관계 설정을 허락해야 하는 것이다. 그렇지 않으면 대부분의 토지가 농지개혁에서 제외됨은 물론이요, 또 설령 그렇게 되지 않더라도 귀농지주와 소작인 간에 또 다른 양태의 소작쟁의가 일어날 수 있다는 것이 이재형의 논지였다.[121]

1949년 농지개혁법안에 따르면, 소작자의 의무는 5년 분할 상환에 1년 생산고의 150%를 상환하기로 되어 있었다. 북한에 있는 홍

---

120 《국회회의록》 제헌국회 2회 78차, 1949. 4. 18.
121 위의 책.

남비료공장의 생산품 공급이 중단되어 분뇨(糞尿)로 비료를 대치하는 상황이었다. 여기에 그해의 소작료를 가산하면 당시의 농지생산성으로는 감당할 수 없었다.[122] 이런 탓으로 1949년 농지개혁법은 국회를 통과했지만, 정부가 부결했다.

국회는 이재형을 비롯한 대다수 의원의 의사에 따라 정부의 소멸 통고를 무효화했다. "정부는 본 법안을 국회로부터 이송받은 지 15일 이상이 지나도 국회에 재의를 요구하지 않았기 때문에 본 법안은 법률로서 확정되며 본 법안에 대한 정부의 소멸 통고는 위법조치"라고 결의한 것이다. 이렇듯 우여곡절 끝에 정부로 다시 이송된 농지개혁법안은 이후로도 정부와 국회, 보수세력과 소장파의 견해 차이로 한국전쟁 직전인 1950년 6월에야 입법할 수 있었다.[123]

결국 1950년 농지개혁법에 따라 소작농은 연 소출의 150%를 5년에 걸쳐 상환하는 것으로 낙착되었다. 지주에 대한 상환방법은 지가증권(地價證券)으로 발행하도록 했다. 역사적으로 이런 식의 조급한 개혁은 양쪽 모두를 충족시킬 수 없다. 세종은 토지제도를 정비하는 데 14년이 걸렸다.[124] 소작인들은 상환이 부담스러웠고, 지주에게는 땅을 잃는 아픔이 있었기 때문이다.

이와 같은 이유로 이재형은 1950년과 1951년 사이에 분배농지의

---

122 당시의 소작료는 지주와 소작인이 반분하는 50 대 50이었다. 그러나 그것은 관례였을 뿐이고 악덕 지주의 대부분은 그에 넘치는 소작료를 강요했다.

123 운경재단, 《정치 이전의 것을 하러 왔소》, 71쪽.

124 신복룡, 2011, 《한국정치사상사》(상), 서울: 지식산업사, 633~641쪽.

56%, 귀속농지의 50%밖에 상환되지 않은 것을 안타깝게 생각했다. 그래서 그는 소작농의 상환율을 150%에서 100%로 삭감하고 상환기간을 8년으로 하는 것이 효과적이라고 주장했다.[125]

그는 이렇게 묻고 있다.

> 2천만 석이었던 생산고가 1천만 석을 넘지 못하는 오늘날〔1952년〕에 이 150%에 대해서는 조금도 새로운 시정을 노력하지 않고, 현물 대신 현금을 내라 하고, 또 양정(糧政)이 불가피한 사정이어서 강제 공출도 그대로 하려는 이 법안은 진실로 농민을 위하는 법안이 아니다.[126]

이러한 주장이 지주의 입에서 나왔다는 것이 예사롭지 않다. 아마도 그는 고향의 6천 석지기 지주의 아들로서 농민에게 강한 연민을 가졌던 듯하다.

전시의 작황도 좋지 않았다. 1951년 하곡 매입에 정부는 35만 석을 수매하기로 했는데, 이는 예상 수확량 305만 석의 13%에 이르는 물량이었다. 그러나 이 가운데 15만 석이 농지개혁에 따른 토지대금과 귀속농지의 분양대금 등으로 책정되어, 실제로 일반 농지를 대상으로 한 하곡 매입은 20만 석에 불과했다. 또 경기·강원 일원은 전선(戰線) 이동에 따른 행정력의 부재로 수매 지역에서 배제된 부분적 수매였다.[127]

---

125 《국회회의록》 2대 국회 13회 28차, 1952. 9. 9.

126 《국회회의록》 2대 국회 12회 86차, 1952. 6. 28.

미곡 매입은 더 어려웠다. 1951년에 정부는 쌀 한 섬에 12만 원을 계상하여 동의안을 제출했으나, 시장가격이 30만~40만 원이어서 14만 4천 원으로 상향 조정했다. 그러나 이재형은 매상 대상의 농가가 지주층임을 고려해 판단해야 한다고 했다. 12만 원에서 14만 4천 원으로 인상할 경우, 지주층의 이익은 174억 원에 이르지만, 이 관수미를 소비할 영세민의 부담은 275억 원이 된다며 농림위원회의 주장을 반대했던 것이다.[128]

농지개혁은 그것만으로 끝나는 것이 아니었다. 농지를 개혁하는 과정에서 농민의 지가상환에 따른 부채가 100억 원으로 증가하는 문제를 이재형은 지적했다. 정부는 그에 따른 농촌 고리채(高利債)를 정리하고자 100억 원의 농업금융채권을 발행하도록 예산에 책정했다. 그러나 이재형의 생각은 달랐다. 곧 농민에게 고리채를 감수하면서 농지대금을 지불하도록 하기보다는 농지개혁을 하던 그 기백과 결의를 살리는 길을 찾았다. 법률로 고리채를 동결하고, 고리채를 준 채권자에게 농업증권을 주고 그 채무자와 농업은행의 관련 속에서 서서히 지구력을 양성해야 한다는 것이었다.[129]

초기 자본주의의 게걸스러운 경쟁사회에서 농민의 고리채를 동결한다는 발상이 어떻게 가능하겠는가? 고전파 자유방임주의 경제학의 근간은 국민에게 "짐을 덜어 주는 일"이라는 것이 애덤 스미스 이

---

127 《국회회의록》 2대 국회 11회 18차, 1951. 7. 6.

128 《국회회의록》 2대 국회 11회 109차, 1951. 12. 4.

129 《국회회의록》 4대 국회 33회 271, 1959. 12. 30.

래의 일관된 주장이다. 그러려면 세금을 가볍게 하는 것이 징세 제일의 원칙이었다.[130] 더 모으려는 무리와 더 나누려는 무리의 갈등을 어떻게 조화롭게 푸는가의 지혜가 초기 자본주의의 화두였다. 그러나 해방정국의 각박한 삶에서는 그 어느 쪽도 이에 협조하지 않았다.

농지개혁의 또 다른 어려움은 경지정리 사업이었다. 대개 1반보(反步, 300평)에 30만 원 정도 개량사업비가 든다고 가정해 보자. 당시 몽리(蒙利) 구역〔저수지 물세를 내야 하는 농지〕 내에 있는 경작자인 농민의 평균 경지면적을 1정보(3천 평)로 볼 때 300만 원을 부담할 수 있겠는가? 국가가 80%를 보조한다고 해도 20%(60만 원)의 부담을 농민에게 강요하는 결과를 초래한다면, 농지개혁은 엉뚱하고도 비본질적인 난관에 봉착할 것임을 염려해야 한다.[131]

농지개혁이 본래의 취지와 달리 농민에게 부담이 되는 현실을 감안하여 이재형이 주도한 것이 곧 1951년 7월 27일 '임시토지수득세법안'이었다. 이 법안은 제53조에서 축산·잠업 등 농가 부업에 기초한 소득에는 과세하지 못하게 하고, 종래 세법에 따라 보호를 받던 영세농민이 세법 개편으로 오히려 과중한 부담을 지는 모순을 제거하고자 전답의 수확량에서 각각 2석과 5석 미만의 영세농민은 그 수

---

130 N. Gregory Mankiw, 2007, *Macroeconomics*, New York: Worth Publishers, p. 229; Paul Kennedy, 1987, *The Rise and Fall of the Great Powers: Economic Change and Military Conflicts from 1500 to 2000*, New York: Random House, p. 20.

131 《국회회의록》 2대 국회 11회 113차, 1951. 12. 8.

확량에서 3할을 기초 공제하도록 수정, 통과했다.

이재형은 이와 같은 법안을 제정하는 이유를 이렇게 설명했다. ① 양곡의 매입 시기에 일시에 거액의 통화를 방출하는 것은 인플레이션의 직접적 원인이 되고, 양곡을 확보하더라도 현금으로 인플레이션을 조장하는 길은 피해야 하며, ② 농민이 강제 매상을 기피하고, ③ 농촌의 세금을 단일화해야 한다는 것이다.[132]

농업에 대한 이재형의 고민은 여기서 그치지 않았다. 창고업이 부진하여 보세(保稅) 문제는 고려할 겨를이 없고, 매수 곡물의 저장이 어려운 형편이었다.[133] 전시경제의 어려움과 작황의 부진이 계속되자 1950년대 중후반이 되면서 농업 본위의 국가경제 체제가 이대로 괜찮은지에 대해 이재형의 고민이 시작되었다.

그는 한국의 미래 농업에 대해 다음과 같은 우려를 토로했다.

> 나는 이 미작(米作) 본위의 농업정책을 전환할 시기에 도달했다고 생각합니다. 몇 평의 땅을 긁적거려 인구의 6할 이상이 스스로가 먹고 또 농업에 종사하지 않는 국민을 먹여 살릴 수 있는 이러한 미작 본위의 농업 생산은 농가 경제의 보유를 위해서나 국제 경제에 관련해서, 지양할 날이 왔습니다. 그런데도 정부 당국은 정부수립 이래 오직 미곡 생산 장려, 거기에만 집중하고 있는 것입니다.[134]

---

132 《국회회의록》 2대 국회 11회 91차, 1951. 9. 8.

133 《국회회의록》 2대 국회 11회 98차, 1951. 11. 20.

134 《국회회의록》 4대 국회 33회 27차, 1959. 12. 30.

대지주가 어떻게 이런 발상을 할 수 있었을까? 아니, 오히려 대지주이기에 이런 발상이 가능했다고도 볼 수 있다.

이재형이 미작 중심 영농에서 벗어나야 한다고 생각한 또 다른 이유는 관개(灌漑) 및 수리(水利)의 원시성 때문이었다. 수리사업에 과거 12년간 들어간 정부예산은 거의 2천억 원이었다. 전체 논 경지 면적의 50%에 가까운 경지가 비가 오지 않아도 제때 모를 심을 수 있게 되었다. 하지만 토지개량 사업이 필요한 미작 본위 농업은 농촌을 구출할 수 없는 막다른 골목에 끌고 간다고 이재형은 판단했다.[135] 천수답이 50%라는 뜻인데 이는 그리 바람직한 일이 아니었다.

설령 수리시설이 발전한다 해도 한국 논농사는 기본적으로 수리로 해결되지 않는 어려움이 있다. 한국의 논은 김해평야와 호남평야를 제외한다면 평지가 아닌 다랑이 형태여서 원천적으로 수리시설이 불가능하다. 또 경지면적이 소단위일 뿐만 아니라 논두렁이 직선이 아니어서 기계영농도 불가능하다. 따라서 한국에서는 호남을 제외한다면 경지 정리나 수리시설의 개량으로 대토지소유제를 실시하는 것이 물리적으로 불가능했다.

이재형은 영국을 방문했을 때 방울토마토에 큰 충격을 받았다고 고백했다. 뿐만 아니라 덴마크의 농가에서 몇만 마리씩 사육하는 닭과 달걀이 바로 파리와 런던으로 수출되는 것도 놀라워했다. "한국의 쌀은 본선인도가격[136]이 150달러인데 이 가격으로 어찌 일본과

---

135 위의 책.

경쟁할 수 있겠는가?"라고 그는 물었다.[137]

그러면 농지개혁을 역사적으로 어떻게 평가해야 할까? 실패인가, 성공인가? 그 답은 간단치 않다. 어느 쪽에서 보는가, 즉 정치사의 측면에서 보는가, 사회경제사의 측면에서 보는가에 따라 답이 달라지기 때문이다. 정치사에서는 농지개혁이 성공했다고 평가한다.[138] 그러나 사회경제사냐 정치사냐의 문제를 떠나 농촌 현장의 체감평가는 실패로 느끼고 있었다.

그 이유를 살펴보면 다음과 같다.

① 농지상환금이 소작농에게는 부담스러웠다.

② 개혁의 결과와 관계없이 농민에게 실질적으로 농지가 돌아갔는지 의문의 여지가 있다. 실질적으로 농지를 가질 수 없게 되자 농민들은 농사지을 수 없는 자작농 제도보다 농사지을 수 있는 소작농의 길을 선택했다.

③ 지주들은 농지개혁의 분위기를 감지했을 때 이미 토지를 매각했거나 지가증권을 현금화했으므로 토지는 잃었지만 재력은 잃지 않았다.

---

136 본선인도가격(FOB: Free On Board): 수출항의 선박에서 물품의 가격을 완불하는 거래방식을 뜻한다. 아마도 가격단위는 한 섬(80kg)을 의미하는 것으로 보인다. 그가 이런 주장을 한 것이 1959년인데, 한국은행 통계에 따르면, 그 무렵 한국인의 1인당 국민소득은 81달러였다(한국은행 경제통계시스템, http://ecos.bok.or.kr/flex/EasySearch.jsp, 검색일: 2021. 9. 17).

137 《국회회의록》 4대 국회 33회 27차, 1959. 12. 30.

138 김일영, 1995, "농지개혁, 5·30 선거, 그리고 한국전쟁," 〈한국과 국제정치〉, 11권 1호(봄·여름호), 301~335쪽.

④ 농지개혁을 좌익과 우익을 구분하는 준거로 선동한 좌파의 공세에 대하여 우익의 대응 논리가 허술했다.

토지개혁과 한국전쟁으로 말미암아 남북한에서 계급적 영향력을 발휘하던 지주층의 신분이 해체된 것은 사실이다. 동서양을 막론하고 토지는 신분(귀족 · 양반)의 척도였다.[139] 따라서 이 점을 역사적 공적으로 삼을 수는 있다. 조선의 근현대사를 되돌아보면 신분 해체의 계기가 몇 번 있었는데, 임진왜란, 망국, 일제강점기, 한국전쟁, 박정희의 농어촌 고리채 탕감 등의 개혁이 이에 포함된다. 그 마지막 과정에서 농지개혁이 봉건지배체제 해체의 중요한 계기가 된 것은 사실이었다.

농지개혁이 실패했다는 것이 소작농의 입장이라면 막상 지주였던 이재형은 어떻게 생각했을까? 지주가 농지개혁을 주장했다는 역사적 사례를 일찍이 들어본 적이 없다. 그러나 이재형은 그 어려운 편에 섰다. 그는 자신이 그토록 집념을 보였던 농지개혁에 대해 글과 말을 아꼈다. 할 말이 없어서가 아니라 착잡했기 때문이었을 것이다.

세월이 흘러 이재형의 자손이 그의 심중을 대변하는 글을 남겼다.

남한의 농지개혁은 토지대금의 산업자본화 실패, 토지의 사전 매각으로 농지분배 정신의 훼손, 농가의 부채증가로 농민 부담이 가중되는

139 Baron de Montesquieu, *The Spirit of the Laws*, Book V, § 9.

등 여러 가지 문제를 유발했다. 농지개혁법안의 제정 과정은 이재형의 경제적 감각과 정치적 협상력을 한껏 발휘하는 계기가 되기도 했지만, 개인적으로는 많은 아픔을 맛보았다. 토지분배의 시작과 함께 만석꾼의 부농으로 불리며 경기도 시흥 일대의 드넓은 토지를 소유하고 있던 가친(家親) 이규응이 타계하고 … 더구나 그 많은 재산을 내놓게 될 농지개혁법의 제정을 지켜보면서도 〔이재형은〕 한 번도 자신의 들끓던 마음을 자식에게 내보인 적이 없었다.140

그다음으로 이재형이 고민한 것은 삼림의 황폐화였다. 본디 화목(火木) 중심의 난방 주거생활을 하는 한국인에게 숲의 문화는 낯선 것이었다. 그러므로 산림을 녹화하지 않고 이 국토 자체로서 갱생할 길은 없다고 그는 생각했다. 나무를 화목으로 쓰지 않는 나라를 만들어야 산림이 녹화된다. 남한의 2,300만 명 인구에게 모두 산림간수〔산지기〕의 발령장을 주어 나무 베는 것을 막는다고 해도 화목을 쓰는 한 소용이 없다. 뿐만 아니라 목조 건축을 싼값의 벽돌과 시멘트와 철근으로 바꾸지 않는 한, 산림녹화는 헛된 꿈이라고 그는 생각했다.141

---

140 운경재단, 《정치 이전의 것을 하러 왔소》, 73쪽.

141 《국회회의록》 4대 국회 33회 27차, 1959. 12. 30. 이재형의 가업이 "큰 나무 정신"〔大林産業〕이라는 것과 산림녹화에 대한 그의 평소 소신이 어떤 관계가 있는지는 좀더 면밀한 고구(考究)가 필요하다.

### 3) 예산: 그 낯선 길

전시에는 고정 물가가 존재하지 않았다. 가령 장국밥 한 그릇에 1만 원 가까이 하는 현실에서 서울·부산 간 기차 운임은 7천 원이었다.[142] 예산제도 자체가 부실했다. 군정 치하에서도 예산이 없었던 것은 아니지만 한국인은 접근할 수 없었다. 그 제도가 일본의 '재정법'과 '회계법'을 모방한 것으로 의회의 심의나 결산을 거치는 것이 아니라 '예산배정'이라고 하여 재무장관의 지시〔영달〕사항이었다. 당시의 재정은 '예산영달주의'(豫算令達主義)였던 것이다. 더구나 정부 회계연도를 미국 회계연도에 맞출 수밖에 없었던 어려움도 있었다.[143]

정부는 물론 국회도 물가안정에 골몰하던 1951년 7월 21일, 정부로부터 재정법안이 국회에 제출되었다. 재정운용의 기본이 되는 원칙을 규정한 법안은 예산·결산·회계 등을 종합한 10장 80조, 부칙으로 이루어진 방대한 법안이었다. 재경위원장으로서 이 법안을 처리하면서 이재형은 정부 원안에는 없던 '재정공개주의'(제79조)를 신설하는 등 원안을 많이 수정했다.[144]

재정 공개에 대해 이재형은 이렇게 주장했다.

---

142 《국회회의록》 2대 국회 13회 91차, 1952. 7. 16.

143 신해룡(전 국회예산처장) 인터뷰, 2020. 9. 7.

144 운경재단, 《정치 이전의 것을 하러 왔소》, 116쪽.

> 민주주의 국가에서 예산이라고 하는 것은 국회의 의도에 의해서 제정한 것과 같이, 비밀이 되어서는 안 됩니다. 재정상태를 공개하지 않고 예산 외에 지출한다든지 국회에서 약속한 정책을 중지하고 새로운 정책을 창의해서 그 방면으로 예산을 집행하는 것은 예산집행에서 국회의 예산결의권을 침해하는 것입니다. 그러므로 예산과 총예산이 결정되면 그 총예산은 물론 그 외에 국고의 재정 형편, 국채의 보유상황, 국고 채무부담 행위의 현황, 곧 새로운 재정에 대한 전망과 전년도의 실적을 국민 앞에 공개하라는 것입니다.[145]

이재형의 논리에 따르면, 예산을 편성하면서 그 형식이 이미 정부에 의해 완전히 정비되어 나오면 제한된 심의권만 보유하는 국회는 만족한 예산심의를 기대할 수 없으며, 예산을 집행하면서 국민을 대표한 국회에서 그 기능을 완전히 실행할 수 없다.

그러면서 그는 다음과 같은 사항을 지적했다.

> 많은 논의를 빚어낸 문제는 국회라든지 법원이라든지 심계원(審計院)과 같은 독립적 헌법기관에 대한 예산을 어떻게 취급할 것인가 하는 문제입니다. 그러나 예산제출권이 이러한 기관에 없으므로, 행정부가 예산제출권과 예산편성권을 통해서 이러한 독립관서의 예산을 극히 소액을 배정했을 때, 그 기관은 독립기관으로서 기능을 발휘하지 못하는 실질적인 위험에 봉착하게 될 것입니다.[146]

---

145 《국회회의록》 2대 국회 11회 58차, 1951. 9. 5.

146 위의 책.

이어서 이재형은 재정법 가운데 예산영달주의의 문제점을 다음과 같이 지적했다.

> 본래 예산은 대개 법률과 같이 예산이 국회에서 결정되면 이것을 공포함으로써 그 효과를 발생해왔습니다. 그러나 정부는 재정법에서 예산공포주의(豫算公布主義)를 채택하지 않고 영달주의를 채택하였습니다. 재정경제위원회에서 이를 채택한 정신에는 찬성하지만, 적어도 국회의 결의를 통해서 결정된 예산을 기획처장이 임의로 세분 영달할 권리까지 향유할 원안에는 찬성하지 않습니다.
>
> 재정법에서 헌법에 예산심의권과 국고 채무부담 행위에 대한 국회의 동의권만이 인정되었다고 해서 국가 재정의 기본적인 문제를 결정하는 것이 국회의 동의나 의결 없이 행정부의 전권에 속한다고 보는 것은 헌법 해석의 정통적 견해가 될 수 없습니다. 특히 독점사업, 전매사업의 요금 또는 가격은 의당히 국회의 동의를 얻어서 처리해야 합니다. … 그러므로 국가 재정의 기본적인 재정법을 제정하면서 헌법의 정신을 담아, 이 문제에 국회의 동의를 얻지 않으면 안 됩니다.[147]

이런 상황에서 재경위원장으로 피선된 이재형이 보기에 부문별 예산안이 몹시 허술했다. 이를테면, 고시위원회의 총예산액이 1천만 원인데 정훈국에서 군민친선대회를 여는 비용이 1,400만 원 등, 예산배정의 불공정 사례가 허다했다. 뿐만 아니라 1949년 예산에 따르

---

147 위의 책.

면, 군경을 제외한 공무원은 3만 6,402명, 1950년에 1만 4,170명, 1951년에 9,319명이었다. 3년 동안에 공무원이 3만 6천여 명에서 9천여 명으로 줄어들었는데 어느 부처의 인원이 감원되었는지에 대한 통계도 잡히지 않았다. 방송 요금 1억 6천만 원을 거두어들이는 비용이 거의 1억 원에 가까웠다.[148]

정부의 또 다른 고민은 예측할 수 없는 환율변동이었다. 1951년을 기준으로 달러의 공정환율은 400 대 1이었지만, 암시장의 실질환율은 1,800 대 1로 올랐다.[149] 일부 희귀품목은 암시장에서 17만 대 1로 거래되었다. 1951년 1월 평균 환율은 2,658 대 1이었으나, 이 가운데 비료나 식량과 같이 국내 통제가격에 묶인 품목의 실질환율은 6,000 대 1이 넘는 것이 많았다.[150] 당시 하급생활자의 1일 생계 보조금으로 50원(연간 1만 8,250원)을 책정하여 지급했다.[151] 연간 생계비가 정상환율로 계산해도 대략 45달러 정도였다.

이러한 환율의 난맥은 한미 경제의 종속성과 무관하지 않았다. 1949년 9월 들어 정부의 과제는 군정의 권한과 기능을 대한민국에 이양하는 근거인 한미 행정협정의 성격을 규정짓는 일이었다.[152] 그러나 1949년과 1950년의 상황에서 미국의 대한(對韓) 인식은 군정

---

148 《국회회의록》 2대 국회 10회 67차, 1951. 4. 28.

149 《국회회의록》 2대 국회 11회 31차, 1951. 6. 4.

150 《국회회의록》 2대 국회 11회 41차, 1951. 6. 5.

151 《국회회의록》 제헌국회 5회 52차, 1949. 11. 28.

152 윤치영, 《윤치영의 20세기》, 217쪽.

시절보다 크게 개선되지 않았다.

이를테면 한 실례로 이승만이 중앙청에 불쾌감을 표현하면서 새 정부종합청사의 건설을 계획했을 때 미국은 건설비 지원을 구실로 "새 정부 청사는 8층 건물을 짓되 1~4층은 한국 정부가 쓰고 5~8층은 미국이 쓴다"는 조건을 제시했다. 이보다 더한 굴욕이 없었다. 이에 격노한 이승만의 반대로 "광화문에 경제기획원을 짓고, 그 곁에 미국대사관을 짓는다"로 타결되었다.[153]

### 4) 귀속재산 처리

망국과 전쟁이 비극이라고 하지만 역사적으로 거부(巨富)를 이루는 것은 그와 같은 격동기였다.[154] 해방과 더불어 정부가 접수한 귀속재산〔敵産〕은 국부(國富)의 80%를 차지했다. 이것이 누구에게 돌아가느냐의 문제는 그리 공의롭게 처리되지 않았다. 이재형은 이에 주목했다.[155] 그러나 굶주림에 젖은 민중과 탐욕에 사로잡힌 사냥꾼 앞에 현실은 그리 간단하지 않았다.

미군정이 이양하는 모든 권한과 재산을 한국 정부가 인수하면서

153 이임광, 2012, 《어둠 속에서도 한 걸음을: 대한민국 경제의 큰 그림을 그린 회남 송인상 이야기》, 서울: 한국능률협회, 134쪽.

154 신복룡, 2021, 《한국사에서의 전쟁과 평화》, 서울: 선인, 546쪽.

155 《국회회의록》 제헌국회 5회 35차, 1949. 11. 7; 《국회회의록》 제헌국회 5회 41차, 1949. 11. 15.

한국 측의 전권위원은 이범석 국무총리와 장택상 외무장관, 이재형 국회 재경위원장이었다. 미국 측은 무초 대사와 콜터 8군사령관, 전 군정장관 윌리엄 딘 소장 3인이었다.[156]

귀속재산의 문제는 애초 집행권자의 임면(任免)에서부터 발생했다. 이재형이 보기에, 귀속기업체의 임대차 또는 관리인의 임면을 각부 장관의 권한으로 인정한 것부터 잘못되었다. 헌법 제72조 11항에 따르면, 주요 국영기업체 관리인의 임면은 국무회의 의결사항이었다. 이를 장관의 결정사항이라고 하는 것은 위헌이라고 이재형은 지적했다.

전매사업이나 체신사업 또는 교통사업은 관업(官業)이기 때문에 그 관리인에게는 보수만 주고 이익의 배당을 줄 필요가 없었다. 그러나 현실에서는 기업체의 장이 경영이익까지 차지하고 있었다.[157] 이 비리에 대하여 이재형은 귀속재산에서 나오는 이익을 일단 전 국민에 환원시키려면 국가의 소유나 국가의 이익으로서 수납하고 이를 입법 형태를 통해야 한다고 주장했다.[158]

그런데 이승만은 국회에서 통과시킨 식량매입법·지방자치법·농지개혁법·식량임시조치법에 이어 적산임시조치법 등에 거부권을 행사함으로써 제헌국회의 입법 기능을 크게 약화했다. 이재형은 이는 곧 "대통령에 대한 의회의 굴복"인데 이를 부끄럽게 여기는 의

---

156 윤치영, 《윤치영의 20세기》, 224쪽.

157 《국회회의록》 제헌국회 5회 35차, 1949. 11. 7 ; 제헌국회 5회 47차, 1949. 11. 22.

158 《국회회의록》 제헌국회 5회 47차, 1949. 11. 22.

원이 없는 현실을 개탄했다.[159]

그는 다음과 같이 주장했다.

> 이 나라의 부(富)의 8할을 점령했다고 말하는 귀속재산 처리가 헌법 84조에 보장된 대로 국민경제의 균등한 방향에서 처리될 수 있느냐, 없느냐 … 우리나라가 바야흐로 경제적인 발전을 의도한다면, 전 국민은 과거에 인문 방면으로 발전하려는 지향을 버리고 산업 증산의 방향으로 집중되지 않으면 안 됩니다. … 그러려면 귀속재산의 처리를 계기로 하여 전 민중이 귀속재산을 자본으로 새로운 산업 증산에 참여할 기회를 줘야 합니다. 소수인에게 기업체를 주어 국민이 산업 발전에 기여할 터전을 갖지 못한다면, 우리는 산업 발전에 기여할 기회를 가질 수 없습니다.[160]
>
> 귀속재산의 이익을 조합원이 분배하는 것도 용납해서는 안 됩니다. 왜냐하면 귀속재산은 일본이 유독 종업원조합, 지주, 관리인 등 특정한 계급이나 인물을 착취하여 형성한 것이 아니고 전 민족의 고혈을 착취하여 남겨 놓고 간 재산이기 때문입니다.[161]

이재형은 귀속재산이 국유이므로 불하받은 단체 자체가 공유해야 한다는 입장을 고수했다.

---

159 《국회회의록》 제헌국회 3회 13차, 1949. 6. 6.

160 《국회회의록》 제헌국회 5회 41차, 1949. 11. 15.

161 《국회회의록》 제헌국회 3회 47차, 1949. 11. 22.

대한민국의 경제 태세를 국유・공유・국영・공영의 방향으로 이끌고 나가는 것을 원칙으로 하되, 기계 공장・제철소는 국유로 하고, 나머지 산업을 개인에게 임대차하여 운영해야 합니다. 이런 문제를 대통령령으로 시행한다는 것은 입법부가 가져야 할 본분을 스스로 유기하는 동시에 태만하다는 비난을 받을 것입니다.[162]

그러다 보니 이재형은 귀속재산을 처리하면서 연고자에게 우선권을 주는 것에 동의할 수 없었다. 당시의 법에 따르면, 가장 우선권을 가진 사람은 일제강점기의 관리인이었다. 그 밖에도 노동자나 종업원, 애국선열의 유가족이나 혹은 전업 지주 등 우선권자가 있지만, 과거의 실정에 비추어 오히려 국고의 손해를 초래하는 결과를 가져올 뿐이었다. 국가재산의 하나인 귀속재산은 경매에 부쳐 최고 입찰자에게 판매하는 것이 민주주의 국가에서 실시하는 귀속재산 처분방법이고 그럼으로써 국가의 재산은 가장 많은 이익을 유지할 수 있다는 정부의 제안을 이재형은 동의하지 않았다.

이재형의 주장에 따르면, 귀속기업체로서 10억 원 이하는 관리인을 임명하여 '관리권'만 인정하고, 10억 원이 초과할 때에는 그것을 불하하되 입찰가격의 20% 만의 우선권을 관리에게 주는 것이 좋다. 여기서 이재형이 말하는 '우선권'이라 함은 이익 분배권을 의미하는 것으로 보인다. 부동산도 같은 방법으로 처리하면 경제적 혼란을 막

---

162 《국회회의록》 제헌국회 5회 40차, 1949. 11. 14.

으면서 관리인이나 우선권자가 지나친 이익이나 부당한 이익을 얻는 것을 어느 정도 막을 수 있다. 또한 정부가 기획하는 국가의 세입 증가라는 목적을 달성할 수 있으리라고 그는 주장했다.[163]

귀속재산의 효율성을 높이는 한 사례로서 이재형은 귀속재산의 불하와 사학(私學) 발전의 상관관계를 제시했다. 이를테면, 사립학교에서 이용하는 귀속재산을 영구하게 국유 또는 공유로 하는 것만이 사립학교를 도와주는 능사가 아니다. 그런 식의 방법은 오히려 사립학교가 국유재산을 불하받아 이를 더 유용하게 이용하는 기회를 박탈하는 것이다. 차라리 이러한 의도를 살리려면 귀속재산을 사학에 우선하여 염가 불하하되 공인된 교화단체나 후생기관이 금전으로 전환하도록 기회를 주는 것이 현명한 대책이라고 그는 생각했다.[164]

귀속재산의 처리는 이재형이 바라던 대로 깔끔하게 정리되지 않았다. 그 기한이 오래 걸리면서 불안정한 화폐가치로 말미암아 불하의 선후에 따라 이권이 달라졌고, 불하의 과정도 순수하거나 투명하지 않아 신흥 자본주의 형성에 불평등을 초래했다. 불하권은 권력과 동행했다. 일제강점기의 적색노조에 겁을 먹은 정부는 노조의 구성에 부정적이었다.

이재형은 조합구성의 합리성을 강조했지만,[165] 시대의 조류는 그리 달갑게 여기지 않았다. 오히려 자유주의 경제에 대한 저항도 만

---

163 《국회회의록》 2대 국회 12회 11차, 1951. 12. 21.

164 《국회회의록》 제헌국회 5회 35차, 1949. 11. 7.

165 《국회회의록》 제헌국회 2회 34차, 1949. 2. 18.

만치 않았다. 각의에서 법제처장 신태익(申泰益)은 공공연히 "지금 처럼 혼란스러운 상황에서 자유경제 체제로 두어서는 안 된다. 정부가 강력하게 끌고 나가 물가를 통제하고 물자도 배급해야 한다"고 주장했다.[166] 국무위원들은 그에 동조했다. 이로써 좌우익의 갈등은 더욱 날카로워지기 시작했다.

### 5) 초기 산업사회의 숙제들

일본인이 물러간 다음 한국의 산업구조는 패닉에 빠졌다. 한국은행 총재와 부흥부 장관을 지낸 송인상(宋仁相)은 해방정국의 금융구조가 '전당포 수준'이었다고 회고했다.[167] 이러한 어려움을 해결할 수 있는 한 방법으로 이재형이 구상한 것은 경제구조를 법인(法人) 단위로 전환하는 것이었다. 그가 보기에 소법인을 많이 만드는 것이 오늘날 사회적으로 좋으나, 국가적으로는 될 수 있으면 큰 법인을 만들어 확실하고 안전감을 주는 경제행위 단위를 만드는 것이 유익했다.

기업법인화에 대한 그의 논리는 이러했다.

> 법인에 대해서 국가에서 어느 정도 모든 법률을 통해서 보호제도를 쓰고 있는 이유는 사회의 신용체를 〔구성해야겠기 때문입니다.〕 특히 경제

---

166 이임광, 《어둠 속에서도 한 걸음을: 대한민국 경제의 큰 그림을 그린 회남 송인상 이야기》, 47쪽.

167 위의 책, 47쪽.

활동이 나날이 복잡해가고 있는 근대국가에서 개인 신용보다도 법인 신용이 경제행동에 거대한 이익을 가져오기 때문에 이 법인육성주의를 채택하고 있습니다.[168]

이재형이 걱정한 것은 세수(稅收)를 확대하려는 노력이 오히려 기업을 위축시킨다는 점이었다. 1950년 11월 1일, 정부는 세수 확대를 위한 '조세임시증징법안'을 제출했다. 이 법안은 법인세에도 과세원칙으로 누진세율을 적용했는데, 그는 이에 대해 조심스러운 반론을 제기했다. 누진세는 이상적 과세제도이지만 법인회사를 정책적으로 육성해야 할 시기에는 누진세율 적용에 따른 중과세보다 〔수익〕 비례세율을 적용하여 경제활동을 촉진하자는 것이 그의 주장이었다.[169]

이러한 모순을 극복하기 위해 중소기업을 육성할 수 있도록 상공회의소를 만들고, 다시 세제(稅制)를 도울 수 있도록 납세조합을 법으로 규정하자고 이재형은 제안했다. 법인에 대한 인지도가 낮고 누진의 의미조차 생소하던 전시경제에서 그가 지금 한국 경제의 허리를 이루고 있는 대한상공회의소의 창안자라는 것은 잘 알려지지 않은, 그래서 더욱 신기한 사실이다.

금융구조가 열악해지자 우체국의 조체금(繰替金)이 현금 출납을 대행하는 경우도 많았다. 조체금은 세무서나 전매 관서가 수입된 현금을 우체국을 통해 국고에 보내는 제도를 의미한다. 세무서나 전매

---

168 《국회회의록》 2대 국회 8회 55차, 1950. 11. 22.

169 위의 책.

국이 국고로 보내는 돈을 송금하는 것을 기화로 약 30억 원에 가까운 금액을 소비하면서도 이 예산은 국회의 예산·결산 활동에 포함되지 않아 비위가 많았다.[170]

이재형의 정치생애를 추적하면서 안타까운 것은 그에 대해 논할 때마다 으레 '7선 의원'이나 '국회의장' 활동이 부각되어 상공부 장관으로서 1950년대에 구상한 경제에 관한 큰 그림이 가려진다는 사실이다. 그에 대한 논의는 그 점을 놓치고 있다. 1952년 11월에 상공부 장관에 부임한 그가 심혈을 기울였던 것은 바로 국가재건 종합계획이었다.

10개월 가까운 기간에 걸쳐 이재형은 당시 경제관료를 동원하여 〈상공행정 백서〉를 발표했다. 그때가 1953년 9월 30일이었는데 아마도 신생국가 설립과정에서 나온 최초의 '행정백서'였을 것이다. 말이 '행정백서'이지, 내용은 '경제개발계획'이었다. 다소 길지만 그의 경제 입국의 구상을 제대로 알려면 이를 음미해 볼 필요가 있다.

그 요지는 다음과 같다.

공업부문

- 섬유공업: 섬유공업은 과거에 한국 공업의 대종이었을 뿐만 아니라 장래에도 국민경제에 도입하려면 기간공업의 수위를 차지해야 할 것이나 한국전쟁으로 가장 혹심하게 피해를 입었다.

---

170 《국회회의록》 2대 국회 10회 56차, 1951. 3. 31.

• 화학공업: 우리나라는 그 입지조건이나 긴급성에 비추어 비료, 시멘트, 판(板), 초자, 등자 등의 중화학공업을 급속히 건설할 필요가 있다. 이러한 대규모 건설부문은 독자 재정으로 불가능하여 연간으로 그 건설방침을 일관되게 추진한 결과, 한국민사원조처(KCAC: Korean Civil Assistance Command), UN한국재건단(UNKRA: UN Korean Reconstruction Agency), 합동경제위원회 등과 그 방침을 완전 합의했다.
• 기계공업: 기계공업은 원래 미약하였을 뿐만 아니라 원자재의 공급도 절판로의 폐새(閉塞) 등으로 사변 후는 질식 상태에 빠졌다. 그러나 기계공업은 어느 국가에서나 공업의 토대이다.

### 전기 부문

전기는 국가산업의 기본 에너지임에도 남한은 불행한 처지에 놓여 있었다. 해방 이전의 한국의 평균 출력은 750,000kw였는데 그 가운데 190,000kw가 남한에서 소비되었음에도 불과 53,000kw가 남한에서 발전되었을 뿐이다.[171] 그 결과, 이북으로부터의 단전과 6·25 사변으로 남한의 발전시설에만 의존하지 않을 수 없는데도 그 시설이 심심한 파괴를 겪었다. 이러한 전기 사정에 대한 기본적 대책은 결국 남한의 발전시설을 늘리는 것이다. 석탄 사정과 발전비용을 고려할 때 되도록 화력발전을 감축하고 수력발전 시설을 증강하는 것이 합리적인 방안이다.

---

171 현재 한국에서 전력사용량이 가장 많은 곳은 KT의 목동 IDC로서 연간 205.1MW이다. 산술적으로 현재 KT 목동 IDC의 전력사용량은 당시 남한 전력량의 10.5배이다(http://m.newspim.com/news/view, 검색일: 2021.1.10).

• 수력발전시설: 화천(華川)의 제2호기 발전기 출력 27,000kw를 보수했다.
• 화력발전소: 40,000kw의 영월발전소 복구공사에 착수하여 이미 80%를 완성했다.
• 송전변압시설: 이번 사변으로 41%의 국내 발전시설이 파괴되었을 뿐만 아니라 22%의 변전시설과 33%의 송전시설 또한 파괴되었다. 따라서 25,000kw의 대전변전소를 복구 완료하여 운영 중임을 위시하는 등 각처 변압기를 수리 완비했다.

광무(鑛務) 부문

• 한국은 아시아의 주요 광산지역으로서 200종 이상의 광물을 보유했고 그 가운데 140종 이상의 유용광물을 산출하고 있다. 수출 면에서 중석이 그 수위를 차지하고 있으나, 공업의 불가결 요소인 점에서 석탄이 가장 중요한 것이다.
• 중석은 한국 지하자원 가운데 오늘날 수출 대상의 수위를 차지하고 있으며 외화획득 면에서 수행하는 역할은 우리의 무역수지 균형의 결정적 요소이다.

수산 부문

삼면을 해양에 접하는 한국은 세계 유수의 어장의 하나로서 과거부터 굴지(屈指)되어 왔다. 뿐만 아니라 현재의 국내 산업 실정에 비추어 수산업은 수출로서 외화를 획득하는 중요 부문을 형성하는 만큼 수산업의 성쇠는 경제계에 즉효를 미치고 있다.

상역 부문

- 무역 정비 및 체제 강화: 군소 무역업자에 의한 산만하고 비정상적인 무역은 대외신용을 실추시킬 뿐만 아니라 건전한 업자의 정상적 거래를 교란하는 경향이 현저하다. 따라서 엄정한 기준에 의하여 이를 정비하고 잔여 건전한 업자가 협회에 가입하여 협회 활동에 의한 공동복리를 증진케 하였다.
- 수출 진흥: 무역에서 유통질서 확립은 궁극적으로 수출입의 균형을 의미하는 것이다. 그러나 한국은 수출물자의 결핍과 국내 인플레이션으로 수출 수지의 불균형이 전체 수출을 저지하고 있는 만큼 수종의 수출자원 개발 증산과 수출진흥책이 긴요하다.
- 수입의 물자 가격: 지역 면에서 조절한다. 수입에 의존하는 율(率)이 높은 한국의 경제시장은 수입의 물자, 가격, 지역에서 조절 여하에 따라 지대한 영향이 나타난다.[172]

위의 경제계획서는 다소 거칠고 소루(疏漏)하다. 그럼에도 중화학 건설과 수출 입국의 주장이 크게 들린다. 이는 제2공화국을 거쳐 제3공화국, 곧 박정희 시대의 경제계획에 대한 암시성이 매우 높다. 따라서 이는 훗날 제2공화국과 제3공화국 그리고 그 후 권위주의 시대의 경제정책과 상당한 유사성을 보여 준다. 물론 이재형이 제2공화국과 제3공화국의 국정에 참여했다고 볼 수 없지만, 그의 구상은 그 시대 경제구도에 투영되었다.

---

172 〈동아일보〉, 1953. 10. 2~10. 5.

이재형이 판단하기에, 위와 같은 경제계획에는 몇 가지 넘어야 할 장벽이 있었다. 첫 번째로 부딪힌 문제는 노사갈등이었다. 이 문제는 자본주의가 정착하기 이전에 이미 막스 베버가 고민했던 문제이다. 그는 자본주의의 장래를 비관한 것은 아니지만 넘어야 할 산이 크게 3가지 있는데, ① 노동자의 양심 부족, ② 훈련되지 않은 자유의지, ③ 매우 몰염치한 기업가가 그것이다.[173]

이재형이 국회에 진출했을 때 첫 발언이 산업현장에서의 노동쟁의였다는 것은 의미 있는 사실이다. 그 시대의 식자라면, 좌익이 아닌 한, 적색노조의 정치집단화에 대한 암묵적 우려에 사로잡혀 있었다. 전평(全平, 조선노동자조합 전국평의회)의 영향력은 정부수립과 관계없이 위력적이었다.

그의 우려는 이런 것이었다.

① 근로자 200명이 넘는 산업체에서 명분의 옳고 그름에 관계없이 집단으로 사업주를 위협하는 사례가 빈반할 텐데 그 대책은 있는가?
② 노동자의 권리는 보장해야 하지만 노동자가 기업경영에 참여할 경우에 어떻게 대처할 것인가?
③ 기업도 결국 국가에 대한 의무와 생산 증가를 최고의 가치로 인정하도록 정부가 단연코 대처하는 방법은 무엇인가?[174]

---

173 Max Weber, 1958, *The Protestant Ethic and the Spirit of Capitalism*, New York: Charles Scribner's Sons, p. 57.

174 《국회회의록》 제헌국회 1회 24차, 1948. 7. 3.

지금의 현실이 증명하듯이, 이재형은 산업현장에서 일어날 미래의 문제를 멀리까지 내다보고 있었다. 그는 이 문제를 헌법 안에서 다루어야 할 만큼 심각한 문제라고 주장했지만, 주변의 인식은 그를 따라가지 못했다. 그의 걱정은 여기까지였다.

결국 헌법에서 노동조항은 다음과 같이 종결되었다.

**제17조** 모든 국민은 근로의 권리와 의무를 가진다. 근로조건의 기준을 법률로써 정한다. 여자와 소년의 근로는 특별한 보호를 받는다.

**제18조** 근로자의 단결, 단체교섭과 단체행동의 자유는 법률의 범위 내에서 보장된다. 영리를 목적으로 하는 사기업에서 근로자는 법률이 정하는 바에 의하여 이익의 분배를 균점(均霑) 할 권리가 있다.

두 번째로 직면한 문제는 지하경제와 정경유착에 따른 부패였다. 이재형은 이 문제를 '은폐보조금'(隱蔽補助金) 이라는 용어로 표현했다. 그의 용어는 아마 장폐와 탈세, 특혜를 의미하는 듯하다. 외국에서 뭐라 하든 특수한 기업가나 국민에게만 이익을 주고 전 국민에게 이익이 돌아오지 않는 부문은, 국민 전체에게 이익이 될 수 있는 길을 의회가 강력히 제창해야 할 상황에 이르렀다. 이러한 전제로 볼 때 지하경제는 비료나 양곡에 국한한 것이 아니다. 한국 지하경제의 비리가 비료와 양곡에 그친다면 걱정할 것도 없다고 그는 주장했다.[175]

---

175 《국회회의록》 2대 국회 제11회 3차, 1951. 6. 4.

한국의 경제, 특히 금융분야에서 이토록 운영이 어려웠던 이유는 전시경제 아래에서 미국에 대한 의존도가 높았고, 그에 따라 달러 가치가 한국 경제를 좌우한 측면을 지적할 수 있다. 1957년 6월, 송인상이 부흥부 장관 임명장을 받던 날, 이승만은 다음과 같은 3가지 당부를 했다. ① 미국과 환율에 관하여 어떤 결정도 해서는 안 된다, ② 일본제품 구매는 대통령의 허가사항이다, ③ 외국 정부와의 협의나 원조자금 문제는 대통령과 먼저 협의한다 등이다.[176]

이와 같은 엄명과 함께 100달러 이상의 해외 유출은 대통령의 결재사항이었다. 이런 방법이 달러의 해외 유출을 막을 수 있었을지 모르지만, 한국 경제를 몹시 경직시켰던 것도 사실이다.

그 후 한국전쟁의 휴전이 이루어지고 폐허에서 부흥의 기운이 일어났을 때 이재형이 그처럼 품귀한 달러의 벌이를 위해 그 시대에 이미 관광유치를 거론했다.

> 관광불(觀光弗)의 증가는 이러한 우리나라의 외환 정세 아래에서 지극히 유망한 것입니다. 여기에서 환율의 개선 하나만 가지고 관광객을 능히 유치할 수 있다 하는 생각은 너무나 낙관적이라고 본 의원은 생각하는 것입니다. 호텔, 도로, 교통 그리고 그네들에 대한 모든 서비스, 그뿐만 아니라 조직적이고 치밀한 선전 또 그네들이 국내에 들어와 숙박하고 물건을 살 적의 면세 특혜, 이러한 일련의 조치를 모든 외국에

---

176 이임광, 《어둠 속에서도 한 걸음을: 대한민국 경제의 큰 그림을 그린 회남 송인상 이야기》, 114쪽.

있어서 관광 위주 국가가 하는 예로 정부가 정책으로써 정해서 결국 실시에 옮길 때만, 이러한 관광불이 소기대로 성공할 수 있다고 본 의원은 생각하는 것입니다.[177]

위의 관광 문제의 연속선상에서 문제가 된 것은 세관제도였다. 세관제도가 안고 있는 문제점의 핵심은 밀수였다. 따라서 세관 관리에게도 어느 정도 국한된 단속권을 주어야 한다는 점, 그리고 면세 규정을 완화해 많이 도입되는 구제용 물품에 대해 도입의 촉진을 기대하고자 하는 점으로 나뉘어 있다는 것이 이재형의 판단이었다.

다만 정부에서 제출한 것과 같이 무조건 세관 관리에게 사법경찰 관리의 직권을 다 인정할 필요는 없다. 주소의 부정이라든지 증거의 인멸이라든지 도피할 염려가 있는 극한의 경우에 지방경찰청장과 세관 당국과 합의해 우수한 일부 세관 관리에게만 그런 권리를 부여한다면 권리를 남용할 염려가 없고 오로지 국가의 이익을 옹호하는 방향으로 잘 향상될 것이라 여겨 정부의 제안을 일부 축소해 관세법을 수정하는 데 그가 이바지했다.[178]

이 절의 논의에서 살펴본 이재형의 주장은 지금의 관점에서 돌아보면 새로울 것이 없다. 그러나 그 시대의 배경에서 보면, 지식 때문이었든 견문 때문이었든, 그는 한 시대를 앞서 본 경제관료였음이

---

177 《국회회의록》 4대 국회 33회 27차, 1959. 12. 30.

178 《국회회의록》 2대 국회 11회 98차, 1951. 11. 20.

틀림없다. 이 절에 국한해 논의하자면, 그가 경제관료로서 일한 기간이 너무 짧았다는 것, 국회의원이 아니라 경제관료로서 한길을 갔더라면 국가에 더 큰 기여를 할 수 있었을 것이라는 아쉬움이 남는다. 대부분의 역사학자가 '시대'를 잊고 다만 '결과'만 바라보고 역사를 평가하기 때문에,[179] 그의 공적이 많이 퇴색되었다.

## 5. 전시경제와 자본주의의 고뇌

인류 역사에서 초기의 전쟁 목표는 먹이였다고 하지만, 산업사회에서 전쟁은 인간 마성의 표출인 경우가 많다. 전쟁은 차마 못할 짓임에도 위정자들의 개인적 오판과 욕망으로 일어난다. 그런 점에서 "전쟁은 부흥을 가져온다"는 역사학자 모리스의 글[180]은 너무 잔인하다. 개전 책임을 져야 할 지배자들은 "통일을 위해서"였다고 말할지 모른다. 하지만 통일이 300만 명의 인명 피해를 초래하면서까지 전쟁을 일으킬 만한 가치 있는지에 대해 당사자와 다른 의견을 제시할 수 있다.

이승만의 본의와 관계없이 신생국 독립 5년 만에 벌어진 전쟁은

---

179 이승연, 2000, "조선조 《주자가례》의 수용 및 전개과정," 〈전통과 현대〉, 12호, 164쪽.

180 Ian Morris, 2014, *War! What is it Good For? Conflict and the Progress of Civilization from Primates to Robots*, New York: Farrar, Straus and Giroux.

여러 가지 측면에서 정치적 위기에 빠진 국면을 전환할 기회를 주었다. 김일성의 오판이었든 강대국의 음모였든, 한국전쟁은 이승만이 위기상황에서 빠져나갈 돌파구를 마련해 주었다. 이승만은 대미관계를 통해 미국과 함께 공산화를 저지하는 데 중요한 역할을 했기 때문이다.

한국전쟁에서 이승만과 미국의 관계는 민중에게 착시현상을 일으켰다. 그렇다고 한국전쟁이 특정인에게 축복이었다는 뜻은 결코 아니다. 늘 전쟁의 가능성이 있었기 때문에 국민은 남침에 대하여 무감각했다. 1950년 6월 25일 아침, 북한의 남침이 시작되었음에도 비서진은 이승만을 잠자리에서 깨우지 않았다.[181]

### 1) 전시 예산

대비하지 않은 전쟁에서는 일패도지(一敗塗地)했다. 이런 시점에 무소속 의원에서 족청을 거쳐 교섭단체 신정회(新政會)를 이끌다가 마음 내키지 않는 자유당 입당으로 이재형의 정치 행로에 많은 굴곡이 시작되었다. 남다른 경제 감각으로 제헌국회 재정경제위원장으로 활약하다가 상공부 장관에 발탁된 것은 이승만의 결심 사항이었을 것이다. 하지만 퇴임한 전직 국무총리 이범석과 현직 국무총리 백두진의 눈에 든 것은 그 자신의 능력 탓이었을 것이다.

---

181 이윤영, 《白史 李允榮 회고록》, 169쪽.

이재형이 장관으로 입각했던 때는 전쟁의 포성이 계속되던 부산 피란정부 시절이었다. 그때만 해도 정부각료는 독립운동가 출신이나 명망가들이 임명되던 때였다. 이재형과 같은 젊은 테크노크라트가 장관으로 임명되었다는 사실은 그 자체로 그의 자질을 입증하는 것이었다.[182] 개전과 함께 그는 전시행정보다 전시경제에 어려움이 더 많다고 판단했다.

전쟁 이전까지만 해도 군사비를 정부의 일반회계에 포함했기 때문에 개전과 함께 일곱 차례에 걸친 추가예산은 거의 군사비로 말미암은 것이었다. 1949년부터 시작된 국지전이 전면전으로 확대됨으로써 전시예산을 다시 편성해야 하는 어려움이 발생했다.[183] 국회 재정경제위원회 예산으로는 전쟁을 감당할 수 없었다.

50만 병력을 유지하기 위해 먹는 문제만 있었던 것은 아니다. 훈련에 필요한 인건비, 피복비 등이 합리적으로 계산되어야 하는데 현실은 그렇지 못했다.[184] 이재형이 보기에 1949년 세수가 120억 원인데, 개전과 함께 국방과 치안에 필요한 예산이 300억 원으로 증가했음에도[185] 이를 감당하는 문제에 대한 대안이 없었다.

게다가 해마다 UN군에게 공급하는 800억 원으로 발생하는 재정

---

182 송인상, "전시 통화개혁의 당위성을 역설하던 상공부 장관," 《운경 이재형 선생 평전》, 136쪽.

183 《국회회의록》 2대 국회 10회 46차, 1951. 3. 20.

184 《국회회의록》 2대 국회 10회 17차, 1951. 1. 30.

185 《국회회의록》 제헌국회 6회 25차, 1950. 2. 8.

인플레이션을 감당할 길이 없었다.[186] 1951년에 KCAC를 통해 1억 6천만 달러의 물자가 들어오고, UNKRA를 통해 2억 5천만 달러의 원조물자가 들어온다 해도 전시예산으로는 턱없이 부족했다.[187] 그렇다고 해서 관업(官業)이라는 이름으로 수지 원가에 대한 검토도 없이 예산을 방출한다면 철도국에서는 석탄 연료를 무료로 요구할 수도 있었다.[188]

이재형은 당시의 현실을 이렇게 개탄했다.

> 그렇다면 의당히 군사력에 관한 예산배정은 후방보다도 전선에 치중해야 할 텐데도 불구하고 내무부 임시예산만 보더라도 임시치안관할부의 1만 명에 대하여 90여억 원을 계상하고, 전투에 종사하는 1만 5,400여 명에 대한 경비는 불과 46억 원밖에 계상하지 않았다는 사실은 어디에 근거를 두었는가?
>
> 또 내무부 예산을 보면, 치안 본국의 봉급 예산이 364명에 4억 9,600만 원이어서 1인당 봉급이 150만 원으로 계상되어 있는데, 일선 경찰관에게는 1만 명의 예산이 24억 원에 불과합니다. 이는 전방의 1인당 20만 원에 견주어 후방에서 근무하는 사람은 150만 원의 봉급을 지급하면서, 생명을 바치고 싸우는 경찰관에 대해서는 그의 6분의 1에 해당하는 봉급밖에 지급하지 않으니, 이러한 예산배정은 군사력의 강화를 기하는 것이 아니라 약화하는 것입니다.

---

186 《국회회의록》 2대 국회 10회 38차, 1951. 3. 3.

187 《국회회의록》 2대 국회 11회 41차, 1951. 6. 5.

188 《국회회의록》 제헌국회 2회 66차, 1949. 3. 29.

더욱이 제 2 국민병에 대한 예산은 오직 151억 원밖에 계상하지 않아 급식비밖에 없고, 그들이 집을 떠날 적에 입고 온 모든 피복·신발은 다 이미 떨어지고 있는 오늘날, 의량(衣糧)에 대한 예산이 전혀 계상되고 있지 않으니, 이것이 정말 싸우는 사람을 위해서 적절하게 배정된 예산이라고는 도저히 볼 수 없습니다.[189] … 경찰을 1만 명 줄인다고 한다면 절약되는 돈이 1년에 자그마치 60억 원이니 60만 국군들에게 만 환씩 더 줄 수 있는 액수입니다.[190]

이재형의 개탄에는 군수(軍需) 비리에 대한 암묵적 질타가 섞여 있다. 현실이 그럴 수밖에 없는 것은, 해방정국에서 국방경비대는 군인이 아니라 경무국〔경찰〕의 예하부대였던 관행이 그때까지 청산되지 않았기 때문이다. 따라서 국회 재정위원회에서 추경안에 공비토벌 예산 41억 원을 증액했지만, 공비토벌은 국방부가 아니라 내무부 치안국 소관으로 경찰병력이 담당했기 때문에 군사의 전력 증강에 도움이 되지 않았다.

이승만 정부에서 한국 경제의 핵심에 있었던 송인상의 회고에 따르면, 이재형이 상공부 장관으로 재직할 무렵 전시경제 분야에서 가장 큰 공적은 통화개혁이었다고 평가한 바 있다.[191] 1953년 2월 15일에 대통령 긴급명령으로 발표된 화폐개혁은 이재형만의 업무는 아니

---

189 《국회회의록》 2대 국회 10회 38차, 1951. 3. 3.

190 운경재단, 《정치 이전의 것을 하러 왔소》, 176쪽.

191 송인상, "전시 통화개혁의 당위성을 역설하던 상공부 장관," 《운경 이재형 선생 평전》, 136쪽.

었고, 재무부나 한국은행과 긴밀한 협조로 비밀리에 실시했다. 그러나 그 핵심에서 이재형의 활약이 컸다는 것이 송인상의 견해이다.

1953년 화폐개혁의 실시는 통상적으로 통화팽창을 막고, 은닉자산을 양성화한다는 공통 목표를 지향했다. 따라서 한국전쟁 기간에 재정난으로 말미암아 남발된 통화를 10원 대 1환으로 평가절하함으로써 인플레이션을 수습하고, 전시 부패경제에 따른 은닉재원을 포착하여 체납된 세금을 환수하고 연체대출금을 환수하는 효과를 보였다. 이때 조선은행권을 한국은행권으로 바꾸고, 몇 년 후인 1959년에 주화(10환, 50환, 100환)를 제조했다.

### 2) 조세 증가와 담세능력

전쟁은 용맹만으로 승리를 얻을 수 있는 것이 아니다. 무기와 조국을 지키겠다는 애국심과 지배계급의 전략적 고민이 함께 어우러질 때 비로소 전쟁의 승리가 가능하다. 그러나 한국전쟁에서 남한은 북한에 견주어 무기의 불균형이 심각했다. 무기는 결국 군사비를 의미한다.

전쟁 비용이 부족할 경우 정치인이라면 먼저 세수 확대를 고려하는 것이 상례이다. 그러나 이재형은 거기서 한 걸음 더 나아가 과연 현재 실정에서 국민에게 담세능력이 있는가 하는 문제를 고민했다. 그가 판단하기에 1951년 세수는 조세 2,011억 원에 더하여 연초(煙草) 판매수입이나 교통사업 수입 등, 순전히 국민소득에 그 부담 재원을 기대하는 부분의 세입이 4,200억여 원에 이르렀다. 이는 1950년에 견주어 6~7배의 급격한 증가를 계상하는 것으로 세수의 결함은 예정된 것이나 다름없었다. "이를 부담하고도 2천만 국민이 살아남을 수 있는가?"라고 이재형은 물었다.[192]

이에 대하여 재무부는 먼저 100억 원의 국채발행을 구상했다. 백두진 재무부 장관은 국회 답변에서, 정부 추계로 1952년 3월 현재 화폐발행고가 3,200억 원인데 1953년 예산이 7,268억 원이므로 장차 총통화량은 1조 원에 이를 것으로 전망하면서, 증가할 통화량을 회수하려면 국채발행이 불가피하다는 의견을 피력했다. 전 국민을 대상으로 하는 국채 소비방법은 큰 무리가 없다는 것이다.

백두진의 답변은 국채 소비방법에서 많은 비판을 받았다. 특히 전인구의 6할을 차지하며 전쟁 비용의 대부분을 담당하는 농가에 다시 준조세 성격의 국채까지 강요할 수 없다는 의견이 지배적이었다. 국채에 관한 논란은 끝내 농민에게만 국채를 소비시킬 수 없도록 하자는 동의안이 제출되면서 정부와 대립하는 양상을 띠었다.[193]

그러나 "국세가 120억 원인 상황에서 국민이 이를 부담할 능력이 없는데 금융시장으로 과연 국채를 인수할 능력이 있는가?"라고 이재형은 질책했다.[194] 정부는 500억 원 규모의 국채발행을 구상했던 것으로 보인다. 그의 표현을 빌리면, 당시 국민의 생활수준은 "감옥 안에 있는 사람이나 감옥 밖에 있는 사람이나 같은 생활을 한다"고

192 《국회회의록》 2대 국회 10회 45차, 1951. 3. 19.
193 《국회회의록》 2대 국회 10회 55차, 1951. 3. 30.
194 위의 책.

쳐도 총액 7조 3천억 원이 필요한 상황이었다.[195]

이재형은 이렇게 정부에 물었다.

> 사변 발발 후 불과 4개월 만에 물가는 3. 3배나 폭등했다.[196] … 다시 말씀드리면 정부는 대한민국에서 국민의 순소득, 생활하고 나머지의 소득을 얼마로 계산했기에 2, 011억 원의 담세를 국민에게 요구하느냐, 이런 기본적인 문제에 대한 진지한 논토(論討)가 있었습니다만 이 점에 대해서 좋은 해명을 얻지 못했을뿐더러 … 작년도 실정에 580억 원의 조세수입을 예산에 계상하고 있으면서도, 현재 190억 원의 조세수입의 부족이 예상되는 현실에 비추어 전년도의 5배 이상의 세금을 이런 경제적 현상에서 기대한다는 것은 불가능한 점이 있지 않은가?[197]

이렇게 국민 부담이 어려워지자 정부에서는 1950년 11월 1일 지세(地稅) 법안을 제출하여 연간 520만 석에 이르는 군량미 수집과 양곡 매입자금 방출로 야기되는 통화팽창을 방지하기 위해 농지세를 현물로 징수하는 물납제(物納制)를 채택하고자 했다. 그러나 정부의 고충은 이해하지만 화폐경제 시대에 물납제를 채택한다는 것은 시대를 역행하는 처사이다. 또 물납제는 북한 정권이 이미 시행 중인데 일반 국민의 인식이 좋지 않다는 반론이 거세게 일어나고 있

---

195 운경재단, 《정치 이전의 것을 하러 왔소》, 120쪽.

196 《국회회의록》 2대 국회 10회 47차, 1951. 3. 21.

197 《국회회의록》 2대 국회 10회 55차, 1951. 3. 30.

었다. 이러한 이유로 이재형은 물납제를 반대했다.[198]

증세도 불가능하고 채권발행도 불가하다면 어떻게 전쟁 비용을 부담해야 하는가? 이재형은 '재정 누수(漏水)'에 주목했다. 허술하고 부패한 전시경제에서 모리배가 마음만 먹으면 불공정 거래는 얼마든지 자행될 수 있다. 그것은 사사로운 개인 비리보다 조직적이었다. 관권으로 위장된 합법적 유용이나 횡령 그리고 조세 도피는 얼마든지 가능했다.

이를테면, 이재형이 보기에 정권의 어용단체에 대한 특혜가 적지 않았는데, 대한청년단의 경우가 대표적 사례였다. 당초 대한청년단은 국비보조를 받아 적어도 정치문제에는 관여하지 않을 것이며, 순수하고 충실한 교양단체로서 본래의 사명에 매진하겠다고 했다. 그런데 국회에서 선거법을 통과시킬 때 대한청년단은 실제로 정부가 지지해 만든 단체요, 정부예산으로 보조금을 지급하는 상황에서 권력단체로 행동하여 자유 분위기의 선거가 추진되기 어려웠다. 따라서 이재형은 이들의 정치활동 금지와 출마 규제를 요청했다. 하지만 그들은 교양단체로서 주무 관청이 문교부이기 때문에 국회 선거법에 제약을 받을 이유가 없다고 법망을 피해갔다.[199]

또 다른 면에서는 경찰권과 군사권의 모호한 관계 입법으로 말미암아 생기는 군경의 차별과 비리를 차단하고자 '6·25 사변 수습비

---

198 《국회회의록》 2대 국회 8회 57차, 1950. 11. 23.

199 《국회회의록》 제헌국회 6회 58차, 1950. 3. 21.

특별회계법'을 제정했다. 그 제 1조에서 "6·25 사변 수습에 관한 임시군사비 및 경찰비의 회계는 일반의 세입과 세출을 구분하며, 사변의 종식까지를 1회계연도로 함을 원칙으로 한다"고 규정했다. 그리고 제 4조에서 "사변이 종식된 뒤 6개월 이내에 결산을 종료하며, 결산상의 현금과 권리 의무는 이를 일반회계에 귀속시킨다"고 못 박았다.[200] 이때부터 군사권이 실질적으로 경찰권으로부터 분리되었다고 볼 수 있다.

그다음으로 이재형이 착안한 것은 은닉한 세수나 이익집단에 의해 회피한 세수(稅收)를 찾아내는 것이었다. 그는 '통행세법' 중 개정법률안에서 부유세(富裕稅) 도입을 시도했다. 그는 통행세 대상을 승용차만 삼을 것이 아니라 항공기까지 추가하면 약 1억 원의 세수입이 증가할 수 있다고 주장하여 이를 통과시켰다.[201] 개전 연도인 1950년의 과세를 면제한다는 정부의 제안에 반대하면서, 비교적 담세능력이 있는 고액소득자에게만, 1950년에 대해서도 어느 정도의 세금을 부담시키는 것이 옳다는 수정안을 제출했다.[202]

이재형이 또 발굴한 것은 '조세 임시증징법' 중 개정법률안에서 주세(酒稅)를 대폭 인상한 것이었다. 그는 독주는 20%, 약주와 과일주는 50%, 청주와 합성청주는 70%, 맥주·소주·고량주와 주정(酒精)은 40%, 기타 주류는 30%로 주세를 인상할 것을 요구했다.

---

200 《국회회의록》 2대 국회 10회 45차, 1951. 3. 19.

201 위의 책.

202 《국회회의록》 2대 국회 10회 47차, 1951. 3. 21.

그의 주장은 화학주는 세율을 낮추고 곡주는 높여야 한다는 것인데, 그 이유는 다음과 같다.

> 전선에서는 목숨을 걸고 싸우고 있는데 후방〔銃後〕에서 술이나 마시고 있다는 것은 오늘의 현실에서 사회적 타당성이나 도덕적 가치성을 전연 인정할 수 없는 점으로서 정부는 이 점을 전혀 고려하지 않고 있습니다. 식량정책에 기여할 수 있는 면과 병행하여 적어도 유흥장에서 돈 많은 사람이 그 술 아니면 술맛이 없다는 고급주에 대해서는, 전례 없이 대폭 증과(增課) 해서 적자재정의 재원을 포착하는 반면 여기에 사회 정의의 일단을 표현하는 것은, 전시하에 비록 이것이 세법이라 하더라도 우리가 노력해서 관철할 점이 아닌가? … 고급 요정에서 기분 좋게 술 마시는 분들에게는 100%로 인상해야 합니다.[203]

이재형의 지인들은 한결같이 그가 애주가였다는 점과 술에 얽힌 일화를 많이 기억했다. 그런 그가 "지금 국민이 후방에서 술이나 마시고 있을 때냐?"고 국회에서 질타하는 모습은 엄숙하고도 아이러니하다. 그는 아마도 당시 후방 관료의 기강 해이를 그렇게 꾸짖은 것으로 보인다. 이런 문제를 포괄하여, 이재형은 소득세법을 근본적으로 개정해야 한다고 생각했다.

그의 구상에 따르면 소득세법은 이런 방향으로 개정해야 한다.

---

203 《국회회의록》 2대 국회 10회 55차, 1951. 3. 30.

① 종래의 종합소득세를 분류소득세로 개정하여 원천과세제도로 바꿔야 한다.
② 납기를 세분해서 세원을 포착, 과세하여 국고의 손실을 만회한다.
③ 소득세율을 비교적 균형 있게 조정해야 한다.[204]

이재형은 왜 이렇게 증세를 강조했을까? 우리나라의 격언에 "부자는 가난한 사람의 배고픈 사정을 모른다"고 하지만, 꼭 그런 것 같지도 않다. 그가 전쟁을 이해하는 전략가도 아니고, 또 그 분야에 책임져야 할 입장도 아니라는 점에서 보면, 전시에 전략을 말할 입장은 아니었을 것이다. 그러나 사병의 삶의 질에 대한 고민은 그의 몫이었다. 당시 사병의 삶이 어느 정도였기에 그는 그토록 그들에게 연민을 보냈는가?

1951년 7월 27일 추경안에 따르면 병사의 하루 부식비가 330원이었고,[205] 1952년에는 조금 올라 750원이었다.[206] 그렇다면, 이 부식비는 어느 정도 수준일까? 개전 첫해인 1950년 말의 달러 환율은 미국의 대외원조기구(ECA: Economic Cooperation Administration)가 요구한 것이 4,000 대 1이었으며, 1951년에는 공정환율이 1,800 대 1이었고, 시장환율이 2,500 대 1이었다. 또한 도매 물가지수는 뉴욕에 견주어 8,530 대 1이었고, 소매물가지수는 1만 1,060 대 1이었다.[207]

---

204 《국회회의록》 2대 국회 10회 47차, 1951. 3. 21.
205 《국회회의록》 2대 국회 11회 51차, 1951. 8. 27.
206 《국회회의록》 2대 국회 13회 51차, 1952. 7. 11.

시장환율 2,500 대 1로 환산하면, 당시 한국 병사 일일 부식비 750원은 미화 30센트였다. "군대는 위(胃)로써 싸운다"는 나폴레옹의 말이 무색했다.[208] 이재형이 안타깝게 생각한 것은 바로 이 부분이었다.

### 3) 군수경제와 부패

전쟁은 기본적으로 무법의 세계를 불러왔다. 이때 사회적 붕괴로 나타나는 첫 번째 현상은 군수부패이다. 이재형은 이를 '계엄 경제'라고 불렀다.[209] 러일전쟁 당시 한 사병의 고백처럼, 부패한 나라의 전쟁에서는 "적군의 총탄보다 아군의 보급계 일병이 더 무섭다".[210] 경제를 아는 이재형의 눈에는 그와 같은 군수부패가 더 잘 들어왔을 것이다. 국민은 생명을 바치고, 재산을 바치고, 자유를 바치고, 정조(貞操)를 바쳤는데, 정부가 한 일은 무엇인지 그는 물었다. 소수의 전시 이득자를 위해 수많은 사람이 굶주리는 경제 태세를 개선하고, 여기에 명실상부한 전시경제 태세를 확립하기 위해 매진함이 마땅했지만 현실은 그렇지 않았다.[211]

---

207 《국회회의록》 2대 국회 11회 31차, 1951. 6. 4.

208 Arther Ferrill, 1987, *The Origins of War*, 이춘근 역, 1990, 《전쟁의 기원》, 서울: 인간사랑, 18쪽.

209 《국회회의록》 2대 국회 10회 38차, 1951. 3. 3.

210 쿠로파트킨, 2007, 《쿠로파트킨 회고록: 러일전쟁》, 심국웅 역, 서울: 한국외국어대학출판부, 112, 143, 138쪽.

211 《국회회의록》 2대 국회 10회 38차, 1951. 3. 3.

이재형이 전시하에서 경쟁입찰로 구입한 양면 괘지(罫紙) 300권 중에 정량이 담겨 있는 것은 하나도 없었다.[212] 각종 구호물자는 법적 근거 없이 권력자에게 집행되었다.[213] 강제징용이나 다름없는 국민방위군의 처우는 비인도적이었다. 집행부는 몇억 원을 지프에 싣고 다니며 썼다.[214] 국민방위군 사건으로 정국이 시끄럽던 무렵, 거창 양민학살 사건까지 터져 나오자 민주국민당의 신랄한 대정부 공격이 계속되었다. 문제가 확산하자 국회는 부의장 장택상을 파견하여 진상을 조사하도록 했다.

그 후 그는 다음과 같이 국회에 보고했다.

> 국무총리 장면! 조병옥이란 놈은 역적이요, 반역자예요. 24시간을 내무부 출근시간 이외에는 계집 손 잡고 술 먹고, 한 달 31일 동안 하루에 요릿집을 네다섯 거치고, 요릿집 앞에서 총을 멘 순경을 시켜 보초를 세우고 눈부셔서 보지 못할 자동차를 타고 밤을 새워가며 요릿집에 다니니 ….[215]

이승만 대통령은 사건의 책임을 물어 신성모 국방부 장관을 해임하는 한편, 민주국민당 소속의 조병옥 내무부 장관과 김준연 법무부

---

212 《국회회의록》 2대 국회 10회 52차, 1951. 3. 27.

213 《국회회의록》 2대 국회 10회 67차, 1951. 4. 28.

214 《국회회의록》 2대 국회 10회 75차, 1951. 5. 7.

215 장택상, "滄浪遺稿," 장병혜 편, 《상록의 자유혼》; 〈국회부의장 서울 시찰 보고서〉, 1951. 3. 22.

장관을 해임했다. 이런 일련의 조치는 민주국민당의 극심한 반발을 가져와 정국은 더욱 혼돈에 빠져들었고, 끝내 이시영(李始榮) 부통령의 사임을 불러왔다. 그러자 신정동지회의 이갑성과, 민주국민당이 공화구락부와 힘을 합쳐 김성수를 각각 부통령 후보로 내세웠다. 부통령 선거에서는 78 대 73이라는 표차로 민주국민당의 김성수 후보가 승리했다.[216]

이 무렵에 이재형은 매우 상징적인 명언을 남겼다. 당시 한국의 위정자들은 진정으로 조국을 수호하려는 의지를 가진 것이 아니라 막연한 '맥아더 장군 병'에 걸려 있다고 그는 질타했다.[217] 물론 맥아더의 호언장담과 이승만의 과찬이 작용한 것은 사실이지만, 미국이나 맥아더에 대한 기대와 신뢰는 신앙에 가까웠다. 1970년대에 박정희가 계룡산 신도안〔新都內〕을 철폐하기 전까지 그곳에는 맥아더를 신으로 모시는 신당과 무당이 많았다. 심지어 《정감록》에 등장하는 '진인'(眞人)은 트루먼 대통령이라고 신봉하는 유사종교도 있었다. 진인을 영어로 풀이하면 True-man이라는 것이 그들의 설명이었다.[218] 이와 같은 시대적 미망(迷妄) 속에서 이재형은 몽환적 대미(對美) 의존에서 벗어나야 한다고 주장했다. 그 시대의 분위기에서는 그런 말을 하기가 쉽지 않았을 것이다.

---

216 운경재단, 《정치 이전의 것을 하러 왔소》, 111쪽.

217 《국회회의록》 2대 국회 10회 61차, 1951. 1. 15.

218 이에 대한 답사기는 신복룡, 2011, 《한국정치사상사》(하), 서울: 지식산업사, 139쪽 참조.

부산 피란정부 시절 이재형은 시장을 돌아보고 국회에서 다음과 같이 보고했다.

우리가 이 6·25 사변 이래 민족적 비극을 파괴된 도시에서 보고, 혹은 죽어 넘어간 많은 병사의 시체에서 봤습니다마는, 지금 나라를 위해서 한 시간 혹은 30분 여유를 주지 않고 자기 집을 떠나 천리를 내려온 사람들이 사흘, 나흘을 저 서남풍에서 떨고 있는, 몇천, 몇만 명의 이 비극을 일찍이 못 봤다고 느꼈습니다. 저 동래(東萊) 가는 우시장에 이 나라를 위해서 지금 집에서 쫇어지고 온 모포 입고, 있는 옷 주머니에 든 돈 다 털어 버리고, 맨주먹으로 굶고 떨고 있습니다. 어저께 또한 느낀 바는 구포 지방에 고향에서 온 근 1천 명 가까운 제 2국민병이 있었습니다.[219]

그렇다면 이 난국을 타개할 방안으로 이재형은 무엇을 생각했을까? 그는 국회에서 이렇게 말했다.

전시모리(戰時謀利)라고 할까, 이러한 신흥 소득층을 포착한다는 것은 평상시에도 어려운 일일진대 전시에는 지극히 행정상 곤란한 점이 있습니다. 그래서 정부는 어느 한계를 정해서 그 이상의 소득을 적어도 전부 전시이득(戰時利得)이라고 간주하는 개정안을 제출했습니다. 여기에 대해서 재정경제위원회는, 개인 소득이 500만 원 초과하는 부

219 《국회회의록》 2대 국회 10회 61차, 1951. 1. 15.

분에 대해서 임시 증징(增徵)을 부과하는 데 대해서는 이의가 없습니다. 그러나 법인소득이 2천만 원을 초과하는 부분에 대해서 임시 증징을 하는 것은 불가하므로 법인소득에서는 1천만 원을 초과할 때 임시 증징을 하지 않으면 안 되겠다고 수정했습니다.[220]

아마 이재형은 초법적 대책 없이 전시부패나 전시치부를 청산할 수 없다고 생각한 듯하다. 그러한 구상은 그가 상공부 장관으로서 각의에서 이승만 대통령에게 "전쟁으로 전비 지출이 많아졌고, 따라서 물가가 앙등한 실세에 있습니다. 이러한 때 전쟁으로 치부한 모리배들의 돈을 동결해 산업자금으로 돌린다면 일석이조의 성과를 가져오리라 확신합니다"라는 헌책(獻策)을 말한 것에서도 잘 나타난다.[221]

전시 상공부 장관으로서 이재형의 정책의 핵심은 전쟁 희생자들, 특히 그 가운데에서도 강제동원 희생자에 대한 연민과 전시부패를 어떻게 응징하는가에 집중되어 있었다. 그의 결론은 초법적 공권력의 행사가 아니고서는 이를 돌파할 수 없다는 것이었다. 그러나 그의 그런 생각은 11개월이라는 단명 장관 임기로 접어야 했다. 이와 관련해 아마도 그가 역풍을 맞았으리라는 추정이 가능하다. 앞서 기술한 바와 같이, 장관 퇴임과 함께 그가 겪어야 했던 사법 처리를 보면 그러한 추정이 가능하다.

---

220 《국회회의록》 2대 국회 10회 47차, 1951. 3. 21.

221 송인상, "전시 통화개혁의 당위성을 역설하던 상공부 장관," 《운경 이재형 선생 평전》, 138쪽.

## 6. 카리스마 정치와 민주주의의 갈등: 4·19 혁명

전쟁이 아니더라도 어려웠던 정부수립 초기에 이승만은 그의 명성에 견주어 취약하고 외로웠다. 이때까지만 해도 이승만과 한민당은 그리 나쁘지 않은 사이였으므로 그는 자신의 미래를 낙관했을 것이다. 그런데 제2대 국회를 구성하자, 210명의 의원 가운데 128명이 무소속 인사였다.[222] 그 무렵의 원내 세력분포 상황은 군웅할거(群雄割據)의 양상을 띠었다.

이를테면, 한국독립당 계열의 인사들이 뭉친 동인회(同仁會), 소장급진파의 성인회(成仁會), 족청 출신이 별도로 연합전선을 만든 청구회(靑丘會) 등이 난립하여 당원의 구별도 쉽지 않았다. 정당이 이토록 많았던 것은 정당보다 인물 본위로 생각한 데서 온 결과일 수 있다.[223] 또한 이때 이미 이승만에 대한 실망이 팽배하고, 정당에 대한 인식이 부족했기 때문이기도 했다.

---

222 윤치영, 《윤치영의 20세기》, 243쪽.
윤길중과 심지연은 무소속이 126명이라고 기록했다. 아마도 암묵적 당원 수의 계산이 달랐기 때문으로 보인다(윤길중, 1991, 《이 시대를 앓고 있는 사람들을 위하여》, 서울: 호암출판사, 88쪽; 심지연, 《한국정당정치사》, 51~52쪽).

223 윤치영, 《윤치영의 20세기》, 198~199, 235쪽.

### 1) 내각제인가, 대통령중심제인가?

대통령을 국회의원 3분의 2 출석과 3분의 2 찬성으로 뽑는 제도는 매우 예외적인 기형이었다. 대통령중심제로 가려면 총선거에 의해 대통령을 뽑아야 하고, 국회에서 최고 수반을 뽑으려면 내각제로 가야 하는데, 제헌국회는 이도 저도 아니었다. 이러한 제도는 대통령과 의회 모두를 만족시킬 수 없어 언젠가 충돌이 예상된 제도였다. 이러한 제도에서 대통령이 다수당의 기반을 두는 것이 아니어서 그 취약점을 잘 아는 국회는 차라리 내각제를 선호했다. 이승만은 아직 민중 속에 남아 있는 여망을 업고 총선거에 의한 대통령제로 가고 싶어 했다.

이렇게 각기 다른 계산속에, 정부수립 이래 이승만에 대한 투쟁과 당세 확장에 주력해오던 원내 제1당 민주국민당은 정부수립 5개월 만인 1949년 1월 27일, 내각책임제 개헌안을 국회에 내놓으면서 이 대통령의 노선에 정면 도전했다. 개헌안의 국회 표결 직전에 각 교섭단체 현황은 재적의원 198명 가운데 대한국민당 71명, 민주국민당 69명, 일민구락부 30명, 무소속이 28명이었다. 이는 연초까지 민주국민당이 75명으로 원내 제1당이었던 데 견주면, 급격한 역전이 이루어진 것이었다.

더구나 이승만은 몇 차례에 걸쳐 개헌반대 국민총궐기대회를 개최하여 내각제 개헌론자를 정권욕에 사로잡힌 매국노라 몰아붙였다. 그 결과 3월 14일 본회의 표결에서 내각제 개헌안은 출석의원 179명

중 79표의 찬성으로 폐기되었다.[224] 훗날 이재형은 대통령과 의회의 갈등을 회고하며, 의회주의의 핵심은 "여당도 야당도 서로 접근하고 의견을 조정해야 비로소 고칠 수 있는 것"이라고 말했다.[225] 이를 보면 아마 의회 중심의 내각제로 마음이 기울었던 듯하다.

대통령과 국회의 갈등은 전시 부산 피란정부에서 더욱 날카롭게 격화되었다. 전시 이전까지만 해도 좌익이 그리 자유롭지 않았지만 행동반경은 넓었다. 그러나 막상 전쟁이라는 유혈 충돌로 이념대립이 심화되고 미군이 개입하자 이승만은 반공을 표방함으로써 전시의 약세를 극복하려 했다. 좌익 탄압은 명분을 타고 더욱 거칠어졌다.

제주 4·3 사건이 한창 악화할 무렵, 1949년 4월부터 7월에 걸쳐 국회의원 검거 선풍이 불었다. 검거 대상은 김약수(金若水) 국회부의장을 비롯하여 노일환, 이문원 등 소장파 의원 13명이었다. 미·소 양군 철수 결의안을 내고 나라의 자주성을 유달리 강조해온 이 소장파 의원들은 남로당 프락치라는 혐의로 여러 차례에 걸쳐 체포되었다. 이때 이재형은 체포령에 가장 격렬히 반대한 의원 가운데 하나였다. 그가 그토록 반대한 것은 진보 이념을 지지하거나 의협심에 따른 것이 아니었다. 오직 국회의 권위를 지키고자 헌법 제49조의 국회의원 신분보장에 관한 헌법정신을 강조한 것이었다.[226]

이 과정에서 이재형은 경찰권의 남용에 대한 깊은 혐오에 빠졌다.

---

224 《국회회의록》 제헌국회 6회 50차, 1950. 3. 11.

225 〈동아일보〉, 1987. 5. 13.

226 《국회회의록》 제헌국회 3회 11차, 1949. 5. 23.

그것은 조병옥에 대한 저항이기도 했다. 군정 시절 이래 경무국의 유산은 그대로 남아 있었다. 이재형이 보기에 경찰은 이미 민중으로부터 분리되어 있었다. 그들은 이미 언필칭 민주경찰이 아니었다. 국회에서 이재형은 "민중을 떠난 이 경찰에 의해 정부를 세우려 하는가? 소수의 반민족행위자에 의해 정부를 세우려 하는가?"라고 일갈했다. 그는 정부가 내각을 개조해 주기를 간절히 바랐지만, 반민족 행위를 저지른 세력에 의한 정부 개조를 바란 것은 아님을 분명히 했다.[227]

날이 갈수록 대통령과 국회 간 갈등이 악화될 무렵 1951년 4월 24일, 국회 본회의는 이재형이 제출한 '정부위원 임명승인 취소에 관한 결의안'을 가결했다. 이 법안을 상정하게 된 계기는 최창덕(崔昶德) 농림부 차관이 만들었다. 그는 재정경제위원회의 농림부 예산안 심의에서 위원들의 질의에 답변을 거부했을 뿐 아니라 답변하려는 성의마저 보이지 않은 채 퇴장했었다. 이에 이재형은 능력이 모자라고 성의도 없는 정부 위원은 물러나야 한다며 결의안을 제출했던 것이다.[228]

이제 이승만은 이와 같은 국회와의 갈등을 돌파하는 방법으로 대통령제로의 개헌을 구상하게 되었다. 그는 아직 임시정부 초대 대통령이자 왕손으로서의 카리스마에 대하여 잔불처럼 남아 있는 '백성

---

227 《국회회의록》 제헌국회 1회 98차, 1948. 11. 8.

228 《국회회의록》 2대 국회 10회 63차, 1951. 4. 24.

들'의 향수에 기대감을 품고 있었다. 더욱이 국회의원 210명 가운데 3명이 피살되었고, 27명은 납북 또는 행방불명이 되었으며, 5명은 피란 도중 사망했고, 그 밖의 이유로 35명의 의원이 결원되었다.

2대 국회 본회의 헌정사료[229]가 유실된 오늘날, 당시의 상황을 정확히 읽기는 어렵다. 이승만이 국회의원 감소를 의식했는지 여부는 알 수 없지만, 재적의원 수가 줄었기에 과반수 통과도 수월하게 되었다. 이를 감지한 국회에서는 '국회의원 재적수에 관한 특별조치법률안'을 통과시켜, "한국전쟁으로 행방불명된 의원은 다시 국회에 등록할 때까지 재적의원 수에 산입하지 아니한다"고 가결했다.[230]

1951년 11월 30일, 정부는 정·부통령의 직선제 개헌안을 제출했다. 그러나 다음 해 1월 18일, 재석의원 163명 가운데 가(可) 19표, 부(否) 142표, 기권 1표로 이승만은 참패했다. 대통령제 개헌안의 부결의 배경에는 이승만의 독주에 대한 국회의 반감이 있었던 것이 사실이다. 하지만 그에 못지않게 그 무렵에 국회는 대통령 선거권을 즐기는 상황에서 국회의 간선에 따른 내각제를 포기할 이유가 없었다.[231]

---

229 《국회회의록》 2대 국회 6회 81차, 1950. 4. 20 ~ 8회 55차, 1950. 11. 12.

230 《국회회의록》 2대 국회 9회 21차, 1950. 12. 12.

231 심지연, 《한국정당정치사》, 78쪽.

### 2) 발췌개헌안

1952년 대통령중심제 개헌안이 부결되자 원외자유당은 대통령직선제 개헌안 부결 반대 민중대회를 열면서 국민의 기본권인 선거권을 돌려주자는 호헌 결사항쟁을 선포했다. 더구나 이에 맞서 1952년 4월 17일, 민주국민당·민우회·원내자유당·무소속 등이 제휴하여 내각책임제 개헌안을 제출하자 정국은 일대 혼란에 빠졌다.

이즈음 이승만은 돌연 사표를 제출한 장면 국무총리의 후임으로 장택상 의원을 임명하여 국회의 승인을 받고 5월 14일 대통령직선제 개헌안을 다시 제출했다.[232] 장택상 총리가 야당 의원들을 회유하는 온건책을 쓰면서 개헌 책략은 새로운 양상을 띠기 시작했다.

그럼에도 국정이 매우 소란스러워지자 이승만은 이를 수습하고자 5월 24일 원외자유당의 수장인 이범석을 내무부 장관에 임명했다.[233] 5월 25일에는 경상남도와 전라남북도 23개 시군에 잔여공비 소탕이라는 명분 아래 계엄령을 선포했다.[234] 다음 날인 5월 26일 크레인을 이용하여 국회의원 40여 명을 태운 채 국회에 등원하던 통근버스를 헌병대로 끌고 간 정부는 내각제 개헌 추진 의원 10명을 국제공산당과 관련되었다는 혐의로 체포했다.[235]

---

232 《국회회의록》 2대 국회 12회 68차, 1952. 5. 30.

233 《국회회의록》 2대 국회 12회 68차, 1949. 5. 30.

234 윤치영, 《윤치영의 20세기》, 283쪽.

235 운경재단, 《정치 이전의 것을 하러 왔소》, 128쪽.

5·26 정치파동 이후, 혼미(昏迷)로 치닫는 정국을 목격한 김성수는 이승만을 정면으로 공박하고 나섰다. 정치파동에 책임을 물으면서, 1952년 5월 29일 부통령 사임서를 국회에 제출했다. 5월 30일, 국회는 구금된 의원 11명의 석방을 결의했다.[236] 백골단(白骨團)이라는 정치폭력배도 동원되었다. 이들은 부산 동구 범일동에 있는 조선방직을 중심으로 강모〔姜一邁〕가 민의동원본부를 내세워 동원한 단체였다. 땃벌떼[237]는 주로 어느 청년단체에서 조종하는 것으로 알려졌다.[238]

한편 신라회는 대통령중심제와 내각제의 두 안을 절충하는 '발췌종합개헌안'을 마련했다. 6월 12일에 이르러 신라회는 배은희·박영출 등 삼우장(三友莊)파와 타협하여 정부와 국회의 개헌안을 종합한 것을 제출했다. 6월 21일 국회에 상정된 내용은 ① 대통령직선제, ② 상·하 양원제, ③ 국무총리 제청에 의한 국무위원의 임명과 면직, ④ 국무원에 대한 국회의 불신임 결의권 등 4개 원칙을 근간으로 했다.[239]

야당 의원들이 "정치적 자유 분위기의 보장이 없는 한 국회 출석을 거부하겠다"며 잠적하는 사태로 말미암아 의결 정족수가 미달하여 이 안건은 심의조차 하지 못했다. 장택상이 중도세력을 앞세워

---

236 《국회회의록》 2대 국회 12회 68차, 1952. 5. 30.

237 '땃벌'은 함경도 방언으로 '땅벌'을 뜻하는데, 이북의 우익청년으로 구성되었다.

238 윤치영, 《윤치영의 20세기》, 283쪽.

239 위의 책, 284쪽.

중재에 나섰다. 신라회는 정부와 국회 간 대립을 완화하고 조정한다는 명분을 내세우며 정부 개헌안과 국회 개헌안을 절충했다. 두 개헌안에서 필요한 조항만을 발췌한 이른바 발췌개헌안 작성에 발 벗고 나섰다.[240]

1952년 7월 4일 심야에 제13회 국회 임시회가 개회되자 발췌개헌 추진자들은 신변의 위협을 느껴 등원을 거부하는 야권 의원들을 강제연행하여 부산시청 안의 임시의사당에 연금했다. 또한 국제공산당과 연관되었다는 혐의로 구속되었던 의원 10명을 석방, 등원시켜 재적의원 185명 가운데 166명의 의원이 출석했다. 법안의 독회를 생략한 채 기립으로 표결한 결과 163명이 찬성하여 발췌개헌안이 통과되었다.[241] 윤길중은 당시 국회의원들에게 협박과 공갈 등을 일삼았던 행동대의 주동세력은 족청이었으며 이때 내무부 장관은 이범석임을 강조하는 글을 남겼다.[242]

발췌개헌안을 중심으로 하는 부산 정치파동의 주역은 장택상과 그의 조직인 신라회였다. 그는 훗날 회고록을 쓰면서, "국회의원을 헌병대 차에 싣고 끌고 갈 줄 몰랐으며, 이에 큰 분노감을 느꼈다"고 술회한 바 있는데, 이것은 진실이 아니다. 더 나아가 "신라회를 동원하여 발췌개헌안을 제출함으로써 가까스로 그 난국을 수습하게

---

240 윤길중, 1991, 《청곡 윤길중 회고록》, 서울: 호암출판사, 122쪽.

241 《국회회의록》 2대 국회 13회 81차, 1952. 7. 15.

242 윤길중, 《청곡 윤길중 회고록》, 107쪽; 운경재단, 《정치 이전의 것을 하러 왔소》, 133쪽.

되었는데 그 이면에는 공개할 수 없는 모종의 국제적 계책이 있었다"고 말함으로써[243] 진실을 가슴에 묻고 간다고 썼다. 발췌개헌안이 '국제적 음모'였다는 그의 기록은 결국 배후에 미국이 있었다는 뜻으로 들린다. 그것이 사실인지, 자신을 향한 비난을 모면하기 위한 변명인지에 대해서는 각기 다른 해석을 할 수 있다.

발췌개헌안 파동은 이재형에게 가장 큰 고뇌의 순간이었을 것이다. 그는 정치노선에서 동의할 수 없는 이승만과 같은 배〔자유당〕를 타고 있었을 뿐만 아니라 그의 보스인 이범석이 내무부 장관으로 재직한 상황에서 운신의 폭이 그리 넓지 않았다. 그는 당초에 발췌개헌안이 발의되었을 때, 이를 보류할 것을 제안했으나 부결되었다.

당시 이재형은 이렇게 주장했다.

〔그러므로〕 또 다른 각도에서 이 국면을 수습하려는 동지들은, 이것을 절충하고 여기에 정부와 국회의 새로운 협조적인 각도를 개척해서 국난을 타개하고 나가려는 의욕이 지금 구체적으로 거창한 각도에서 진행되고 있습니다. 그런 까닭에 호헌을 소리치는 것이 그것을 해오던 분들의 순정임은 틀림없지만 절충하고 타협하고 상호가 이해함으로써, 지금 유례없이 착잡하게 놓여 있는 한국의 운명을 해결하고자 하는 이러한 문제가 제기되고 있으니, 그 문제를 진지하게 피차 연구하고 또 나아가서 성공시킬 수 있도록 하기 위해서, 이 호헌에 대한 외침을 잠시 보류해 두는 것이 좋기에 여기에 보류 동의를 제기하고자 합니다.[244]

---

243 장택상, "滄浪遺稿," 장병혜 편, 《상록의 자유혼》, 298~299쪽.

그는 당초에 국회에 의한 대통령중심제에 반대하는 입장이었고, 발췌개헌안 파동이 일어났을 때 국회에서 이렇게 주장했다.

> 국회의원이 대통령과 부통령을 간접으로 선거하는 제도를 폐지하고 국민의 직접투표를 시행한다면 국회의원과 국회의원이 아닌 사람이 한 개의 유권자의 자격밖에 없는 것이에요. 무엇 때문에 〔대통령직접선거제를 도입하여〕 국회의원 몇 사람의 찬성과 지방의원 몇 사람의 찬성을 받은 추천서가 없으면 대통령과 부통령 입후보를 할 수 없다는 이 점이 어디서 출발할 수 있는 것이며 어디서 성립할 수 있는 것입니까?[245]

위의 발언은 분명히 대통령 직접선거제를 반대하는 입장이다. 어차피 내각제 개헌은 작금의 정치상황 속에서 도저히 불가능한 것이고, 그의 정치 신념과도 맞지 않았다. 그렇다고 정부가 내놓은 대통령직선제안에 무조건 찬성하고 싶은 마음도 없었다. 그러기에는 이승만의 독선이 너무 심했다. 이재형은 두 개헌안의 절충을 생각했다. 절름발이 법안이 될 수밖에 없었지만, 양극으로 치닫는 정국을 안정시킬 방법은 그것뿐이라고 그는 판단했다.[246]

그러나 대통령직선제를 반대한다 해도 내각제가 최선의 대안은 아니라고 이재형은 생각했던 것 같다. 그는 자신의 선택이 '덜 나쁜

---

244 《국회회의록》 2대 국회 12회 78차, 1952. 6. 16.
245 《국회회의록》 2대 국회 13회 81차, 1949. 7. 15.
246 운경재단, 《정치 이전의 것을 하러 왔소》, 131쪽.

선택'이었다고 여겼을 것이다. 그러나 발췌개헌안이 절차상의 하자가 있었음을 숨기지 않았다. 그는 후대의 역사에서 발췌개헌안을 바라보는 시선이 곱지 않을 것도 잘 알고 있었다.

이재형의 고통스러운 심정은 훗날 그의 고백에서 잘 나타난다.

> 나는 1 · 2대 국회의원을 지내면서 더러는 자부심을 가질 만한 일도 있었겠지만, 그보다는 내 스스로 상당 부분 반성해야 할 점이 많다고 생각해서 몸을 숨겼던 것입니다. 그 기간 내내 내가 반성한 것 중의 하나가 5년 전 부산에서 있었던 정치파동입니다.[247]

이재형은 발췌개헌 당시 자신의 처신을 "반성한다"고 고백했다. 아마 괴로웠을 것이고, 그런 고백이 쉽지 않았을 것이다. 그리고 그 개헌안의 역사적 결과가 후대에 누를 끼친 것은 더 후회스러웠을 것이다. 그러나 그의 후회는 그 시대를 지난 뒤의 일이었다. 당시는 운신의 폭이 그리 넓지 않음으로 스스로 위로했을 것이다.

결국 부산 정치파동 직후 실시한 3대 정 · 부통령 선거에서 굳게 믿었던 이범석이 부통령에 낙선하고 함태영이 당선되어서야 그는 역사가 잘못되었음을 때늦게 깨달았을 것이다. 그것이 훗날 전개된 그의 정치역정에 어떤 교훈이 되었는지에 대한 평가는 뒤이어 이어지는 역사학자들의 몫이다.

---

247 위의 책, 182쪽.

### 3) 4대 국회에서의 재기

1954년 4월, 이재형은 40세의 이른 나이에 정치의 꿈을 접고 고향으로 돌아갔다. 동지들이 대신 입후보 등록을 마쳤으나 그의 결심을 막지 못했다. 그가 야인으로 있는 동안에 중앙정부에서는 4사 5입(四捨五入) 개헌 파동으로 정국이 파국으로 향하고 있었다. 이 무렵 그는 자신이 오욕의 현장에 있지 않음을 다행으로 생각했을 것이다. 그의 결심이었다고 하지만, 그 역사의 현장에서 몸을 더럽히지 않은 것도 마키아벨리가 말한 운명(*fortuna*)이었다.[248] 역사의 현장에 있는 것도 운명이지만, 오염된 역사를 피해가는 것도 커다란 행운인 것이다.

1958년 5월, 이재형은 고향 시흥에서 무소속으로 4대 민의원에 당선되어 정치에 재기했다. 휴전 직후 정가는 반공주의의 짙은 안개에 싸여 있었다. 부산 피란정부 시절이었으니 그가 직접 공산치하를 경험한 것은 아니었지만 전시의 상공부 장관의 경험으로 그 시대의 반공주의를 이해했다. 이런 상황에서 그가 국회의원으로서 몸으로 부딪친 가장 큰 문제는 곧 국가보안법이었다.

한국 현대사에서 보안법의 뿌리는 매우 깊다. 이미 대한제국이 무너진 1907년에 일본은 '불령선인'(不逞鮮人)을 탄압할 목적으로 보안법을 제정하여 통치수단으로 이용했다. 이후 1948년 말에 여수·순천 사건의 뒤처리를 위해 12월 24일에 국회에서 보안법을 불

---

248 마키아벨리, 《군주론》, 신복룡 역, 25장.

법 통과하여 이듬해 1월부터 시행한 과거가 있다(2·4 파동). 사실 한국인에게 보안법은 익숙한 고통이었다.

1958년 8월 5일에 보안법이 발의되었다. 이어 8일, 〈사상계〉에 "생각하는 백성이라야 산다"라는 글을 게재한 이유로 함석헌이 구속되었고, 〈경향신문〉 폐간의 당위성을 옹호하는 유인물이 뿌려졌다.[249] 집권 자유당은 휴전 치하 공산주의자들의 준동을 막는다는 명목으로 전문 42조의 국가보안법 개정안을 국회에 제출했다. 이른바 국가보안법 파동이 시작된 것이다.

본디 보안법의 명분은 교전 중에 전장(戰場) 지역에서 발생하는 이적 행위를 처벌하는 것이었다. 그러나 대부분의 시국법(時局法)이 그렇듯이 그것은 집권자의 자위수단이었으므로 처음부터 과잉입법이라는 이유로 야당의 격렬한 저항을 받았다. 이재형은 이 무렵 보안법과 관련하여 〈동아일보〉에 1,100자에 이르는 논설을 발표했다.

그 요지를 살펴보면 다음과 같다.

① 남한에 간첩이 얼마나 많기에 남한의 국가 기밀이 당일로 북한에 들어간다. 어떻게 이런 일이 가능한가?
② 이런 상황에서 보안법의 개정을 이해할 수 있다.
③ 그럼에도 본 법안은 죄형법정주의에 위배되는 과잉입법이어서 매우 위험하다.[250]

---

249 운경재단, 《정치 이전의 것을 하러 왔소》, 196쪽.
250 〈동아일보〉, 1958. 9. 7.

바로 이 무렵에 국회에서 이재형의 존재가 부각되기 시작했다. 어느 파도 우위를 장담하지 못하는 상황이었기에 승부를 결정지을 수 있는 캐스팅보트를 무소속이 쥐고 있었기 때문이다. 무소속 의원들이 어느 쪽 손을 들어 주느냐에 따라 대세가 판가름 났다. 그 무소속의 중심에는 이재형이라는 존재가 자리하고 있었다. 제헌국회 때부터 무소속 출마로만 의정 단상에 오른 그는 4대 국회에 등원한 이래 무소속의 수장으로서 상당한 힘을 결집해 놓고 있었다.[251]

그럼에도 국가보안법은 1958년 12월 19일 국회를 통과했고, 12월 24일 경찰이 국회에 난입하여 이때부터 경찰국가의 통치가 시작되었다. 우선 내무부와 국회 사무처의 긴밀한 협조를 얻어 현직 경찰관 300명을 국회 경위(警衛)로 위장 발령했다.[252]

이에 민주당 소속 의원과 무소속 의원은 27일 하오 의사당에서 '국가보안법 개악 반대투쟁 선서식'을 거행했다. 85명의 의원이 출석한 가운데 선언문을 채택하여 서명했다. 이날의 선서식은 유진산 민주당 원내총무의 사회로 국민의례에 이어 조병옥의 개식사와 선언문 낭독, 양일동(梁一東) 의원의 선서, 윤제술(尹濟述) 의원의 서명자 낭독 그리고 만세 삼창 등 순서로 진행되었다.

선언서의 요지는 다음과 같다.

---

251 운경재단, 《정치 이전의 것을 하러 왔소》, 233쪽.

252 위의 책, 93쪽.

〔이는〕 민심의 이반을 만회할 목적으로 마치 일제의 치안유지법이나 국가총동원법과 같은 가혹한 악법을 만들어 언론 정의를 봉쇄하여 영세 집권을 고정화하려는 마각(馬脚)의 폭로이다. 그러나 이런 우민화(愚民化) 정치에 맹종하기에는 국민이 너무나 지혜로워졌다. 이에 우리는 민주주의의 장송곡과 함께 일당 독재정치가 출현하려는 이 아슬아슬한 찰나에 분연히 일어났다.

성명서의 요지는 이러하다.

오늘 이 땅에는 커다란 암운이 감돌고 있다. 공산도배(共産徒輩)에 의하여 이 나라가 붕괴될 듯이 선동하여 썩은 가지에 걸린 현 정권을 유지하기 위한 최후책으로 안출된 것이 보안법이며, 국민질식법(國民窒息法)이다. 지혜로운 국민은 이를 더 잘 알고 있다. 1년 후에 닥칠 정·부통령 선거를 앞두고 이제는 이미 다시는 되돌아오지 못할 만큼 멀리 떠나 버린 민심과 여론에 대하여 가공할 복수를 기도함으로써 백색(白色) 독재를 망상하는 저들에 대하여 분연히 일어섰다.253

곧이어 양일동·이재형·윤재근·문종두·박병배·주금용·조종호·정준·이옥동 의원이 다음과 같은 성명서를 발표했다. 이들이 성명을 서두른 것은 장택상의 이탈과 무관하지 않았다.

253 〈동아일보〉, 1958. 11. 28.

국가보안법 개정에 있어 상규를 벗어난 당쟁에 전연 가담치 않고 완전 시시비비주의로 임(臨)하자는 다대수 소속 의원의 요망을 내포한 채, 민주 기본인 국민주권 옹호의 전략상 우선 자유당의 강한 정책에 전면 반대함이 선결 문제라고 주장하는 장택상 의원의 선의의 지도에 동조하여 국가보안법 개악반대 전열에 가맹한 우리는 이번 그분의 거취에 대하여[254] 오직 유감이라는 말로 그 심정을 표현할 수밖에 없다.

그러나 민권을 수호하려는 우리의 전열이 개인의 향배로 영향받을 수 없는 만큼 한층 대오를 정비하여 당면 국가보안법 개악반대 투쟁에 한하여 동일 입장에 서게 된 민주당 소속 의원들과 더불어 본 법안 철회 및 순수한 반공태세 강화 입법이 실현될 때까지 전력을 다할 것을 천하에 성명하는 바이다.[255]

반(反)이승만 전선이 강고해지자 1958년 12월 24일 이승만은 무술경관 300명을 동원하여 6일째 철야농성으로 피로한 의원들을 해산시켰다. 그리고 군사작전처럼 '국가보안법'과 '지방자치법', 1959년 예산안을 한꺼번에 통과시켰다.[256]

며칠 뒤 〈한국일보〉에 다음과 같은 부고가 게재되었다.

---

254 그 무렵 장택상은 반공투쟁위원회 위원장으로서 반공과 반이승만 계열에서 활동했다. 양일동 등 9명의 의원이 반이승만 투쟁을 벌이기 이틀 전인 12월 2일에 "지금 야당 하는 사람들은 여당에서 쫓겨난 인물들이며 … 나는 이제 자유당으로 돌아오니 마음이 가볍고 자유롭다"는 성명서를 발표했다(장택상, "滄浪遺稿," 장병혜 편, 《상록의 자유혼》, 467쪽).

255 〈동아일보〉, 1958. 12. 4.

256 운경재단, 《정치 이전의 것을 하러 왔소》, 194~195쪽.

부고(訃告)

우리나라 민주주의 장의식에 제(際)하여 진심으로 조의를 표하며 아울러 지상에 광고하여 주시길 바랍니다.

기(記)

대한민국의 대부인(大夫人) 민주주의 숙환으로 누월(累月) 신음 중, 금월 19일 하오 3시 날치기 김의준(金意俊) 칼에 위가 파열, 금월 24일 하오 3시 40분 자유당 의장 이기붕에 원한을 남기고 별세, 자이(玆以) 지상 부고함.

- 장지: 하늘나라 천당
- 발인: 국가보안법 포고일 1958년 12월 24일
- 호상: 국가보안법 개악 반대투쟁위원회
- 사자(嗣子): 대한민국 국민 [257]

그 후 김상도, 최규옥, 박만원, 임철호, 장경근, 박세경, 한희석, 김의준·홍진기(법무부 장관), 최정우(국회사무총장) 등 10명이 "제4대 대통령으로 이승만 박사를 지지하겠다"는 개인 성명서를 발표했다. 이들은 '국가보안법 10용사'라는 이름으로 불렸다. [258]

---

257 〈한국일보〉, 1958. 12. 30 ; 박용만, 《제1공화국 경무대 비화》, 272쪽.

258 〈경향신문〉, 1959. 1. 15.

### 4) 수의(壽衣)가 된 권력[259]

행보나 언설(言說)로 볼 때 1959년은 이재형에게 가장 갈등과 고뇌에 찬 한 해였던 것으로 보인다. 지난해 그는 이승만의 보안법 파동을 기점으로 분명히 반이승만 라인에 서서 투쟁을 선언했다. 그러나 지난날 자신을 상공부 장관으로 발탁해 준 보스에 대한 의리나 이승만의 본심에 대한 연민으로 자신의 입지가 자유롭지 못한 것에 고민이 컸을 것이다. 1959년이 되자 그런 고뇌는 더욱 두드러지게 나타났다.

〈동아일보〉에 다음과 같은 짤막한 기사가 게재되었다.

> 이 박사를 지지, 이재형 의원 성명
>
> 국회 무소속 이재형 의원은 20일 상오 제4대 대통령으로 이승만 박사를 지지하겠다는 개인 성명서를 발표하였다.[260]

노선을 함께했던 무소속 의원들은 당황했지만 내색하거나 대응하지 않았다. 그 뒤 이재형 자신은 물론 아무도 이 문제를 다시 거론하거나 시비하지 않은 것을 보면, 그 시대의 조야는 그의 심중을 암묵적으로 양해했던 것으로 보인다.

보안법이 통과된 뒤 자유당 정권은 질주했다. 김성수의 회고에

---

259 이 경구는 고대 그리스 시대 시라쿠사의 격언이다(플루타르코스, "대(大) 카토전," 《플루타르코스 영웅전》, 신복룡 역, 24장).

260 〈동아일보〉, 1959. 8. 20.

따르면, '각하'라는 표현뿐만 아니라 '폐하'라는 용어도 등장했다.[261] 이승만은 기독교에 심취했고 서구 민주주의를 체험한 인물이었음에도 유교적 교리의 한계를 벗어나지 못했다. 그는 왕가 후손으로서 카리스마 넘치는 지배체제를 구축하고 싶어 했다. 그리고 조국의 광복에 한 몸을 바친 "자기를 포기한 영웅"[262]이라는 후광을 이용함으로써 이에 성공할 수 있었다. 그는 평소에 '왕손', '나의 백성들', '과인(寡人)이 …' 등의 용어를 즐겨 썼다.[263]

역사적으로 보면 정통파 관료가 몰락할 때 십상시(十常侍)가 등장했다. 노쇠로 말미암아 총명을 잃어가는 이승만은 그것을 감지하지 못했다. 이럴 경우 십상시보다 군주에게 책임이 더 크다. 이승만은 국내 신문을 보지 않았다. 그 이유는 야당의 비판이 싫은 탓도 있지만, 오래 쓰지 않아 문법과 독해가 쉽지 않은 한글보다 영자 신문에 더 익숙했기 때문이다. 그는 귀국할 무렵에 한국어가 어눌했고, 아내와 한국말을 쓰지 않았다.[264] 이것이 그의 비극의 단초였을 수 있다.

후대의 역사가들은 이승만을 '독재자'라고 비난했다. 하지만 엄격한 의미에서 보면 '적어도 3 · 15 선거 이전까지' 그는 부정(不正)한 정치인이었지, 독재자는 아니었다. 그는 왕손으로서 한국의 보수주

---

261 윤길중, 《청곡 윤길중 회고록》, 118쪽.

262 Lester G. Seligman, 1971, "Elite Recruit and Political Development," Johnson L. Finkle & Richard W. Gable, eds., *Political Development and Social Change*, New York: John Wiley & Sons, Inc, p. 241.

263 손세일, 1977, 《이승만과 김구》, 서울: 일조각, 4~6쪽.

264 박용만, 《제 1공화국 경무대 비화》, 121쪽.

의를 잘 다룰 줄 아는 계몽군주가 되고 싶었을 것이다. 그는 본디 고집이 세고 남의 말을 잘 듣지 않는 편이었는데 고령이 되어서 더욱 충언을 들을 총명을 잃은 상태였다.

아첨이 충언에 앞서는 것은 주군의 책임이지 조고(趙高)의 책임이 아니다. 그는 "히틀러라기보다 차라리 고종에 가까웠다"는 커밍스의 표현도 적절치 않다.[265] 왜냐하면 고종은 망국의 혼군(昏君)이었기 때문이다. 그렇다고 해서 "아랫사람들이 나빴다"는 식의 여염의 표현으로 그의 실정이 면책되는 것은 아니다.

이승만에 대한 평가는 지근거리에서 그를 지켜본 장택상의 다음과 같은 표현이 사실에 가까울 것이다.

> 이 박사는 복잡미묘한 성격의 소유자이다. 그 성격을 쉽사리 이해할 수 없다. 이 박사는 시적(詩的) 성격을 가진 사람이다. 그는 독선적이고 초범적(超凡的)이었다. 이 박사는 소수의 식자 간에는 비판을 받았지만, 대중이 따르기 마련이었다. 대중은 그런 성격의 지도자를 좋아하며 우상으로 삼는다. 그는 애국자이다.[266]

장택상이 처음에 이승만을 지지한 것은 중국 계통의 임정 세력보다 젊은 날에 영미권에서 공부한 친화력 때문이었다.[267] 그랬던 그

---

265 Bruce Cumings, *The Origins of the Korean War*, Vol. II, p. 19.
266 장택상, "滄浪遺稿," 장병혜 편, 《상록의 자유혼》, 340쪽.
267 위의 책, 329쪽.

가 반이승만 라인의 선봉에 선 것은 그의 성품을 이해하는 데 도움이 될 뿐만 아니라 그 시대의 시류를 읽는 데도 도움이 된다. 아무리 정권에 함닉(陷溺) 되었다 해도 민심이 이승만과 자유당을 떠났다는 것은 본인들이 더 잘 알고 있었다.[268]

이때 정치적 후각을 가진 사람이라면 누구보다 먼저 침몰하는 배에서 뛰어내리려 할 것이다. 그런 사람은 주군과 가장 가까웠던 이들이다. 이런 상황에서 장택상은 "이 나라에서 머리를 하늘에 둔 사람은 자유당의 죄과가 이〔일본 제국주의〕보다 더 크다고 생각한다"고 일갈했다.[269] 1960년 3월 26일, 이승만의 친위대인 신라회 회장 장택상이 먼저 이승만의 하야를 요구하는 성명서를 발표했다. 그에게서 충성을 맹세하던 지난날의 모습을 찾을 수 없었다.

마침내 4월 19일, 5만~6만 명의 학생과 시민이 국회의사당 앞으로 모였다. 5시에 다시 비상계엄령을 선포하면서 전국이 시위의 물결에 휩싸였다. 그런 상황에서 1960년 4월 22일 이재형이 '시국대책특별위원회 위원장'으로 선임되었다.[270] 그날도 서울은 비상계엄령 아래 있었으며, 정국이 어떻게 수습될지 가늠하기 어려웠다. 그런 터라 자유당뿐만 아니라 야권의 많은 인사도 계엄령의 존속을 요구하고 있었다.

그러나 이재형은 이들의 주장을 거부했다. 법률상 요건을 결여한

---

268 운경재단, 《정치 이전의 것을 하러 왔소》, 212쪽.

269 장택상, "滄浪遺稿," 장병혜 편, 《상록의 자유혼》, 192쪽.

270 《국회회의록》 4대 국회 35회 8차, 1960. 4. 25.

비상계엄을 존속시킬 수 없다는 것이 그의 논리였다. 결국 '비상계엄 해제에 관한 결의안'은 만장일치로 가결되었다.[271]

4월 26일에 대책위원회는 다음과 같은 사항을 결의했다.

시국수습에 관한 건의안

전국 시위대원 등에 대한 조치에 관한 건.

제1차 마산시위에서부터 4·19에 이르기까지 각처에서 일어난 학도 및 일반 민중의 시위는 3·15 선거에 대한 불만과 누적된 비정(秕政), 그리고 민중을 살상한 책임자의 처벌을 요구한 것으로 그 정신의 정당성을 인정해야 한다.

이러한 정신의 훼손을 막기 위해 다음의 두 가지 건의안도 아울러 제출했다.

① 현재까지 전국 각지에서 일어난 민중시위에 따른 불상사에 관련된 시위대원의 계획하지 아니한 범과(犯過) 행위는 차(此)를 일체 불문에 부(付)한다. 계획적인 범죄자를 색출한다는 명목하에 무리한 수사 고문 등을 해서는 안 된다.

② 불법 경찰관리 등에 대한 조치에 관한 건: 시위대원에 대한 부당한 발포명령자를 포함, 폭행 및 고문을 감행한 경찰관리와 이에 협조한 불량배는 철저히 조사하여 엄중 처벌한다.[272]

---

271 운경재단, 《정치 이전의 것을 하러 왔소》, 220쪽.

272 《국회회의록》 4대 국회 35회 9차, 1960. 4. 26.

이어서 4월 25일 본회의에서 지난 4월 19일 이후 서울 · 부산 · 대전 · 대구 · 광주 등 5개 지구에 선포된 비상계엄령은 법적 요건을 갖추지 않은 불법이란 이유로 즉각 그 해제를 결의했다. 조일환(趙逸煥) 의원 외 24인이 제안한 '계엄해제 결의안'은 그동안 국회 시국대책위원회에서 무수정 채택되어 이날 본회의에 상정되었다. 경찰의 보복행위를 방지하기 위해 보류하자는 몇몇 의원의 반대의견이 있었으나 결국 표결에 부쳐졌다. 그 결과, 재석 130인 가운데 가(可) 116, 부(否) 0으로 가결되었다. 이에 계엄법 21조에 따라 이미 비상계엄이 해제되어 경비계엄이 선포된 부산 · 대전 · 대구 · 광주 등을 제외하고 여전히 실시 중인 서울 지구의 비상계엄은 즉각 해제되었다.

이날 대책위원장 이재형은 현 상황을 다음과 같이 보고했다.

> 국가적으로 성의를 기울여야 할 근본적인 수습책이 간단히 수립될 문제가 아니다. 대책위는 ① 우이동에 잠복해 있다는 데모대의 구출 방안을 마련했고, ② 병원을 위문했으며, ③ 4 · 19 수습대책을 25일 하오에 논의하기로 했다. 그리고 조일환 외 24명이 제안한 비상계엄해제 결의안은 시국수습대위에서 무수정 채택되었다.

장택상은 계엄해제에 대해 반대논리를 폈다. 그 이유는 부패와 부정선거의 무리가 아직도 현직에 머무르고 있기 때문이라는 것이었다. 이에 이재형은 "분명히 불법인 비상계엄의 해제에 대해서는 더 이상 논의의 여지가 없다고 본다. 경찰의 보복 항위(抗威) 방지책은 별도로 마련해야 할 것이다"[273]라고 장택상의 의견을 받아들이지 않았다. 한편 윤치영은 "김창룡(金昌龍) 장군이 건재하였던들 4·19와 같은 허술한 사태처리로 이 대통령이 애국애족의 충정에서 맥없이 하야하는 일은 결코 일어나지 않았을 것"이라고 반론을 제기했다.[274]

4월 26일에 이재형은 시국수습위원회를 소집하여 다음과 같이 결의하여 본회의에 상정했다.

① 이승만 대통령은 즉시 하야해야 한다.
② 3·15 정·부통령 선거는 차(此)를 무효로 하고 재선거를 실시한다.
③ 과도 내각하에 완전 내각책임제 개헌을 단행한다.
④ 개헌 통과 후 민의원은 해산하고 총선거를 즉시 실시한다.[275]

4대 대통령 선거의 무효화와 이승만 대통령의 하야 권고는 4·19 혁명의 분수령이었다. 국회의 하야 권고와 함께 이승만의 대통령 하야 성명이 나온 4월 26일 수석각료인 허정 외무부 장관이 대통령 권한대행에 임명되어 과도내각을 구성했다. 5월 3일 이승만의 대통령 사임서를 국회에서 정식으로 접수하여 사임을 선포함으로써 정국은 어느 정도 안정을 되찾는 듯했다.

---

273 《국회회의록》 4대 국회 35회 8차, 1960. 4. 25; 〈동아일보〉, 1960. 4. 26.
274 윤치영, 《윤치영의 20세기》, 308쪽.
275 《국회회의록》 4대 국회 35회 9차, 1960. 4. 26; 〈동아일보〉, 1960. 4. 27.

이어서 4월 27일, 국회는 혁명의 사후수습책으로 다음과 같은 조처를 단행했다.

① 시위대 등에 대한 조치에 관한 건: 현재까지 전국 각지에서 일어난 민중시위로 불상사에 관련된 시위대원의 미리 계획하지 아니한 범과항위(犯過抗威)는 일체 불문에 부친다.
② 불법 경찰관리 등에 대한 조치: 시위대원에 대한 부당한 발포, 발포 명령지휘자를 포함하여 폭행 및 고문을 감행한 경찰관리와 이에 협조한 불량배는 철저히 조사하여 엄중 처단한다.
③ 계엄사령관은 각 대학 당국과 연락하여 각 대학생이 질서유지에 노력할 수 있는 적절한 조치를 시급히 마련할 것을 건의한다.[276]

이어서 국회 본회의에서 재석 157명 가운데 가(可) 120표, 부(否) 21표, 무효 11표, 기권 5표로 의원사퇴권고 결의안을 가결했다. 이재형이 발표한 사퇴권고 대상 의원은 모두 8명으로 이기붕·한희석·최인규·이존화(李存華: 자유당 완주 갑구 의원)·장경근(전 내무부 장관, 자유당 정책위원회 의장)·박만원(자유당 군위 의원)·신도환(辛道煥: 대한반공청년단 단장)·손도심(孫道心: 자유당 화성 국회의원 겸 서울신문사 사장) 등이었다. 이들은 스스로 사퇴하지 않으면 국회에서 제명하기로 의결했다.[277]

---

276 〈동아일보〉, 1960. 4. 27.

277 《국회회의록》 4대 국회 35회 10차, 1960. 4. 27.

위의 결의안 채택 때 의외의 사건이 일어났다. 다름 아니라 이제까지 자유당의 부정에 항거하던 이재형이 기권표를 던진 것이다. 그는 왜 표결에 기권했을까? 훗날 그는 지인들에게 "이승만 대통령만큼 청렴했고 이 나라를 사랑했던 사람은 드물다. 물론 그의 통치방법에는 동의할 수 없었지만 … "이라고 종종 말했다.[278]

위원장은 가부 동수가 아니면 표결에 참여하지 않는다는 관례로써 이재형은 자신의 입장을 변명할 수도 있었을 것이다. 그때의 분위기에서 이승만 대통령의 하야 권고안에 기권한다는 것은 자신의 정치생명에 도움이 되지 않는다는 것을 그는 잘 알고 있었을 것이다. 그러나 그는 지난날 약관의 나이에 각료로서 모셨던 주군에 대한 도리와 눈앞의 현실 사이에서 고민하던 끝에 기권할 수밖에 없었을 것이다. 그 후 이재형은 하와이로 망명한 이승만을 찾아가 문안함으로써 정치 이전에 사람으로서의 도리를 다했다.

### 5) 제2공화국의 탄생

이승만이 대통령을 하야하고 야인으로 돌아간 뒤 1960년 6월 10일에 이재형은 공석이 된 국회부의장에 피선되어 4 · 19 혁명의 마지막 작업을 마무리 짓는 역할을 담당했다. 이때 국회에서 곽상훈(郭尙勳)이 의장으로 선출되었고, 무소속인 이재형은 3차 투표 끝에 김도

278 운경재단, 《정치 이전의 것을 하러 왔소》, 219쪽.

연과 함께 부의장에 당선되었다.[279]

40대 중반의 나이에, 그것도 무소속으로 의장단에 뽑힌다는 것은 흔히 있는 일이 아니었다. 그동안의 의정활동과 시국수습대책위원회 위원장으로서 보여 주었던, 원칙을 지키되 타협할 줄 아는 정치인으로서 이재형의 정치력을 인정한 것이다. 곽상훈을 의장으로 한 의장단은 7월 28일, 헌법개정에 통해 의원직을 반납하기까지 48일 재임이라는 최단 기록을 남겼다.[280]

국회는 개헌안을 본회의에 상정하여 제헌국회 이래 야권의 염원이던 내각제 개헌을 매듭지었다. 새 헌법에 따라 7월 29일에 제 5대 국회의원 선거가 실시되었다. 이재형은 고향 시흥에서 무소속으로 출마하여 4선 의원으로 당선되었다. 헌법에 따라 국회에서 국무총리를 선출하면서 그는 민주당 신파·구파의 대결을 정책대결로 이끌었다는 평가를 받았다.

이재형은 총리 선출과정에서 총리로 출마한 김도연과 장면에게 "4월혁명 과업의 완수방안은 무엇인가?", "거국내각을 구성할 용의는 없는가?" 등을 골자로 한 질문서를 보내 답변을 요구했다. 신파 장면 진영에서는 이에 성실히 응답했지만, 구파 김도연 쪽에서는 이를 못마땅하게 여겨 형식적으로 대답했다. 그 결과는 김도연은 3표 차이로 패배하고, 장면은 2표 차이로 총리에 당선되었다. 이 선거

279 〈동아일보〉, 1960. 6. 11.

280 운경재단, 《정치 이전의 것을 하러 왔소》, 227쪽.

에서는 이재형이 이끄는 무소속 25명의 표로써 정책대결이 이루어졌던 것이다.[281]

## 7. 정치사적 의미: 제1공화국과 이재형에 대한 평가

이 장에서 지금까지 살펴본 내용을 토대로 도출한 결론은 다음과 같다.

첫째, 한 정치인이 일생을 살면서 삼공(三公)의 자리에 오른다는 것이 쉽지 않은 일이다. 경륜과 직관이 있어야 하고, 품격을 갖추어야 하고, 재력을 갖추어야 한다. 고대 로마에서 정치인이 갖춰야 할 첫 번째 미덕은 재력이었다.[282] 가난한 정치인은 부패의 유혹을 견디기 어렵고, 주변을 설득하는 데 유인(誘因)이 없을 뿐만 아니라 군색해 보일 수 있다.

재산과 권력과 지식을 함께 갖춘 인물이라 해서 반드시 남들보다 조국의 미래를 더 고뇌하는 것은 아니다. 지식인이 시대의 아픔이나 시대정신(*Zeitgeist*)을 먼저 감지하는 것은 사실이지만, 반드시 그 고통을 함께하는 것은 아니다. 폭넓고 너그러우며 인색하지 않은 이재형의 처신은 정치적 재산이었다. 그는 작고하기에 앞서 유언에서 운전기사와 비서의 몫으로 유산을 남겨 두었다.[283] 이재형은 명가의

---

281 고홍문, "나와 운경," 운경재단, 《운경 이재형 선생 평전》, 16~17쪽.
282 플루타르코스, "휠로포에맨," 《플루타르코스 영웅전》, 신복룡 역, 4장.
283 이두용(운경재단 고문) 인터뷰, 2020. 11. 26.

종손답게 한국 보수정치의 상징이었다.[284]

둘째, 이재형의 정치역정을 보면 한국 현대 경제사(經濟史)가 보인다. 7선 의원과 국회의장이라는 경력에 묻혀 그가 한국 현대사에서 근대화에 끼친 공적이 가려지는 것은 안타까운 일이다. 이 말의 연속선상에서 그의 정책노선은 박정희의 어록에서 많이 묻어나온다. 박정희의 수출 입국이나 중화학공업 정책, 그리고 누구도 예상하기 어려웠던 농어촌 고리채 정리(1961년)는 우연이라기에는 너무도 이재형의 생각과 닮았다. 정도전(鄭道傳)이 이성계(李成桂)를 선택했는지, 이성계가 정도전을 불렀는지는 가늠하기 어렵다. 그러나 이재형의 1950년대 중엽의 경제 구상과 박정희의 정책이 맞물려 갔다는 점에서 두 사람의 상관관계의 실마리를 풀 수 있을 것이다.

셋째, 이재형의 정치 행로에서는 원로정치(*gerontocracy*)[285]의 모습이 보인다. 그는 "조용한 휴화산" 같은 인물이자[286] "끈질기게 참고 기다리는 집념의 인물"이었다.[287] 분노를 모르는 사람이 아니라 분노를 숨기는 사람이었다. 분노를 내색하지 않는다는 것은 커다란 고통이며, 인내를 필요로 한다. 그는 한국형 '사랑방 정치'의 모범을 보여주었다. 그는 아마도 조선조의 사랑방 정치를 이상적 모델로 생각했

---

284 전주이씨 대동종약원, 《운경 이재형 선생 조의록》, 87~88쪽.

285 H. D. Lasswell & Abraham Kaplan, 1952, *Power and Society: A Framework for Political Inquiry*, London: Routledge & Kegan Paul Ltd., p. 210.

286 배성동, "운경 선생과의 10여 년," 운경재단, 《운경 이재형 선생 평전》, 118쪽.

287 이도성(李度晟) 기자, 〈동아일보〉, 1985. 7. 1.

던 듯하다. 거기에는 아내 유갑경(柳甲慶)의 내조가 큰 힘이 되었다.

이재형이 타계했을 때 〈경향신문〉은 "이재형으로 고풍의 사랑채 정치는 끝났다"라고 보도했다.[288] 그가 정계 일선에서 물러나고 이승을 떠나면서 이 나라에서는 선비형 정치, 풍류 정치는 막을 내렸던 것이다.[289] 그 자리에는 살벌한 쟁투가 아니라 해학과 낭만이 있었고, 그 과정을 통해 화합과 타협을 이루었다. 그는 7선 의원으로서 '어른 없는 사회'를 이끌어간 격동기의 신사였다. 아마도 김규식이 건강했더라면 이재형의 모습이었을 것이다. 그러나 그와 같은 정치는 '내가 찾아가는 것'이 아니라 '남이 찾아오게 하는 것'이다. 개인끼리의 사귐은 감명을 줄 수 있었지만, 대중을 포용하는 힘이 아쉬웠다.

이재형이 자신의 테두리에 안주하지 않고 보다 대중적인 포용력과 친화력을 겸비한 참모를 거느렸더라면 "더 큰일을 할 수 있었으리라"고 아쉬움을 피력한 김상현(金相賢)의 지적이 인상적이다.[290] 섭공(葉公)이 공자에게 "정치란 어떻게 하는 것입니까?"라고 묻자 공자가 "함께 있는 사람들이 기뻐하고, 멀리 있는 사람들이 찾아오게 하는 것이다"라고 대답했다.[291] 이재형이 함께하는 주변 사람들을 기쁘게 한 것은 사실이지만, 좀더 멀리 있는 사람도 찾아오게 했더라면 그가 더 큰일을 했으리라는 여운이 남는다.

---

288 전주이씨 대동종약원, 《운경 이재형 선생 조의록》, 108쪽.

289 류근일, "잉어가 놀라겠다!," 운경재단, 《운경 이재형 선생 평전》, 95쪽.

290 김상현, "4·19 인연과 정계 은퇴의 악연," 운경재단, 《운경 이재형 선생 평전》, 39쪽.

291 "葉公問政 子曰 近者說 遠者來," 《논어》, 〈子路〉.

제 3 장

# 제2공화국

장면 내각 출범에 기여하다

심지연

## 1. 시대적 배경과 이재형의 활약

### 1) 시대적 배경: 제1공화국의 붕괴와 정국 혼란

4월혁명의 발발로 자유당 정권이 붕괴되고 허정을 수반으로 하는 과도정권이 수립되자 정국을 주도하게 된 민주당은 한국민주당 창당 이래의 숙원이던 내각제 개헌 추진과 동시에 본격적인 선거 준비에 나섰다. 4월혁명 후 자유당은 의원들의 탈당으로 당세 위축이 불가피해져 민주당에 정국의 주도권을 내줄 수밖에 없었기 때문이다.[1]

1 4대 국회 개원 당시 자유당은 126석, 민주당은 79석, 무소속 26석이었으나 1959년 9월 제33회 정기국회 개원 당시 의석수는 자유당 139석, 민주당 83석, 무소속 9석으로 바뀌었다. 이러한 의석수는 3·15 선거 직전에는 자유당 148석, 민주당 74석,

뿐만 아니라 자유당은 장기집권과 독재정치에 부역했다는 비판에 변명의 여지가 없었기에 헌법개정 문제를 비롯하여 정국 수습방안을 마련하는 데 민주당의 방침에 동조하는 것 외에 다른 길이 없었다.[2] 자유당 정권하에서 자행된 부정선거와 부정축재 관련자 처리를 목전에 둔 상황에서 민주당의 정국 주도에 협조하는 것만이 신변의 안전을 도모할 수 있는 최선의 길이었기 때문이다.

자유당의 리더십 붕괴로 민주당이 정국의 주도권을 장악하게 되자, 바로 그 순간부터 민주당 내에서 구파와 신파 사이에 분열의 싹이 트게 되었다.[3] 민주당 신・구파의 내분은 창당 직후부터 예견되었던 것이다.[4] 이승만 대통령과 자유당의 독재에 반대한다는 것 외에는 다른 구체적 지향점이 없었기 때문이다. 그에 따라 구파와 신파는 대통령 후보 지명 문제나 대표최고위원 선출 문제 등을 놓고 치열하게 대립했다.[5] 이러한 현상이 4월혁명 이후 더욱 심해져 하나의

---

무소속 9석으로 자유당 의원 수가 증대되었다. 그러나 4월혁명 이후 자유당은 의원들의 탈당과 사퇴가 이어져 당세가 급속도로 약화되어 국회가 해산되는 1959년 7월에는 자유당 48석, 민주당 68석, 헌정동지회 38석, 무소속 41석으로 줄어들었다(국회사무처, 2016, 《의정자료집》, 서울: 국회사무처, 130쪽).

2 자유당 혁신파 의원들은 내각책임제 개헌안을 마련하고 개헌안이 통과된 직후 국회를 해산하여 총선거를 실시하는 방안을 수립했다〔〈동아일보〉(석간), 1960. 4. 24〕. 개헌 문제를 놓고 자유당과 민주당 신・구파 사이에 전개된 협상의 경위와 내용에 대해서는 서희경, 2020, 《한국 헌정사 1948~1987》, 서울: 포럼, 384~389쪽 참조.

3 민주당 내 신파와 구파의 출신지 및 경력에 대해서는 한승주, 1983, 《제 2공화국과 한국의 민주주의》, 서울: 종로서적, 41~43쪽 참조.

4 민주당 신・구파의 기원에 대해서는 심지연, 1990, "민주당 정권의 본질," 사월혁명연구소 편, 《한국사회 변혁운동과 4월혁명 1》, 서울: 한길사, 241~243쪽 참조.

정당이라고 할 수 없을 정도까지 반목이 심했다.

그 결과, 선거를 앞두고 당내에서는 아예 갈라서서 국민의 심판을 받자는 분당론도 제기되었다. 그러나 국민이 민주당의 분열을 원하지 않을 뿐만 아니라 새로운 당명으로 선거대책을 세우는 일도 용이한 일도 아니어서 보류하고 적당한 시기를 기다리던 상태였다.[6] 내분을 외형적으로만 봉합한 채 선거에 임했던 것이다.

4월혁명 이후 자유당이나 민주당 같은 기존 정치권의 움직임과 별도로 진보당을 비롯하여 과거 혁신계에 몸담았던 인사들도 활발하게 움직였다. 보수 일변도의 정치가 바뀌어야 한다는 생각에서 활동에 나선 것이다. 기본적으로 이들은 한국 정치는 보수와 혁신 양자의 대결구도로 전환되어야 발전한다는 입장을 견지했다. 이들은 보수적 정당들만으로는 필연적으로 부정·부패가 반복되는 악순환의 정치로 귀결된다는 신념의 소유자들이었다.

또한 이들은 4월혁명 이후 조성된 진보적 사회 분위기에 고무되어 혁신정당도 제도권에 진입할 수 있다는 확신을 갖고 있었다. 따라서 혁신세력을 모으고 진용을 강화해 혁명완수에 적극 이바지할 수 있는 태세를 갖추겠다고 다짐했다.[7] 이러한 분위기는 당시 대학생들을 중심으로 전개되었던 통일운동과 결합되어 상승작용을 일으

---

5 민주당 신·구파의 대립과정 및 경위에 대해서는 심지연, 《한국정당정치사》, 116~123쪽 참조.

6 白南薰, 1973, 《나의 一生》, 서울: 解慍 白南薰 선생 기념사업회. 345쪽.

7 金學俊, 1987, 《李東華 評傳》, 서울: 민음사, 228쪽.

켜 거대한 사회적 흐름을 이룰 정도였다. 그러나 혁신계 역시 내분으로 단일정당을 출범시키지 못했다.

### 2) 이재형의 활약: 4·19 이후 시국 안정에 기여

바야흐로 학생과 시민의 시위가 전국적으로 확산되는 한편 자유당의 붕괴와 민주당의 내부 갈등, 그리고 혁신계의 분열이 동시에 진행되었다. 이처럼 한 치 앞도 내다볼 수 없는 상황에서 이재형은 시국을 안정시키기 위한 방안을 다각도로 모색했다. 여기서 그가 맡은 직책은 '4·19 사태의 수습에 관한 일련의 대책' 등을 협의하기 위해 의원 20명으로 구성된 국회 시국대책특별위원회 위원장이었다.[8] 그는 시국대책특별위원회에 부여된 사명은 첫째, 비상계엄에 대한 국회의결을 심의 결정하는 것이고, 둘째, 4·19 사태에 대한 광범한 수습대책을 강구하는 것이라고 규정했다.[9]

특위는 1960년 4월 23일 첫 회의를 갖고 비상계엄 해제를 만장일치로 결의했다. 이재형은 이를 4월 25일 본회의에 보고해 가결시킴으로써,[10] 특위의 '비상계엄 국회의결 심의'라는 첫 번째 사명을 완수했다.

---

8 위원회의 구성은 자유당 10인(정재수, 유봉수, 구흥남, 정명섭, 김상도, 신영주, 라판수, 이재현, 서임수, 하태환), 민주당 8인(정헌주, 이철승, 이민우, 엄상섭, 진형하, 김학준, 윤제술, 이태용), 무소속 2인(장택상, 이재형)이었다〔〈동아일보〉(석간), 1960. 4. 23〕.

9 국회사무처, 《국회임시회의 속기록》, 35회 8호, 1960. 4. 25, 8쪽.

특위의 두 번째 사명은 시위의 근본 원인을 규명하고 사회혼란을 막기 위해 정부가 취할 조치로 시국수습결의안을 작성하는 것으로, 이재형은 이를 작성해 만장일치로 통과시켰다. 이 결의안은 이승만 대통령이 4월 25일 국민이 원한다면 하야하겠다는 내용의 성명을 발표한 후 나왔다.[11] 그는 돌다리도 두들기고 간다는 의미에서 대통령의 하야를 확실히 하기 위해 "대통령 즉시 하야"라는 한 구절을 넣었다.[12] 결의안 통과 후에는 시국수습을 위한 건의안 두 개를 마련해 제출했다.

첫 번째 건의안에서 이재형은 "일련의 민중시위는 '3·15 선거에 대한 불만'과 '누적된 비정(秕政)의 시정' 그리고 '민중을 살상한 책임자의 처벌'을 요구하는 것"이므로, 그 정당성을 인정하지 않을 수 없다고 주장했다.[13] 여기서 그는 시위대원의 계획하지 않은 범과(犯過)

---

10 이재형은 제안 설명에서 비상계엄 선포는 불법이므로 비상계엄 해제는 더 이상 논의할 것이 없다고 발언하여 비상계엄 해제 요구안을 가결시켰다(국회사무처, 《국회임시회의 속기록》 35회 8호, 1960. 4. 25, 13쪽). 이로써 서울의 비상계엄은 경비계엄으로 변경되었다. 그러나 서울에서 4월 25일 오후부터 26일 새벽까지 교수, 학생, 시민 등 1만여 명이 시위에 나서자, 정부는 4월 26일 오후 5시를 기해 다시 비상계엄을 선포했다〔〈동아일보〉(석간), 1960. 4. 26〕.

11 이승만 대통령은 4월 25일 오전 10시 20분에 이런 요지의 성명을 발표했다. ① 국민이 원한다면 대통령직을 사임하겠다, ② 3·15 선거에 부정이 많다니 다시 선거하겠다, ③ 국민이 원한다면 내각책임제로 하겠다〔〈동아일보〉(호외), 1960. 4. 26〕.

12 이재형이 발표한 시국수습결의안은 다음과 같다. ① 이승만 대통령은 즉시 하야하고, ② 3·15 정·부통령선거는 무효로 하고 재선거를 실시한다, ③ 과도내각하에서 완전 내각책임제 개헌을 단행하고, ④ 개헌 통과 후 민의원은 해산하고 총선거를 즉시 실시한다(국회사무처, 《국회임시회의 속기록》 35회 9호, 1960. 4. 26, 7쪽).

13 국회사무처, 《국회임시회의 속기록》 35회 9호, 1960. 4. 26, 8쪽.

행위는 불문에 부칠 것과 시위대원에 대한 발포, 폭행 및 고문을 행한 경찰과 이에 협조한 불량배는 엄중 처단할 것을 요구했다.

두 번째 건의안에서 이재형은 경찰의 기능 포기로 도시 치안이 혼란상태에 빠져 있으므로 계엄사령관은 각 대학 당국과 연락하여 대학생으로 하여금 질서유지에 협력할 수 있는 적절한 조치를 시급히 강구할 것을 건의했다. 이 건의에 따라 대학생들은 34개 반으로 나뉘어 군에서 제공한 지프차를 타고 서울 시내를 순회하며 시민들에게 질서 회복을 호소하여 서울의 치안은 완전히 안정된 상태로 돌아갈 수 있었다고 이재형은 보고했다.[14]

4월혁명 이후 이재형은 무소속 신분이면서도 시국대책특별위원장으로서 시국수습을 위한 결의안을 마련하고 건의안을 제출하여 통과시켰다. 그는 이 과정에서 오로지 국민을 위한다는 신념 아래 어느 한 편에 치우치지 않고 민주당 및 자유당 의원들과 협의하면서 위원회를 이끌었기에 동료 의원들의 신망을 얻을 수 있었다. 사회 분위기에 휩쓸려 자칫 흥분하거나 산만해지기 쉬운 회의를 원만하게 진행하고 합리적 대안을 제시함으로써 동료들의 신뢰를 얻을 수 있었던 것이다.

그 단적인 예가 자유당 정권의 핵심인물들에 대한 처리과정에서 나타났다. 자유당 국회의원으로서 3·15 부정선거 입안에 참가하고 지휘하는 데 가담한 의원들의 신분을 어떻게 할 것이냐는 문제가 대두되자, 이재형은 특위위원장으로서 긴급동의를 제출했다. 제안 설명에

---

14 국회사무처, 《국회임시회의 속기록》 35회 10호, 1960. 4. 27, 5쪽.

서 그는 이들에 대해 제명 등의 징계를 하기보다 자진해 물러날 것을 권고하는 것이 좋겠다고 발언했다.[15] 그가 제안한 의원사퇴권고 결의안은 표결 결과 총 투표수 157표, 가 120표, 부 21표, 무효 11표, 기권 5표로 통과되었다.

이처럼 특위위원장으로서 이재형은 시국을 수습하기 위해 자유당과 민주당 의원들과 열심히 소통하면서 노력했다. 그 결과는 후일 국회부의장 선거에서 나타났다. 1960년 6월 10일 거행된 선거에서 민주당의 쟁쟁한 의원들을 제치고 그가 부의장으로 선출된 것이다. 김도연 의원의 부의장 당선은 민주당의 전적인 지원으로 이루어진 것이어서 당연하게 여겨졌지만, 무소속인 이재형의 당선은 의외로 받아들여졌다.[16] 자신의 표현대로 '연령이나 경력으로 보아 전혀 불초한' 그가 부의장에 당선된 것은 특위위원장으로서 보여 준 리더십이 큰 역할을 했을 것이라고 분석된다.

---

15 자유당 정권의 핵심인물은 이기붕, 한희석, 최인규, 이존화, 장경근, 박만원, 신도환, 손도심 등 8명이었다. 그중 한희석 의원은 이미 사표가 수리되었기 때문에 의원 7명에게 사퇴권고를 하자는 결의안을 제출했다. 이재형은 일반 민중의 의사가 제명 등 법적 조치를 요구한다고 하지만 2년 동안 같은 의사당에서 좌석을 같이 한 정의(情誼) 등을 감안하여 사퇴권고를 하자고 주장했다(국회사무처, 《국회임시회의 속기록》 35회 10호, 1960. 4. 27, 7쪽).

16 부의장 선거 결과는 다음과 같다. 총 투표수는 148표로, 이재형 79표, 이갑식 31표, 서범석 6표, 조경규 3표, 윤보선 2표, 이필호 2표, 윤재근 2표, 정준 2표, 박충식 2표, 김선태 2표, 구철회 2표, 류진산 1표, 김철안 1표, 나용균 1표, 박상길 1표, 최규남 1표, 이영준 1표, 이용범 1표, 이사형 1표, 장택상 1표, 무효 6표 등이다(국회사무처, 《국회임시회의 속기록》 35회 33호, 1960. 6. 10, 8쪽).

국회부의장으로 선출된 후 이재형은 과도기의 국회로 임무가 한정되어 있으나, 시기가 중요한 만큼 성실히 임무를 수행하겠다고 당선 소감을 밝혔다.[17] 이후 그는 의원내각제 개헌안 심의와 국회의원 선거법 개정 등 선거관련 법안이 차질 없이 가결될 수 있도록 부의장으로서 본회의 사회를 진행하면서 4대 국회를 마무리했다.

## 2. 7·29 선거와 민주당 내분

### 1) 7·29 선거와 이재형

1960년 5월 2일 제12차 본회의에 제출되어 6월 22일 제43차 본회의에서 국회의원선거법이 통과됨에 따라 정치권은 7·29 선거에 대비하여 공식적 선거운동에 돌입하게 되었다. 한편 6월 15일 통과된 헌법 부칙 제8조에 따르면 민의원 선거는 45일 이내에, 참의원 선거는 6개월 이내에 실시해야 했다. 이에 민·참의원 선거를 분리해 별도로 실시하지 말고 동시에 실시하자는 건의안이 6월 22일 제안되었다.[18] 이 건의안에 민주당 신파는 반대한 반면 구파는 찬성했다.[19]

---

17 〈동아일보〉(조간), 1960. 6. 11.

18 동시선거의 제안 이유로 원용석 의원은 국회가 민의원과 참의원으로 구성되기로 되어 있기 때문에 이를 동시에 실시하는 것이 헌법 31조의 정신에 맞는다고 건의했다(국회사무처, 《국회임시회의 속기록》 35회 43호, 1960. 6. 22. 8쪽).

동시선거 실시를 무산시키기 위해 표결이 예정된 6월 23일 민주당 신파는 유회(流會) 전술로 본회의장에서 퇴장을 단행했다. 그러나 구파와 자유당계 의원들의 참석으로 표결 정족수를 넘김으로써 동시선거 실시 결의안은 가까스로 통과될 수 있었다.[20]

국회에서 동시선거 실시가 확정되자 과도정부는 6월 27일 오전에 임시국무회의를 열고 제5대 민의원 선거와 초대 참의원 선거를 7월 29일에 실시하기로 결정하고 이를 공고했다. 개헌 후 45일 이내에 선거를 실시하기로 한 부칙에 따라 45일째 되는 7월 30일을 하루 앞둔 날인 7월 29일을 선거일로 공고했던 것이다. 이로써 전국 중선거구 10개에서 참의원 의원 58명과 소선거구 233개에서 민의원 의원 233명을 선출하게 되었다. 허정(許政) 국무총리는 제2공화국의 국기(國基)를 다지는 역사적 의의를 가진 선거이므로 공명선거로 유능한 인사를 선출해 줄 것을 당부하는 담화를 발표했다.[21]

---

19 민주당 구파는 헌법정신에 따라 제2공화국 대통령을 양원 합동회의에서 선출해야 하고, 번잡한 선거를 피함으로써 농민의 편의를 도모하고 국가경비를 절약할 수 있으며, 동시선거를 하지 않으면 민의원에 낙선한 자가 참의원에 출마하여 참의원의 질이 저하된다는 이유를 들었다. 이에 대해 신파는 헌법 부칙 8조가 민의원 선거를 먼저 하는 것으로 되어 있으며, 동시선거를 하면 당이 참의원 공천자를 결정할 시간적 여유가 없다는 점 등의 이유를 들어 맞섰다〔〈동아일보〉(석간), 1960. 6. 23〕.

20 동시선거 실시안을 유회시키기 위해 신파는 표결에 참여하지 않고 퇴장했으나, 자유당 의원의 참여로 표결 정족수 109석을 1석 넘는 110석이 되면서 유회를 면하고 표결이 이뤄져 통과될 수 있었다(재석 120인에 가 80표)〔〈동아일보〉(조간), 1960. 6. 24〕.

21 허정은 "유권자가 어떤 유혹이나 간섭을 받지 않고 명랑 자유롭게 투표권을 행사토록 희망한다"고 강조하고 선거 질서의 완벽을 기하고 "선거에 관련된 폭력행위 선거사범 등 불법행위를 가차 없이 처단함으로써 공명선거의 결실을 거둘 것을 확언하는 바"라

1960년 7월 29일 실시된 제5대 민의원 선거에는 1,559명이 후보로 등록하여 6.7 대 1의 높은 경쟁률을 보였는데, 이 중 무소속 후보가 1,007명에 달했다.[22] 7·29 선거는 이처럼 경쟁이 치열했지만, 투표에 이르기까지 아무런 사고도 없었다. 그러나 막상 개표가 시작되자 여러 곳의 개표 과정에서 난동과 투표함 소각·파괴 등이 일어나고 예전과 같은 부정시비가 제기되기도 했다.[23] 반혁명세력 규탄 또는 소수 득표자의 트집 등의 원인으로 삼천포, 밀양(갑), 고성, 창녕, 영양, 김천, 대전(갑), 괴산, 광산, 인제 등에서 투표소의 소각 또는 파괴로 개표가 불가능하게 되었다. 부여(갑), 광양, 서천, 화성(을), 중원, 대구(을) 등에서는 개표가 중단되는 불상사가 발생했다.[24]

그에 따라 중앙선거관리위원회는 이들 지역에 재선거를 실시하기로 결정하는 한편 내무부 장관은 긴급사태가 발생할 경우 군대 동원도 불사하겠다고 언명할 정도였다. 이외에도 개표가 중단되었던 남원(갑)에서는 1만여 명의 시위대가 남원군청을 습격하여 투표함을 소각하는 사건이 일어났다.[25] 이에 선관위는 전국적으로 민의원 13

---

고 밝혔다[〈동아일보〉(조간), 1960. 6. 28].

22 정당별 후보자 수는 민주당 302명, 자유당 53명, 사회대중당 126명, 통일당 1명, 한국독립당 12명, 기타 단체 40명, 무소속 1,007명 등이다(중앙선거관리위원회 선거통계시스템 참조).

23 이러한 사례는 반혁명세력과 부정선거에 대한 민중의 항거라는 요소도 다분하므로, 법질서적 관점에서 평가하기보다 법철학적 견지에서 평가하고 혁명의 연장선상에서 사태의 잔인성을 이해해야 한다는 분석도 나왔다("7·29 선거 난동," 〈사상계〉, 1960, 9월호, 62쪽).

24 〈동아일보〉(석간), 1960. 7. 31.

개 선거구, 참의원 8개 선거구의 일부 지역에서 8월 13일에 재선거를 실시한다고 공고했다.[26]

7·29 선거에 이재형은 제헌국회 때부터 자신의 지역구였던 경기도 제20선거구인 시흥에서 무소속으로 출마했다. 시흥에는 총 6명이 출마했는데, 민주당 구파 출신의 백봉운 후보를 빼고는 5명이 모두 무소속이었다. 사회 분위기상 민주당 후보의 당선이 유력시되는 상황이었지만 개표 결과는 차점자를 더블 스코어로 따돌린 이재형의 압승이었다.[27] 그러나 전체 유효투표수의 34%의 득표에 불과해, 50% 이상 득표를 예상했던 그로서는 실망스러웠다고 회고했다.[28]

### 2) 민주당 내분과 무소속 모임 주도

7·29 선거에서 민주당이 압도적 승리를 거둠으로써 민주당 정권이 성립되었으나, 선거를 앞두고 민주당은 이미 신·구파 분열의 조짐을 보였다. 민주당은 특정 이념이나 정강·정책을 표방하고 결성된

---

25 〈동아일보〉(호외), 1960. 8. 1.

26 재선거 실시 지역은 다음과 같다. 민의원은 괴산, 대전(갑), 서천, 남원(갑), 김천, 영양, 삼천포, 창녕, 밀양(갑), 산청, 고성, 광산, 진도 등이다. 참의원은 대전(갑), 남원(갑), 광산, 진도, 창녕, 산청, 고성 등이다〔〈동아일보〉(조간), 1960. 8. 2〕.

27 각 후보자별 득표수는 이재형 15,112표, 홍헌표 8,696표, 백봉운 8,515표, 박영성 6,923표, 김용진 2,705표, 정병학 2,658표 등이다(중앙선거관리위원회 선거통계시스템 참조).

28 운경재단, 《정치 이전의 것을 하러 왔소》, 230쪽.

정당이 아니라 이승만 독재에 대항한다는 대의명분 아래 여러 정파가 통합하여 결성된 정당이었기 때문이다. 따라서 당의 주도권을 차지하기 위한 파벌 간의 대립과 경쟁은 어떤 면에서 필연적 현상이었다. 하지만 선거를 앞두고 일어난 신·구파 간 갈등은 하나의 정당이라고 볼 수 없을 정도로 치열했다.[29]

예를 들어 선거를 대비해 양 파는 별도로 선거본부를 설치하여,[30] 당의 공식 후보가 있음에도 상대 파벌 후보를 떨어뜨리기 위해 자파 후보를 내세우는 행태까지 보였다. 그에 따라 '구파 후보' 또는 '신파 후보'라는 말이 공공연히 나돌았다. 그리고 상대 파벌의 중진들이 지원유세에 나서는 것을 견제할 목적으로 대항후보를 내세우기도 했으며,[31] 자파 후보의 당선을 위해 별도로 선거자금을 지원하기도 했다. 이처럼 양 파는 물과 기름처럼 도저히 당을 같이할 수 없다는 심경이었지만, 현실적으로 선거를 앞두고 당을 쪼갤 수 없는 상황이었다.

1960년 7월 29일 실시된 선거에서 민주당은 민의원에 후보 301명이 출마해 당선자 175명을 냄으로써 58.1%의 당선율을 나타냈다.

---

29 7·29 선거를 앞두고 민주당 신·구파 사이의 갈등에 대해서는 심지연, 《한국정당정치사》, 123~124쪽 참조.

30 민주당 신파는 중앙당에 선거본부를 차렸고, 구파는 삼각동 전업회관에 선거본부를 차렸다(이용원, 《제2공화국과 장면》, 133쪽).

31 민주당 공천탈락자 90명은 민주당 소속으로 출마했는데, 90명 중 55명은 구파에 의해, 26명은 신파에 의해 비공식적인 공천을 받았다(이갑윤, 1996, "제2공화국의 선거정치: 7·29 총선을 중심으로," 백영철 편, 《제2공화국과 한국민주주의》, 파주: 나남출판, 190쪽).

참의원의 경우 후보 60명이 출마해 31명이 당선됨으로써 51.7%의 당선율을 나타냈다. 이는 의석수에서 민의원은 75.1%, 참의원은 53.4%를 차지한 것으로, 어느 모로 보든지 민주당의 압승이었다. 민주당의 승리는 자유당의 장기집권과 독재에 혐오감을 느끼던 국민이 민주당 외에 다른 대안이 없던 상황에서 비롯된 것이었다.[32] 그러나 혁신계는 과도정부에서 민주당을 지원하고 혁신계를 용공세력으로 매도해 유권자를 자극하며 민주당의 매표와 대리투표 등 금권선거를 했기 때문이라고 주장했다.[33]

선거가 끝난 후 민주당 신파와 구파는 같은 당 소속이면서도 완전히 별개의 정당처럼 행동했다. 정권의 향배가 현실적 문제로 대두되자 '반독재'나 '위기 극복'이라는 명분은 더 이상 자리 잡을 여지가 없어졌기 때문이다.[34] 이를 반영하듯 선거가 끝나고 이틀 뒤인 7월 31일 한 신문에 분당이 불가피하리라는 관측이 농후하다는 기사가

---

32 백영철, "제2공화국의 의회정치: 갈등의 처리과정을 중심으로," 백영철 편, 《제2공화국과 한국민주주의》, 123쪽.

33 朴己出, 1968, 《來日을 찾는 마음》, 新書閣, 102~103쪽.
선거결과를 분석하는 좌담회에서 사회자는 "4월혁명 이후 재벌과 중견기업주들의 돈은 집권당이 될 가능성이 뚜렷해진 민주당으로만 집결했어요"라고 발언하기도 했다("좌담회: 7·29 총선을 이렇게 본다," 〈사상계〉, 1960, 9월호, 39쪽).

34 심지연, 2001, "민주당 결성과 윤보선의 리더십 연구," 한국정신문화연구원 편, 《장면·윤보선·박정희》, 서울: 백산서당, 137쪽. 콜론 보고서에서도 자유당이나 민주당 모두 "파벌을 형성하고 있는 기본적인 차이는 정책이나 사상이 아니고 지위와 권력의 문제"라고 지적했다("콜론 어쏘시에이츠 보고서: 美國의 對亞細亞政策," 〈사상계〉, 1959, 9월호).

나오기도 했다.[35] 이러한 예측이 나오고 이틀 뒤에 구파의 유진산은 일당정치는 일당독재로 흐르는 예가 많기 때문에 이를 방지하기 위해 보수 양당제를 지향해야 할 것이라고 주장하며, 민주당 분당 여부 문제를 검토할 단계가 왔다고 말했다.[36]

구파는 분당 검토 단계에서 한 걸음 더 나아가 1960년 8월 4일에 사실상 분당을 의미하는 성명을 발표했다. 구파는 이 성명에서 "우리 구파는 국민의 여망에 따라 책임지고 정권 담당에 매진한다"라고 함으로써 분당을 공식화했다. 이에 신파는 "분당은 선거민을 배신하는 행위로 탈락자는 소수에 불과할 것"이라고 논평했다.[37] 신파의 부인에도 민주당의 분당은 1960년 8월 6일 신·구파가 별도로 당선자 총회를 개최함으로써 가시화되었다.[38]

---

35 '정계 여백'이라는 칼럼에서 "민주당이 이처럼 비대해진 이상 신·구 양 파는 각기 대통령과 국무총리 지명 문제로 당내에서 대결하게 될 것이며 양 파 경선이 어떤 타협점을 발견하지 못할 때 결과적으로 분당은 불가피하리라는 관측이 농후하다"고 분석했다〔〈경향신문〉(조간), 1960. 7. 31〕.

36 〈경향신문〉(조간), 1960. 8. 2.

37 〈경향신문〉(조간), 1960. 8. 5.

38 8월 6일 저녁 별도로 개최된 당선자 총회의 참석자 수는 신문마다 각각 다르게 보도하여 정확히 파악되지 않는다. 〈경향신문〉은 구파 참석자가 83명, 신파 참석자가 75명이나 구파 불참자가 6명, 신파 불참자가 15명으로 이를 합하면 구파가 89명, 신파가 90명으로 백중지세를 나타냈다고 보도했다. 따라서 최종적으로는 무소속이 정권의 향배를 좌우할 것이라고 분석했다〔〈경향신문〉(조간), 1960. 8. 7〕. 〈조선일보〉는 당선자 대회 참가자 수가 신파 87명, 구파 86명이라고 보도했다〔〈조선일보〉(조간), 1960. 8. 7〕. 〈동아일보〉는 구파는 95명(공천자 74명, 낙천당선자 9명, 참의원 12명)이 참석했으며, 신파는 85명(공천자 68명, 낙천당선자 5명, 참의원 10명)이 참석했다고 보도했다〔〈동아일보〉(석간), 1960. 8. 7〕.

분당론의 대두로 무소속의 향배가 정국을 좌우하는 초미의 관심사로 등장했는데,[39] 여기서 이재형의 역할이 두드러지게 된다. 민주당 내에서 비공식적으로 분당론이 제기될 무렵 백낙준, 이인 등 일부 무소속 의원들은 독자적으로 교섭단체를 구성하려는 움직임을 나타냈다. 이들은 현실적으로 민주당이 분당의 위기를 내포하고 있으므로 무소속이 중심이 되어 먼저 보수신당을 만들자는 것이었는데, 족청계로 분류되는 이재형도 뜻을 같이하는 것으로 알려졌다.[40]

이재형을 포함한 무소속 의원들은 국회 개원을 앞둔 8월 2일 오후에 회의를 개최하고 견제 역할을 하기 위해 민·참의원에 각각 무소속 교섭단체를 구성하기로 합의했다.[41] 이후 무소속 의원들은 본격적으로 교섭단체 구성 문제를 논의했는데, 이재형은 이러한 모임을 주도하면서 빠지지 않고 참가했다. 10명이 참석한 8월 3일 회의에서는 민·참의원 의장단 선거에서 부의장 1명씩을 진출시키기로 합의했다.[42] 20명이 참석한 8월 4일 오후에는 교섭단체의 명칭을 포함하여 부의장 후보 인선 문제를 논의했다.[43] 이재형은 8월 6일 오후에 개최된 당선자 대회에도 참석했는데, 이 자리에서 교섭단체 구성을 재확

---

39 분당론을 계기로 민주당 신·구파는 무소속의 향배가 집권당을 결정지을 것으로 보고 무소속 의원 포섭에 전력을 기울였다〔〈동아일보〉(조간), 1960. 8. 6〕.

40 〈경향신문〉, 1960. 8. 1.

41 〈조선일보〉(조간), 1960. 8. 3 ; 〈조선일보〉(석간), 1960. 8. 4.

42 〈조선일보〉(조간), 1960. 8. 4.

43 이날 민의원 의원 15명, 참의원 의원 5명, 총 20명이 참석했다〔〈조선일보〉(석간), 1960. 8. 5〕.

인하고 추후 총리 지명 동의에 임하는 태도 등의 대책을 협의했다.44

이처럼 무소속 의원들의 향배가 신파나 구파의 집권 여부의 관건이 되어 세간의 주목을 받았으나, 행동통일 문제를 놓고 언론은 회의적인 시각을 보였다. 7·29 선거에서 민주당 신·구 양 파 중 어느 파의 공천자와 싸웠느냐에 따라 무소속 의원들은 '신파 지지' 또는 '구파 지지'로 갈리는 경향이 있는 것 같다고 분석되었다.45 이는 정치인이 명분보다 실리에 따라 움직일 수밖에 없는 현실을 지적한 것이었다. 무소속 의원들은 여러 차례 회의에서 행동통일을 기하자고 결의했지만, 이러한 다짐이 실제 행동으로까지 이어질지에 대해서는 무소속 내부에서도 견해가 엇갈렸다.46 민주당 양 파가 온갖 수단과 방법을 동원하여 사생결단의 자세로 접근했기 때문이다.

### 3) 민의원 부의장 진출 좌절

분당의 수순을 밟던 민주당 양 파는 집권경쟁을 곧 무소속 포섭경쟁으로 간주하고 인적·물적 관계를 총동원하여 사력을 다하는 싸움을 전

---

44 대회에는 민의원 의원 36명, 참의원 의원 9명이 참석했다[〈동아일보〉(석간), 1960. 8. 7].

45 〈조선일보〉(조간), 1960. 8. 6.

46 대통령과 총리 선임 문제에서 민주당 구파 공천자와 경합했던 이재형은 "통일된 의사를 표시하기 어려울 것"이라고 내다보았다. 반면, 신파 공천자와 경합했던 윤재근 의원은 "결의의 구속력을 부인하는 사람은 적을 것"이라며 행동통일에 자신감을 나타냈다[〈조선일보〉(조간), 1960. 8. 6].

개했다.[47] 바로 이 과정에서 이재형이 유탄을 맞는 상황이 발생했다. 본의 아니게 그가 민주당 양 파 집권욕의 들러리로 전락한 것이다.

무소속 의원들이 민·참의원에 부의장 진출을 위해 노력하기로 합의한 것은 이미 널리 알려진 사실이었기에, 무소속의 환심을 사기 위해 민주당 양 파는 각각 무소속에 한 석의 부의장직을 제시했다. 이 과정에서 민주당 구파는 서민호 의원을, 신파는 이재형을 지명함으로써 무소속 의원들이 신·구파 대리전쟁의 전면에 등장하게 되었다. 대리전쟁 양상을 방지하기 위해 무소속 의원 45명은 8월 6일 부의장 인선 문제를 논의하는 자리를 가졌으나, 합의에 이르지 못했다.[48] 그에 따라 민주당 신·구파의 대립이 무소속 내부에까지 전파되어 무소속 의원들의 행동통일이 실현되기 어려워졌다. 부의장 자리를 놓고 무소속 의원 2명이 경쟁하는 구도가 되고 말았다.

1960년 8월 8일 의장 선거에 이어 실시된 부의장 선거에서 민주당 구파의 이영준 의원이 당선되었다. 또 한 명의 부의장 선거는 신·구파의 세 대결로 세간의 주목을 크게 받았는데, 개표 결과 구파가 지원한 서민호 의원이 신파가 지원한 이재형을 15표 차이로 제치고 부의장에 당선되었다.[49]

---

47 〈조선일보〉(조간), 1960. 8. 7.

48 무소속 내부의 이질적인 성분 때문에 통일된 의사를 만들지 못한 것으로 분석되었다〔〈조선일보〉(조간), 1960. 8. 7〕.

49 투표 결과는 서민호 114표, 이재형 99표, 장택상·윤길중·김상돈은 각각 1표였다(국회사무처, 《국회임시회의 속기록》 36회 1호, 1960. 8. 8, 2쪽).

무소속 몫으로 배정한 부의장 선거에서 "서(徐)·이(李) 양 의원의 득표수가 곧 신·구 양 파의 원내 세력분포"를 나타내는 하나의 지표로 간주되었기에 양 파는 총력을 기울였다.[50] 결과적으로 서민호 의원이 당선됨으로써 구파가 원내 다수세력임이 입증된 셈이었다. 이영준의 부의장 당선에 이어 자신들이 지원한 무소속 의원을 부의장으로 당선시켰기 때문이다. 이로써 구파는 표 대결에서 더욱 자신감을 갖게 된 반면, 신파는 새로운 전략을 수립하지 않으면 안 되었다.[51]

한편 참의원 의장단 선거에서도 마찬가지로 민주당 신·구파의 대립이 재현되었다. 이 바람에 참의원에서는 무소속 의원이 어부지리로 의장에 당선되는 일이 발생했다. 이미 선거를 하루 앞둔 8월 7일에 무소속의 참의원 의원들은 별도의 모임을 갖고 초대 참의원 의장은 무소속에서 낸다는 원칙을 세웠다.[52] 민주당 신·구파 대결의 틈새를 활용해 참의원 의장 선거에서 이를 관철시키려 한 것인데, 이것이 성공했던 것이다.

참의원 의장 선거 전략으로 민주당 구파는 소선규 의원을, 신파는 고희동 의원을 각각 내정하고 선거에 임했다.[53] 1차 투표에서 과

---

50 〈조선일보〉, 1960. 8. 8.

51 구파는 의장단 선거 결과가 자파의 계획대로 되었다고 보고 대통령과 국무총리 선거에 자신감을 얻어 되도록 빨리 선거를 실시할 것을 희망했다. 한편 신파는 국민은 대통령과 국무총리의 독점을 바라지 않는 만큼 이러한 방향으로 무소속 의원들에게 호소한다는 방침을 세웠다〔〈동아일보〉(석간), 1960. 8. 9〕.

52 〈경향신문〉(석간), 1960. 8. 7.

반수에 달하는 득표자가 없어 2차 투표를 한 결과, 무소속의 백낙준 의원이 당선되었다.[54] 이어 실시된 부의장 선거에서 구파의 소선규 의원이 당선됨으로써 참의원 의장단 선거에서도 구파가 일단 신파를 제압한 셈이 되었다.[55]

민·참의원 의장단 선거에서 승리한 구파는 신파를 제압할 수 있다는 자신감을 나타낸 반면, 신파는 절치부심 속에서 무소속의 지지를 확보하는 방안을 모색했다. 이 바람에 무소속의 주가는 올라가고 세를 과시하는 성과를 올릴 수 있었으나, 행동의 통일을 기한다는 애초의 합의는 지켜질 수 없었다. 민주당으로의 원심력이 무소속의 구심력을 압도한 것인데, 그에 따라 이재형은 부의장 진출에 실패하는 좌절을 겪고 말았다.

53 〈조선일보〉, 1960. 8. 8.

54 참의원 의장 선거 결과, 1차 투표에서는 백낙준 21표, 소선규 11표, 고희동 9표, 무효 2표 등이었다. 2차 투표에서는 백낙준 36표, 고희동 2표, 무효 4표 등이었다〔〈동아일보〉(조간), 1960. 8. 9〕.

55 참의원 부의장 선거 결과는 소선규 23표, 이범승 13표, 이인 2표, 고희동 1표, 김진구 1표, 이교선 1표, 무효 1표 등이다〔〈동아일보〉(조간), 1960. 8. 9〕.

## 3. 민정구락부 결성과 장면 내각 출범

### 1) 민정구락부 결성과 정책부장 취임

이재형을 포함한 무소속 민의원 의원 44인은 이미 여러 차례 합의한 바에 따라 개원식을 마친 8월 8일 오후 '민정구락부'를 공식 결성하고, 9일 오전에 원내 교섭단체로 등록했다. 이들은 전문 7조의 규약을 채택했는데, 이에 따르면 무소속 민의원 의원과 교섭단체를 갖지 않는 정당 소속 민의원으로 한다고 되어 있어 민주당 이외 의원들도 참가할 수 있게 해놓았다.[56]

이재형은 민정구락부의 정책부장으로 선출되어 정책을 총괄하는 직책을 맡았는데,[57] 이를 기점으로 국회에서 그의 존재가 더욱 부각되었다. 민정구락부 소속 의원들의 향배에 의해 정권의 향방이 좌우되는 상황에서 이들을 포섭하려면 무엇보다 정책적으로 접근해야 했는데, 그가 바로 민정구락부의 정책을 총괄했기 때문이다. 한편 민주당 신·구 양 파의 민정구락부 소속 의원 포섭을 위한 경쟁이 과열 양상을 보이자, 이재형을 포함한 의원 18명은 포섭 공작에 "과거 부패정권에서 상용되는 낡은 수법"을 쓰고 있다고 지적하고 이를

---

56 1960년 8월 31일 민정구락부는 무소속 44명과 사회대중당 소속 2명을 포함하여 46명의 의원을 교섭단체 명부에 올렸다(국회사무처, 《의정자료집》, 132쪽).

57 민정구락부 간부진은 총무부장 윤재근, 정책부장 이재형, 재정부장 김석원 등이었다[〈동아일보〉(석간), 1960. 8. 9].

묵과할 수 없다고 규탄하는 성명을 발표하기도 했다.[58]

정권 향배의 캐스팅 보트 역할을 맡게 된 민정구락부는 8월 10일 저녁 모임을 갖고 우선 대통령 선거에 임할 태도에 대해 의견을 교환했다. 이날 구체적으로 누구를 지지할 것인지 결론을 내리지 않았지만, 이재형은 "국가의 상징이 될 수 있는 초당적 인물을 자주적으로 내세워 밀 것"이라고 말했다.[59] 민주당 출신이 아닌 제3의 독자적 인사를 후보로 내는 것도 검토한다는 의미였다. 그러나 의석수로 볼 때 독자 후보 추대는 불가능했기 때문에 결국 어느 한편에 가담할 것이라는 전망이 나오기도 했다.[60]

행동통일을 기하기 위해서 민정구락부는 대통령 선거 하루 전인 11일 오후 회의를 다시 가졌으나 합의를 보지 못해, 결국 개별 행동을 취하기로 했다.[61] 이는 민의원 부의장 선거에 이어 두 번째였으나, 독자 후보를 내자는 의견에 동조한 의원이 21명이나 되는 것에 대해 민주당 신·구 양 파는 긴장의 끈을 늦추지 못했다. 21명이라는 숫자는 공동보조를 취하면 원내 세력판도를 충분히 바꿀 수 있는 규모였기 때문이다.

민의원 의석의 3분의 2가 넘는 175석을 차지하여 압도적인 제1당

---

58 〈동아일보〉(조간), 1960. 8. 11.

59 〈동아일보〉(석간), 1960. 8. 11.

60 〈동아일보〉(조간), 1960. 8. 12.

61 이날 47명의 의원이 회의에 참석했는데, 독자 후보를 내자는 의견은 찬성 21표, 반대 11표, 기권 15표로 부결되었다[〈동아일보〉(석간), 1960. 8. 12].

이 된 민주당의 양 파는 자파의 정권장악을 위해 별도의 전략을 수립했다. 민·참의원 의장단 선거에서 승리한 구파는 자파 당선자가 신파보다 많아 분당하더라도 제1당이 되며, 이 경우 대통령직과 국무총리직을 모두 차지할 수 있다는 자신감에서 분당론을 표면화했다.[62] 이에 맞서 신파는 분당은 안 되며 대통령직과 국무총리직의 분리, 즉 요직 안배론을 내세웠다. 대통령직을 구파에 양보하는 대신, 정권의 핵이라 할 수 있는 국무총리직을 차지한다는 전략이었다.

더 구체적으로 구파는 대통령에 윤보선, 국무총리에 김도연을 당선시켜 정권의 요직을 모두 독점한다는 방침을 수립했다. 이에 맞서 신파는 대통령으로 구파의 윤보선을 미는 대신, 국무총리로 신파인 장면의 당선을 유도한다는 계획을 세웠다. 대통령·국무총리 겸점론(兼占論)과 안분론(按分論)의 대결이었다. 신·구 양 파는 이러한 전략 아래 거취가 불분명한 민주당 의원들과 민정구락부 소속 의원들을 대상으로 치열한 포섭공작에 나섰다.[63]

대통령 선출을 위해 1960년 8월 12일에 실시된 양원 합동회의에서 민주당 구파의 윤보선이 압도적으로 당선되었다.[64] 이로써 일반

---

62 민주당 신·구파는 '뜻'이 맞지 않아 오래전부터 대립했지만 "이 '뜻'은 정당의 본질에 속하는 이념이나 정책과는 아무런 상관없는 별개의 한낱 사감에 불과하다는 사실은 천하가 다 아는 명백한 사실로 입증되었다"는 비판을 받았다("민주당 분당론의 밑바탕," 〈사상계〉, 1960, 9월호, 63쪽).

63 〈동아일보〉(석간), 1960. 8. 7.

64 윤보선은 양원 합동회의에서 재적 263명 중 259명 출석에 208표를 얻어 대통령에 당선되었다.

의 관심은 이제 대통령에 당선된 윤보선이 누구를 국무총리로 지명할 것인지에 모일 수밖에 없었다. 윤보선은 당선 후 기자회견에서 "국무총리는 제1차 지명에서 인준받을 가능성이 큰 사람을 공정한 입장에서 골라 지명하겠다"고 밝혔다.[65]

이에 대해 신파의 장면은 신·구파가 호양(互讓)의 정신으로 원내 안정을 확보하려면 대통령과 국무총리를 어느 한 파가 독점해서는 안 된다는 견해를 밝혔다.[66] 구파는 김도연을 총리로 지명할 것을 의심하지 않고 당연한 것으로 믿고 무소속과 당내 중도파 포섭에 총력을 기울이기로 했다.[67] 한편 민정구락부는 윤보선의 당선에 대해 "초당적 위치에서 능력 있는 정신적 지도자가 되어 주길 바라며 가능하면 8월 15일 이전에 정부가 수립될 것을 기대"한다는 성명을 냈다.[68]

### 2) 장면 총리 인준의 주역

대통령 선출이 끝나자 민주당 신·구 양 파는 정권의 핵심인 총리 지명 및 인준을 위해 최대한 노력을 경주했다. 이 과정에서 구파는 대통령직과 총리직을 자신들이 모두 차지해야 한다는 입장인 반면, 신파는 요직의 안배를 주장했다. 구파의 겸점론에 맞서 신파는 안분

---

65 〈조선일보〉(조간), 1960. 8. 13.
66 〈동아일보〉(조간), 1960. 8. 13.
67 〈동아일보〉(석간), 1960. 8. 13.
68 〈동아일보〉(조간), 1960. 8. 13.

론을 편 것인데, 신·구파 어느 한쪽도 우열을 장담할 수 없을 정도로 박빙세를 보이는 상황이었다.

민주당 양 파는 자신이 지명되었을 경우에 가결을 위해, 상대방이 지명되었을 경우에는 부결을 위해 무소속 포섭과 상대 진영 교란 등 다각도 전략을 수립했다. 그러나 여기서 집권의 관건은 캐스팅보트를 쥐고 있는 무소속의 향배였기에, 양 파는 무소속 포섭에 사활을 걸다시피 했다.[69] 무소속 의원들이 8월 12일의 대통령 선거처럼 행동을 통일할 경우 총리 인준에 결정적 영향을 미칠 것이기 때문이었다.[70]

총리 지명이 임박하자 민정구락부 내의 순수 무소속 의원 25명은 집단행동의 명분을 찾기 위해 공식 활동에 나섰다. 그 일환으로 각각 후보를 내세우는 신·구파에 뚜렷한 정책제시를 요구할 것이라고 밝혔다.[71] 이것이 그 유명한 '정책질문서'였다. 당시 정책부장이던 이재형은 질문서 작성과 발송에 주도적 역할을 맡았던 것으로 알려졌다.

1960년 8월 14일 오후에 5개 항목에 달하는 정책질문서를 작성한 이재형은 김봉재와 함께 '무소속 유지일동 대표' 명의로 질문서를 김

---

69 〈조선일보〉(조간), 1960. 8. 13.

70 민주당 양 파가 무소속의 동향에 더욱 주목한 것은 대통령 선거에서 김창숙(金昌淑)이 무소속 표로 간주되는 29표를 얻었기 때문이다. 김창숙 표가 예상 외로 많이 나와 양 파는 최소한 무소속 20여 명이 행동통일을 할 수 있다고 생각했다〔〈조선일보〉(조간), 1960. 8. 13〕.

71 〈동아일보〉(조간), 1960. 8. 14.

도연과 장면에 전달하고 24시간 이내에 답변해 줄 것을 요구했다.[72] 질문서에 대한 회답을 검토한 후에 무소속 의원들이 총리 인준 투표에 임할 태도를 결정할 것으로 알려졌기 때문에 양측은 참모진을 중심으로 질문서 검토에 들어갔다. 무소속의 이러한 움직임에 대해 민주당 일부는 '각료 추천권'을 얻으려 하는 것 같다고 폄하하기도 했다.[73]

1960년 8월 16일 오전, 윤보선 대통령은 구파의 김도연을 국무총리후보로 지명하고 인준동의요청서를 민의원으로 이송했다. 이를 접수한 민의원은 8월 17일 12시에 표결에 부칠 것을 의결했다. 김도연의 지명 소식에 정계는 소속에 따라 반응이 교차했다. '구파와 구파에 가까운 무소속'은 희열과 환성으로, '신파와 대부분의 무소속'은 경악과 비난으로 대응한 것으로 보도되었다.[74] 이처럼 희열과 경악이 교차하는 가운데, 민정구락부는 8월 16일 오후 연석회의를 열고 8월 17일 오전 전체 회의에서 인준 투표에 임할 태도를 결정하기로 했다. 이와 관련하여 이재형은 전체 의사는 17일 결정되겠지만, 순수 무소속 일부는 16일 하오 중에 공개할 예정이라고 언명했다.[75]

---

72 5개 항의 정책질문서 요지는 ① 4·19 뒤처리 구상, ② 조각 방안, ③ 경제위기 타개책, ④ 국회 운영방안, ⑤ 행정부 운용방책 등이다〔〈조선일보〉, 1960. 8. 15〕.

73 〈조선일보〉, 1960. 8. 16. 민주당 의원 일부는 무소속의 행동은 외형상 정당해 보이나, 내면적으로는 총리선출 투표를 미끼로 각료직을 요구하는 것이라고 해석했다. 실제로 이들을 포섭하려고 양 파가 돈을 쓴다는 소문도 파다했다(이용원, 《제2공화국과 장면》, 58쪽).

74 〈경향신문〉, 1960. 8. 16.

이재형이 말한 대로 순수 무소속 25명은 인준 투표를 앞둔 16일 밤에 모임을 가졌는데, 회의에 앞서 이들은 무소속의 의사를 더 존중한 측과 협조하겠다고 말했다. 이들은 장시간 논의 끝에 실시한 비밀투표를 통해 '김도연 씨의 국무총리 인준'을 부결하기로 결의했다.[76] 김도연의 회답 내용을 검토한 결과, 원내에서 소수파 활동 보장 문제에 무성의하고 국방과 법무의 정치적 중립 유지 방안에 대해 구체적이고 성실한 보장을 회피한 것 등으로 보아 총리로서 만족스럽지 않다는 결론에 도달했던 것이다.[77]

1960년 8월 17일 오후 인준 투표에서 김도연은 과반수에서 3표가 부족한 111표를 얻어 총리 인준을 받지 못하고 말았다.[78] 이렇게 된

---

75 〈조선일보〉, 1960. 8. 16.

76 이날 회의에 참석한 의원 25명의 명단은 다음과 같다. 서명을 했으나 투표에 참석하지 않은 의원은 괄호 표시했다〔〈동아일보〉(석간), 1960. 8. 17〕.
서정원, 박권희, 이재형, 조종호, 김성숙, 송영선, 박제환, 송능운, 한상준, 전휴상, 박병배, 서태원, 신준원, 정해영, 전형산, 김갑수, (김석원), (이찬우), 윤길중, 홍문종, 최준길, 이정석, 김세영, 김봉재, (정준)
김도연에 대한 찬반투표에서 12 대 6으로 반대가 많아 거부하기로 정한 것으로 알려졌다(이용원, 《제2공화국과 장면》, 60쪽).

77 김도연의 총리 인준 부결에 따른 성명서 전문은 〈경향신문〉(조간), 1960. 8. 17 참조. 이들은 회합에 앞서 3개 항의 행동강령을 발표했다. 그 요지는 다음과 같다.
① 민주당 신·구파가 공히 우리의 의사를 존중하지 않을 때는 모두 부결한다.
② 신·구파 회답이 동일한 내용일 경우 무기명투표에 의해 우리의 태도를 결정한다.
③ 5개 항 질의에 대한 양 씨의 회한 내용을 검토하여 우리의 의사를 더 존중한 측과 협조한다.

78 재적 227명 중 3명이 빠진 224명 출석하여 가 111표, 부 112표, 무효 1표로 과반수인 114표에서 3표가 모자란 결과로 김도연의 총리 인준은 부결되었다.

것은 무소속 의원 15~16명이 행동을 통일하여 부결에 가담했기 때문이라는 분석도 나왔다.[79] 1차로 지명한 김도연의 인준이 부결되자, 8월 18일 오전 윤보선 대통령은 2차로 신파의 장면을 총리로 지명했다. 정부로부터 총리 인준요청서를 접수한 민의원은 인준 투표를 19일 오후 1시에 실시하기로 의결했다. 장면의 지명에 대한 의견을 묻자 이재형은 인준 문제는 무소속 25인회에서 협의한 후 태도를 밝히겠으며 논평하지 않겠다고 말했다.[80]

이에 따라 민주당 신·구 양 파는 또다시 득표 공작에 나섰다. 김도연에게 부표를 던지기로 결의했던 무소속 의원 20여 명은 전과 마찬가지로 전체 회의를 열어 투표 방침을 논의하기로 했다. 18일 오후에 가진 회의에서는 2차 지명도 인준을 부결하여 무소속의 입지를 확고히 해야 한다는 의견과 인준을 가결하여 정국의 안정을 기해야 한다는 의견 등 두 가지 견해가 팽팽하게 대립한 것으로 알려졌다.[81] 무소속 총리를 추대하자는 일부 의견도 있었으나, 이재형은 "무소속이 정권을 담당할 만큼 되어 있지 않다"라고 함으로써 이 문제는 더 이상 거론되지 않았다.[82]

무소속 의원 22명이 18일 밤에 다시 모여 자정이 넘도록 논의한 결과 2차 지명도 부결시키자는 동의를 근소한 차이로 가결했다.[83] 언론

79 〈동아일보〉(조간), 1960. 8. 18.
80 〈조선일보〉(석간), 1960. 8. 18.
81 〈경향신문〉(석간), 1960. 8. 18.
82 〈동아일보〉(석간), 1960. 8. 18.

은 1차 지명투표 때 완전한 행동통일이 실현되지 않았고 개별 행동을 취했던 것으로 보아 2차 투표에서도 행동통일은 명목에 그칠 것으로 관측했다. 전과 다른 점은 인준 부결 결정의 뚜렷한 이유를 밝히지 않고, 단지 "정국 불안이 초래된다면 그 원인은 민주당에 있지 무소속에 있는 것은 아니다"라고 소극적 발언을 하는 데 그쳤다는 것이다.[84]

8월 19일 오후에 2차로 실시된 총리 인준 투표에서 장면은 과반수보다 2표가 많은 117표를 얻어 총리로 인준되었다. 사실상 무소속 의원 가운데 최소 20여 명이 개별 행동으로 인준에 찬성한 것으로 분석되었다.[85] 장면이 총리로 인준되자 이재형은 "근소한 차로 가결된 것은 정국 전도를 위해 우려되는 바"라는 반응을 보이며,[86] "정국의 중대함을 인식해서 인준 전에 공약·언명한 것을 실천에 옮겨 주길

---

83 서명한 의원 중 참석자 명단은 다음과 같다〔〈동아일보〉(석간), 1960. 8. 19〕. 전휴상, 박병배, 서태원, 신준원, 정해영, 전형산, 김갑수, 김석원, 이찬우, 홍문중, 김세영, 김봉재, 정준, 서정원, 박권희, 박제환, 송능운, 한상준, (장춘근, 윤길중, 이정석, 조종호 3인 불참). 이들은 장면의 인준 여부에 대해 논의한 결과 무기명 비밀투표에 붙여 11 대 8(기권 1)로 부표를 던지기로 결정했다〔〈조선일보〉(조간), 1960. 8. 19〕.

84 〈경향신문〉(조간), 1960. 8. 19.

85 재적 228명 중 225명이 참석하여 가 117표, 부 107표, 기권 1표로 과반수인 115표에서 2표를 더 얻어 장면은 총리로 인준되었다〔〈경향신문〉(석간), 1960. 8. 19〕. 재투표가 실시된 삼천포의 개표 결과가 8월 18일 밤늦게 확정되어 당선자인 이재현(李在賢) 의원(무소속)이 지명 투표 전인 19일 오전에 의원등록을 했기 때문에 재적의원이 228명으로 되어 김도연 인준 표결 때보다 과반수가 1명 늘어나 115명이 되었다.

86 〈조선일보〉(석간), 1960. 8. 19.

바란다"고 말했다.[87]

총리 인준 표결을 앞두고 무소속이 보낸 정책질문서를 대수롭지 않게 생각하여 성의 없이 답변한 구파와 달리 신파는 보다 구체적인 내용을 담은 답변을 보낸 것으로 알려졌다.[88] 이러한 차이가 인준 표결에서 그대로 나타났던 것으로 분석된다. 이에 대해 이재형 전기는 정책질문서를 대하는 민주당 신·구 양 파의 진정성 여부가 총리 인준 표결에 영향을 미친 것으로 기록했다.[89] 이처럼 정책대결을 유도함으로써 결과적으로 이재형은 장면이 총리 인준을 받는 데 주도적 역할을 한 셈이 되었다.

---

87 〈동아일보〉(조간), 1960. 8. 20.

88 민주당 구파의 패배의 가장 치명적인 요인은 '단합된 무소속'에 대한 판단착오라는 분석이 나왔다. 질문서의 핵심요지라고 할 수 있는 '거국내각 구상 및 국방·법무 중립유지 방안'과 '원내 소수파 권한보장 방안'에 대해 구파는 "① 내각 구성은 거족적으로 한다. 국방·법무 행정은 정치적으로 중립한다. ② 국회 운영에 관하여서는 본인이 관여할 바 아니므로 답변을 생략한다"라고 간단히 답변했다.

한편 신파는 "① 책임내각제도의 본질과 균형을 파괴하지 않는 범위 내에서 거족적 인물 본위로 조각할 것인바, 특히 국방·법무 등에 대해서는 장관 또는 법무차관을 비정당 인사 중에서 등용함으로써 여차 부문의 정치적 편파성을 견제하고 누적된 내부 폐습의 일소를 기할 방침이다. ② 자유당식 원내 다수파 전횡을 방지하기 위해 의석 비율에 의한 분과위원장 배정, 의장단의 당적 이탈, 기타 소수파 권한 보장에 필요한 제반 대책을 국회법 개정과 건실한 관례의 수립 등으로 실현하고자 한다"고 말해 소수파의 권한을 다면적으로 상당히 보장하는 방향으로 답변했다. 이러한 답변 태도의 차이가 무소속 의원들을 김도연 반대로 흐르게 한 것으로 알려졌다〔〈조선일보〉(조간), 1960. 8. 18〕.

89 정책질문서는 양 파의 대결을 정책대결로 몰아가는 동시에 무소속의 입지 강화라는 일거양득의 효과를 거둔 것으로 평가되었다(운경재단, 《정치 이전의 것을 하러 왔소》, 234~235쪽).

## 4. 민주당 분당

### 1) 장면 내각 출범과 민주당 내분

인준 표결에서 패배한 구파는 신파의 장면이 총리로 인준되자, 모임을 갖고 정치적 생리를 달리하는 신파와는 더 이상 당을 같이할 수 없다는 주장을 공공연히 내세웠다.[90] 구파는 민주당을 분당하여 건전한 야당으로 발족하겠다는 방침을 세우고 별도의 교섭단체를 등록하는 방향으로 의견을 모았다.[91] 그러나 파벌을 초월하여 거국내각을 구성하길 바라는 국민의 열망에 부응하여 즉각적 행동에 나서지 못했다. 결국 양 파는 협상을 벌여 신파 5석, 구파 5석, 무소속 2석 등으로 각료직을 안배하여 거국내각을 구성한다는 데까지는 의견의 일치를 보았으나,[92] 이 합의는 지켜지지 않았다.

합의가 결렬되자 신·구 양 파는 그 책임을 서로 상대방에게 전가하기에 바빴다. 신파는 구파가 생사라도 같이할 동지적 협조의 기색

---

90 金度演, 1968, 《나의 人生白書》, 康友出版社, 369쪽.

91 구파는 8월 20일 오후 모임을 갖고 입각 거부를 결의하고 야당으로 발족하는 첫 단계로서 원내 교섭단체 결성 문제를 논의했는데, 이날 오전까지 교섭단체에 서명한 민·참의원 의원은 87명에 달했다〔〈동아일보〉(조간), 1960. 8. 21〕. 이 모임에서는 분당하여 신야당으로 발족하자는 주장과, 분당할 필요 없이 당내 야당으로 투쟁하자는 의견이 나왔다. 최종적으로 신파와 별도의 교섭단체 구성과 장면 내각에의 입각 거부를 만장일치로 결의했다〔〈동아일보〉(석간), 1960. 8. 21〕.

92 柳珍山, 1972, 《해뜨는 地平線》, 한얼문고, 188쪽.

을 보이지 않았다고 불만을 토로했다.[93] 한편 구파는 신파에 협조하려 했으나 일방적 거부 태도로 인해 거국내각이 실현되지 못했다고 불평했다.[94] 신·구 양 파 간 협상이 결렬됨으로써 결국 1960년 8월 23일 오전 신파 위주의 조각으로 장면 내각이 출범했다.[95] 그러나 조각의 내용을 보면, 민주당 신파 중에서도 특히 노장파가 중심이 된 13인 위원회에 의해 독점된 인상을 주었다. 구파와 무소속은 물론이고 신파 내의 소장파가 즉각적으로 반발했다.[96]

조각에 불만을 품은 구파의 경우 1960년 8월 23일 오후 민·참 양원 합동총회를 열고 '민주당 구파동지회'라는 명칭으로 교섭단체 등록을 하기로 최종 결정을 내렸다. 그러나 분당 문제에 대해서는 뚜렷

---

93 雲石선생 출판기념위원회, 1967, 《張勉 박사 회고록: 한 알의 밀이 죽지 않고는》, 서울: 가톨릭출판사, 65쪽.

94 尹潽善, 1967, 《구국의 가시밭길》, 韓國政經社, 92쪽.

95 민주당 분당을 막기 위해 거중 조정에 나선 곽상훈(郭尙勳) 의장은 양 파의 협상이 결렬된 원인은 "신파 측 강경참모들에게 있다"고 말했다[〈조선일보〉(조간), 1960. 8. 23]. 협상결렬 후 발표된 내각 구성을 보면 신파 11명, 구파 1명, 무소속 1명, 원외 1명이었다. 따라서 거국내각이 아니라 신파 단독내각이라고 평해도 무방할 것 같다는 분석이 나왔다[〈동아일보〉(조간), 1960. 8. 24].

96 이철승(李哲承)을 중심으로 한 소장파 의원들은 장면 인준 표결에 공로가 있다면서 국무위원 2, 3명과 그 배수의 정무차관 기용을 요구했다[〈조선일보〉(석간), 1960. 8. 21]. 이러한 요구가 받아들여지지 않자 이들은 타당 소장파 의원들과 제휴하여 필요하다면 새로운 교섭단체 구성을 위한 서명작업을 추진하는 한편, 앞으로 "시시비비주의를 견지하겠다"는 내용의 성명을 발표했다[〈동아일보〉(석간), 1960. 8. 24]. 소장파는 4월혁명 완수, 대중의사 대표, 정부의 행정력 강화 등 3개 강령을 걸고 1961년 1월 26일 신풍회를 정식 발족시켰다[〈조선일보〉(조간), 1961. 1. 26].

한 결론을 내리지 못하고 우선 구파만으로 교섭단체부터 등록하고 야당의 입장에서 정부를 견제하다가 정치적 대의명분을 찾아 분당 시기를 선택하기로 했다.[97] 당내에서 조각에 대한 반발이 거세게 일고 여론 또한 불리하게 돌아가자, 장 총리는 기자회견에서 당내 융화를 위해 구파 입각을 도모하겠다고 개각 용의를 밝히기도 했다.[98]

한편 신파 내의 소장파도 조각에 노골적 불만을 나타냈다. 이들은 구파의 소장층 그리고 무소속과 제휴하여 내각 타도 공작을 전개한다는 계획까지 수립했다.[99] 소장파는 자신들의 의견이 받아들여지지 않은 데 대해 '당내 야당'을 지향하기로 했다.[100] 구체적 방안으로 원내 '제 3 서클'을 형성하여 내각 불신임 공세를 펴고 이를 위해 구파 소장층과 제휴를 모색하기로 했다.[101] 그 일환으로 민주당 양 파의 소장 의원들을 대표한 8명은 8월 27일 "파벌을 초월하여 혁명과업을 완수하는 데 행동을 통일한다"는 것을 비롯해 4개 항에 합의했으

---

97 〈동아일보〉(석간), 1960. 8. 24.

98 〈조선일보〉(석간), 1960. 8. 24.

99 소장파는 행동강령에 서명한 의원들을 중심으로 구파와 무소속 소장층을 망라한 원내 서클 결성을 추진했고, 그 일환으로 구파의 김영삼 등과 접촉했다. 이에 대해 김영삼은 "장 내각의 도각(倒閣)을 위해 제휴하기로 했으며 25일에 다시 만날 것"이라고 말했다〔〈동아일보〉(조간), 1960. 8. 25〕.

100 〈조선일보〉(조간), 1960. 8. 24.

101 소장파는 서클 명칭으로 '신풍회' 또는 '4월동지회' 등을 검토했다. 8월 25일 소장파 모임에 참석한 의원은 김영구, 이철승, 이정원, 윤정구, 홍영기, 조연하, 주도윤, 황호영, 조일재, 이양호, 양덕인, 김재순, 함종빈 등이었다〔〈동아일보〉(조간), 1960. 8. 26〕.

나, 교섭단체는 구성하지 않기로 함으로써 '제 3 서클'은 일단 보류되었다.[102]

신파 위주의 조각에 대한 불만으로 구파는 1960년 8월 31일에 '민주당 구파동지회'라는 이름의 별도 교섭단체로 등록했다. 교섭단체로 등록하면서 발표한 성명에서 구파는 당내에서 야당의 입장으로 협조 또는 편달하겠다고 밝혔다. 보수 양당제로 분립하여 상호 견제와 선의의 경쟁으로 정치에 임한다는 것이었다.[103] 구파의 교섭단체 등록에 대해 장 총리는 "한 당 내에 두 개의 원내 교섭단체가 존재한다는 것은 정치 운영상 또는 이론상 옳지 못한 일"이라고 논평했다.[104]

구파동지회의 등록과 거의 동시에 이재형을 포함한 무소속 의원 48명도 '민정구락부'라는 명칭으로 교섭단체 등록을 했다. 그러나 민정구락부 48명 중에는 장차 구파동지회나 신파 교섭단체에 가담할 의원도 있을 것으로 알려져, 민정구락부 소속 의원 숫자는 다소 줄어들 것으로 관측되었다.[105]

---

102 양 파의 소장 의원 대표 4명은 신파는 홍영기, 황한수, 이양호, 정남규, 구파는 김영삼, 이상신, 김옥형, 박해충이었다[〈조선일보〉(조간), 1960. 8. 28].

103 구파동지회는 성명서에서 "3분의 2 이상의 의석을 차지하게 된 비만한 민주당은 선정(善政)이고 악정(惡政)이고 무엇이든지 마음대로 할 수 있게 되었다. 여기서 보수양당제로 분립하여 상호견제와 선의의 경쟁으로 정치에 임하는 것이 헌정(憲政)의 상도(常道) … 원내 교섭단체를 따로 하여 당중 야파(野派)의 입장에서 정부에 대한 협조와 편달을 아끼지 않으려 한다"고 밝혔다[〈동아일보〉(조간), 1960. 9. 1].

104 〈동아일보〉(조간), 1960. 9. 2.

이러한 현상은 교섭단체 등록 때부터 잠재해 있던 것으로 민주당 신·구파로부터 오는 포섭 공작과 양 파와의 친소관계에 따른 균열로 나타난 것이라 할 수 있다. 민정구락부 내 존재하는 4개 분파 가운데 이재형은 민주당 신파와 인연이 깊은 것으로 알려졌다. 그는 교섭단체 구성보다 정당을 만드는 것을 목표로 한다고 말하고 민주당 소장파 의원들의 동태에 큰 관심을 표명하기도 했다.[106]

이처럼 구파가 별도로 교섭단체 등록을 하자, 신파도 단독으로 교섭단체 등록을 하는 것이 아니냐는 관측이 나오기도 했다. 구파가 교섭단체 등록을 한 1960년 8월 31일 원내 의석 분포를 보면, 재적 231명 중 민주당 구파동지회 86명과 민정구락부 48명을 제외하면 97명의 의원이 남았다. 사실상 교섭단체에 가입할 수 없는 수감 중인 의원 2명과 당적을 이탈한 의장을 빼면 94명이 남았다. 이 가운데 5~6명은 순수 무소속으로 남을 것이 예상되었으므로 여당인 민주당 신파는 90석 내외밖에 확보하지 못하는 실정을 감안하여 나온 관측이었다.[107]

신파만으로 원내 과반수 확보가 어려우므로 일단 교섭단체 등록을

---

105 〈동아일보〉(조간), 1960. 9. 1.
민정구락부에는 당초 무소속 의원 55명이 참가할 것으로 알려졌으나 7명이 이탈하여 48명으로 감소되었다〔〈조선일보〉(석간), 1960. 8. 30〕.

106 4개 분파는 ① 이재형을 중심으로 한 무소속유지 일동, ② 서민호를 중심으로 한 친구파계, ③ 민정구락부의 정통을 자처하는 윤재근 중심 세력, ④ 윤길중이 주도하는 혁신계로 알려졌다〔〈조선일보〉(조간), 1960. 8. 30〕.

107 〈조선일보〉(석간), 1960. 8. 31.

하고 무소속과 구파 소속 의원들을 영입할 경우, 장면 내각은 원내 안정세력을 확보할 수 있을 것으로 분석되었다. 이 점을 감안하여 이재형은 민주당에 들어오는 의원보다 밖으로 나가는 의원이 더 많을 것이라면서 교섭단체 등록도 하지 못하는 여당은 세계에 없다고 비판했다.[108] 이재형에 이어 민정구락부도 민주당으로 하여금 국회 운영의 정상화를 위해 속히 교섭단체를 등록할 것을 촉구했다.[109] 결국 신파는 교섭단체 등록에 나서게 되었다.

### 2) 분당과 이재형의 장면 내각 비판

구파동지회는 장면 내각이 출범한 이후 정부시책을 사사건건 비난하며 공격에 앞장섰다. 이에 장면 총리는 구파의 반발을 무마하고 어떻게 해서라도 협조를 얻어 보조를 맞추어 보려고 노력했으나 결실을 맺지 못했다고 회고했다. 민주당의 내분 사태를 떠나, 신·구파의 대립과 갈등에서 신파와 가깝다고 알려졌고 장면 내각 출범에 산파역을 맡은 이재형이었지만, 장면 내각과 민주당 내분에 대한 비판은 누구보다 신랄하게 했다.

그 첫 사례로 1960년 9월 7일 원내 안정세력 구축을 한다는 명분

---

108 이재형은 구파의 입당을 기다려 교섭단체 등록을 늦추는 동안에 신파의 탈당이 더 많아질 수 있다고 지적하고 "이러다가는 아무것도 안 된다"고 비난했다〔〈동아일보〉(조간), 1960. 9. 18〕.

109 〈동아일보〉(석간), 1960. 9. 18.

에서 주요 각료 4명의 경질이 발표되자 이재형은 이를 비판했다. 거국내각 구성을 장담했던 총리가 거당적 내각 구성을 위해 각료들의 사표를 받는다는 것은 이해할 수 없다고 비판하고, "정부기관을 당의 사물(私物)처럼 취급해서는 안 된다"면서 당의 긍지와 정국의 중대함을 인식해 신중을 기할 것을 요구했다.[110]

각료직 배분을 놓고 민주당 양 파가 타협점을 찾지 못하는 상황에서 이재형은 신·구파의 싸움에 대해 신랄하게 비판했다. 1960년 9월 10일 장면 총리 이하 전 국무위원을 상대로 한 대정부 질문에서 이재형은 국민의 여망을 짊어진 민주당이 지난 한 달 동안 국회에서 무엇을 했는지 물었다. 5대 국회를 한 달이나 제자리걸음시킨 책임은 누가 져야 하는지, 민주당은 언제까지 당내 싸움을 계속하여 국민을 못살게 할 것인지 등을 추궁했던 것이다. 또한 민주당이 하나인지, 둘인지, 셋인지 국민 앞에 뚜렷이 밝힐 것을 촉구하면서 국정 전반에 대해 비판했다.[111]

이재형은 또한 정치의 부패를 막는 방안으로 정당의 정치자금 공개를 위한 정치자금규제법 제정을 촉구했다. 장차 정치가 부패하지 않으리라는 보장이 없기 때문에 정치자금규제법을 만들어 누구든지 정치자금의 출처와 용도를 밝혀야 한다고 요구했다. 정치자금의 흐

110 각료 4명의 경질은 구파에 대한 입각 교섭을 위한 정치적 포석에서 이루어진 것으로 분석되었다[〈동아일보〉(석간), 1960. 9. 8].

111 이재형의 발언 전문은 민의원사무처, 《민의원 속기록》 37회 8호, 1960. 9. 10, 10~14쪽 참조.

름을 명확하게 함으로써 정치부패를 막아야 한다는 주장은 7·29 선거를 전후하여 부정축재자의 돈이 오갔던 정치여건을 감안한 데서 나온 것으로, 시대를 앞선 상당히 선진적인 주장이라고 할 수 있다.

아울러 이재형은 민주당이 주장하는 혼합경제정책은 애매하기 짝이 없다고 지적했다. 즉, 자유기업주의와 사회민주주의 경제정책과 사회정책을 어느 정도로 병행한다는 것인지, 아니면 미국과 같이 인민자본주의에 입각한 혼합경제를 한다는 것인지 구체적으로 밝힐 것을 요구했다. 동시에 행정능력이 국민의 세원을 포착할 수 없고 정치적 혼란이 경제행위를 고정시키지 못한 상황에서 인정과세가 불가피한 수단으로 되어 그 결과 인정과세는 고율의 세율로 뒷받침되었는데, 이러한 관행을 불식시키기 위해 세법을 고칠 것을 강력히 요구했다. 세법을 고치지 않고는 탈세를 방지할 수 없다는 이유에서였다.

대정부 질문에서 이재형이 총리를 상대로 민주당 내부 싸움의 중지를 요구했지만, 민주당의 분당은 장면 총리로서도 막을 방도가 없었다.[112] 양 파의 감정의 골이 너무 깊었기 때문이다. 1960년 9월 22일 구파동지회가 신당 발족을 선언하고,[113] 다음 날인 9월 23일 신

---

112 장면 총리는 9월 12일 "거당(擧黨) 내각으로 정국의 안정을 기한다"면서 구파에 국무위원 4석(국방, 부흥, 보사, 교통)을 할당하는 등 대폭적인 개각을 했다. 하지만 구파는 이에 만족하지 않고 '원내 야당' 입장을 고수했고, 소장파 역시 '무조건 협조는 거부할 태세'를 보였다〔〈조선일보〉(조간), 1960. 9. 13〕.

113 민주당 구파동지회는 9월 22일 건전한 보수 양당제 확립을 위해 신파와 결별하여 새로운 정당으로 발족할 것이라는 내용의 분당성명서를 발표했다〔〈동아일보〉(조간), 1960. 9. 23〕.

파는 민주당이라는 명칭으로 교섭단체 등록을 마쳤다. 당내에서 여야로 나뉘어 격심한 대립과 갈등을 겪었던 신·구 양 파는 결국 갈라져 각자의 길을 가게 되었다. 분당 직후 민주당 의석수는 과반수에 미치지 못해 정국 안정을 기하기는 어려울 것으로 분석되었다.[114]

민주당과 결별한 구파동지회는 1960년 11월 8일 신당발기준비대회를 열었다.[115] 1961년 2월 20일에는 '신민당'을 창당하고 위원장에 김도연, 간사장에 유진산을 각각 선출했다. 창당 선언에서 신민당은 장면 내각이 "혁명정권으로서의 본연한 임무에 대한 자각이나 실천은커녕 구정권의 부패독소를 고스란히 물려받아 한갓 정권유지에만 급급하는 판"이라고 비판했다. 그리고 "4월혁명 정신을 몸으로 받들어 이(李) 정권의 부패독소를 완전히 청소하고 민주주의의 신질서를 확립"하겠다고 다짐했다.[116] 민주당 내에 잠재해 있던 분열적 요소가 선거에서 압승을 거두자마자 표면화되고 갈라짐으로써, 글자 그대로 "너무 많이 당선되니 당이 쪼개지게 됐다"는 탄식이 나

114 신파는 9월 23일 오전 95명 의원의 서명을 받아 민주당(대표 金相敦) 명칭으로 교섭단체 등록을 했는데, 이는 원내 안정 과반수인 117석보다 22석이나 부족한 의석수였다. 9월 23일 의석수 분포를 보면, 민주당 95명, 민주당 구파동지회 86명, 민정구락부 41명, 무소속 9명, 합계 231명이었다(재적 233명 중 종로갑, 양주갑 2명 결원)〔〈동아일보〉(조간), 1960. 9. 24〕.

115 발기성명에서 구파는 건전한 야당의 존재가 시급하다고 전제하고 정국의 타개를 민주당에만 맡길 수 없다고 단언하면서 양당제가 확립되지 못하는 한 정권교체에 대한 국민의 의구심은 해소될 길이 없을 것이라고 주장했다〔〈동아일보〉(조간), 1960. 11. 9〕.

116 〈동아일보〉(조간), 1961. 2. 21.

오는 상황을 맞았던 것이다.[117]

민주당의 분열을 비판했던 이재형은 장면 총리가 1960년 9월 30일 발표한 시정 방침에서도[118] 문제해결의 구체적 해결방법을 제시하지 않았다고 지적했다. 즉, "목표를 이것저것 나열하여 지극히 허황할 뿐 아니라 국민경제 발전과 사회보장제도의 확립 등 어려운 문제는 그 책임을 모두 구정권에 미루어 버리고 아무런 대책도 강구하지 않은 데 대해 크게 불만을 느낀다"고 비판했다.[119]

민정구락부 정책부장으로서 활동했던 이재형은 1960년 10월 20일 개최된 총회에서 원내총무로 선출되었다.[120] 이로써 그는 명실공히 민정구락부의 각종 정책뿐만 아니라 원내 대책 전반을 총괄하는 역할을 맡았다. 첫 임무는 민정구락부를 대표해 예산안을 심사하는 일이었다.[121] 정책 질의에 나선 그는 불안한 치안상태와 간첩 침투 등에

---

117 尹濟述선생문집 간행위원회, 1989, 《芸齋選集》(상), 성지사, 138쪽.

118 장 총리는 1960년 9월 30일 민의원 본회의에서 밝힌 시정 방침 연설에서 "UN 총회의 결의가 우리의 주권을 존중하는 한 이에 협조하여 조속한 시일 내 UN 감시하에 남북한을 통한 총선거를 적극적으로 추진할 것"이라고 밝히고, 연차적으로 감군(減軍)을 실시할 것이라고 언명했다[〈동아일보〉(조간), 1960. 10. 1].

119 〈동아일보〉(조간), 1960. 10. 1.

120 민의원은 1960년 10월 2일 특별본회의에서 13개 상임위원장을 각 파의 협상결과에 따라 신파 5, 구파 5, 민정구락부 3의 비율로 할당했다. 이날 민정구락부의 총무부장 윤재근이 민의원 운영위원장으로 선출되었다. 공석이 된 민정구락부 총무부장을 선출하기 위한 의원총회에서 이재형이 후임으로 선출되었던 것이다[〈동아일보〉(석간), 1960. 10. 21].

121 민정구락부를 대표하여 이재형과 이찬우(李燦雨), 임기태(林基台), 3인이 예결위 예산심사 대표 질의자로 선정되었다[〈동아일보〉(석간), 1960. 11. 18].

대한 소신을 밝힐 것을 요구하고, 정부가 경찰 중립화 법안을 제안하지 않고 지방선거를 실시하려는 것은 유감이라고 비판했다.[122]

한편 자유당 정권하에서 자행된 부정축재를 처리하는 문제를 놓고 장면 내각은 소극적 자세를 취했다. 이에 대한 국민의 여론이 비등해지자 뒤늦게 부정축재처리법을 마련했지만, 이재형의 눈에는 허점투성이였다.[123] 그는 법의 취지는 충분히 이해하나 분배 면에서 균등감 상실 문제로 접근할 것이 아니라, 산업 위축을 방지하기 위한 차원에서 벌과금 부과에는 신중한 입장을 취할 것을 요구했다. 특히 부정축재의 죄질 여부에 따른 처벌 조항의 일관성이 결여되고 처벌 대상이 되지 않았던 것을 법을 만들어 처벌하는 소급입법에 해당하는 내용도 있는데, 이에 대해 문제점을 지적하고 수정할 것을 강력히 요구했다.[124]

이재형은 정부가 추진하는 국토건설사업에 대해서도 그 무계획성과 특별회계법 적용의 문제점 등을 지적하며 신랄하게 비판했다. 1961년 3월 21일 이재형이 민의원 재정경제위 추경예산 심의에서 국토건설사업에 지급되는 양곡의 출처를 추궁하자, 정부는 특별회계법 수정을 전제로 대여양곡을 전용하여 조달하고 있다고 답변했다. 이에 이재형은 국토건설사업에 현물로 임금을 지급하는 것은 추경예산이 뒷받침되어야 하는데 예산안이 국회를 통과하기 전에 양곡을 방출하

122 민의원사무처, 《예산결산위원회의록》 37회 6호, 1960. 11. 19, 67쪽.
123 운경재단, 《정치 이전의 것을 하러 왔소》, 241쪽.
124 민의원사무처, 《민의원회의록》 38회 22호, 1961. 2. 8, 5~7쪽.

는 것은 명백히 위법이라고 지적했다. 또한 정부가 국토건설사업에 소요되는 현물을 양곡관리특별회계에서 방출하는 것은 재정법 위반이라고 강하게 비판했다.[125]

### 3) 대안과 시국수습방안 제시

야당으로 출범한 신민당이 정부에 대해 비판적 입장을 견지하며 사사건건 반대하고 내각 사퇴를 요구한 것과 달리 이재형은 비판과 동시에 대안을 제시하는 일도 게을리하지 않았다. 특히 환율 문제를 놓고 신민당이 환율정책 실패로 국가경제가 파탄되고 국민이 빈사상태에 빠지게 되었다면서 내각불신임안 제기 여부를 검토할 뜻을 비치자 이재형은 이에 제동을 걸었다. 원칙에는 동조하지만 충분한 이유와 함께 여당 내 동조를 전제로 한 통과 가능성이 먼저 타진되어야 한다는 것이었다.[126]

장면 내각에 비판적인 입장이었지만, 이재형은 구파와 달리 무조건적 비판이 아니라 대안도 함께 제시했다. 이는 구파동지회와 함께 정부제출 예산안을 법정 기한 내에 통과시키기 위해 정치적 협상에 나설 것을 제안한 것에서 확인할 수 있다. 즉, 이재형은 예산안 심의 착수 전에 각 파의 경제전문가들로 경제공동심의회를 구성하여

---

125 〈조선일보〉(석간), 1961. 3. 21. 이재형의 질의와 정부 답변 내용은 민의원사무처, 《재정경제위원회의록》 38회 12호, 1961. 3. 21, 2~3쪽 참조.

126 〈동아일보〉(조간), 1961. 2. 8.

선거공약과 혁명과업을 완수할 수 있도록 예산을 재조정하고 이를 위해 적극적 중재역할을 할 용의가 있다고 시사한 바 있다.[127] 신파에서 이를 받아들일 용의가 있다고 함으로써 예산안이 연내 통과될 가능성이 높아졌다고 보도되기도 했다.[128] 비판은 하더라도 정부가 일할 수 있는 여건은 마련해 주어야 한다는 것이 그의 생각이었다.

한편 1960년 12월 12일에 실시된 서울시와 전국 도의회 의원 선거결과 야당인 신민당과 무소속이 크게 약진하자,[129] 이재형은 무소속의 약진은 신당의 출현을 촉구하는 현상이라면서 내각의 전면 개각과 함께 선거법을 개정하여 중선거구제로 바꿀 것 등을 요구하였다.[130]

그리고 선거개혁론에 관한 견해를 묻는 6개 항의 질문에 그는 다음과 같이 자신의 견해를 피력했다.

---

127 〈동아일보〉(조간), 1960. 10. 5.

128 〈동아일보〉(조간), 1960. 10. 7.
신년도 예산안은 1960년 12월 28일 참의원 본회의를 통과함으로써 확정되었다〔〈동아일보〉(석간), 1960. 12. 29〕.

129 각 지방별 지방의회 당선자 현황을 보면, 민주당은 총 정원의 38%인 190석을, 신민당은 13%에 해당하는 67석을, 무소속은 45%에 달하는 211석을 차지했다. 이에 대해 민주당은 불리한 여건임에도 승리한 것이라고 만족한 반면, 신민당은 기권율이 높은 것으로 보아 내각에 대한 불신도가 높은 것이라고 해석했다〔〈동아일보〉(조간), 1960. 12. 14〕.

130 무소속의 약진으로 끝난 지방선거에 힘입어 이재형은 이 밖에도 1년 동안 일체의 정쟁 지양과 정국 안정 후 민의원을 해산하고 총선거를 실시할 것을 민주·신민 양당에 제의할 것이라고 말했다〔〈동아일보〉(석간), 1960. 12. 14〕.

① 현행 선거법 개정 여부: 국회의원선거법은 중선거구제와 공영제로 개정할 것을 주장한다.

② 중선거구제 대 소선거구제: 중선거구제가 적합하다. 그 이유는 첫째, 의원 정수를 줄일 수 있으며, 둘째, 선거의 부정과 부패를 방지할 수 있고, 셋째, 선거 여파로 오는 정치의 부정(不淨)을 방지할 수 있을뿐더러, 넷째, 의원의 질적 수준을 향상할 수 있기 때문이다.

③ 민의원의 정원수: 민·참의원을 단원제로 하여 150명 정도가 좋다.

④ 공영제 대 자유제: 현재 국회의원 선거제도는 공영제와 자유제를 절충한 것으로 철저한 공영제나 철저한 자유제만 못하다.

⑤ 기명투표는 여하: 찬성이다.

⑥ 부정의 방지책: 국민 경제생활의 발전과 교육의 향상 그리고 파쟁심의 자제가 선거제도의 개정과 병행되어야 한다.[131]

이후에도 이재형은 장면 총리에게 난국을 타개하려면 당파를 초월한 거국내각을 구성하여 일체의 정쟁(政爭)을 중지하고 국가재건에 총력을 기울일 것을 건의했다. 특히 외교·국방정책을 초당적으로 수립하기 위해 인사위원회와 정책위원회를 구성할 것을 총리뿐만 아니라 각 당 대표들에게도 제안했다. 그는 이 제안이 도각(倒閣)을 피하는 마지막 수습책이라고 말하고, 총리가 이를 거부할 경우 내각을 불신임할 수밖에 없다고 주장하기도 했다.[132] 이에 대해 민주당 선전부장은 거국내각이나 여야협의체 구성에는 관심이 없으며 "민주당이

---

131 〈조선일보〉(조간), 1961. 2. 12.

132 〈동아일보〉(조간), 1960. 12. 24.

국민에 대해 책임질 수 있는 명실공히 책임내각이 될 것”이라고 말했다. 민주당 단독내각을 구성할 방침임을 분명히 한 것이다.[133]

장면 총리도 송년 기자회견에서 거국내각은 고려한 바 없다고 단언함으로써,[134] 이재형의 거국내각 구성 요구는 실현되지 못했다. 자신의 제안이 받아들여지지 않았음에도 이재형은 민정구락부 대표로 정부 및 여야 대표회담에 참석하여 시국수습책을 모색했다.[135] 윤보선 대통령의 초청으로 청와대에서 정세 검토와 아울러 시국수습방안을 협의하는 등 정국 안정을 위한 대안 모색에도 적극 나섰다.[136]

시국수습을 위해 이재형은 1961년 1월 14일에 장면 총리와 별도로 협의했다. 회담을 마친 이재형은 총리가 시국수습을 위해 여야 지도층이 한 덩어리가 되는 여야협의체를 구성하거나 당파를 초월한 거국내각을 조직함으로써 '정계 휴전'의 구체적 방안을 연구 중이라고 전했다. 이에 장 총리는 자신이 찬성한 것은 정쟁을 하지 말아야 한다는 원칙적 문제에 불과하며 구체적 방안은 논의한 일이 없다고 부인했다.[137] 민주당으로서는 원내 안정세력이 확보된 이상 단독

---

133 〈조선일보〉(석간), 1960. 12. 25.

134 〈동아일보〉(조간), 1960. 12. 31.

135 이날 참석자 명단은 다음과 같다〔〈조선일보〉(석간), 1961. 1. 10〕.

- 정부: 장면 총리, 주요한 상공장관, 김영선 재무장관, 정일형 외무장관
- 민주당: 오위영, 이석기, 이태용
- 신민당: 김도연, 유진산, 이충환, 양일동
- 민정구락부: 이재형, 윤재근

136 〈동아일보〉(석간), 1961. 1. 13.

137 〈동아일보〉(조간), 1961. 1. 16.

내각을 견지하겠다는 것이었다. 이를 확인하듯 장 총리는 1월 24일 이재형에게 여야협의체는 내각책임제와 조화를 이루기 어렵기 때문에 구성할 수 없다고 공식 통보했다.[138]

이재형의 거국내각 구성을 통한 시국수습방안을 거부한 장면 총리는 안정세력 확보로 정국 운영에 자신감을 나타냈지만, 민주당 내부 사정은 그리 단순하지 않았다. 소장파 의원들이 '신풍회'를 결성한 데 이어, 구파이면서 구파동지회에 가입하지 않고 민주당에 잔류한 합작파 의원 10여 명은 별도로 모임을 갖고 정부방침에 무조건 호응하던 태도를 버리고 원내에서 독자적 입장을 취하기로 했기 때문이다.[139] 여야 협의는 고사하고 민주당 내에서조차 이견이 분출됨으로써 장 총리의 리더십은 크게 손상될 수밖에 없었다.

개각을 앞두고 이처럼 민주당은 노·소장파 파쟁에 합작파까지 가세함으로써 한층 더 복잡한 갈등양상을 띠게 되어 정국의 안정을 기하기 어려워졌다. 소장파와 합작파는 1961년 1월 31일 단행된 개각이 사실상 노장파 위주로 이루어졌다고 비난했다. 장관으로 입각한 의원은 당 간부직을 내놓을 것을 요구하며 '당내 야파'의 입장에서 독자노선을 걷겠다고 선언했다.[140] 그리고 이들 중 일부는 공동

---

138 〈조선일보〉(석간), 1961. 1. 24. 교섭단체 의석수를 볼 때 1960년 11월 24일 민주당은 126석으로 신민당(61석), 민정구락부(37석), 무소속(8석)을 합친 수보다 많아 거국내각을 구성할 필요성을 느끼지 못했다(국회사무처, 《의정자료집》, 132쪽).

139 이들은 정안회(政安會)를 구성했다〔〈동아일보〉(조간), 1961. 1. 28〕.

140 〈조선일보〉(석간), 1961. 1. 31.

행동을 모색하기 위해 별도로 중도서클을 구성키로 함으로써,[141] 정국은 더욱 안정을 기하기 어려워졌다.

## 5. 5·16과 정치활동 중단

### 1) 혼미한 정국과 출국

이재형을 비롯하여 각계에서 시국수습방안으로 제시한 거국내각 구성이 장면 총리에 의해 거부되자, 야당인 신민당은 물론 민주당 내부의 신풍회와 정안회도 정부에 대한 반격에 나섰다. 이로써 정국은 한 치 앞을 내다볼 수 없을 정도로 혼미해졌는데, 정국의 혼미와 비례해 혁신계를 중심으로 한 통일운동은 더욱 활기를 띠었다.

그 결과 1961년 2월 25일에 민족 자주평화를 기틀로 국토통일과 민족역량의 총집결을 강령으로 내세운 '민족자주통일중앙협의회'(민자통)가 결성되었다.[142] 정부는 긴장하지 않을 수 없었다. 보수진영의 반정부운동에 더해 혁신진영의 체제 공세까지 가해진 데다가 경기마저 악화되어 장면 내각은 파쟁과 불안정과 무능력으로 표류하는 상황에 처했고, 이로 인해 사회는 급속하게 양극화되었기 때문이다.[143]

---

141 이로써 민주당 내에는 노장파, 신풍회, 정안회, 중도서클 등 4개 그룹이 존재하게 되었다[〈동아일보〉(조간), 1961. 2. 6].

142 〈동아일보〉(석간), 1961. 2. 25.

민자통 결성 이후 대학생과 혁신계가 중심이 된 통일운동이 확산되는 양상을 띠자, 장면 정부는 보안법 개정과 데모규제법 제정으로 이에 대처하려 했다. 특히 1961년 3월 22일 혁신계가 주도한 '반공법 및 데모규제법 반대 성토대회'가 심야 횃불시위에 이어 폭력사태로까지 번졌다. 그러자 정부는 긴급안보회의를 소집하고 사회 질서와 국민 안전을 파괴하는 행위에 대해 의법 처단할 방침이라고 천명했다.

정부의 강경대응 방침에 대해 혁신진영은 데모는 "헌법과 4월혁명을 모독하려는 장면 정권에 대한 국민 대중의 정당하고 합법적인 호헌정신의 발로"라고 주장하며 지속적으로 '2대 악법' 반대투쟁에 나설 뜻을 분명히 했다.[144] 이들은 7·29 선거에서 비록 참패했지만 통일운동을 전개함으로써 정치적 돌파구를 찾으려 했고,[145] 이런 의미에서 더욱 남북협동과 통일운동에 매진했다. 혁신계의 시위 과정에서 폭력사태가 발생하자 신민당은 장면 총리의 퇴진까지 주장했다. 그러나 이재형은 총리 퇴진보다 근본적 대책 수립을 요구했다.

> 반공을 하려면 반공법보다도 생활개선의 방향을 찾아내야 할 것이다. 데모는 좋으나 그것이 현재의 난국을 타개할 길은 못된다. 거기에 폭력과 파괴가 개재되었다면 이러한 행동엔 충분한 자성(自省)이 있어

---

143 최장집, "제2공화국 하에서의 민주주의의 등장과 실패," 백영철 편, 《제2공화국과 한국민주주의》, 61쪽.

144 〈동아일보〉(석간), 1961. 3. 23.

145 정윤재, "장면 총리의 정치리더십과 제2공화국의 붕괴," 한국정신문화연구원 편, 《장면·윤보선·박정희》, 71~72쪽.

야 할 줄 안다. 반공법을 백번 만들더라도 현 정부의 역량으로는 공산당을 막기 힘들다. 지금은 법이 문제가 아니다. 역량의 집결과 원인의 제거에 주력해야 할 것이다.[146]

4월에 들어서도 정국이 안정되지 않자 장면 총리는 "사회주의 정당 인사들이 의회정치제도를 부인하고 난동과 폭력을 감행하고 있음은 절대로 용납할 수 없는 일"이라고 언명했다. 그리고 4·19 이후 실시된 각급 선거에서 국민이 명백히 그 뜻을 표시했다는 이유를 들어 사회주의 정당에 정권을 맡길 수 없다고 단언했다.[147] 이후 민주당은 회기를 연장하면서까지 보안법 개정과 데모규제법 통과를 위해 노력했으나, 야당의 반대와 비협조로 결실을 거두지 못했다.

장면 내각이 강행하려는 보안법 개정과 데모규제법 제정에 대해, 그리고 민주당 소장파가 제기한 중석불(重石弗) 문제 등 누적된 정치 현안에 대해 이재형이 어떻게 대처했는지 알 수 있는 자료는 없다. 원론적으로 그는 거국내각 구성을 통한 역량 강화와 근본 원인의 제거를 요구한 데 그쳤는데, 아마도 이는 출국 준비 때문이었을 것으로 분석된다. 당시 그는 영국 하원의 초청으로 영국 방문 대표단의 일원으로 선발되어 1961년 4월 30일 떠나기로 되어 있었다.[148] 약 두 달의

146 〈동아일보〉(조간), 1961. 3. 24.

147 〈동아일보〉(석간), 1961. 4. 6.

148 영국 정부의 초청을 받은 의원 4명은 참의원 이인(李仁), 민의원 한근조(민주), 윤형남(신민), 이재형(민정) 등이다[〈동아일보〉(석간), 1961. 4. 6].

일정으로 정당 및 의회 운영실태 시찰을 위해 그를 포함한 국회시찰단이 실제로 출발한 것은 5월 1일이었다.[149] 그런데 그가 출국한 지 보름 만인 1961년 5월 16일 군사 쿠데타가 발발했다.

## 2) 정치활동 중단

권력의 독점 문제를 놓고 민주당 신파와 구파는 완전히 갈라졌다. 또한 권력의 배분 문제를 놓고 신파 내에서도 노장파와 소장파, 합작파 등 여러 파벌이 서로 다투었다. 그 바람에 민주당은 끊임없이 상호비방과 중상모략을 일삼는 모습을 국민에게 보여 주었다. 민주당은 4월혁명에서 선도적 역할로 그 길을 닦았다고 자부했음에도, 혁명 후 정국 안정을 도모하지 못했고 진지하게 국가발전을 모색하는 모습도 보여 주지 못했던 것이다. 이에 따라 민주당은 개혁을 통해 지지기반을 확장하고 사회 각계에서 분출되는 욕구를 건설적 방향으로 유도하는 정치력을 발휘할 수 없었다.

그 전형적인 예가 군대 문제였다.[150] 허정 과도정부는 군 내부에 부정선거와 부패사건 관련자들이 있다는 것을 알았지만 이들을 처벌함으로써 군을 정치적 사건에 끌어들여 정치적 중립원칙을 흐리

149 〈동아일보〉(조간), 1961. 5. 2. 참의원 이인 의원 대신 백남억 의원으로 바뀌었다.

150 개혁의 실패가 결국 쿠데타를 초래한 요인의 하나가 되었다는 것이다(박명림, "제2공화국 정치균열의 구조와 변화," 백영철 편, 《제2공화국과 한국민주주의》, 263~264쪽).

고 군을 자극하는 것은 바람직하지 않다는 입장을 취했다. 군 정화 문제는 장면 정부로 넘겨졌다. 그런데 장 총리는 군의 신뢰를 유지하면서 군대 문제를 해결할 수 있는 조치를 취해야 했는데 그러지 못했다. 시정 방침에서 장 총리는 연차적으로 감군을 실시한다고 밝혔지만 군의 반발이 있자 후퇴하면서 군을 장악하는 리더십을 보여주지 못했다. 뿐만 아니라 군 내부의 소장파가 중심이 된 정군(整軍) 운동에 대해 그 의미를 간파하지 못했다.

이에 덧붙여 민주당이 집권했던 9개월 남짓한 기간 동안 국방부 장관이 3번이나 바뀔 정도로 자주 경질되어 군 내부 문제를 파악할 수 없었다. 게다가 임명된 장관 중 어느 누구도 군 경험이 없었고 군으로부터 존경받는 인물이 아니었기에 군을 장악할 수 없었다.[151] 이러한 요인들이 복합적으로 작용하여 민주당 정권은 군부를 통제하고 쿠데타 가능성을 방지하는 데 실패하여 권력을 군부에 빼앗기게 되었다. 결국 1961년 5월 16일 새벽에 발발한 군사 쿠데타에 의해 군사정권이 등장함으로써 모든 정치활동은 중단되었다. 이는 민주당의 내분과 군에 대한 현실적 이해 부족으로 초래된 결과라고 할 수 있다.

쿠데타를 일으켜 입법·사법·행정의 3권을 장악한 군은 군사혁명위원회를 조직하고 군사혁명위원회 포고 제4호를 통해 모든 정당

---

151 한승주, 《제2공화국과 한국의 민주주의》, 169쪽.
장면 내각의 국방부 장관과 그 임기는 다음과 같다. 현석호(玄錫虎, 1960. 8. 23~1960. 9. 12), 권중돈(權仲敦, 1960. 9. 12~1961. 1. 30), 현석호(玄錫虎, 1961. 1. 30~1962. 5. 18) 등이다.

과 사회단체의 정치활동을 금지했다.[152] 이로써 민주당은 집권한 지 9개월 만에 정권을 내주고 해산되는 비운을 맞고 말았다. 쿠데타 발발로 일체의 정치활동이 금지된 시점에 이재형은 영국 의회 시찰을 마치고 독일에 체류 중이었다.[153]

1961년 5월 1일 서울을 출발한 이재형은 일본과 홍콩, 이탈리아 로마와 스위스를 거쳐 독일 프랑크푸르트에 도착한 날이 5월 16일이었다. 여기서 그는 한국에서 군사 쿠데타가 발발했다는 소식을 들었다. 이후 그는 5월 21일 영국 런던에 도착해서 6월 7일 런던을 떠날 때까지 18일간 시찰을 마치고, 미국에 유학 중인 아들을 만나기 위해 뉴욕을 향해 떠났다. 미국에서 귀국길에 오른 그는 6월 26일 도쿄에 도착하여 두 달 동안 일본에 머무르며 국내 정세를 파악하다가 8월 26일 귀국했다. 고국을 떠난 지 118일 만에, 군사 쿠데타가 발발한 지 100일 만에 서울에 도착한 것이다.

귀국한 이재형이 마주한 현실은 참담함 그 자체였다. 1961년 5월 31일에 발표된 정치활동이 금지된 지명인사 1,922명이 명단에 올라 1968년 8월 15일까지 7년 3개월 동안 정치활동을 하지 못하게 되었기 때문이다.[154] 정치활동뿐만 아니라 1962년 3월 16일 국가재건최

---

152 1961년 5월 16일 오후 4시 계엄사령관 장도영의 명의로 발표된 군사혁명위원회 포고 제4호는 조국의 현실적 위기를 극복하고 국민의 열망에 부응하기 위하여 장면 정권을 인수하고 민·참의원과 각급 지방의회를 해산하며 장면 정부의 장·차관을 체포하며, 국가의 일체 기능은 군사혁명위원회가 집행한다는 내용을 골자로 했다[〈동아일보〉(석간), 1961. 5. 17].

153 운경재단, 《정치 이전의 것을 하러 왔소》, 256쪽.

고회의가 통과시킨 정치활동정화법(정정법)에 의해 공민권이 제한되었기에,[155] 이재형은 사회활동도 제대로 할 수 없는 처지가 되었다. 이러한 상황에서 그는 바깥세상과 절연하고 조용히 시국을 관망하며 세월을 보냈다. 설사 활동을 했더라도 언론 검열로 기성 정치인의 활동이나 동정에 관한 기사가 실릴 수 없던 시절이었다.

정정법에서는 정치정화위원회를 두고 해당자가 적격심판을 신청할 경우 정치활동 적격 여부를 심사하도록 했다. 그러나 이재형은 적격심사 청구 마감일인 1962년 4월 15일 자정까지도 신청하지 않았다. 처음부터 정정법의 정당성을 인정하지 않았으므로 적격심판을 신청하지 않기로 했던 것이다.[156] 쿠데타를 일으킨 장본인이 자기들 멋대로 모든 정치인들을 정정법의 대상으로 묶어 놓고 나서 자신들이 적격 여부를 판단하겠다는 것은 가소로운 일일 뿐만 아니라, 기성 정치인들의 무조건적 투항을 요구하는 얄팍한 속셈을 감추고 있다고 생각했기 때문이다.[157] 적격심판을 신청할 경우 쿠데타를 용

---

154 〈동아일보〉(조간), 1962. 5. 31.

155 1962년 3월 17일 국가재건최고회의 3차 본회의는 정치활동을 정화하고 정치도의를 확립할 것을 목적으로 5대 국회의원, 1960년 8월 20일부터 1961년 5월 15일까지의 국무총리, 국무위원, 심계원장, 감사원장, 그리고 민주당 및 신민당의 핵심간부, 기타 각 정당·사회단체 간부들에 대한 정치활동 적격 여부를 심사하도록 했다〔〈동아일보〉(조간), 1962. 3. 17〕.

156 〈동아일보〉(석간), 1962. 4. 16.
전체 대상자 3,852명 중 4월 15일까지 정치활동 적격심판 신청자는 2,584명이며, 우송으로 250~500명이 추가로 접수된 것으로 보도되었다〔〈동아일보〉(조간), 1962. 4. 17〕.

인하는 셈이 되어 불법적으로 군사력을 동원하여 정권을 쟁취한 집단의 정통성을 인정하는 결과가 될 것을 알았기에, 이재형은 이를 거부하는 조치로 적격심판을 신청하지 않았던 것이다.

2년 가까운 세월 동안 정계를 떠났던 이재형이 다시 사회에 발을 들여놓게 된 것은 1963년 2월 27일 이후부터였다. 이날 군사정권이 취한 정정법 대상자 전면해제 방침에 따라 그도 정치활동이 공식적으로 허용되었던 것이다.[158] 이는 민정이양 발표와 민간인 정치활동 재개를 허용한 후 나온 것으로, 민주공화당의 사전 조직을 끝낸 군사정권이 취한 일련의 유화정책에 불과했다.

정치활동이 허용된 기성 정치인이 대부분 정당 결성에 나선 것과 달리 이재형은 곧바로 정계 일선에 나서지 않았다. 동양TV 회장으로 취임하여 개국 준비를 위해 바쁜 시간을 보내야 했기 때문이다. 그 일환으로 그는 1963년 6월 13일 이병철(李秉喆) 사장과 함께 일본 도쿄로 가서 요미우리 TV에 기술 원조를 비롯하여 자문을 구하며 지내다가[159] 7월 3일 귀국했다.[160] 그는 또한 건설업자들이 국가나 공공단체로부터 도급받은 건설공사의 계약 및 하자보수 보증업무와 공사

---

157 운경재단, 《정치 이전의 것을 하러 왔소》, 272쪽.

158 국가재건최고회의는 1963년 2월 27일 오후 6시 30분 정정법에 의해 정치활동이 금지된 2,591명 중 3·15 부정선거 관련자, 특수범죄처벌에 관한 임시특례법 저촉자, 부정축재처리법 위반자 269명을 제외한 2,322명의 해제를 발표했다(〈동아일보〉, 1963. 2. 28).

159 〈동아일보〉, 1963. 6. 14.

160 〈동아일보〉, 1963. 7. 3.

자금 융자업무를 담당하는 건설공제조합의 설립위원으로 임명되어 건설업의 발전에 기여하면서 정치권과는 한동안 거리를 두었다.[161]

## 6. 정치사적 의미: 제2공화국과 이재형에 대한 평가

정권을 장악한 후 민주당은 국민의 자유와 권리 신장을 위해 노력한 측면이 없지 않았다. 그럼에도 민주당은 단합된 모습으로 정치력을 발휘하여 4월혁명을 직접적으로 주도하지 못한 데서 초래되는 한계를 극복해야 했는데, 이 점에서 성공적이지 못했다. 민주당으로서는 반독재를 주장해온 입장이었기에 각종 정치단체와 사회단체에서 분출되는 다양한 요구를 일정 정도 수용하는 동시에 이를 적절하게 제약하는 조치를 취해야 했다. 그러나 실제로는 그렇지 못해 군사 쿠데타 앞에 무릎을 꿇고 해체되고 말았던 것이다.

그리하여 민주당 정권의 해체는 "자유의 과잉이 자유의 자기 부정을 초래"한 것이며, 그 구체적인 내용으로 "지도층의 무책임한 선동과 폭력 충동을 생동하게 드러내는 '데모'의 남발이 누적한 결과 결국 5·16을 절정으로 하여 대의정치의 중단을 가져오게 한 것"이라는 비판을 받았다.[162] 이와 함께 민주당 정부가 질서유지에 대한 적극적 의

161 건설공제조합 설립위원은 관계, 금융계, 학계, 사회인사와 자본금 2억 원 이상 건설회사 대표 등 모두 25명으로 구성되었다. 현대건설의 대표 정주영과 함께 이재형은 대림산업을 대표하여 참여한 것으로 알려졌다(〈동아일보〉, 1963. 8. 20).

지를 상실한 채 군의 움직임에 소극적으로 대처했고, 민주당 구파는 위기가 닥쳐왔을 때 적극적으로 대처해야 할 이유를 갖지 않았기 때문에 극단적 결과를 초래한 것이라는 지적을 동시에 받았다.[163]

한국 현대사에서 제 2공화국의 붕괴는 혁명정신 계승을 내걸고 집권한 정권이 이를 올바로 계승하지 못하고 단절시킴으로써 정권 자체의 몰락뿐만 아니라 이제 막 정착되기 시작한 민주주의를 중단시킨 최초의 비극이라 할 수 있다. 이처럼 비극으로 끝나기는 했지만 한때 국민의 커다란 희망과 기대를 안고 출발한 민주당 정권이었고 그 출범에 어느 정도 기여한 바가 있었기에, 이재형은 애정을 갖고 의회정치 발전과 정국 안정을 위해 많은 노력과 고언을 아끼지 않았다.

정치사적 의미에서 제2공화국의 민주주의 발전을 위해 이재형이 일차적으로 기여한 것은 권력욕에 몰입된 무원칙한 투쟁을 지양하고 정책을 놓고 대결하는 풍토를 조성한 것을 들 수 있다. 총리 인준 투표를 앞두고 민주당 신 · 구 양 파에게 5개 항의 정책질문서를 보냄으로써 권력투쟁 이전에 정부 운영의 기본 방침을 제시하도록 했던 것이다. 무조건적 지지가 아니라 정책의 구체적 내용을 비교 검토하고, 이를 근거로 지지 여부를 판단하겠다고 밝힌 것은 당시로서는 매우 획기적인 발상이었다. 이를 통해 한국 정치사에서 정파 간 또는 여야 간 정책대결을 유도하는 하나의 선례를 만들었다고 할 수 있다.

---

162 申相楚, 1961, "檀君 以來의 自由의 破綻·收拾·再建," 〈사상계〉, 10월호, 54쪽.
163 최장집, "제2공화국하에서의 민주주의의 등장과 실패," 백영철 편, 《제2공화국과 한국민주주의》, 62쪽.

이재형이 파벌을 초월하여 거국내각을 구성할 것을 제안한 것 역시 정치사적으로 의미 있는 일이라 할 수 있다. 이념적 차이나 노선상의 문제 때문이 아니라 단지 요직의 배분을 놓고 벌어지는 대결이었기에, 파벌을 초월한 인사를 할 경우 정국 안정을 기할 수 있다고 그는 판단했다. 막 싹트기 시작한 의회민주주의를 궤도에 올려놓으려면 정치권의 역량을 한곳으로 모아야 했고, 정치권의 모든 역량을 모으려면 권력의 독점이 아니라 권력의 균점 또는 분점을 이루어야 했다. 이 점을 등한시한 결과 민주당 정권은 파국을 맞은 것이다.

이재형은 선거제도의 개혁, 기본적으로 선거공영제와 중선거구제 도입을 주장했는데, 이 역시 큰 의미가 있다. 선거공영제는 7·29 선거에서 재벌과 중견기업가들이 민주당에 선거자금을 집중적으로 제공함으로써 민주당 후보들이 자유당 시대 못지않게 많은 돈을 살포한 현장을 목격했기 때문에 주장한 것이라고 분석된다. 선거공영제를 도입하면 선거자금을 둘러싼 부정과 부패를 방지할 수 있을 뿐만 아니라, 의원들의 질적 수준도 향상시킬 수 있다는 생각에서였다. 그는 현 의원 수가 많다고 보고 의원 수를 줄이려면 중선거구제를 도입해야 한다고 주장했다.

또한 이재형은 정치자금 공개를 위해 정치자금규제법 제정을 주장했다. 정치가 부패하지 않도록 하려면 정치자금규제법을 만들어 정치자금의 출처와 용도를 명확히 밝혀야 한다는 것인데, 이는 시대를 앞서가는 선진적 조치라고 할 수 있다. 그는 선거를 전후하여 부정축재자의 돈이 오갔던 것을 현장에서 직접 목격했기 때문에 이와 같은 획기적인 제안을 할 수 있었다고 분석된다.

끝으로 들 수 있는 것은 경찰 중립화와 세법 개정이다. 자유당 시절에 경찰의 선거개입으로 부정선거와 관권선거 시비가 끊이지 않았다. 민주당 정권은 이를 시정하기 위해 경찰 중립화법을 제정해야 함에도 이를 등한시하고 지방선거를 치렀다. 자유당 시대 관권선거의 폐단을 목격했던 이재형은 과거와 같은 현실이 재현될지도 모른다는 우려에서 이 점을 비판했다. 동시에 그는 세법 개정도 강력히 촉구했는데, 행정력의 미비로 인정과세가 불가피한 수단이 되어 버린 현실을 꿰뚫어 보았기에 나온 주장이었다. 인정과세는 고율의 세율로 이어지고 이를 피하기 위해 탈세가 관행처럼 되는 악순환의 고리를 끊지 않고서는 건전한 경제풍토를 조성할 수 없다고 보았던 것이다.

정치개혁과 경제개혁에 관한 이재형의 위와 같은 제안은 민주당 정권의 몰락과 함께 묻혀 버리고 말았다. 이로써 정치발전과 경제발전을 앞당길 수 있는 기회마저 놓치게 되어 우리의 뇌리 속에 아쉬움으로 남게 되었다.

제 4 장

# 제3공화국

## 야당 지도자의 길을 걷다

김용호

## 1. 시대적 배경: 권위주의 정권, 근대화, 냉전

1960년대 이재형의 정치활동 공간은 1950년대에 비해 상대적으로 축소되었다. 1961년 5·16 군사정변 발생 후 군정이 모든 정치활동을 불허함에 따라 그도 예외 없이 약 1년 반 동안 정치적 동면상태에 들어갔다. 1963년 1월 군정이 대선과 총선을 치르고 민정화(民政化)로 가기 위해 정치활동을 허용함에 따라 그는 1963년 8월 국민의당 창당부위원장으로 정치를 재개했다. 그 후 약 10년간 야당 지도자로 활약하다가 1971년 2월 신민당을 탈당했다.

그는 왜 57세의 나이에 자발적으로 신민당을 탈당했는가? 그 후 약 10년간 정치에 복귀하지 않은 이유는 무엇인가? 1960년대에 야당 지도자로서 무슨 활동을 했으며, 어떤 정치적 고민을 했는가? 야당 지도자로서 그가 추구한 정치적 목표는 무엇이었는가? 이러한 정치적 목표를 달성하기 위해 그는 어떤 노력을 기울였는가? 권위주의 정권 아래 야당 지도자로서 어떤 정치적 어려움을 겪었는가? 이 글은 이러한 질문에 해답을 얻고자 한다.

이재형이 5·16 이후 야당 지도자로 활동한 1963년부터 1971년까지 약 10년 동안 한국 사회는 커다란 국내외적 변화를 겪었다. 당시의 정치·경제·사회 변화를 국내 정치 정세, 국내 경제·사회 변화 추세, 국제 정세로 나누어 분석해 보자.

### 1) 국내 정치 정세: 민주 대 반민주 대립구도와 파벌싸움

이재형이 야당 지도자로 활동했던 시기는 박정희 대통령이 집권한 제3공화국 시기였다. 1961년 5월에 군부 쿠데타로 집권한 박정희 소장은 1962년 초에 윤보선 대통령의 사임으로 대통령에 취임했다. 박정희 대통령은 군정을 실시한 지 1년 반 만에 민정을 출범시키기 위해 1963년 1월 1일부터 정치활동을 허용했다.

정권을 민간인들에게 이양한다는 쿠데타 직후의 약속과 달리 박정희를 비롯한 군부 지도자들은 군복을 벗고 민간인 신분으로 민주공화당(民主共和黨, 약칭 共和黨)에 참여했다. 일부 민간정치인들은 관제여당인 공화당에 참여했으나, 이재형을 비롯한 많은 민간정치인이 야당대열에 동참했다. 그런데 후자는 여러 정당으로 나누어지는 바람에 1963년 대선에서 패배하고 공화당의 박정희 후보가 당선되었다. 총선에서도 공화당이 승리한 후 제 3공화국이 출범했다.

이재형은 1963년 총선에서 국회 진출에 실패함으로써 6대 국회 4년간(1963~1967년) 원외 활동을 전개했다. 그는 야당 생활을 국민의 당에서 시작했으나 야당통합 운동을 전개하여 1965년에 통합야당인 민중당을 창당했다. 그러다 한일수교 반대투쟁에서 민중당의 강온파가 분열하는 바람에 일시적으로 신한당으로 옮겼다가 1967년 선거를 앞두고 다시 야당통합을 이루어 신민당을 탄생시키고 동참했다.

한편 박정희 정권은 공화당 내 파벌싸움으로 바람 잘 날이 없었다. 그러나 베트남전쟁 파병과 한일수교 이후 고도경제성장을 달성함에 따라 공화당은 유권자 지지가 늘어나 1967년 대선에서 다시 승리했다. 한편 공화당 내 반(反)김종필계는 김종필의 권력승계를 무력화하고 박 대통령의 3선개헌을 비밀리에 준비했다.

그 결과 1967년 총선에서 공화당이 개헌에 필요한 3분의 2 의석을 훨씬 능가하는 의석수를 확보했다. 이재형은 7대 국회의원 선거에서 신민당 전국구 의원으로 국회에 진출했지만 총선 부정을 바로잡기 위해 국회를 보이콧하는 바람에 6개월이나 원내 활동을 하지 못했다. 우여곡절 끝에 국회가 정상화되었지만 박 대통령의 3선개헌 문제로 여야가 극한대립을 거듭했다.

결국 1969년 9월 공화당이 비정상적으로 개헌안을 통과시킴에 따라 박정희 대통령이 장기집권의 길을 열었다. 개헌안 통과 직후 신민당 내 젊은 지도자들이 40대 기수론을 앞세우고 대통령 후보에 도전했다. 신민당의 대선후보 경선 이후 당내 파벌이 재편되면서 당내

2인자이던 이재형은 철저히 배제되었다. 유진산 신민당 당수와 대선후보 김대중은 가장 유력한 당권 도전자인 이재형을 밀어냈다.

나라와 국민을 위한 정치가 아니라 당권에만 몰두하는 신민당 지도자들의 행태에 크게 실망한 이재형은 1971년 2월에 결국 신민당을 탈당했다. 그 후 그는 새로운 정치세력을 육성하려는 목표를 세웠으나 기회가 오지 않았다. 박정희 정권이 국가비상사태 선언, 유신 선포, 긴급조치 발동 등으로 강압정치를 하는 바람에 그가 바라는 정치적 공간은 열리지 않았다. 그는 1980년 민정당에 참여할 때까지 약 10년간 정치적 침묵을 지켰다.

## 2) 국내 경제·사회 변화 추세: 농업사회에서 산업사회로 전환

이재형은 농촌 지주집안 출신이었지만 일찍이 상공업과 금융업에 깊은 관심을 가졌기 때문에 1960년대 한국경제의 변화에 매우 민감했다. 그는 일본 주오대학을 졸업한 후 금융기관에 종사했고, 1952 ~ 1953년에는 상공부 장관을 역임했다. 이처럼 정부 정책을 다루어 본 경험을 바탕으로 이재형은 박정희 정부의 경제정책에 대해 비판과 함께 대안을 제시하기 위해 노력했다. 그는 민족주의적 시장경제론자로서 정연한 논리와 함께 실무 경험을 가지고 있었다.[1] 당시 야당 정치인 중에서 경제와 재정 분야에서 가장 높은 경륜을 지닌 지도자

1 운경재단, 《운경 이재형 선생 평전》, 30쪽.

였기 때문에 박정희 정부는 그의 비판과 대안을 무시할 수 없었다.[2]

이재형이 야당 정치인으로 활동한 시기에 한국은 산업화를 통해 고도경제성장을 구가했다. 1961년에 집권한 박정희 정부는 경제개발을 국정 중심 과제로 삼고, 1962년부터 1차 경제개발 5개년 계획을 추진했다. 정부는 수입대체 산업화 전략을 수출주도형 공업화 전략으로 바꿨다. 당시 경제성장 추세를 살펴보면, 1960년대 이전의 4% 미만에서 1960년대(1961~1970년)에 8.4%로 증가하여 10% 안팎의 높은 성장률이 계속되었다. 특히 제조업 성장률은 1960년대에 16.8%, 1970년대에 15.8%로 10%를 훨씬 넘는 연평균 성장률을 보였다.

한편 1960년대 이래 농림·어업의 지속적 감소와 제조업·서비스업의 지속적 증가가 매우 빠른 속도로 진행되었다. 1960년대 초반에는 농업, 광업, 어업 등 1차산업 종사자가 취업인구의 63.0%인 반면, 2차산업 종사자가 8.7%에 불과했다. 10년이 지난 1970년에는 1차산업 종사자가 50.4%로 감소했고, 2차산업 종사자가 14.3%로 증가했다. 이러한 경제적 변화는 많은 정치적 함의가 있다. 박정희 정권은 군사 쿠데타로 집권하여 정치적 정통성이 약한 편이었으나 1960년대 경제성장 정책이 성공함에 따라 지지기반이 확대되었다. 이러한 지지기반의 확대가 1967년 공화당의 선거 승리와 1969년 3선 개헌을 가능케 했다. 그 후 박 대통령은 공화당을 자신의 정치도구

2 위의 책, 153~157쪽.

로 만들었고, 그 결과 박 대통령의 개인독재가 등장하게 되었다.

한편 이재형이 야당 지도자로 활동한 1960년대에 한국 사회는 도시화를 비롯한 급격한 사회변동을 겪었다. 산업과 인구가 수도권에 집중되고, 경부선 중심으로 산업이 발달했다. 1960년대부터 정부주도의 산업정책으로 인천, 울산, 마산, 창원을 비롯한 특정 지역 중심의 거점개발이 이뤄졌다. 또 수출지향적 산업 발달로 수출입에 용이한 남동 해안지역에 공업도시들(부산, 울산, 마산, 창원 등)이 성장했다. 불균형성장이 농촌과 도시 간 격차, 영남과 호남 간 지역 격차, 그리고 계층 간 경제적 불평등을 증대시킴으로써 정치적 불만이 쌓여갔다.

이러한 변화의 정치적 의미는 심대했다. 첫째, 농촌인구가 도시로 대거 유입되는 데 비해 도시의 주택·교통·교육 인프라는 제대로 갖추어지지 못해 도시민들의 불만이 커졌다. 그리하여 선거 때마다 야당이 도시에서 승리하는 경향이 나타났다. 한편 농촌 유권자들은 상대적으로 여전히 강한 전통적 유교문화와 관존민비 사상을 갖고 있어서 정부·여당을 무조건 지지하는 경향이 있었다. 그 결과 선거 때마다 '여촌야도'(與村野都) 현상, 즉 여당은 농촌에서 유리하고 야당은 도시에서 유리한 현상이 반복적으로 나타났다.

둘째, 정부의 저임금정책에 따라 도시 노동자들의 임금과 노동조건이 매우 열악했다. 또 정부와 기업은 노동조합에 대해 부정적이었다. 따라서 증가하는 도시 노동자들의 불만이 정상적으로 해결될 수 있는 정치적 채널이 미흡했다.

1971년 대선을 전후로 사회 각 분야의 정치적 요구가 급격히 분출되었다. 박정희 정권의 국가주도 대외수출 위주의 고도경제성장 정책이 심각한 사회·경제적 문제를 야기했던 것이다. 급격히 늘어난 도시 중산층과 산업노동자들, 도시 빈민층이 자신들의 이익을 쟁취하기 위해 집단행동에 나섰다. 대학 교수, 종합병원 인턴과 간호사, 수십 명의 판사들이 정부의 간섭에 저항하며 처우 개선을 요구했다.

동시에 산업노동자들이 임금체불 중단을 요구하면서 노동조합 내 노동자들의 의식교육을 위한 정치교육위원회를 만들려고 시도했다.[3] 한편, 성남 공공주택으로 쫓겨난 수만 명의 빈민이 열악한 주거환경 개선과 일자리를 요구하면서 폭동을 일으켰다. 이들은 서울시 도시계획사업에 따라 서울 청계천에 살다가 외곽지대인 성남으로 이주했다. 대학생들의 격렬한 데모도 계속되었다. 이들은 정부가 도입한 교련(군사훈련 의무)에 반대하고, 정부의 부패 척결을 요구했다.

이처럼 1970년대 초반에 노동자, 중산층, 대학생, 지식인들이 처우 개선을 요구하면서 반정부 시위를 계속하자 박정희 정부는 1971년 국가비상사태 선포에 이어 1972년 유신 쿠데타를 감행했다. 이로써 제3공화국은 종료되고 유신체제가 등장했다.

---

3 Chae-Jin Lee, 1972, "South Korea: Political Competition and Government Adaptation," *Asian Survey*, 12(1), January, p. 42.

### 3) 국제 정세: 냉전 속의 한일수교, 베트남전쟁 참전, 미중화해

이재형이 1961년 5·16 군사정변으로 정치활동을 중단한 시기에 국제사회도 새로운 국면을 맞았다. 미국 케네디 행정부가 출범한 직후 쿠바 미사일 위기를 겪었지만 미소 냉전은 점차 완화되었다. 그 배경은 소련에서 스탈린 사망 후 집권한 흐루쇼프가 자본주의 국가 타도 대신 평화공존을 내세웠던 것이다.

그러나 베트남전쟁이 점차 확대되면서 자유진영과 공산진영 간의 갈등은 깊어졌다. 동서진영 내부에서 독일, 일본, 중국 등의 부상으로 한반도 정세도 상당히 변화했다. 특히 1960년대 후반부터 미국과 소련 외에 일본과 중국의 대(對) 한반도 영향력이 증가했다. 한편 미국은 1960년대 초반부터 자국의 부담을 덜기 위해 새로운 동북아 전략에 따라 한일관계 정상화를 주선했다. 이를 통해 한·미·일, 3국 간 협력이 강화되었다. 미국은 또한 한국을 비롯한 아시아 우방 국가들을 베트남전쟁에 참전시켜 공산주의 팽창을 저지하려고 노력했다.

한국의 대일 국교정상화와 베트남전쟁 참전은 국내 정치, 경제, 사회 영역에서 획기적 변화를 가져왔다. 이재형은 이러한 격변 속에서 야당의 진로를 모색했다. 첫째, 이재형이 참여한 야당(국민의 당, 민중당, 신한당)은 물론 대학생 및 지식인들이 박정희 정부의 대일수교에 반대했다. 군부출신 지도자의 일방적 대일수교와 수교 조건에 반대했던 것이다. 그러나 박정희 정권은 한일수교를 위해 위수령과 계엄령을 발동하여 반대세력을 제압했다.

둘째, 이재형은 한일수교 후 일본의 자본과 기술 도입이 투명하고 효율적으로 이루어지도록 원내외 감시활동을 전개했다. 박정희 정부가 기업의 차관 및 기술도입 과정에서 정부의 보증과 승인을 해주는 대가로 정치자금을 받는 등 정부와 기업 간 유착관계가 형성되었다. 또 정부의 경제성장 우선정책에 따라 행정기술관료들의 역할이 증대되었다. 이들은 차관 도입을 비롯한 국정 운영에 정치권의 간섭을 배제하기 위해 국회와 정당의 역할을 축소시켜 나갔다. 이런 상황에서 이재형을 비롯한 많은 정치인들은 행정부를 견제하고 정치적 활동 공간을 넓히기 위해 노력했다.

한편 이재형은 한국군의 베트남전쟁 참전에 원칙적으로 찬성했다. 베트남전쟁 참전은 한국의 정치·경제에 큰 영향을 미쳤다. 박정희 대통령은 베트남전쟁 참전을 통해 자신에 대한 미국 정부의 지지와 지원을 강화한 결과 정권의 공고화에 성공했다. 한편 북한은 한국의 베트남전쟁 참전을 방해하기 위해 청와대 습격, 울진 무장공비 남파 등 일련의 군사적 도발을 감행했다. 박정희 정부는 이를 이용하여 예비군제도 등을 도입함으로써 안보를 명분으로 시민사회에 대한 통제를 강화했다. 특히 1969년 자신의 장기집권을 위한 3선개헌안 통과와 함께 본격적인 독재의 길로 들어섰다. 이재형은 야당 지도자로서 반독재 투쟁에 앞장서야 했다.

그런데 1960년대 후반부터 국제 정세가 한국에 매우 불리하게 전개되었다. 1960년대에는 세계경제의 성장에 힘입어 한국의 산업화가 성공적으로 진행되었으나, 1970년부터 한국은 경제적 어려움에 봉착했다. 미국이 한국의 대미(對美) 섬유수출에 쿼터를 매기는 바람에 한국은 매년 1억 달러에 상당하는 손실을 보게 되었다.[4] 당시 한국의 전체 수출액이 8억 3,500만 달러에 불과했기 때문에 미국의 수출규제에 따른 손해는 전체 수출액의 12%에 해당하는 것으로 한국 경제에 심대한 손실을 초래했다.[5] 더욱이 미국의 닉슨 대통령이 베트남전쟁 조기 종식에 나선 결과 한국이 베트남으로부터 벌어들이는 달러도 급격히 줄어들었다.

1971년 2월 이재형이 신민당 탈당을 선언할 무렵, 한국은 내우외환에 시달렸다. 박정희 정권은 국가 위기상황을 극복하기 위해 권위주의적 통치를 강화했다. 1971년 12월에 "나라의 안전보장이 매우 중대한 시점에 처해 있는바, 중공의 UN 가입을 비롯한 국제 정세의 급변, 그 틈을 탄 북한의 남침위협"을 이유로 내세워 '국가비상사태'를 선포했다. 당시 박정희 정권은 국제 정세 변화가 한국 안보를 위협한다고 인식했다.

미국의 닉슨 대통령은 취임하자마자, "아시아는 아시아인의 손으로"라는 괌 독트린(Guam Doctrine)을 발표하고 베트남과 한국에서 미군을 철수시키기 시작했다. 한국 정부에 사전통고 없이 주한미군

---

4 Hyuck-Sup Lee, 1984, "The U. S.-Korean Textile Negotiation of 1962~1972: A Case Study in the Relationship between National Sovereignty and Economic Development," Ph. D. Dissertation, University of Michigan.

5 Edward S. Mason *et al.*, 1980, *The Economic and Social Modernization of the Republic of Korea*, Cambridge, Mass: Harvard University Press, p. 139.

2만 명을 철수시킴에 따라 박정희 정권은 미국이 대한 방위공약을 준수할지 우려되었다. 더욱이 미국이 대만을 버리고 중화인민공화국과 관계정상화를 추진함에 따라 박정희 정권은 한미방위조약의 장래를 걱정하게 되었다.

이러한 상황에서 박정희 정권은 북한과의 적대관계를 완화할 수 있는 방안을 모색했다. 첫 번째 시도가 남북적십자 회담이었다. 1971년 9월, 한국 적십자사와 북한 적십자사 대표가 이산가족 확인 및 상봉 문제를 논의하기 위해 판문점 회담을 개최했다. 한국전쟁 이후 20년 만에 처음으로 이루어진 남북한 공식 접촉이었다.

두 번째로 남북한 당국자 회담이 개최되었다. 1972년 7월 4일, 남북한 당국이 극적 합의사항을 발표했다.[6] 공동성명에 따르면 양측 대표가 최고지도자의 승인 아래 비밀리에 평양과 서울에서 만나 향후 남북관계 개선방안과 통일을 논의했다. 당시 중앙정보부장 이후락이 평양을 방문해 조선노동당 조직지도부장 김영주(김일성의 동생)를 만나, 남북 간 긴장을 완화하고 평화공존 분위기를 조성하기로 합의했다. 7·4 공동성명은 남북관계의 극적 반전을 가져왔고, 한국전쟁의 악몽 속에서 아직 반공주의가 강한 남한 주민들에게 충격을 주었다.

당시 이재형은 신민당을 탈당한 후 새로운 정치적 행로를 모색하고 있었다.

---

6 7·4 공동성명이 나오게 된 배경과 과정에 대한 자세한 설명은 김종필, 2016, 《김종필 증언록 1》, 서울: 와이즈베리, 394~401쪽 참조.

## 2. 군사정부와 이재형의 정치활동

5·16 군사정변은 지금까지 비교적 순탄했던 이재형의 정치 행로를 완전히 바꾸었다. 5·16으로 그의 정치활동은 강제적으로 중단되었다. 더구나 군정이 정치활동정화법으로 그의 공민권을 향후 6년간 박탈했기 때문에 정치적 장래가 암울했다. 특히 군정은 새로운 정치질서를 구축한다는 명분을 내걸고 내각제를 대통령제로 변경하는 등 정치제도를 개편했다. 군부가 도입한 새 제도는 이재형을 비롯한 모든 정치인들의 장래 정치활동에 심대한 영향을 미쳤다.

군정은 1963년 1월 1일자로 민정이양을 위해 정치활동 재개를 허용했다. 그러나 민정을 출범시키는 과정은 정치적 혼란의 연속이었다. 민정 출범 방식을 둘러싸고 군부와 민간정치인의 대립, 군부 내 분열, 민간정치인들의 이합집산이 정치적 혼란을 가중시켰다. 이런 혼란 속에서 군정은 이재형을 비롯한 거의 모든 민간정치인들을 정정법에서 풀어주었다.

이제 군정시기에 이재형이 어떤 정치적 판단과 정치활동을 전개했는지 분석해 보자. 5·16 군사정변을 통해 정권을 장악한 군부세력이 통치하던 1961년 5월부터 제3공화국이 출범한 1963년 12월까지 2년 6개월의 기간을 살펴보겠다.

### 1) 군사정부가 도입한 새 정치제도 분석

군사정부에서 권력의 핵심으로 등장한 박정희 · 김종필 계열은 혁명공약을 스스로 파기한 채, 군부의 장기집권을 위한 구상을 비밀리에 실천에 옮겼다. 이 구상이 이른바 '김종필 플랜' 또는 '8 · 15 계획서'이다. 전자의 명칭이 붙은 것은 이를 김종필이 주도했기 때문이다. 또 후자의 명칭이 나온 이유는 1963년 8월 15일까지 군부주도의 신정부를 탄생시키는 것을 목표로 했기 때문이다.

이 계획의 핵심은 군부지도자들이 군복을 벗고 민간인 신분으로 대선과 총선에 나가 승리하여 계속 집권하는 것이었다. 그리고 이를 위해 관제여당(후일 민주공화당)을 만들고, 정치에 때 묻지 않은 참신한 민간인들을 관제여당에 충원하고, 정당운영과 선거캠페인을 위한 정치자금을 사전에 마련하는 것이었다.

이들은 이미 국가재건최고회의(이하 최고회의)를 통해 다가오는 선거에서 민간정치인들의 정치적 도전을 막기 위해 그들의 공민권을 제한하는 정정법을 도입했다.[7] 이외에 정당법을 새로 제정하고, 비례대표제와 소선거구제를 혼합한 새로운 국회의원 선거제도를 도입하고, 내각제를 대통령제로 변경하는 개헌안도 마련했다. 이러한 준비는 이원적으로 진행되었다. 최고회의가 개헌안, 정당법 제정,

---

7 국가재건최고회의는 쿠데타 직후 만들어진 일종의 혁명위원회로서 거의 모든 입법권, 행정권, 사법권을 행사했다.

새로운 선거제도 도입 등을 추진했고, 이와 별도로 김종필 주도로 중앙정보부가 비밀리에 관제여당 창당 준비작업을 진행했다.

군사정부가 도입한 새로운 정치제도는 이재형을 포함한 모든 민간정치인들의 선거나 정당활동에 영향을 미쳤다. 이제 이러한 제도들이 이재형을 비롯한 민간정치인들에게 어떤 정치적 영향을 미쳤는지 분석해 보자.

첫째, 정정법으로 6년간 민간정치인 3천여 명의 공민권을 박탈했기 때문에 군정이 이 법을 폐기하거나 이재형을 이 조치에서 풀어주지 않으면 향후 6년간 정치활동을 할 수 없었다.[8] 따라서 이재형을 비롯한 민간정치인들은 정정법 폐지가 최우선 과제가 되었다.

둘째, 군정이 개헌을 통해 제 2공화국의 내각제를 대통령제로 바꾸었기 때문에 대선이 정치적으로 매우 중요하게 되었다. 이재형은 제 2공화국의 내각제에서 정치적 영향력을 발휘한 바 있는데, 대통령제에서는 이러한 역할을 할 수 없게 되었다. 이승만 정권 붕괴 후 실시된 1960년 민의원 선거에서 무소속으로 당선된 그는 20여 명의 무소속 당선자를 규합한 후 민주당의 양대 파벌 사이에서 캐스팅 보트 역할을 했다. 특히 장면과 김도연이 총리직을 놓고 경쟁했을 때, 그는 양자에게 정책질문서를 보내고, 그들의 답변을 검토한 후 전자를 지지함으로써 장면 정권 탄생에 결정적 역할을 했다. 그런데 군정

---

8 김용호, 2020, 《민주공화당 18년, 1962~1980년: 패권정당운동 실패의 원인과 결과》, 서울: 아카넷, 74쪽.

이 도입한 대통령제에서는 이러한 정치적 역할을 할 수 없게 되었다.

셋째, 군정이 새로운 국회의원 선거제도를 도입하면서 무소속 출마를 금지했기 때문에 이재형의 정치적 선택을 제약했다. 이재형은 제헌의회, 2대, 4대, 5대 총선에서 모두 무소속으로 당선되었다. 그런데 이제 더 이상 무소속 출마가 불가능하여 앞으로 정당에 가입해야 선거에 나갈 수 있게 되었다.

넷째, 군정이 도입한 새 국회의원 선거제도는 전체 의석의 4분의 3을 소선거구제로, 나머지 4분의 1은 비례대표제로 선출했다. 따라서 비례대표제 국회의원은 지역구 관리를 할 필요가 없게 되었다.

다섯째, 군정이 도입한 새 선거제도는 국회의원 수를 대폭 축소했기 때문에 선거경쟁이 더욱 치열해졌다. 군정이 제 2공화국의 양원제를 단원제로 바꾸고, 국회의원 소선거구 의석을 233석에서 131석으로 대폭 줄이고, 새로 비례대표 의석을 만들어 44석을 추가함으로써 의원 총수가 175명이 되었다. 제 2공화국에서는 국회의원이 민의원 233명, 참의원 58명으로 총 291명이었으나 이제 175명으로 현저히 줄어들었다.

마지막으로 지적할 점은 군정이 우리나라 역사상 처음으로 정당법을 도입하면서 정당 등록을 위한 법적 요건을 만들어 정당의 난립을 막고자 했던 것이다. 전국의 131개 지구당 중에서 3분의 1 이상의 지구당이 만들어져야 하고, 각 지구당은 50명 이상의 당원이 있어야 선관위에 정당 등록을 할 수 있도록 했다. 따라서 창당하려면 적어도 2, 200여 명의 당원이 필요했다.

### 2) 군부 분열과 이재형의 공민권 회복

1963년 1월 1일, 군사정권이 정치활동을 허용하자 민간정치인들은 다가오는 대선과 총선을 위해 창당작업에 나섰다. 이재형은 정정법에 묶여 있었기 때문에 정치활동에 나서지 못하고 정국 추이를 관망하는 어려운 처지가 되었다. 제2공화국에서 서로 심하게 대립했던 민주당의 신파와 구파는 각각 민주당과 민정당을 별도로 창당했다. 또 과거 자유당 인사를 비롯하여 다양한 정치세력들이 별도의 정당을 만들기 위해 분주했다. 주로 정정법에 묶이지 않은 민간정치인들의 주도로 창당작업이 이루어졌다. 그중에서 윤보선 전 대통령이 민주당 구파 중심으로 가장 큰 세력을 형성하여 민정당(民政黨)을 출범시켰다.[9]

1963년 1월 초에 윤보선, 김병로, 이인, 전진한을 비롯한 민간정치인들이 모여 정파를 초월한 단일 정당을 구성하여 군정을 종식시키기로 약속하고 1월 말에 민정당 창당발기대회를 가졌다. 그러나 정국은 혼란에 빠져들었다. 민정이양을 둘러싼 군부 내 갈등이 심각했기 때문이다. 주로 두 가지 쟁점을 두고 군부 지도자들이 충돌했다.

첫째, 군부는 민정참여에 찬성하는 세력과 반대하는 세력으로 나뉘었다. 대체로 3군 참모총장을 비롯한 군의 선배들은 민정불참을

---

9 이 민정당(民政黨)은 전두환 정권이 창당한 민주정의당의 약칭인 민정당(民正黨)과 다른 정당이다.

주장한 반면 박정희를 중심으로 김종필 계열의 영관급 장교들은 민정참여를 강력히 희망했다. 전자는 군의 프로페셔널리즘을 강조하면서 혁명공약에서 약속한 것처럼 군은 병영으로 돌아가야 한다고 주장했다.[10] 반대로 민정참여파들은 혁명을 완수하려면 군인들의 정치참여가 불가피하다고 주장했다. 이들은 군인들이 군복을 입고 민정에 참여하는 것이 아니라 군복을 벗고 선거에 나가 민간정치인들과 경쟁하기 때문에 혁명공약을 위반하는 것이 아니라고 주장했다.

둘째, 민정참여파는 박정희·김종필 계열이 비밀리에 만든 관제여당을 두고 찬반으로 나뉘었다. 1963년 1월 1일자로 김종필이 군복을 벗고 중앙정보부장직을 사임한 후 관제여당의 창당작업을 시작하자, 반대파가 격렬히 반발했다. 박정희와 함께 쿠데타의 핵심 지도자인 김동하 장군은 "공화당은 정당이라기보다 김종필의 개인적 파벌에 불과하고, 최고회의 승인 없이 비밀리에 만들어졌기 때문에 이런 파벌에 박수를 보낼 수 없다"고 선언했다.[11] 박정희가 공화당 사전 조직의 막후 지도자였으나, 김종필이 반대파의 공격 목표가 되었다. 결국 최고회의는 김종필파와 반김종필파로 분열했다.

당연히 이재형을 비롯한 민간정치인들은 군인들의 민정참여에 반대하는 것은 물론 공화당 사전 조직을 격렬히 비난했다. 이들은 "정치활동 금지기간에 비밀리에 만든 공화당을 해체하고, 혁명공약대

---

10 대표적 인사가 김종오 육군참모총장, 송요찬 전 육군참모총장 등이다.

11 김용호, 《민주공화당 18년, 1962~1980년: 패권정당운동 실패의 원인과 결과》, 88쪽.

로 박정희 의장은 군에 복귀하고, 민간정치인의 공민권을 박탈한 정정법을 폐기하고, 4월로 예정된 선거를 연기하지 않으면 선거를 보이콧하겠다"고 선언했다.

최고회의가 1월과 2월에 각각 171명, 273명의 구 정치인들의 공민권을 회복시켜 주자, 최고회의가 어떤 기준에서 이들의 공민권을 회복시켰는지 알 수 없다는 비난이 일었다. 물론 이재형도 공민권 회복에서 제외되었다. 민간정치인들은 최고회의가 "민간인들을 이간질하고 있다"고 비판했다. 왜냐하면 최고회의가 자신들에게 충성하는 극소수 민간인의 공민권만 회복시켜 주었기 때문이다. 그러면서 "공민권을 박탈당한 모든 민간정치인들의 공민권을 회복시켜야 한다"고 주장했다.

1963년 2월 들어 정치적 위기는 절정으로 치달았다. 반김종필파가 이른바 4대 의혹사건을 폭로하는 바람에 박정희·김종필 계열은 정치적 위기에 봉착했다. 김종필이 중앙정보부장 시절에 증권투기, 일본으로부터 새나라차 수입, 워커힐 건설 등을 통해 엄청난 불법 정치자금을 모았다는 사실이 폭로되었다. 설상가상으로 주한 미국대사가 김종필의 제거를 노골적으로 요구함으로써 박정희 의장은 더욱 곤경에 처했다.[12] 3군 참모총장을 비롯한 군의 선배들까지 김종필의 퇴진은 물론 군의 민정불참을 요구하는 바람에 박 의장도 더 이상 버틸 수 없었다. 군부 내 김종필파와 반김종필파가 서로 병력을 동원하여 상

---

12 "구공화당 창당 내막: 1963년 주한미대사관 비밀보고서," 〈동아일보〉, 1989. 10. 28.

대방을 제압하려는 기세여서 군정은 일촉즉발의 위기에 봉착했다.

2월 18일, 박정희 의장은 마침내 민정불참을 선언했다. 박 의장은 9개 항의 시국수습안을 발표했다. 이 제안의 핵심은 다가오는 선거를 통해 출범하는 민간정부가 군인들에게 정치적 보복을 하지 않겠다고 약속하면 군은 병영으로 돌아가겠다는 것이었다. 이재형을 비롯한 거의 모든 민간정치인들과 정당들은 박 의장의 제안을 받아들이지 않을 이유가 없었다.

2월 27일, 서울 시민회관에 박정희 의장과 정당 대표 47명이 모여 9개 항을 서로 지키기로 선언했다. 이로써 군부가 구 정치인들에게 나라를 맡기는 것처럼 보였다. 이 선서식 직후 이재형은 정정법의 족쇄에서 풀려났다. 군정은 구 정치인 2, 322명의 공민권을 회복시켜 주었다. 이제 공민권을 박탈당한 사람은 269명으로 크게 줄어들었다.

그러나 3월 16일, 박정희 의장이 민정불참 약속을 깨고 군정연장안을 들고 나옴에 따라 정국은 다시 혼미상태에 빠졌다. "향후 4년간의 군정연장안을 국민투표에 부치겠다"고 선언하면서 모든 정치활동을 다시 금지하고 언론검열을 재개했다. 박 의장은 "정치적 보복을 하지 않겠다"는 민간정치인들의 약속을 믿을 수 없기 때문이라고 주장했다. 당연히 민간정치인들은 힘을 합쳐 박 의장의 군정연장안을 격렬히 반대했다.

결국 박정희 의장은 여론과 미국의 반대 등으로 군정연장안을 관철시키는 것은 불가능하다는 것을 깨닫고 4월 8일에 "군정연장을 위한 국민투표를 9월 말까지 보류하고, 정당활동 재개를 허용하는 한편 국민투표 또는 총선거 실시 여부를 9월 중에 결정하겠다"고 발표했다.[13] 박 의장이 사실상 군정연장안을 철회하는 대신 선거출마를 선택한 것이다. 그러나 그는 선거출마를 위해 공화당을 선택하는 대신 '범국민정당운동'이라는 새로운 길을 찾아 나섰다. 당시 국정을 장악하던 최고회의가 범국민정당운동에 나설 것을 선언했다. 비록 군부의 군정연장안은 사라졌으나 정국은 더욱 복잡해졌다.

### 3) 민간정치인의 분열과 이재형의 선택

이재형은 정정법에서 풀려난 후 정국의 추세를 관망하던 차에 엉뚱한 정치적 제안을 받았다. 일부 군부세력이 그를 영입하여 군인정당의 지도자로 내세우고자 했던 것이다. 군인들은 4선 의원과 상공부 장관을 지낸 거물급 정치인인 그가 필요했다. 당시 김재춘 중앙정보부장이 이재형의 측근인 이필호를 통해 범국민정당운동에 참여할 의사를 타진했다.[14] 그러나 그는 범국민정당운동에 참여할 의사가 없었다. 왜냐하면 군인정당이 될 것이 뻔했기 때문이다. 다른 민간정치인들도 박 의장의 민정불참을 범국민정당운동에 참여하는 전제조건으로 내세웠기 때문에 범국민정당운동은 지지부진했다.

---

13 중앙선거관리위원회, 1973, 《대한민국 정당사 제1집: 1945~1972년》, 서울: 중앙선거관리위원회, 264쪽.

14 운경재단, 《운경 이재형 선생 평전》, 60쪽; 운경재단, 《정치 이전의 것을 하러 왔소》, 277쪽.

이처럼 범국민정당운동이 지리멸렬한 가운데 야당의 최선두 지도자인 윤보선 전 대통령이 창당대회를 개최했다. 5월 14일 윤 전 대통령이 많은 구 정치인들의 지지를 얻어 민정당을 창당하고 대통령 후보로 지명된 후 선거준비에 박차를 가했다. 민정당은 비록 민주당 구파(구 신민당)가 주축이었으나 자유당, 민주당 신파, 무소속 출신 인사들을 최고위원에 골고루 임명하여 범민간정치세력이 되려고 노력했다. 민정당은 민간정치세력을 대표하는 정당이 되리라고 기대되었다. 그러나 5월 말에 간사장 선출 등을 둘러싼 정치적 갈등으로 구파의 핵심인사인 김도연이 이탈하여 군부가 주도하는 범국민정당운동에 가담할 의사를 밝혔다.

윤보선 전 대통령이 신당 창당과 함께 대선 준비에 박차를 가하자, 박정희 의장을 비롯한 군부의 민정참여파도 서둘러 정당을 선택한 후 다가오는 선거를 준비할 필요성이 생겼다. 범국민정당운동이 지지부진한 상태에서 박 의장을 비롯한 군부지도자들이 이제 공화당을 선택해야 하는 상황을 맞이했다. 5월 25일 박 의장은 공식적으로 공화당이 군부세력의 핵심이라고 선언했다.[15] 이 선언이 나온 직후 공화당은 즉각 행동을 개시하여 이틀 후에 임시전당대회를 개최하여 박 의장을 대통령 후보로 전격 지명했다. 박 의장이 대통령 후

15 김종필, 《김종필 증언록 1》, 342~343쪽. 당시 김형욱이 박정희 의장에게 김재춘을 배격하고 공화당에 올라타야 한다고 설득하는 데 앞장섰다. 김형욱 외에 홍종철, 길재호, 김동환, 신윤창, 오학진 등이 박 의장의 대선 출마와 공화당 선택을 지지했다. 이들은 모두 김종필의 육사 동기이다.

보직을 수용할 의사를 표명했지만 군복을 벗고 예편하는 법적 절차가 필요했기 때문에 즉각 공화당에 입당하지는 않았다.

그런데 6월 초에 갑자기 윤보선 전 대통령이 주도하는 민정당에 참여하던 많은 민간정치인이 범국민정당운동에 합류했다. 이들은 주로 윤보선 노선에 반대하는 김도연파였다. 이 때문에 공화당이 범국민정당운동과 합당하려는 노력이 복잡해졌다. 결국 범국민정당운동 지도자들이 창당준비위원회를 구성하고 당명을 자유민주당(자민당)으로 정했다. 박정희 의장은 공화당과 자민당을 통합하려고 노력했으나 허사로 돌아갔다.[16] 7월 20일, 마침내 최고회의가 10월 15일과 11월 26일에 각각 대선과 총선을 실시하기로 발표하고, 민간정치인들이 이를 수용함에 따라 선거를 통한 민정이양의 길이 열렸다.

한편 민간정치인들은 여전히 여러 파벌로 나뉘어 민정당 외에 새로운 당을 만들었다. 과도정부 수반을 지낸 허정이 구 자유당계와 민주당 신파 일부세력과 함께 신정당(新政黨)을 창당했다. 민주당 신파에 속했던 이상철, 조재천, 현석호, 홍익표, 계광순 등이 신정당 창당에 참여했다. 그러나 중앙상무위원 인선을 둘러싸고 구 자유당계와 구 민주당계가 서로 대립하는 바람에 구 민주당계가 이탈하여 다시 민주당으로 되돌아갔다. 민정당, 신정당, 민주당 외에도 이범석이 민우당, 변영태가 정민회를 조직했다.

민간정치인들이 다가오는 대선에서 승리하여 군정을 종식시키려

---

16 김용호, 《민주공화당 18년, 1962~1980년: 패권정당운동 실패의 원인과 결과》, 64쪽.

면 사분오열된 상태로 불가능했기 때문에 민간정치세력이 통합하여 단일후보를 내세워야 한다는 여론이 강했다. 오랫동안 정국을 관망하던 이재형이 드디어 야당통합을 위해 나섰다.[17] 7월 초에 윤보선 민정당 대선후보가 야당후보 단일화를 위해 대선후보를 정식으로 사퇴하면서 민간정치세력들의 통합 노력이 본격적으로 시작되었다.

민정당, 신정당, 민주당, 민우당, 정민회, 무소속 등 민간정치세력을 대표하는 6개 정파의 대표 2명씩이 모여 야당통합과 대선후보 단일화를 위해 협상을 벌였으나 별다른 진전이 없었다. 민정당, 신정당, 민우당은 단일정당으로 통합하는 것을 주장한 반면, 민주당과 정민회는 정당통합보다 연합하여 단일후보를 내세우자고 주장하는 바람에 서로 대립했다.

결국 정당통합에 찬성하는 3개 정당(민정당, 신정당, 민우당)만 통합하기로 합의했다. 3개 정당은 통합정당의 당명을 '국민의 당'으로 하는 데 합의하고, 8월 1일 창당대회에서 김병로, 허정, 이범석을 최고위원으로, 김도연, 이응준, 안호상을 지도위원으로 선출했다. 3개 정파 출신을 골고루 배치해 김병로와 김도연이 민정당을, 허정과 이응준이 신정당을, 이범석과 안호상이 민우당을 대표했다. 그러나 국민의 당은 대통령 후보 지명을 둘러싸고 파국의 길로 치달았다.

이재형은 국민의 당 창당부위원장으로 활동하면서 최대 현안인 대선후보 단일화에 노력했다. 국민의 당은 각 정파가 사전에 조정하

---

17 운경재단, 《정치 이전의 것을 하러 왔소》, 282쪽.

여 대통령 후보를 정하고 창당대회에서 만장일치로 추대하는 데 합의했다. 사전 조정 과정에서 윤보선, 김병로, 이범석이 후보를 사퇴함으로써 허정과 김도연의 양자 대결로 좁혀졌다. 9월 3일 전당대회를 앞두고 11인 위원회(장택상, 이윤영, 정일형, 이인, 전진한, 김종구, 손원일, 박세경, 안호상, 조재천, 정헌주)가 투표한 결과 9 대 2로 허정이 선정되었다.[18]

그러나 국민의 당 내에서 가장 큰 세력인 민정당계가 이를 받아들이지 않고 독자적으로 윤보선 전 대통령을 대선후보로 선정함으로써 위기에 봉착했다. 9월 5일 국민의 당은 창당대회 겸 대통령 후보 지명대회를 개최했으나 합의에 도달하지 못하자 민정계를 제외한 인사들만으로 선관위에 국민의 당 창당 등록을 했다. 이에 반발하여 9월 12일 민정당은 전당대회를 개최하여 윤보선 전 대통령을 대선후보로 선출했고, 9월 14일에 국민의 당은 허정을 대선후보로 선출했다. 이로써 민간정치세력의 단일후보 선출 노력은 허사로 돌아갔다.

### 4) 1963년 총선에서 이재형의 패배

이재형은 계속 국민의 당에 남아 1963년 대선을 준비했다. 그러나 국민의 당 후보 허정이 야당후보 단일화를 위해 중도에 후보를 사퇴하는 바람에 대선 과정의 역할은 두드러지지 않았다. 9월 15일에 마

---

18 해위 윤보선대통령 기념사업회, 1991, 《외로운 선택의 나날: 4·19와 5·16, 유신독재의 소용돌이 속에서》, 서울: 동아일보사, 277쪽.

감한 대선후보 등록 결과 공화당의 박정희 후보 외에 박 후보에 반대하는 민간 및 군부 지도자로 윤보선(민정당), 허정(국민의 당), 변영태(정민회), 송요찬(자민당), 오재영(추풍회), 장이석(신흥당) 등 모두 6명이 처음에 난립했다.

박정희 후보의 당선은 곧 군정연장을 의미했으므로 박 후보를 제외한 모든 후보가 군정종식을 외쳤다. 그런데 이들은 박 후보에 비해 자금과 조직에서 상대적으로 열세였던 데다가 단결해도 어려운 상황에서 6명이 난립하여 더욱 고된 선거전을 치렀다. 본격적인 선거운동이 시작되면서 지지율이 3위 이하인 후보는 당선 가능성이 적어 점차 주목받지 못하게 되었다. 1963년 대선은 사실상 민정당의 윤보선 후보와 공화당의 박정희 후보 간의 경쟁으로 좁혀졌다. 허정과 송요찬 후보는 각각 투표일 13일과 8일을 앞두고 후보 사퇴를 선언했다.

10월 15일, 오랫동안 기다렸던 대통령 선거는 유권자의 85%가 참여할 정도로 정치적 관심이 높았다. 선거 결과 박정희 후보와 윤보선 후보가 각각 총 유효표의 46.6%와 45.0%를 얻어 매우 근소한 차이로 박 후보가 승리했다. 두 후보 간의 표차는 15만 표에 불과했다. 허정과 송요찬 후보의 득표가 59만 표에 달했으므로 이론적으로 이들의 표가 윤보선 후보를 지지했다면 윤 후보는 쉽게 승리할 수 있었을 것이다. 비록 공화당의 박정희 후보가 승리하여 군정의 '민정화'를 통해 계속 집권이 가능하게 되었지만, 윤보선 후보의 높은 득표력을 고려할 때 다가오는 총선은 예측 불가였다.

이재형이 참여한 국민의 당은 대선 도중에 허정 후보가 사퇴하는 바람에 조직이 크게 흔들렸다. 김병로 대표최고위원과 허정, 이윤영 최고위원이 사표를 제출했으나 당원들의 요청으로 철회함으로써 위기를 모면했다. 총선후보 공천을 둘러싸고 당내 허정계와 이범석계가 충돌하는 바람에 전국구 후보로 공천되었던 이응준과 노진설이 입후보를 사퇴하는 진통을 겪었다.[19] 당시 국민의 당은 허정을 중심으로 한 신정당이 모체였는데, 처음에 신정당은 민주당계, 자유당계, 그리고 관료출신들로 주로 구성되었다.[20] 야당통합 과정에서 신정당이 국민의 당으로 개편되면서 이범석이 이끄는 족청세력이 창당한 민우당과 무소속계가 합류했다.

국민의 당은 한 지붕 밑에 다섯 가족이 동거하는 연합체였으므로 계파갈등이 심했다. 이재형을 비롯한 여러 중진의 설득으로 후보공천을 둘러싼 계파갈등을 잠재우고, 총선을 보름 앞둔 1963년 11월 1일에 전국구 후보 22명과 지역구 후보 110명을 발표했다.[21] 전국구 의석이 44석이었는데, 국민의 당은 절반인 22명을 차지하겠다는 의지를 보였다. 지역구는 131개이지만 모든 지역구에 공천하지 못하고 110명을 공천했다. 이재형은 전국구 1번 후보로 등록했다.[22]

이재형은 국민의 당이 총선마저 패배하면 정치적으로 설 자리가

---

19 중앙선거관리위원회, 《대한민국 정당사 제1집: 1945~1972년》, 537쪽.

20 위의 책, 539쪽.

21 위의 책, 537쪽.

22 이재형 외에 국민의 당 전국구 비례대표 후보로 이호, 안호상, 홍영철, 장기영, 박용만, 조홍만, 이응준, 노진설, 이해익, 이구하, 이종림, 최규옥, 표문호, 김영기, 이상규, 김석길, 부완혁, 김근찬, 오재식, 허준 등이 나섰다.

없어진다는 위기감을 느꼈다. 비록 대선에서 허정 후보의 도중하차로 국민의 당은 망신창이가 되었지만 결연한 각오로 당 조직 재건에 나섰다. 당 운영자금 대부분을 책임지는 재력까지 동원해 승부수를 띄웠다.[23] 총선 초반에 국민의 당은 대여 공동투쟁을 위한 연합전선을 구축하려고 3개 야당과 함께 대여 공동투쟁위원회를 결성했다.

11월 8일, 국민의 당과 민정당이 선거구호, "공화당이 표 달라고! 어림없다 내 한 표", "못 믿겠다, 대통령. 야당을 국회로"를 공동으로 채택했다. 또 지역별로 부정선거 감시단을 만들고, 야당후보 상호 간 비난을 일체 금지하도록 지구당에 지시했다. 목포경찰서 나승원 경사가 발설한 경찰의 선거간여설에 자극된 국민의 당은 재야 4당 선거사무장 공동명의로 김현철 내각수반에게 경고문을 발송했다.[24]

11월 9일 이후 국민의 당 사무장은 민정당, 민주당, 자민당의 선거사무장과 함께 박정희 최고회의 의장을 선거법 위반으로 고발했다. 11월 11일, 대구 유세에서 "공화당에 표를 찍느니보다 차라리 공산당에 투표하는 것이 낫다"고 발언하여 세간의 이목을 집중시킨 안호상 국민의 당 최고위원은 공화당으로부터 고발당했다. 한편 국민의 당은 이재형을 위시하여 허정, 이범석, 이윤영, 안호상, 장기영 등 영수급 및 중진으로 조직된 유세반을 7개 도별로 편성하여 전국 유세에 나섰다.

---

23 운경재단, 《정치 이전의 것을 하러 왔소》, 291쪽.

24 중앙선거관리위원회, 《대한민국 정당사 제1집: 1945~1972년》, 537쪽.

선거가 종반에 이르자, 야당의 협력은 점차 희미해지고 각개 약진하는 양상을 보였다. 당시 국민의 당은 선거 슬로건으로 "국민의 당은 우리의 당, 너도 나도 한 표 주자"를 내세우고 3가지 선거공약을 제시하여 선거 포스터를 만들었다.[25] 선거공약은 "첫째, 죄 없는 사람이 공포 없이 사는 민주사회를 이룩한다. 둘째, 일할 수 있는 사람에게 직장을 보장하는 정치를 한다. 셋째, 다 같이 배워서 후진성을 탈피하고 문화 국민이 되게 한다"는 것이었다.[26]

그런데 1963년 11월 26일에 실시된 총선의 결과는 의외였다. 국민의 당은 82만 표(투표총수 962만 표의 8.8%)를 획득하여 공화당, 민정당, 민주당에 이어 4위를 기록했으나, 의석수에서는 단 2석으로 5위가 되었다.[27] 국민의 당은 지역구에서 이상철(충남 청양·홍성), 한건수(충남 예산) 2명만을 당선시킨 결과 전국구 1번인 이재형의 원내 진출이 불가능하게 되었다. 3석 이상의 지역구 당선자를 내어야 전국구 의석을 배정받을 수 있기 때문이다.

사실 이재형은 국민의 당이 이렇게 참패할 줄 예상하지 못했다. 그는 총선 투표 마감 후 측근과 함께 시장에 나가 엿을 산 뒤 시흥 지구당 사무실로 갔다.[28] 지구당 사무실에서 개표상황을 지켜보고 축하파티를 하려는 의도였다. 그러나 개표 결과 이재형은 원내 진출에

---

25 위의 책, 535쪽.

26 위의 책, 537쪽.

27 위의 책, 537쪽.

28 운경재단, 《정치 이전의 것을 하러 왔소》, 292쪽.

실패했다. 정계 입문 후 15년 만에 처음으로 맛보는 실패였다. 자유당의 탄압으로 3대 국회의원 입후보를 강제로 사퇴했던 당시에도 느껴 보지 못한 패배감이었다.

## 3. 6대 국회에서 이재형의 원외 정치활동

이재형은 1963년 11월 총선에서 원내 진출에 실패함으로써 6대 국회 시기 4년간(1963~1967년) 원외 활동을 전개했다. 이 시기에 이재형을 비롯한 야당 정치인들은 박정희 정권을 상대로 한 민주화 투쟁 외에 한일수교 문제 등으로 대립했다. 또 이 시기의 최대 정치적 현안은 야당통합이었다. 이제 이재형이 이 시기에 민주화, 한일수교, 야당통합 등을 위해 어떤 정치적 활동을 전개했는지 알아보자. 1963년 12월 '민정'의 옷을 갈아입은 박정희 정권의 출범으로부터 시작하여 1967년 대선이 끝나는 시점까지 4년의 기간을 살펴보겠다.

### 1) 제 3공화국 출범과 이재형의 한일수교 반대

1963년 12월 17일, 6대 국회 개원과 함께 박정희 대통령이 취임식을 가짐으로써 제3공화국이 정식으로 출범했다. 2년 반에 걸친 군정이 종식되자, 야당을 비롯한 언론과 대학생들은 군정의 실정과 부패를 폭로하며 박정희 정권과 공화당을 공격하기 시작했다. 야당이 국회에서 군정기간에 일어난 3분(밀가루, 시멘트, 설탕) 폭리사건, 4대 의혹사건에 대한 진상조사를 요구하고 나서자, 박정희 정부는 정치적 곤경에 처했다.

여야 간 대립은 한일 국교정상화 문제로 극에 달했다. 박정희 정권은 1963년 민정이양을 위한 선거로 인해 중단된 한일회담을 매듭짓고자 했다. 그동안 이 문제를 다루어온 김종필 공화당 의장을 내세워 빠른 시간 내에 한일 국교정상화를 이루고자 힘썼다. 김 의장은 일본의 오히라 외상을 도쿄에서 만나 모든 현안을 4월 내로 해결하고, 5월 내에 협정에 조인하기로 합의했다고 발표했다.

박정희 정권이 한일 국교정상화 협상을 재개하자 야당을 비롯한 반정부 세력이 '대일 굴욕외교 반대'에 나섰다. 야당은 김종필과 오히라 간에 합의한 청구권 자금 6억 달러가 지나치게 적다고 지적하며, 대안으로 27억 달러를 주장했다. 또 어업 협정에서 12마일이 아닌 40마일 전관 수역을 주장했다. 야당은 박정희 정권이 일본에 지나치게 많은 양보를 하고 있다고 비난했다.[29] 많은 반대세력은 박정희 정권이 본질적으로 쿠데타에 의해 집권한 세력이기 때문에 한일회담을 추진하기에 적당하지 않다고 생각했다.

야당이 대일 굴욕외교 반대를 위한 전국 유세에 나서자, 여당도 이에 맞서 16개 도시에서 한일회담 지지 대중집회를 가졌다.[30] 한일회

---

29 김용호, 《민주공화당 18년, 1962~1980년: 패권정당운동 실패의 원인과 결과》, 148쪽.

30 위의 책, 149쪽.

담 반대 학생데모가 가열되자, 6월 3일 박 대통령은 마침내 서울 일원에 계엄령을 선포했다. 군부의 압력으로 김종필은 당의장직을 사퇴하고 두 번째 외유에 나섰다.

여야는 계엄정국을 맞아 계엄해제를 위한 협상에 들어갔다. 공화당은 계엄령 해제의 전제조건으로 언론윤리위원회법과 학원보호법을 통과시킬 것을 주장하고, 야당은 '선해제, 후통과'를 주장했다. 여야는 막후협상 끝에 7월 28일, 56일 만에 계엄령을 해제하고, 언론윤리위원회법을 통과시키고 학원보호법을 보류했다. 한편 박정희 정권은 당초의 한일회담 연내 타결 계획을 연기했다.

그런데 언론윤리위원회법을 둘러싸고 민정당 내 강경파와 온건파가 심각한 갈등에 휩싸였다. 윤보선을 비롯한 강경파는 단상점거 등 결사항전을 주장했으나, 유진산을 비롯한 온건파는 단상점거 대신 퇴장을 선택했다. 이 법안이 가결된 후 윤보선은 유진산이 여당의 강행처리를 묵인했다고 규탄했다. 민정당 감찰위원회는 유진산을 제명하기로 결정했다.[31] 유진산은 법정 투쟁 끝에 나중에 당으로 복귀했으나 윤보선과 유진산 간의 갈등은 계속되었다.

비록 한일수교 지연에 성공했지만 이재형을 비롯한 많은 인사들이 야당통합 없이 박정희 정권을 견제하기 어렵다고 판단했다. 총선 직후 국민의 당은 민주당, 자민당과 함께 '삼민회'라는 원내 교섭

31 이 사건을 흔히 1차 진산 파동이라고 한다. 2차 진산 파동은 1971년 국회의원 공천 과정에서 진산이 자신의 지역구 출마를 포기하고 전국구 1번으로 등록함에 따라 발생했다.

단체를 구성했다. 3개 정당 중에서 가장 의석수가 많은 민주당이 삼민회의 주도권을 잡았다. 삼민회 의석은 모두 24석이어서 공화당의 110석, 민정당의 41석에 비해 현저히 열세였다. 민정당도 거대여당인 공화당과 맞서 싸우는 것이 쉽지 않았다. 공화당 정부와 대등하게 맞서려는 단일야당이 필요하다는 여론이 팽배했다. 박정희 정권이 추진하는 한일수교에 효과적으로 반대하려면 야당통합이 절실했다. 그리하여 민주당 · 국민의 당 · 자민당 간에 3당 통합이 이뤄진 후 민정당과 합당하는 것이 바람직하다는 주장이 나왔다.

1964년 5월에 민주당 · 자민당 · 국민의 당은 합당을 선언했으나, 박정희 정권의 계엄령 선포로 합당작업이 순연되었다. 3당 합당작업은 계엄령이 해제되고 나서 1964년 7월부터 본격적으로 추진되었으나 전당대회 대의원 비율 문제로 자민당이 이탈했다. 1964년 9월 17일 국민의 당과 민주당만 참여하는 합당대회가 개최되었다. 나중에 자민당이 민정당과 합당하는 바람에 야권의 판도는 다시 신파의 민주당, 구파의 민정당으로 양분되어 제2공화국의 대립구도가 재현되었다.

국민의 당이 민주당과 합당함으로써 본의 아니게 소속이 바뀐 이재형은 착잡한 심정이었다. 민정당과 민주당이 통합하지 않으면 군부를 등에 업고 거대여당으로 등장한 공화당과 맞설 수 없을 것으로 보았기 때문이다. 그래서 그는 민정당과 민주당을 통합시키는 일에 앞장섰다.

## 2) 야당통합 운동 1: 민중당의 출범과 분열

민주·민정 양당은 정치활동정화법 폐기를 공동으로 추진하면서 통합의 가능성을 탐색했다. 1965년 2월에 양당 중진과 무소속인사 및 정정법에 묶여 있는 김영선, 이철승, 양일동 등이 민주당사에 모여 정정법 폐기 추진위원회를 결성했다.[32] 이들은 "보수진영의 분열을 꾀하는 악법이 우리 정계에 도사리고 있는 것은 현역 정치인들의 책임이므로" 다가오는 국회에서 전면해금 결의안을 제안, 이를 통과시키도록 원내외 공동 투쟁을 벌이기로 선언했다. 이재형은 윤보선, 박순천 등과 함께 추진위 고문으로 추대되었다.

2개월 후, 이재형이 오랫동안 갈망하던 야당통합의 기회가 왔다. 1965년 4월, 박정희 정권이 일본과 한일수교 협정에 합의하자, 전국적으로 한일회담 반대데모가 다시 불길처럼 일어나는 가운데, 국민은 야당통합을 강력히 요구했다. 한일회담 비준동의안이 국회에서 심의되기 전에 야당이 통합되어야 한다는 여론이 팽배했다. 그리하여 민정당과 민주당이 지구당의 조직책 임명을 6 대 4의 비율로 안배하기로 합의함에 따라 야당통합 논의가 급진전되었다.[33]

1965년 5월 3일에 민정당과 민주당은 통합야당의 당명을 민중당(民衆黨)으로 정하고 창당을 선언했다. 서울 시민회관에서 개최된

---

32 〈경향신문〉, 1965. 2. 24; 운경재단, 《(속) 운경 이재형 선생 평전》, 재인용.

33 이계희, 1991, "권위주의 정권하의 야당정치 연구: 신민당(1967~1980)을 중심으로," 서울대 박사학위 논문, 129쪽.

양당의 통합선언대회에서 이재형은 민주당을 대표하여 사회를 보았다. 또한 그는 낭독한 통합선언에서 앞으로 민중당은 "자유민주주의 세력의 총집결체가 될 것을 기약하며 군사적 권력집단인 박정희 정권과 정면 투쟁할 것"이라는 강경한 결의를 밝히고 "한일회담의 매국 음모를 단호히 저지할 것"을 약속했다.[34] 민중당의 출범은 구 민주당 신·구파에서 출발한 야당 양대세력의 재집결을 의미하며 민주당 이후 최초의 통합야당이 창당되었다는 점에서 정치적 의미가 컸다.

〈표 4-1〉 1965년 민중당 창당 당시 파벌세력 분포(대의원 수)

| 정당 | 파벌세력 | 대의원 수 | 파벌연합 |
|---|---|---|---|
| | 윤보선계 | 300명 | |
| | 김도연계 | 90명 | |
| 민정당 | 유진산계 | 200명 | |
| | 기타 | 25명 | |
| | 소계 | 615명 | |
| | 조재천계(박순천) | 120명 | 강경파 460명<br>온건파 530명 |
| | 이재형계 | 85명 | |
| | 홍익표계 | 80명 | |
| 민주당 | 정일형계 | 70명 | |
| | 이상철계 | 45명 | |
| | 기타 | 40명 | |
| | 소계 | 440명 | |
| 총계 | | 1,055명 | 990명 |

출처: 〈경향신문〉, 1965. 2. 15 ; 이계희, 1991, "권위주의 정권하의 야당정치 연구: 신민당(1967~1980)을 중심으로," 서울대 정치학과 박사학위 논문, 130쪽 재인용

34 중앙선거관리위원회, 《대한민국 정당사 제1집: 1945~1972년》, 543쪽.

민중당은 전당대회 때까지 양당 대표 15명이 참여하는 30인 운영위원회가 당을 이끌어가기로 합의했다. 이 자리에서 이재형은 민주당 몫으로 운영위원에 선출되었다. 민중당은 6월 14일 제1차 전당대회를 개최했는데, 그는 윤제술, 조한백 등과 함께 임시 집행부에 선출되었다.[35] 대의원 1,055명 중 990명이 참석한 이날 전당대회에서 대표최고위원으로 박순천이 선출되었다. 대표최고위원 경쟁에서 패배한 윤보선은 고문으로 추대되었고, 최고위원으로는 허정과 서민호가 선출되었다. 15일 개최된 첫 중앙위원회에서 이재형은 중앙위원회 의장으로 선출되었다. 원외에 있던 그가 중앙위원회 의장을 맡은 것은 야당통합 과정에서 매우 중요한 역할을 했음을 의미한다. 전당대회에서 그를 지지하는 대의원 수는 약 85명으로 원외 지도자 중에서 단연 1위였다.

민중당 전당대회 당수 경쟁에서 윤보선의 패배는 의외였다. 민정계는 윤보선 중심의 강경파와 유진산 중심의 온건파로 분열되었다. 윤보선계는 야당의 최대파벌이었지만 유진산계와 민주계가 제휴하는 바람에 대표최고위원 경선에서 윤보선은 박순천에게 패배했다. 막후에서 소수파 연합을 만들어낸 것은 유진산이었다. 그는 1964년 언론법 파동에서 여당과 제휴했다는 의혹을 받아 윤보선에 의해 민정당에서 제명되었다. 그 후 유진산은 제명무효 소송을 제기하는 한편, 야당에 다시 합류하기 위해 노심초사했다.[36] 만약 윤보선이 통

---

35 〈경향신문〉, 1965. 6. 14.

합야당의 당수가 되면 자신이 설 자리가 없다고 판단하여 민주계와 연대하여 윤보선을 밀어냈던 것이다.

반군정세력의 기수였던 윤보선의 낙마로 강경파 대신 온건파가 통합야당을 장악하게 되었다. 지도위원회와 중앙상무위원회 구성에서도 민정당의 윤보선계는 주도권을 쥐지 못했다. 한일회담 반대 투쟁을 위해 통합야당이 출범했지만 투쟁방식을 둘러싼 당내 갈등으로 민중당은 끝내 분열되었다. 이재형을 비롯한 강경파는 윤보선 중심으로 한일 기본조약의 비준 동의안이 국회에서 통과되는 것을 저지하기 위해 국회의원직 총사퇴와 당 해체를 주장했다. 한편 당권을 쥐고 있던 온건파는 국회의원의 책임을 다하는 원내 투쟁을 주장하고 당의 결속을 강조했다.

윤보선은 지구당에 탈당계를 제출함으로써 의원직을 상실했다. 당시 정당법에 따르면 국회의원이 탈당하는 경우 의원직이 자동 상실되었다. 그 밖에 민중당 소속 강경파 의원 6명이 그에게 동조, 탈당하여 의원직을 잃었다.[37]

한일수교에 반대하는 학생데모가 점점 가열되자 박정희 대통령은 1965년 4월 20일, 서울 일원에 위수령을 발동했다. 수교 반대를 무릅쓰고 박정희 정권은 6월 22일 한일협정에 가조인했다. 8월에 한일협정 비준을 위한 임시국회가 열리자, 야당은 국회를 보이콧하고

---

36 이계희, 1991, "권위주의 정권하의 야당정치 연구: 신민당(1967~1980)을 중심으로," 서울대 정치학과 박사학위 논문, 130쪽

37 강경파 의원은 윤보선 외에 김도연, 정일형, 서민호, 정성태, 김재광, 윤제술 등이다.

61명이 의원직 사퇴서를 제출했다. 이때 사퇴서 제출을 거부한 민중당 소속 의원 2명은 제명 조치됐다. 민중당의 박순천 대표최고위원은 난국 수습을 위해 국회 해산과 총선거 실시를 주장했다. 그러나 공화당은 국회에서 단독으로 비준안을 통과시키고 민중당 의원들의 사퇴서를 일괄 반려하는 결의를 했다. 야당은 계속 등원을 거부했다.

얼마 가지 않아 민중당은 위원직 사퇴 문제를 둘러싸고 강경파와 온건파 간 대립과 내분에 휩싸였다. 강경파에 속한 이재형은 정성태 등과 함께 당 해체와 원내 의원들의 탈당 서명을 받는 운동을 전개했다.[38] 이에 맞서 온건파는 의원직 사퇴를 "잘못된 지도노선"이라고 비판하면서 10월 중순에 국회에 복귀했다. 민중당의 박순천 대표최고위원은 국회 등원에 즈음한 연설을 통해 무책임하고 대안 없는 극한투쟁을 지양하고 "정책 중심의 청사진을 제시하면서 확고한 고발과 충고, 이유 있는 투쟁을 할 것"이라고 다짐했다. 이제 강경파는 더 이상 민중당에 머물러 있을 수 없는 상황을 맞았다.

한편 한일협정을 비준한 국회는 베트남전쟁에 국군 전투부대를 파견하는 동의안을 가결하여 1개 사단을 파병하게 되었다. 이미 작년(1964년)에 130명의 의료진과 10명의 태권도 사범을 포함한 비전투요원을 파견했다. 1964년 2월에 2천여 명의 비전투요원의 추가 파병과 함께 전투요원의 파병이 시작되어 한때 5만 명의 한국군이

---

38 〈경향신문〉, 1965. 7. 19.

베트남에서 임무를 수행했다.[39]

한일협정 비준과 베트남 파병 결정은 한국의 정치·경제에 심대한 영향을 끼쳤다. 우선 일본의 자본·기술·상품이 한국에 진출하여 산업화에 큰 역할을 했다. 일본을 비롯한 외국 차관과 기술의 선정, 그리고 수출입 허가, 관세와 조세 특혜, 은행융자 알선을 비롯한 기업활동에 대한 행정부의 역할이 커졌다. 결국 국가주도의 대외의존적 산업화 과정에서 행정부의 권한은 강화되고 국회와 정당의 역할은 상대적으로 위축되었다. 또한 한국의 베트남 파병은 장병들의 외화 획득, 국내 기업의 베트남 진출, 한국인들의 베트남 취업 등으로 국제수지 흑자에 많은 기여를 했다.

한편 한국군의 베트남 파병은 국제공산주의 연대를 강조하는 북한의 남한 침투를 가속화하는 결과를 가져왔다. 북한은 1968년 1월 청와대 습격을 위한 무장 게릴라 침투 외에 여러 차례 군사적 도발을 감행했다. 북한의 도발은 박정희 정권이 정치적 반대자를 탄압할 수 있는 구실을 제공했다.

### 3) 신한당 참여와 한일수교 회담 반대 유세

이재형은 민중당을 떠나 강경파와 함께 새로운 야당의 창당에 나섰다. 신당 창당에는 의원직을 사퇴한 7명 외에 강경파 원외 당원을 중

---

39 김용호, 《민주공화당 18년, 1962~1980년: 패권정당운동 실패의 원인과 결과》, 158쪽.

심으로 조직된 '민족수호 민중당정화동지회'와 민주당계 원외당원인 '민주구락부'가 민중당을 집단 탈당하여 합세했다.[40] 그리고 '대일 굴욕외교 반대투쟁위원회'와 '조국수호국민협의회'에 가담한 퇴역장성, 재야인사 등 이른바 신진 그룹과 구 자유당 소속 국회의원, 그리고 일부 혁신계 출신 정치인들이 가담했다. 그러나 창당 과정에서 신진 그룹은 이탈하고 결국 윤보선 중심으로 창당하게 되었다.

신당은 당명을 신한당(新韓黨)으로 정한 후 1966년 2월 15일에 발기인대회를 열고, 3월 30일에 정식 창당대회를 개최했다. 신한당 창당대회에서는 윤보선을 총재로 하는 단일지도체제를 채택하고 그를 대통령 후보로 추대했다. 이로써 통합야당은 7개월 만에 다시 분열했다. 민중당에 잔류한 강경파 의원들은 '명정회'(明政會)를 조직하여 독자적 원내 활동을 벌이면서 신한당의 원내 교두보 역할을 했다. 신한당은 창당 선언을 통해 '선명야당'을 다짐하고 전국 유세활동을 통해 박정희 정권을 비판하는 한편, 민중당의 '들러리 역할'을 신랄하게 비난했다. 이재형은 전국유세에 참여하여 날카로운 논리로 청중을 사로잡았다.[41]

신한당 정책심의회 의장을 맡은 그는 이 시기의 지방유세를 평생 잊지 못하고 이러한 회고를 남겼다.

---

40 이계희, 1991, "권위주의 정권하의 야당정치 연구: 신민당(1967~1980)을 중심으로," 서울대 정치학과 박사학위 논문, 132쪽.

41 운경재단, 《운경 이재형 선생 평전》, 29쪽.

> 부족한 자금과 박 정권의 탄압으로 스피커 하나도 마음 놓고 빌릴 수 없었지만 참으로 신나던 시절 … 기자단을 대동한 채 스피커와 충전지까지 차에 싣고 전국을 떠돌았던 유세단의 유랑길 … 그때는 (기자단과) 숙식을 같이하며 취재하던 기자들이 유세장의 말뚝을 박아 주기도 했었지. 10여 명에 이르던 당시의 신한당 출입기자들 … 선거철만 되면 모두 신한당 당원이 되었다. 이른바 '신한당가'라는 것도 지어 불렀는데, 그들은 아직까지도 "민주당도 야당이냐, 신한당이 야당이지"로 시작하여 "엽전 열닷 냥"으로 맺었던 노랫가락을 간간이 기억하고 있다. … 그렇게 짧은 기간 동안에, 그렇게 많은 유세를 수많은 대중 앞에서 해본 적은 없었다.[42]

일간지의 정가 소식에는 하루도 빠짐없이 신한당 유세단 소식이 실렸을 정도로 신한당을 향한 국민의 기대는 높아졌다. 신한당의 이러한 기세에 대응하여 민중당은 제1야당의 지위를 확고히 하기 위해 지지기반을 확장하려고 노력했다. 민중당은 재야세력 영입을 추진하는 한편, 다가오는 대선에 대비하여 윤보선에 필적할 만한 대선 후보를 찾아 나섰다.

1966년 7월의 2차 전당대회를 앞두고 민중당은 신한당 창당 과정에서 이탈한 재야인사 등 이른바 신진 그룹과 입당 교섭을 벌였다. 그러나 재야 측이 민중당의 '체질개선'과 구 지도층의 퇴진을 주장하여 실현되지 못했다. 이 전당대회에서 박순천이 당수 경합에서 허정

---

42 운경재단, 《정치 이전의 것을 하러 왔소》, 327~328쪽.

을 누르고 당선되었으며, 부당수 격인 운영위원회 부의장에 유진산이 선출되었다. 이로써 구 민주당과 구 민정당의 온건파 연합이 민중당을 계속 주도하게 되었다.

민중당 지도부 구성에서는 두 가지 큰 변화가 나타났다. 첫째, 그동안 막후에서 영향력을 행사하던 유진산이 전면에 나섰다. 둘째, 민중당이 최고위원회 대신 새로운 당헌에서 채택한 운영위원회에 세대교체가 일어났다. 21명으로 구성된 운영위원회에 중견간부들이 대거 참여했다. 원내총무 김영삼, 정책위의장 김대중, 사무총장 고흥문 등 중견간부들이 원로세대 지도자와 동격으로 운영위원이 되어 당의 최고정책결정과정에 참여하게 되었다. 야당 지도부의 세대교체를 알리는 신호탄이었다.

한편 민중당은 당내에서 대선후보를 찾지 못하여 당 외에서 영입을 추진하게 되었다. 민중당은 초대 국무총리를 역임한 이범석, 참의원 의장을 역임한 백낙준 전 연세대 총장, 그리고 헌법학자 유진오 전 고려대 총장 등과 영입 교섭을 벌였다. 민중당의 당권을 장악하고 있던 주류는 당수와 후보를 분리하는 구상을 가지고 그들을 설득했다. 이범석과 백낙준은 당권을 요구하여 교섭이 결렬되었고, 당의 제안을 받아들인 유진오를 영입하는 데 성공했다. 민중당은 10월 당대회를 개최하여 그를 대선후보로 지명했다.

### 4) 야당통합 운동 2: 신민당 창당과 1967년 대선

이재형을 비롯한 많은 야당정치인들은 1963년 선거처럼 야당이 분열된 상태에서는 다가오는 대선과 총선에서 승리할 수 없다는 인식을 공유하고 있었다. 1966년 말부터 재야인사들의 발기로 민중·신한 양당의 비주류가 주로 참가한 가운데 '야당후보 단일화 추진위원회'가 구성되었다. 재야의 이범석, 백낙준, 이인, 김홍일을 비롯한 원로들과 민중당의 허정 등 비주류 인사, 그리고 신한당의 장택상, 김도연, 정일형 등 당 고문들이 추진위원회에 참여함으로써 양당에 큰 정치적 압력으로 작용했다.

민중당은 추진위원회의 제의에 적극적으로 호응하면서 후보 단일화를 위해 양당의 합당을 제의했다. 민중당의 합당 제의에 신한당은 합당의 전제조건으로 한일수교 반대 과정에서 원내 복귀를 결정한 민중당 지도부의 인책을 요구하면서 시간적 여유가 없다는 이유로 합당 대신에 연합을 주장했다. 이처럼 양당이 서로 합당론과 연합론으로 대립하는 바람에 추진위의 후보단일화 노력이 실효를 거두지 못했다.

1967년 1월, 돌연히 신한당의 윤보선이 유진오, 이범석, 백낙준이 참여하는 4자회담을 제의했다. 유진오는 민중당의 대선후보이고, 이범석과 백낙준은 민중당으로부터 대선후보를 제의받은 바 있었다. 1월 26일, 첫 4자회담이 성사된 후 여섯 차례 모임을 가진 끝에 극적으로 양당이 합당에 합의하여 '신민당'(新民黨)이 탄생했다.[43]

4자회담이 급속도로 진전된 배경에는 윤보선과 유진오가 각각 소속 정당으로부터 협상의 전권을 위임받았기 때문이다. 다가오는 대선의 후보에 집착한 윤보선과, 다음 대선을 겨냥하여 당권에 더욱 관심을 가진 유진오의 이해관계가 맞아떨어졌다. 분열된 상태로 총선에 나가면 당선되기 어렵다고 판단한 국회의원 지망생들의 압력도 작용했다. 양당의 지구당 위원장급 이상 142명이 야권 통합에 찬성하는 서명을 했다.[44]

1월 말에 윤보선이 이재형에게 야당통합의 실무작업을 부탁했다. 그리하여 이재형은 4자회담을 뒷받침하기 위해 양당 대표로 구성된 9인 통합위원회에 참여했다. 그는 민중당 대표인 유진산과 고흥문을 상대로 통합협상을 벌였다.[45] 신민당 창당작업은 속전속결로 진행되어 2월 7일에 통합을 선언하고 서둘러 약식 창당대회를 가졌다. 신민당은 통합선언문에서 민주세력이 총결집한 '범국민적 정당', 정권교체를 이룩해야 할 '수임정당', 민족 자립경제를 목표로 하는 '전진 정당'으로 스스로를 규정했다.[46] 창당대회에서 신민당은 만장일치로 윤보선을 대통령 후보로, 유진오를 당수로 추대했다. 임시 당헌을 채

---

43 양당통합 선언문에서 신민당 창당이 "한국 정당사의 기적"이라고 표현했다(〈동아일보〉, 1967. 2. 7 ; 이계희, 1991, 135쪽 재인용).

44 운경재단, 《정치 이전의 것을 하러 왔소》, 330쪽.

45 운경재단, 《운경 이재형 선생 평전》, 101쪽; 운경재단, 《정치 이전의 것을 하러 왔소》, 331쪽.

46 〈동아일보〉, 1967. 2. 7 ; 이계희, 1991, "권위주의 정권하의 야당정치 연구: 신민당(1967~1980)을 중심으로," 서울대 정치학과 박사학위 논문, 136쪽.

택해 임시 당기구로 운영위원회를 설치하고, 선거가 끝난 후 1967년 9월 15일 이전에 전당대회를 개최해 당기구를 정상화하기로 합의했다. 선거대책 본부 요강도 만들어 선거 대비 체제를 갖추었다.

1967년 5월 3일 실시된 대선에서 신민당의 윤보선 외에 공화당의 박정희, 한독당의 전진한, 민중당의 김준연, 정의당의 이세진, 통한당의 오재영, 대중당의 서민호(중도 사퇴) 등 6명이 출마했다. 실제 대선은 신민당의 윤보선 후보와 공화당의 박정희 후보 간의 재대결이었다. 양측은 1963년 대선에서 벌였던 사상논쟁이나 상호 인신공격 대신에 정책과 공약 중심으로 경쟁했다.

신민당은 "빈익빈이 근대화냐, 썩은 정치 뿌리 뽑자"는 구호를 내걸고, 박정희 정부의 실정을 비판하며 지지를 호소했다. 특히 윤 후보는 정권교체의 제도적 보장을 위한 대통령 중임제 폐지를 강력히 주장했다. 또 베트남 파병 국군의 무장 현대화를 내세운 공화당에 맞서 베트남 파병 증파를 반대했다. 이에 박정희 후보는 조국 근대화를 위한 경제개발 5개년 계획의 계속적 추진을 중점적으로 역설했다.

83.6%의 높은 투표율을 보인 선거 결과, 윤보선 후보가 박정희 후보에게 참패했다. 박 후보는 집권당이라는 이점과 함께 경제개발을 지속한다는 공약을 통해 지난 대선보다 더 많은 표를 얻었다. 윤 후보와 박 후보 간의 표차는 약 116만 표로 1963년 대선의 15만 표보다 훨씬 더 많았다.[47] 지난 대선에서는 대체로 남북으로 나뉘었던

---

47 윤보선 후보는 452만 6,541표, 박정희 후보는 568만 6,666표를 획득했다.

표가 이번에는 동서로 갈라졌다. 윤 후보는 서쪽 지역(서울, 경기, 충남, 전북, 전남)에서 우세했으나, 동쪽 지역(부산, 경남, 경북)에서 현격한 열세를, 강원, 충북, 제주에서 열세를 보여 표가 동서로 나뉘는 현상이 현저히 나타났다.

## 4. 7대 국회에서 이재형의 원내 정치활동

1967년 총선에서 이재형은 신민당 전국구 의원으로 원내에 진출하여 새로운 정치활동을 펼쳤다. 그러나 총선 부정을 바로잡기 위해 야당이 국회를 보이콧하는 바람에 원내 활동이 지연되었다. 6개월 만에 야당이 등원했으나 박정희 대통령의 3선개헌 문제로 여야가 첨예하게 대립했다. 결국 1969년 가을에 여당이 3선개헌안을 비정상적으로 통과시킴으로써 이재형을 비롯한 야당 인사들은 박 대통령의 장기집권 저지에 나섰다. 그 일환으로 이재형은 야당다운 야당을 만들기 위해 1967년 '한국정치문제연구회'를 설립했다. 이제 1967년 총선부터 1969년 3선개헌 시기까지 이재형의 정치활동을 분석해 보자.

### 1) 1967년 총선에서 비례대표로 7대 국회 진출

대선 승리를 위해 천신만고 끝에 통합야당으로 출범한 신민당이 대선에서 참패한 후, 이재형을 비롯한 야당 인사들은 정치적 충격이

켰다. 창당한 지 3개월 만에 실시된 대선에서 신민당은 지방조직을 제대로 정비하지 못한 채 선거전에 돌입하는 바람에 득표력에 한계를 보여 주었다. 대선 과정에서 공화당은 풍부한 선거자금과 탄탄한 당 조직 외에 행정조직의 측면 지원까지 더해져서 초반부터 야당을 압도했다.

이런 어려운 상황에서 신민당은 코앞에 다가온 7대 국회의원 선거전에 돌입했다. 대선이 끝나고 거의 한 달 만인 6월 8일에 총선이 예정되어 있었다. 신민당은 서둘러 전국 131개 지구당의 조직 정비에 나섰다. 우선 지역구 국회의원 후보 공천을 완료한 후 전국구 후보 공천을 앞두고 치열한 신경전이 벌어졌다. 처음에 이재형은 전국구 3번이었으나 무슨 영문인지 최종적으로 5번에 공천되었다.[48] 이는 당내에 이재형을 견제하는 세력이 있었음을 의미한다. 당시 신민당은 윤보선 중심의 신한계와 유진오 중심의 민중계로 양분되어 있었는데, 윤보선 이후 신한계를 대표할 만한 인물이 이재형이었기 때문에 민중계의 견제가 심했던 것으로 보인다.

6·8 총선은 공화당의 내부 사정으로 선거전이 더욱 치열했다. 공

---

48 이재형의 전국구 순번을 누가 변경했는지에 대해 두 가지 주장이 있다. 첫 번째 주장은 유진오 당수가 바꾸었다는 것이다. 윤보선은 전국구 후보 1번 박순천, 2번 김도연, 3번 이재형, 4번 고흥문, 5번 정해영 등을 추천했다. 그런데 정해영 의원이 자신이 왜 이재형보다 순번이 뒤인지 노골적으로 불평했다. 그러자 유진오 당수가 이재형과 정해영 의원의 순번을 즉시 바꾸었다는 것이다. 두 번째 주장은 선거관리위원회에 후보를 등록하는 과정에서 정 모 의원이 단독으로 순위를 바꾸었다는 것이다(운경재단, 《정치 이전의 것을 하러 왔소》, 338쪽).

화당의 김종필 의장이 박정희 대통령의 후계자가 되는 것을 막으려는 비주류들이 개헌에 필요한 3분의 2 이상의 의석을 차지하기 위해 온갖 수단을 동원했다. 당시 헌법은 중임제만 허용했기 때문에 박 대통령의 계속 집권을 위해서는 개헌이 필요했다. 공화당 내 비주류 4인방(김성곤, 길재호, 백남억, 김진만)은 행정부의 정일권 총리, 김형욱 중앙정보부장, 이후락 대통령비서실장의 지원을 받고 있었다. 이들은 엄청난 선거자금을 모아 유권자들에게 향응이나 금품을 제공하면서 표를 얻으려고 노력했다. 여당은 기업에 은행대출이나 상품가격 결정, 공공자산 불하와 임대, 공공사업 계약 등에 각종 특혜를 제공하는 대신 정치자금을 수수하는 경우가 많았다.[49] 예컨대 김성곤 공화당 재정위원장은 한국에서 정유공장을 운영하는 미국의 걸프회사로부터 1966년에 100만 달러의 정치자금을 받았다.[50]

한편 야당은 막대한 선거자금을 조달할 길이 없어서 유세를 통해 유권자의 양심에 호소하는 길밖에 없었다. 이런 상황에서 신민당은 개헌저지에 필요한 최소한의 의석이라도 차지하려고 노력했다. 당시 최대 격전지는 신민당의 김대중과 공화당의 김병삼이 격돌한 목포였다. 공화당은 신민당의 차기 지도자로 부상하는 김대중을 떨어

---

49 중앙선거관리위원회, 《대한민국 정당사 제1집: 1945~1972년》, 1067쪽; 조일문, 1970, "정치자금의 이론과 현실적 고찰," 〈사상계〉, 2월호, 48쪽.

50 이 사실은 10년 뒤에 미국 상원 청문회를 통해 알려졌다. U.S. Senate, 1976, *Hearings before the Subcommittee on Multinational Corporation of the Committee on Foreign Relations*, Washington D. C. Government Printing Office, p. 9.

뜨리기 위해 김병삼에 대한 지원을 아끼지 않았다. 심지어 목포에서 국무회의를 개최할 정도였다. 이에 맞서 이재형을 비롯하여 신민당 지도자들도 목포 선거전에 심혈을 기울였다. 윤보선과 박순천은 물론 연설이 뛰어난 초선 김상현까지 유세에 참여했다. 이재형 또한 목포로 내려가 특유의 논리와 언변으로 힘을 보탰다.

비록 목포에서 김대중이 승리했지만, 7대 총선에서 신민당은 참패했다. 투표율 76.1%에 신민당은 득표율 32.7%로 지역구 28석, 전국구 17석, 총 의석 45석을 차지하여 전체 의석의 25.7%를 점유했다. 야당에서는 신민당 외에 대중당이 1석을 차지했을 뿐 나머지 군소정당은 모두 전멸했다. 한편 공화당은 개헌선 117석을 훨씬 상회하는 129석을 차지했다. 공화당은 득표율 50.6%로 지역구 102석, 전국구 27석을 당선시켜 총 의석 129석을 차지하면서 전체 의석의 73.7%를 점유했다.

지난 총선과 마찬가지로 공화당은 선거제도의 혜택을 크게 누렸다. 득표율(50.6%)에 비해 의석률(73.7%)이 월등히 높았다. 이와 대조적으로 신민당은 득표율(32.7%)보다 의석률(25.7%)이 낮았다. 소선거구제는 승자독식이므로 신민당의 차점자 표가 의석으로 전환되지 못하고 사표가 되었다. 또 전국구 의석 배분방식이 공화당에 유리했다. 제1당은 득표율에 관계없이 전국구 의석의 과반 이상, 3분의 2까지 차지했다.

이번 총선은 군소정당의 몰락으로 양당구도가 뚜렷했다. 신민당은 도시에서 선전하여, 서울, 부산, 대구, 인천, 광주, 대전, 목포,

원주 등 도시 선거구에서 3석 외에 모두 석권했다. 농촌 선거구에서 당선자는 3명에 불과했다. 공화당은 서울의 14개 의석 중 1개, 부산의 7개 의석 중 2개만을 획득했다. 이처럼 농촌 유권자들은 주로 여당에게, 도시 유권자는 주로 야당에게 투표하는 이른바 '여촌야도' 현상이 계속되었다. 이런 현상이 나타난 이유는 정부에 복종하는 것을 미덕으로 여기는 유교정치 문화가 여전히 강한 농촌에서 여당이 유권자들을 동원하기 쉬웠기 때문이다.

1967년 총선 결과의 마지막 특징은 야당 원로들의 퇴진이다. 자유당 시절부터 정치적 명성을 날리던 이재학, 장택상, 전진한, 조재천 등이 공화당의 신진 후보들에게 패배했다.[51] 자연스럽게 야당의 세대교체가 이루어짐에 따라 이재형의 정치적 책임이 커졌다.

### 2) 6·8 총선 부정시비로 6개월 만에 국회 등원

이재형은 1961년 5·16 군사정변 이후 6년간 국회 밖에서 활동하다가 7대 국회의원에 당선되었다. 그러나 신민당이 여당의 부정선거에 항의하여 등원을 거부하는 바람에 그도 6개월 동안 국회에 들어가지 못하고 당선자 신분으로 지냈다. 신민당은 6·8 총선을 계획적인 '전면 부정선거'로 규정하고 무효화 투쟁을 선언했다. 신민당은 즉시 재선거를 실시할 것을 주장하면서 부정선거의 책임자인 국무

---

51 1967년 총선에서 공화당 당선자의 약 50%가 초선이었다.

총리, 공화당 의장, 중앙정보부장, 내무부 장관 등의 인책을 요구하고 야당 당선자들의 국회의원 등록을 거부했다. 또 68개 선거구에서 당선 및 선거무효 소송을 제기하여 법정 투쟁을 벌였다.

한편 총선이 끝난 후 이틀 만에 서울대 법대생들이 부정선거 규탄대회를 열었다. 대학생 데모가 전국으로 번져 6월 16일에는 전국 31개 대학, 136개 고교가 동맹휴학에 들어갔다. 학생들은 총선 무효를 선언하고 재선거를 실시할 것을 요구했다.

사태는 행정부와 여당이 서로 부정선거의 책임을 전가하는 바람에 악화되었다. 행정부와 공화당의 비주류는 김종필 당의장에게 책임을 덮어씌우려고 했고, 김종필을 중심으로 한 주류세력은 행정부에 책임을 전가했다. 결국 공화당은 일부 선거구 부정을 시인하고, 재개표 결과 낙선한 권오석 의원(화성)을 제명한 데 이어 양달승 의원(보성)을 비롯하여 6명의 당선자를 추가 제명했다. 이로써 공화당 기율위원회는 당선자 8명과 당원 25명을 제명했다. 또 검찰은 부정선거 관련자를 10명 이상 구속했고, 선거 재판 273건을 기다리고 있었다. 공화당의 부정선거 관련자 처벌에도 야당은 등원 거부를 철회하지 않아, 정국은 좀처럼 안정의 기미를 보이지 않았다.

6·8 총선 부정시비를 둘러싼 여야 간 힘겨루기는 계속되었다. 공화당 단독으로 정기국회를 개원했으나 10월 들어서도 야당이 계속 등원을 거부하자, 공화당은 특단의 조치를 내렸다. 즉, 공화당 단독 국회를 모면하기 위해 고육지책으로 공화당 의원들을 제명하여 새로운 원내 교섭단체를 만들었다. 공화당은 전국구 의원 4명(이동원, 김익

준, 이병주, 이원엽)을 제명하고, 이미 공화당에서 제명된 8명과 함께 국회의원 12명이 '10·5 구락부'(후일 정우회)라는 별도의 원내 교섭단체를 만들어, 단독국회를 형식적으로 모면하여 국회를 속개했다.

1개월이 지난 후 11월 들어 5개월간의 여야 교착상태를 풀 수 있는 해빙무드가 조성되었다. 양당 대표들이 13차례 회의 끝에 거의 한 달 만에 합의에 도달했다. 합의 내용은 공화당의 선거부정 사과, 국회에 6·8 선거 부정조사 특별위원회 구성, 부정선거 관련자 문책, 공명선거를 위한 선거법, 정당법, 정치자금법, 중앙선관위법 등의 개정이었다.[52]

신민당은 이러한 합의사항의 인준여부를 결정하기 위해 9인 위원회를 구성했다.[53] 이재형을 비롯하여 유진산, 조한백, 박기출, 고흥문이 당선자 대표로, 신중목, 최영근, 임철호, 이상돈이 낙선자 대표로 9인 위원회에 참여했다. 9인 위원회는 협상 결과를 인준하는 대신에 등원 원칙만 정하고 당선자 회의에서 등원 여부를 결정하도록 했다. 당선자 회의가 등원을 결정함에 따라 이재형을 비롯한 신민당 당선자 44명 전원이 의원 등록을 하고 11월 29일 국회에 등원하여 의원 선서를 마침으로써 7대 국회가 6개월 만에 정상화되었다.

이재형은 7대 국회에서 6·8 선거 부정조사를 위한 특별위원회법을 제정하려고 여야 협상을 필두로 원내 활동을 시작했다. 그는 정

---

52 〈동아일보〉, 1967. 11. 20.

53 중앙선거관리위원회, 《대한민국 정당사 제1집: 1945~1972년》, 668쪽.

운갑, 유진산과 함께 신민당을 대표하여 공화당의 정구영, 김봉환, 백두진을 상대로 협상에 나섰다.[54] 여야의 최고위 지도자들이 치열한 논쟁을 거듭했다.

첫 번째 쟁점은 특위 위원장 선출 문제였다. 공화당은 다수당인 공화당이 특위 위원장을 맡는 것이 당연하다고 주장했다. 이에 맞서 신민당은 선거부정을 밝히기 위해 특위를 구성하는데 그 당사자 쪽에서 위원장을 맡는 것은 특위를 깨자는 것이나 다름없다고 반발했다. 위원장을 여야 어느 쪽에서 맡느냐에 따라 특위의 성격이 달라지기 때문에 양측은 모두 양보할 수 없는 입장이었다.

공화당 위원들이 다수당이 위원장을 맡는 것이 '국회법 정신'이라고 주장하자 이재형이 다음과 같이 비판했다.

> 공화당에서는 위원장을 공화당이 갖는 것이 국회법의 정신이라고 하는데 국회법 어디를 찾아보아도 다수당이 위원장직을 가져야 한다는 조항은 없습니다. … 국회 관례로 보더라도 4, 5대 국회, 자유당, 민주당 때에도 야당에 상임위원장 자리가 배정된 적이 있습니다. 그러나 오직, 지금의 공화당만이 단 한 자리도 주지 않고 있습니다. 단언컨대 이것은 국회법 정신이 아니고 공화당의 정신에 불과한 것입니다.[55]

---

54 운경재단, 《정치 이전의 것을 하러 왔소》, 338~339쪽.

55 《6·8 선거 부정조사 특별위원회법 제정 특별위원회 제1차 회의 속기록》, 1967. 12. 8 ; 운경재단, 《정치 이전의 것을 하러 왔소》, 339쪽 재인용.

이재형의 발언은 객관적 사실에 바탕을 두고 있어 논리 정연했다. 이처럼 그는 법과 관례를 중시하고 민의를 존중하는 민주적 원칙주의자로 권력욕을 비롯한 사리사욕을 추구하는 정상배와는 거리가 멀었다. 그래서 여야 정치인들은 물론이고 언론인과 관료들도 그를 존경했다.

한편 특위의 권한을 어디까지로 한정할 것인가를 두고 여야 대표들이 치열한 논쟁을 벌였다. 공화당은 헌법과 국회법의 테두리 안에서 위원회를 구성하고 그에 의거해 부정선거가 적발되면 관계기관에 고발 조치한 뒤 사법기관의 판단을 거쳐 당선을 무효화하자고 주장했다. 그러나 신민당은 위원회에 강제 수사권을 주어 위법 사실을 적발하면 바로 해임조치를 취하자고 주장했다. 공화당은 신민당의 주장이 위헌이며 초법적 발상이라고 반발했다. 그러나 이재형은 공화당의 주장을 받아들이지 않았다.

다음 에피소드는 공화당의 공격을 막아내는 이재형의 정치적 기민함을 보여 준다.

"운경, 그게 말이나 되는 소리요! 운경 말대로라면 우리가 국회법을 위반하는 것이 아니오?"

마침내 공화당의 정구영 의원이 냅다 소리를 질렀다. 그러나 정 의원의 말을 대수롭지 않게 받아넘긴 운경의 대꾸가 절묘했다.

"그러면 부정선거 하라는 법률은 어디 있소?"[56]

---

56 운경재단, 《정치 이전의 것을 하러 왔소》, 340쪽.

이재형은 사법적 권한을 갖지 못하는 위원회 활동은 오히려 부정선거에 면죄부를 줄 수 있다고 판단했다. 공화당이 정치력을 발휘해 줄 것으로 기대하며 야당은 특위 활동기간을 여러 차례 연장했으나 성과가 없었다. 이로써 선거부정 조사 특위는 구성조차 되지 못한 채 끝나 버렸다. 박정희 대통령의 계속 집권을 위해 3선개헌 작업을 물밑에서 추진하는 세력이 공화당을 장악했기 때문에 공화당은 개헌에 필요한 의석을 유지하기 위해 정치적 타협을 할 수 없었다.

야당이 박 대통령의 3선개헌을 막아내야 하는 중대한 정치적 과제가 앞으로 다가오고 있었다. 이를 위해 야당이 단결하고, 정치적 대안을 마련하여 국민의 지지를 끌어올려야 했다. 박 대통령과 공화당의 근대화 과업이 성과를 거두면서 집권세력에 대한 국민의 지지가 상승하고 있었기 때문이다.

### 3) 여야 파벌싸움과 '한국정치문제연구회' 창립

신민당은 1967년 5월 대선을 앞두고 2월에 민중당과 신한당이 급하게 통합되면서 임시체제로 운영되었다. 6월 총선 후에는 선거무효화 투쟁을 벌이면서 당을 정비할 겨를이 없었다. 그리하여 1968년 5월 전당대회를 목표로 중앙당과 지방당 조직 정비에 나섰다. 3월 초부터 전국적 지구당 개편작업에 들어갔다.

3월 14일 신민당은 정례 운영회의에서 '사고 지구당 처리위원회'를 구성했다. 이재형은 유진산, 홍익표, 김의택, 박기출, 고흥문, 정운갑과 함께 사고 지구당 처리에 골몰했다.[57] 3월 31일, 전국 131개 지구당 중 107개 지구당의 개편대회를 완료했다. 그중에서 13개 지구당 위원장을 교체했으며 남은 24개 지구당은 여러 가지 이유로 개편대회를 보류했다.[58]

전당대회를 앞두고 신민당 내 파벌싸움이 치열했다. 주류와 비주류 간에 지도체제를 두고 갈등이 발생했다. 이재형을 비롯한 정일형, 홍익표, 조한백 등 이른바 비주류는 집단지도체제를 희망했다. 그러나 주류는 당수 중심의 강력한 단일지도체제를 추진했다. 주류와 비주류 양측은 당헌기초위원회를 구성하고 연일 협상을 벌였으나 쉽게 결론을 내지 못했다. 전당대회 직전까지 합의에 이르지 못해 전당대회에서 표 대결이 불가피한 상황이었다. 마지막 협상에서 부총재를 3인으로 늘리고 2석을 비주류 쪽에 주는 선에서 극적 타협이 이루어졌다.[59]

1968년 5월 20일 신민당은 서울 시민회관에서 제2차 전당대회를 열고 단일지도체제를 출범시켰다. 1967년 2월 통합 이후 처음으로 당 체제를 정상화한 것이다.[60] 새 당헌에 따라 유진오가 총재로 선출되고 이재형을 비롯한 유진산, 정일형 등 3인이 부총재로 선출되었다.[61]

---

57 중앙선거관리위원회, 《대한민국 정당사 제1집: 1945~1972년》, 671쪽.

58 위의 책, 672쪽.

59 운경재단, 《정치 이전의 것을 하러 왔소》, 341쪽.

60 전당대회에서 두 차례의 무기명 비밀투표 끝에 501 대 395로 단일지도체제를 채택했다(중앙선거관리위원회, 《대한민국 정당사 제1집: 1945~1972년》, 672쪽).

61 운경재단, 《운경 이재형 선생 평전》, 17쪽.

윤보선과 박순천은 당 고문으로 추대되었다. 이제 이재형은 야당의 2인자가 되어 유진산, 정일형과 앞으로 1인자 자리를 다투게 되었다.

이재형은 전당대회에서 부총재에 당선된 직후 언론과의 인터뷰에서 평소 자신이 가졌던 정치적 신념을 피력했다. 그는 "공화당 정부가 부정한 일을 하지 않는 것이 가장 중요하다"며 다음과 같이 강조했다.

> 공화당 정권의 부정부패와 독선, 그리고 조출능력(造出能力)이 아닌 조작능력(造作能力)은 예전에 내가 겪은 자유당도 절대 못 따를 정도가 아닌가 싶어요. 그냥 말로서만이 아니라 우리의 피부로 느끼는 정치의 비도덕적인 면은 정말 자유당 때와 비교가 안 됩니다. 그래서 나는 공화당 정부에 무엇을 하나만 요구하라고 하면 제발, 그 부정을 우선 그만두라고 하겠습니다.[62]

부총재 선출과정을 세밀히 살펴보면 파벌 간의 합종연횡이 계속되는 것을 알 수 있다. 진산계는 그동안 윤보선 직계를 이끌어온 조한백 대신 이재형을 지지했다. 민주당 구파에 속하는 진산이 분명 민주당 정권의 총리 지명전에서 이재형이 이끈 무소속이 민주당 신파인 장면을 지지했던 사실을 기억했을 텐데도 그를 지지한 이유는 무엇일까? 이를 밝혀낼 수 있는 증언이나 자료는 발견할 수 없다. 아마 진산도 그의 정치적 경륜을 무시할 수 없었기 때문이 아닌가

---

62 〈신동아〉, 1968, 7월호, 신민당 부총재단 인터뷰 ; 운경재단, 《정치 이전의 것을 하러 왔소》, 343쪽 재인용.

추측해 본다. 또 진산은 윤보선과 심각한 갈등을 겪었기 때문에 윤보선계 좌장인 조한백을 견제한 것으로 볼 수도 있다.

전당대회를 무사히 치렀지만 파벌 간 힘겨루기는 계속되었다. 전당대회에서 당직 인선의 전권을 부여받은 유진오 총재는 국회 부의장에 윤제술, 원내총무에 김대중, 사무총장에 고흥문, 정책심의의장에 정헌주를 지명했다. 그러나 6월 5일 열린 의원총회에서 윤제술 국회부의장 지명만을 인준함으로써 인사파동이 일어났다. 유 총재는 김대중 대신 정성태 의원을 원내총무에 다시 지명했지만 역시 부결되었다. 당직인선에 불만을 품은 김영삼 의원으로부터 비롯된 사태였다. 인사파동이 장기화되는 것을 피하기 위해 김영삼 의원이 입장을 바꾼 뒤에야 정 의원이 원내총무 인준을 받았다. 이 사건은 강력한 지도력을 원했던 유진오 당수의 정치적 한계를 보여 주었다.

이 무렵 야당에 못지않게 여당인 공화당도 한국 정당의 고질적 병폐인 파벌싸움이 내부적으로 치열하게 전개되었다. 1968년 5월에 박정희 대통령의 후계 문제를 둘러싼 공화당 정부 내 힘겨루기가 본격화되었다. 이재형이 신민당 부총재에 당선된 지 닷새 만에 공화당은 이른바 '국민복지회' 사건으로 엄청난 내분에 휩싸였다. 박 대통령의 후계자로 지목받던 김종필 공화당 의장의 측근들이 당에서 축출되었다. 공화당 기율위원회(당기위)가 김용태 의원(당무위원), 최영두(6대 문공위원장), 송상남(전 중앙위원)을 전격적으로 제명했다.

3인의 제명 사유는 겉으로 당내 사조직 조성이었지만, 사실은 금기로 되어 있는 박 대통령의 후계자 옹립을 위해 정치적 포석을 했다는 것이다. 송상남이 작성하여 김용태에게 보여 준 이른바 시국 판단서가 제명의 실제 이유였다.[63] 이 서류에 박 대통령의 3선개헌을 저지하고 김종필 당의장을 1971년에 대통령으로 추대하자는 내용이 있다는 것이다. 비록 김종필 당의장이 이를 본 적이 없고, 또 연구회에 관계한 적이 없다고 알려졌지만, 후계자 문제를 다룬 문서는 반김종필 계열에 김종필 계열을 공격할 빌미를 제공했다.

이 사건이 발생하고 5일 후에 김종필 당의장이 돌연 "일체의 공직에서 물러나겠다"고 폭탄선언을 했다. 박 대통령을 비롯하여 당과 행정부의 고위간부들이 김종필에게 사퇴를 철회하라고 설득했으나, 이미 김 의장은 결심을 굳힌 상태였다.[64] 박 대통령은 후임으로 윤치영을 임명했지만 그는 간판에 불과했다. 박 대통령은 이미 김종필 대신에 새로운 인물을 등용하여 당을 운영했다. 김성곤, 길재호, 김진만, 백남억 등 흔히 4인 체제로 알려진 이른바 신주류였다. 이들은 이후락 대통령 비서실장과 김형욱 중앙정보부장의 지원을 받았는데 이미 1967년 총선에서 박 대통령을 위한 3선개헌을 염두에 두고 국회의석 3분의 2 이상을 확보했다.

김종필계의 퇴조를 보면서 이재형은 불길한 예감을 떨칠 수 없었다. 3선개헌이 곧 가시화될 것이라는 예감이 들었다. 3선개헌을 통해 박정희 대통령이 장기집권에 들어가면 독재정치가 본격화되리라

---

63 김종필, 《김종필 증언록 1》, 350~351쪽.

64 위의 책, 363쪽.

고 우려했던 것이다. 다가오는 정치적 폭풍을 앞두고 그는 무엇을 준비해야 할 것인지를 오랫동안 숙고했다. 신민당이 맹목적 투쟁만으로는 공화당 정부에 맞설 수 없다고 판단했다.

이재형이 무엇보다 시급하게 여긴 것은 당원의 각성과 시민의식의 전환, 정치수준의 향상이었다. 이를 위해 당내에 우수한 인재를 양성해 능력 있는 민주적 정치세력을 육성해야 한다는 결론에 도달했다. 그는 우수인재 양성을 위해 당내 모임을 만들기로 결심하고 김원만, 조홍만, 한왕균, 조종호 등과 의논하여 '한국정치문제연구회'를 결성하게 되었다.

1967년 10월 12일, 도봉산장에서 36명이 참가하여 연구회 발기위원회를 구성하고 간사 12명을 선출했다.[65] 세 차례에 걸친 간사회의에서 발기취지문, 정관 등을 만들었다. 11월 4일, 종로 국일관에서 발기인 68명 중 41명이 참석한 가운데 창립총회를 열고 정식으로 한국정치문제연구회를 출범시켰다.[66] 연구회의 목적은 회원 간 상호

---

65 간사는 김원만, 윤재근, 조홍만, 한왕균, 김대식, 성태경, 조종호, 최영근, 전성천, 조영규, 이필호, 송삼섭 등이다. 나중에 김기섭이 보강되어 모두 13명이었다〔〈한국정치〉, 1집, 154쪽(7집 외에는 발행일자가 불분명한데, 1집은 속표지에 신년 휘호가 있는 것으로 보아 1968년 1월로 추측된다)〕.

66 창립총회에서 조홍만 의원의 개회선언, 신태악 씨의 개회사에 이어 이갑식 씨를 임시의장에 선출했다. 그리고 조영규 씨가 발기취지문 낭독하고, 김원만 의원이 경과보고를 한 후 한왕균 씨가 제안한 규약을 심의하여 통과시켰다. 또한 5명의 전형위원(이갑식, 박제환, 이필호, 조영규, 김인영)이 임원을 선출했다(〈한국정치〉, 1집, 153~154쪽). 당시 한국정치문제연구회는 서울 종로구 신문로 1가 171-5번지에 사무실을 두고 있었다(〈한국정치〉, 7집).

〈표 4-2〉 한국정치문제연구회 조직

| 직책 | 담당자 | 인원수 (추가 인원수)1) |
|---|---|---|
| 고문 | 이재형, 이갑식, 신중목, 함덕용, 박제환, 김성숙, 신태악, 전성천 (황남팔, 정헌주, 김대식,2) 임문석, 임철호, 정준현) | 8명 (6명) |
| 대표이사 | 김원만 | 1명 |
| 연구이사 | 한왕균 | 1명 |
| 섭외이사 | 조종호 | 1명 |
| 총무이사 | 조흥만 | 1명 |
| 이사 | 윤재근, 김대식, 성태경, 최영근, 송삼섭, 김기섭, 이택희, 유수현, 한건수, 최일, 김학준, 조영규, 함종빈 (반재현, 황은환, 박일, 황인원, 홍희선, 전창현. 김옥선, 연주흠) | 13명 (8명) |
| 감사 | 김정열, 강보성, 이필호 (이옥동) | 3명 (1명) |

주: 1) 괄호 안은 추가된 사람들의 수인데, 선임 일자가 없으나 1968년 2차 총회에서 선임되어 1969년 신년호(〈한국정치〉, 6집)에 나온 것으로 추정된다.
2) 김대식은 창립 초에 이사였으나 고문으로 승격되었다.
출처: 한국정치문제연구회, 1968, 〈한국정치〉, 1집, 154쪽.

친목을 바탕으로 국가발전을 위한 연구모임 및 강연회 개최, 기관지와 기타 도서 간행, 다른 기관과 협력 등이었다. 신민당원 외에 모임의 취지에 찬동하는 학식과 경험을 가진 모든 이가 회원이 될 수 있었고, 회비제로 운영했다. 이재형의 성격처럼 이 연구회의 조직과 활동은 체계적이었다.

한국정치문제연구회는 주 1회 월요강좌를 열고, 월 1회 회지 〈한국정치〉를 발간했다.67 세 차례 야외강좌와 여러 차례 학술토론회

67 〈한국정치〉는 매호마다 300쪽이 넘을 정도로 많은 글과 자료가 수록되어 있는데, 활자체 인쇄물이 아니고 등사기(가리방)로 제작되었다. 7집만이 발행일자(1969. 4. 30)가 나와 있는데, 전후 사정을 볼 때 1968년 1~4집, 1969년 6~7집, 1970년 8~9집이 나온 것으로 본다.

도 개최했다. 강좌와 토론회는 서울뿐만 아니라 해인사, 내장사, 법주사 등에서 개최되었다. 주요 강사로 학계, 언론계, 정계 등에서 활동하는 당대 최고 전문가들을 초빙했고, 이들의 강의를 듣기 위하여 200명 이상이 참가했다. 특히 1970년 3월 26일부터 28일까지 3일간 열렸던 3차 야외 대강좌인 법주사 모임에는 총 인원 343명이 참석했다.[68]

연구회의 알찬 강좌는 당원 연수와 민주시민 교육에 크게 기여했고, 꾸준히 발간된 〈한국정치〉는 정치적 공론을 확대했다.[69] 1960년대 후반 3선개헌 문제 등으로 혼란스러웠던 한국 정치과정에서 이재형의 한국정치문제연구회는 길잡이 역할을 했다.

한국정치문제연구회에서 발간한 〈한국정치〉를 종합적으로 분석하면 몇 가지 놀라운 사실을 발견할 수 있다.

첫째, 당시 박정희 정부와 여당은 야당이 정책대안을 제시하지 않고 "반대를 위한 반대"를 일삼고 있다고 비판했으나 이는 사실과 다르다. 〈한국정치〉를 보면 세법개정 대안, 예산안 대안, 이중곡가제, 지방자치법 개정안, 농지법 대안, 노동정책, 외자도입정책 등을 제시했으나 정부 여당이 일방적으로 무시했던 것이다.

주목할 만한 사실은 1971년 대선에서 김대중 후보가 내세운 '대중

---

68 이 연구회가 1970년 8월에 '정민회'(政民會)라는 이름으로 개편된 후 1978년 '동심회'(同心會)라는 이름으로 개명하면서 친목단체로 변신했다.

69 〈한국정치〉는 9집을 마지막으로 종간되었다. 마지막 호는 정민회 이름으로 발간되었다. 운경재단 1집부터 9집까지 전권을 보관하고 있다.

경제론'은 이미 1968년에 신민당 정책연구실에서 처음으로 주장했다는 것이다.[70] 이는 대중경제론이 선거용으로 급조된 것이 아니라 약 3년간 준비한 것임을 의미한다. 회지에 나타난 대중경제론은 박정희 정부의 저임금, 성장위주, 외자의존적 경제발전 전략의 대안으로 나온 것이다. 1968년 대중경제론은, 야당도 경제개발계획을 계속 추진하되 단기·장기 정책목표를 경제성장 외에 지역 간 격차, 산업 간 상대소득 격차, 대기업·중소기업 간 격차, 개인의 보수 격차 등을 해소하는 데 중점을 두어야 한다고 했다. 이를 위해 행정개혁, 법규 정비, 경제윤리 강화 등을 주장했다.

이러한 경제정책 대안을 마련하기 위해 당시 야당은 정부 통계 외에 금융권, 언론사, 학계의 다양한 경제통계를 활용했다. 〈한국정치〉는 2집부터 거의 매호마다 30여 쪽에 달하는 각종 통계를 수록했다. 주요 통계를 살펴보면 1967년 한국은행 경제백서, 산업은행 대출내역, 외자업체 적자상태, 소비자 물가지수, 대기업 편중융자, 연도별 미곡 수급동향, 준공된 외자도입사업, 도시와 농촌 간 소득격차, 일본의 외국미 수입가격, 농림부문 특융자예산 내역, 1967년 외곡 도입과 정부미 방출현황 등이다. 당시 야당은 실증적 통계를 바탕으로 현실적이고 실현 가능한 정책대안을 마련하기 위해 노력했다. 즉, 박정희 정부를 상대로 반독재 투쟁을 벌이면서 민생을 챙기고 수권정당이 되기 위해 힘썼던 것이다.

---

70 한국정치문제연구회, 〈한국정치〉, 7집, 189~217쪽.

〈표 4-3〉 한국정치문제연구회 발간 〈한국정치〉의 주제 및 필자

| 분야 | 주제 (필자, 호수) |
|---|---|
| 정치 | 한국 근대화(차기벽, 1), 한국정치의 논리(오병헌, 1), 후진국 선거양상(한동섭, 1), 한국정치(신상초, 2), 정당정치(이정식, 3), 민주정치와 선거(정헌주, 5), 미국 대통령선거제도(이건호, 5), 당내 민주주의(부완혁, 5), 중국 공산주의(신상초, 5), 참여민주주의(부완혁, 6), 3선개헌 반대의 논리(이재형, 7), 근대화와 정치인(차기벽, 7), 의회민주주의(윤길중, 7), 9·14 사태[1]와 민주주의(박제환, 8), 권력엘리트론(이정식, 8), 대화와 민주주의(신상초, 8), 우리는 왜 3선개헌을 반대하는가(이재형, 8), 박정희에게 더 이상 정권을 맡길 수 없다(김원만, 8), 개헌반대 연설문(이재형, 8), 정치엘리트이론(안병욱, 9), 국정감사를 통해 본 정국실태(김원만, 9) |
| 경제 | 예산편성 방향(김윤환, 1), 한국경제의 문제점(김영록, 2), 재정과 금융(이규동, 2), 농업(박근창, 2), 노동조합운동(탁희준, 2), 가변환율의 불가변(이재형, 3), 제1차 5개년 계획의 공과(김영록 4), 1차산업 비판(김영록, 4), 2차산업 비판(한기춘, 4), 고용(탁희준, 4), 고도성장과 안정기조(장원종, 4), 경제개발계획과 근대화(임종철, 4), 3차산업 비판(임종철, 5), 1969년 예산안(이열모, 5), 이중고 강요한 예산(한왕균, 5), 한국경제 미래상(임종철, 5), 농협법(주종환, 6), 농지법(주종환, 6), 농산물 가격정책(김문직, 6), 축산진흥책(신민당 정책연구실, 6), 주생산지 조성사업(노순희, 6), 농업금융과 농가부채(이종화, 6), 농업기계화(채병석, 6), 농촌인구 이동(탁희준, 6), 부익부 빈익빈의 조세정책(이재형, 6), 제3차 5개년 계획(장원종, 8), 서민생활과 사회복지(탁희준, 9), 농업발전 방향(이열모, 9) |
| 외교 | 한국의 국제적 위상(민병기, 1), 중소분쟁(양호민, 2), 아시아 공산주의(김점곤, 3), 김일성 노선(한재덕, 3), 대국주의와 소국주의(신상초, 6), 베트남전쟁 협상(김점곤, 6), 최근 북괴동향(최광석, 7), 닉슨정부의 대아시아 정책(남재희, 7), 오늘의 국내외 정세(신상초, 7), 한국외교(민병기, 8), 핵시대 전쟁과 평화(신상초, 9), 닉슨 독트린과 한국(민병기, 9), |
| 기타 | 〈한국정치〉를 내면서(이재형, 1), 창립 경과보고(1), 발기취지문(1), 규약(1), 회원 여러분들께(김원만, 2), 권두언(임어당, 4), 새 가치관 정립(안병욱, 5), 권두언(김원만, 6), 국민의 법의식(이건호, 6), 권두언(조영규, 7), 종교와 정치(김남수, 8), 리더십론(안병욱, 8), 새 시대, 새 인간상(안병욱, 9), 1970년대의 한국상(지명관, 9), |
| 경제자료 | 각종 통계자료(2, 3), 제2차 5개년 계획(4), 대중경제(신민당정책연구실, 7), 이중곡가제(신민당정책연구실, 7), 지방자치법 개정안(신민당정책연구실, 7), 농지법 비판과 대안(신민당정책연구실, 7), 노동정책(신민당정책연구실, 7), 외자도입 특별국정감사 보고서(신민당, 7) |
| 원내자료 | 6·8 부정선거 관련 자료(1), 등원 연설(유진오, 1), 세법 개정안, 예산안 심의(김원만, 2), 6·8선거 부정조사특위(김재광, 2), 향토방위법(김정렬, 2), 대정부 질의(유진오 2), 본회의 발언(1, 3), 소득세법(이재형, 4), 상공정책(김원만, 4), 선거법 개정(김원만 4), 1968년 1회 추가경정예산(김재광, 4), 국민은행법(김대중, 4), 농림정책(우홍구, 4), 의원선서 및 인사(김옥선, 4), 국정전반 질문(이재형 9), 1970년 하곡 매입가격(이재형, 9), 국정전반 질의(김홍일, 9), 국정전반 질의(김원만 9), 국정전반 질의(김재광 9), 국정전반 질의(김형일, 9) |
| 야외 대강좌[2] | 1회 해인사(1968. 7. 25~27, 5집), 개회사(김원만), 축사(이재형), 안병욱, 부완혁, 신상초, 임종철<br>2회 내장사(1968. 10. 29~31, 6집), 이건호, 부완혁, 이재형, 신상초<br>3회 법주사(1970. 3. 26~28. 9집), 권두언: 세계여행을 다녀와서(이재형), 탁희준, 이열모, 신상초, 안병욱, 민병기, 지명관 |

주: 1) 9·14 사태는 1969년 9월 14일 공화당이 3선개헌안을 날치기 통과시킨 사건이다.
2) 야외 대강좌의 주제와 강사는 정치, 경제, 외교, 경제 분야에 포함되어 있다.
출처: 한국정치문제연구회, 1968~1970, 〈한국정치〉, 1~9집,

둘째, 〈표 4-3〉에서 보듯이 〈한국정치〉의 논문과 자료는 정치, 경제, 외교 등을 중심으로 국내외 현안을 모두 다루었지만 경제 분야의 글이 압도적이다. 이는 이재형의 관심을 반영한 것으로 볼 수 있다. 실제로 그는 3집에 "가변환율의 불가변", 6집에 "부익부 빈익빈의 조세정책"이라는 글을 게재했고, 소득세법과 1970년 하곡 매입가격에 관한 자신의 국회 발언을 게재하기도 했다.

셋째, 〈한국정치〉의 필자는 학계, 언론계, 정계에서 활동하는 당대의 최고 전문가였고, 매우 시사적이고 진보적인 글을 게재했다. 예컨대 부완혁 〈사상계〉 사장은 "참여민주주의"를 주제로 글을 게재했고, 양호민(〈조선일보〉 논설위원), 김점곤(경희대 교수), 남재희(〈조선일보〉 논설위원), 신상초(〈중앙일보〉 논설위원) 등이 베트남을 비롯한 아시아 공산주의 국가의 공세, 베트남전쟁 협상, 닉슨 독트린, 중국 공산주의 등에 관해 집필했다. 또 임종철 서울대 교수, 이열모 논설위원, 탁희준 성균관대 교수 등은 박정희 정부의 경제개발계획, 경제정책, 노동정책 등을 비판하고 대안을 제시하기 위해 노력했다.

마지막으로, 1967년 공화당이 6·8 부정선거를 통해 박정희 대통령의 3선개헌에 필요한 의석을 확보한 후 한국 민주주의 장래에 대한 야당의 위기감이 고조되었던 것을 알 수 있다. 이재형은 1968년 7월에 해인사에서 개최한 한국정치문제연구회의 첫 야외 대강좌 축사에서 반독재 투쟁의 결연한 의지를 표명했다.[71] 그는 "6·8 부정선거는

71 아래 내용은 모두 한국정치문제연구회, 〈한국정치〉, 5집, 316~331쪽에서 인용했다.

어디까지나 완전히 독재정권화한 박 정권의 영구집권을 위한 뚜렷한 목적의식에서 사전에 계획된 부정"이라고 규탄했다. 그러면서 "우리는 말이 야당생활이지, 그 실제는 이 나라의 민주주의의 기초작업을 위해 온 생애와 목숨을 걸고 정진하고 있는 하나의 건국운동인 동시에 일면 반독재투쟁이요, 한편 어느 의미에서는 전 국민을 위한 피비린내 나는 전선에 임한 차원 높은 혈투"를 하고 있다고 주장했다.

특히 한국 야당은 선진국의 야당 인사가 걷는 순탄하고 희망적인 길이 아니라 형극의 길을 걷고 있기에, 비장한 결의와 역사적 사명감과 함께 자기 행동에 대한 과감한 용기와 확고한 신념이 필요하다고 그는 강조했다. 그러면서 "국민의 대부분이 현 정권에 대한 불만과 저주에 넘쳐 있다는 사실만 가지고 집권의 찬스가 오려니 하고 은근한 기대를 하고 있다면 이것은 너무도 어리석고 무책임한 것"이라고 주장했다. 그리고 "영구집권을 위하여 무소불위로 감행하고 있는 공화당 정권이 언제 무슨 일을 할는지 모르는 오늘의 상황 속에서 우리는 오직 최대의 경계와 인내로서 대처해야 될 것"이라고 결론을 맺었다.

이재형은 다가오는 박정희 대통령의 3선개헌과 장기집권을 미리 예상하고 있었고, 이를 저지하기 위해 야당은 결연한 의지와 행동이 필요하다고 절감했던 것이다.

### 4) 3선개헌 정국에서 겪은 정치적 좌절

1968년 말부터 박정희 대통령의 3선을 위한 개헌 논의가 시작됨에 따라 이재형은 개헌저지에 나서게 되었다. 이승만 대통령의 장기집권이 제1공화국의 붕괴를 가져온 지 8년 만에 다시 집권세력이 똑같은 잘못을 되풀이하는 것이 안타깝기 그지없었다. 그래도 이번에는 3선개헌이 어렵지 않을까 하는 막연한 기대를 가졌다. 공화당 내에서 김종필 계열이 개헌을 반대하는 것은 공공연한 비밀이었기 때문이다.[72] 당시 공화당 내에 개헌반대 국회의원이 40여 명에 달했다.[73]

1969년 4월에 개헌반대 세력은 실력을 과시하기 위해 야당이 제출한 권오병 문교부 장관의 불신임안에 찬성했다. 찬성 89, 반대 57, 기권 3으로 제 3공화국 이래 처음으로 야당의 불신임건의안이 가결되었다. 야당 의원이 모두 48명에 불과한데, 찬성표가 89표가 나온 것은 결국 공화당 내에서 적어도 40여 명은 당의 결정에 따르지 않았다고 볼 수 있다.[74]

---

72 개헌에 반대하는 김종필 계열은 흔히 '9인 위원회'라고 하는 비공식조직을 만들었다. 이 모임은 예춘호, 양순직, 박종태, 정태성, 윤천주, 김성희, 이영근, 김우경, 김택수 등 9명으로 구성되었는데, 실질적 리더는 정구영 전 당의장이었다. 한편 김종필은 중앙정보부의 엄격한 감시를 받고 있어서 참가하지 못했다(예춘호, 1985, "3선개헌: 그 음모와 배신," 〈신동아〉, 8월호, 196~197쪽; 김종필, 《김종필 증언록 1》, 371쪽).

73 이영석, 1987, 《정구영 회고록: 실패한 도전》, 서울: 중앙일보사, 210~211, 245, 264쪽.

74 김종필, 《김종필 증언록 1》, 377쪽.

김종필 계열의 전략은 박정희 대통령의 강압적 조치로 빗나가게 되었다. 박 대통령은 당의 결정에 따르지 않은 모든 의원을 제명하라고 명령했다. 공화당 기율위원회는 찬성표를 던지라고 의원들을 선동한 10명을 선정하여 박 대통령에게 제출한 뒤, 그를 설득하여 5명만 제명하도록 결정했다.[75] 김종필 계열은 이 사건으로 심한 정치적 타격을 입었다. 또한 이 사건을 통해 박 대통령의 3선개헌 의지는 꺾기 힘들 것임이 명백히 드러났다.

그러나 이미 3선개헌을 반대하는 국민의 목소리가 높아지고 있었다. 신민당은 일찌감치 대열을 정비했다. 1969년 2월 '개헌저지 기획위원회'를 설치하고 개헌반대 전국 유세에 돌입했다. 이미 재야인사들이 '3선개헌반대 범국민투쟁위원회'를 발기했다. 그동안 정정법에 묶여 있다 풀려난 이철승, 김선태, 김상돈, 김영선, 윤길중 등이 참여했다.

한편 신민당은 5월 17일 서울에서 개헌반대 시국강연회를 개최했다. 나흘 뒤에 제3차 전당대회를 갖고 유진오 총재 중심의 지도체제를 더욱 굳건히 했다. 전당대회에서 3선개헌 반대를 다짐하는 내용의 결의문을 채택했다. 새로 개정된 당헌은 부총재를 3명에서 4명으로 늘렸는데, 이재형은 유진산, 정일형, 조한백 등과 함께 부총재에 지명되었다.

---

75 양순직, 예춘호, 박종태, 김달수, 정태성, 윤천주, 신윤창, 오학진, 오원선, 김우영 의원 중 앞의 5명이 제명되었다.

6월 들어 대학생들의 개헌반대 시위가 시작되었다. 6월 12일 서울대 법대의 '개헌반대 성토대회'를 시작으로 전국적으로 학생 데모가 불붙기 시작했다. 정부는 재빨리 조기 방학을 실시함으로써 학원 데모를 잠재웠다.

이재형은 개헌 추진세력이 야당에 가하는 정치적 탄압을 점차 실감하게 되었다. 6월 20일 밤에 기상천외한 일이 발생했다. 개헌반대에 혼신의 힘을 기울이던 신민당 원내총무 김영삼이 집으로 들어가기 위해 차에서 내릴 때 초산 테러를 당했다. 다행히 인명 피해는 없었다. 이러한 정치적 테러에 대해 김영삼 의원은 국회에서 '독재자 박정희'와 '어떤 기관(중앙정보부의 별칭)의 만행'을 규탄했다.

국회는 이 사건을 조사하기 위해 특별위원회를 만들었는데, 여당 3인, 야당 3인, 정우회 1인으로 구성되었다.[76] 위원회는 7월 11일 첫 모임을 가지고 이재형을 위원장으로, 공화당의 김창욱 의원을 간사로 선출했다. 7월 14일에는 현장 검증을 실시하고 테러가 완전히 조직적이고 계획적이라는 결론을 내렸다. 그러나 위원회 활동기간이 30일에 불과하여 8월 9일까지 진상을 규명하지 못했다. 범인이 끝내 잡히지 않아 야당은 국회에서 이 사건의 진상을 규명할 길이 없었다. 신민당 유진오 총재가 이 사건의 진상조사를 요구하자, 장경순 국회부의장이 폐회를 선언했다. 야당은 직권남용을 이유로 장경순 부의

---

76 특별위원회 위원은 신민당의 이재형, 조윤형, 박한상, 공화당의 김봉환, 김창욱, 박주현, 정우회의 이원엽 등이었다(중앙선거관리위원회, 《대한민국 정당사 제1집: 1945~1972년》, 683쪽).

장과 이효상 국회의장의 사퇴를 요구했으나 받아들여지지 않았다. 공화당은 오히려 이들을 1969년 7월에 다시 국회의장과 부의장으로 선출했다.

이재형을 비롯한 신민당은 7월 초부터 개헌반대운동에 박차를 가했다. 그동안 공식입장을 유보했던 박정희 대통령이 마침내 "개헌에 반대하지 않는다"고 선언했기 때문이다.[77] 이와 함께 공화당 내 개헌 추진세력은 공개적으로 개헌작업을 진행하게 되었다. 박 대통령과 그의 측근들은 본격적으로 개헌반대자들을 설득하려고 노력했는데, 가장 중요한 목표는 김종필이었다. 1969년 7월, 박 대통령은 김종필을 세 차례 독대하여 설득한 결과 성공했다.[78] 김종필은 개헌반대로 박 대통령과의 인간적 관계에 깊은 상처가 생기고, 집권세력이 분열되는 것을 방지하고자 했다. 그가 개헌지지로 선회함에 따라 공화당 내 개헌반대 세력은 큰 힘을 잃었다.[79]

박정희 대통령은 야당과 학생들의 개헌반대 운동이 가열되자, 7월 25일 특별담화를 통해 "개헌안이 부결되면 불신임으로 간주, 즉각 물러나겠다"면서 "여당은 빠른 시일 안에 개헌안을 발의하고 야당은 합법적으로 반대운동을 펴 달라"는 등 7개 항을 제의했다.[80] 이는 개헌

---

77 중앙선거관리위원회, 《대한민국 정당사 제1집: 1945~1972년》, 135쪽.

78 김종필, 《김종필 증언록 1》, 371~376쪽.

79 1969년 8월 정구영이 김종필의 자택을 방문하여 "개헌에 대해 찬성이나 반대를 하지 말고 그냥 침묵을 지켜 달라"고 요청했으나 후자는 거절했다(김종필, 《김종필 증언록 1》, 381쪽).

80 이성춘, 1984, "김종필은 왜 후계자가 되지 못했나?" 〈신동아〉, 8월호, 156~199쪽.

안 부결이 가져올 권력 공백에 대한 국민의 불안을 이용하여 개헌 찬성을 유도하려는 전략이었다.

개헌저지를 위해 혼신의 힘을 다하던 신민당은 의원 3명(성낙현, 연주흠, 조흥만)의 변절로 충격에 빠졌다. 세 의원은 연속해 기자회견을 열고 "3선개헌을 반대하여 박 대통령을 물러나게 하는 것은 국가와 민족을 위해 도움 되는 일이 아니다"라는 성명을 발표했다. 이들은 개헌찬성을 공식 발표하고 개헌안 발의에 서명했다. 어마어마한 돈을 받고 개헌지지로 돌아선 것이라는 소문이 파다했다. 그동안 소문으로만 떠돌던 공화당 정부 공작정치의 실체를 보여 준 것이다.

이 사실을 접한 이재형은 경악을 금치 못했다. 국민의 당 시절 이후 그의 직계로 활동하며 오른팔이나 다름없었던 조흥만 의원이 변절했기 때문이다. 그는 이재형이 설립한 한국정치문제연구회의 총무이사이며, 신민당 정무위원 12명 중 한 사람으로 측근 중 측근이었다. 이재형은 깊은 배신감과 살을 도려내는 아픔을 겪었다.

마음속 응어리를 삭이지 못하던 이재형과 달리 신민당은 이들의 정치적 배신을 하루빨리 수습하는 조치에 나섰다. 9월 6일 신민당은 의원총회를 열어 3명의 의원을 제외한 44명 전원을 스스로 일괄 제명했다. 다음 날인 9월 7일 유진오 총재의 집에서 전당대회를 열고 당 해산을 결정함으로써 신민당을 해산했다. 신민당이 고육지책을 채택한 이유는 변절한 세 의원의 의원직을 박탈하기 위한 것이었다. 당시 법에 당이 해산하면 의원직을 상실하게 되어 있었다.

신민당은 당 해산 즉시 '신민회'라는 원내 교섭단체를 만들어 활동하다가 개헌안이 국회를 통과한 뒤인 9월 20일 다시 창당대회를 갖고 신민당을 복원했다. 이제 개헌지지 의원은 122명에서 119명으로 줄어들어 개헌안 통과에 필요한 의원 수, 114명보다 5명이 더 많았다. 따라서 야당은 개헌안을 부결시키기 위해 개헌안에 서명한 의원 중 6명의 반대표를 확보하려고 심혈을 기울였다. 9월 들어 공화당은 국회에서 3선개헌 절차를 본격적으로 추진했다.

개헌안에 대한 국회의 질문과 답변에서 이재형은 비장한 어조로 다음과 같이 공화당 의원들을 질타하였다.

> 나는 이 며칠 동안 아직도 늦더위가 그대로 계속되는 초가을의 이 의사당의 음산한 공기를 견딜 수가 없습니다. 개헌을 추진하는 분들은 아무도 나에게 대화를 하려는 분이 없습니다. 진실로 이것이 국가를 위하는 것이라고 자신을 가지고 여러분들이 나왔다고 하면, 야당의 간부인 나에게 왜 소신을 피력하는 분이 121명 가운데 한 분도 없습니까? … 영광된 역사가 불과 몇 분 후에는, 여러분들이 얘기하는 그 영광이 올 텐데, 왜 여러분들이 자신과 용기를 가지고 말을 못하고 계시냐는 말입니다![81]

이재형이 질타한 개헌추진세력의 비겁한 모습은 개헌안 통과 과정에서 그대로 드러났다. 9월 13일, 국회토론이 종결되어 표결 절

---

81 《제7대 국회속기록》, 72회 5차 본회의, 1969. 9. 13; 운경재단, 1997, 《운경 이재형 선생 어록집 II》, 서울: 삼신각, 108쪽 재인용.

차를 남겨 두었으나 야당의 철야농성으로 이루어지지 못했다. 이에 이효상 국회의장은 14일이 일요일이므로 15일에 회의를 속개한다고 선포했다. 그러나 공화당은 일요일인 14일 새벽 2시 25분, 야당이 농성하고 있는 본회의장 건너편 광화문 제3별관 특별회의실에서 야당에 통고하지 않고 회의를 속개하여 개헌안을 통과시켰다. 개헌안에 찬성하는 122명(공화당 107명, 정우회 11명, 무소속 4명)만이 참석하여 25분 만에 변칙 통과시켰던 것이다.

개헌안이 국회를 통과한 후, 공화당은 국민투표에서 과반수의 지지를 확보하기 위해 전국 유세에 나섰다.[82] 공화당은 "안정이냐, 혼란이냐"라는 구호로 개헌지지를 호소했다. 이에 맞서 야당은 "어떤 일이 있어도 장기집권을 막아야 한다"고 국민에게 호소했다. 10월 17일 실시된 국민투표에서 유권자의 77.1%가 투표에 참가하여, 유효투표의 65.1%가 찬성했다. 이로써 박 대통령의 3선이 가능하게 되었다.

야당은 개헌안의 국회 변칙 통과와 국민투표 부정을 이유로 국회 등원을 거부했다. 처음에는 불법으로 통과된 3선개헌안이 무효라고 주장했다. 1969년 11월 야당은 개헌안을 무효화하기 어렵다는 판단 아래 등원 조건으로 선거법 개정과 3선개헌 주역의 사임을 요구했다. 야당은 이효상 국회의장, 정일권 총리, 그리고 4명의 장관이 3선

82 공화당과 김종필의 자세한 유세 내용은 김종필, 《김종필 증언록 1》, 382~385쪽 참조.

개헌에 책임을 지고 물러나야 한다고 주장했다. 그리고 다음과 같이 선거법 개정을 요구했다.

① 중앙정부가 임명하는 지방정부의 장을 선출직으로 바꿔 지방선거를 실시한다. 이는 야당이 지방에 풀뿌리 조직을 만들기 위한 것이다.
② 선거비용을 줄이기 위해 대선과 총선을 동시에 실시한다.
③ 관권선거를 방지하기 위해 행정부 관리들의 선거운동을 금지한다.
④ 국고에서 여당과 야당에게 동일하게 선거자금을 나누어 주는 제도를 도입한다. 이는 공화당의 정치자금 독점을 막기 위한 것이다.
⑤ 언론의 자유 보장과 중앙정보부의 국내 정치 개입을 금지한다.

그러나 공화당은 야당이 지치기만을 기다렸고, 국회는 계속 공전을 거듭했다. 이재형의 심정도 답답하기만 했다.

### 5) 7대 국회 의정활동: 민족주의적 시장경제론

7대 국회는 총선 부정시비와 3선개헌 문제 등으로 여러 차례 파행을 거듭했다. 그러나 이재형을 비롯한 야당 국회의원들은 국정의 난맥상을 파헤치고 정책대안을 제시하기 노력했다.

《국회속기록》에 나타난 이재형의 7대 국회 의정활동을 살펴보면 그의 최대 관심사는 경제문제였음을 알 수 있다. 그의 국회 본회의 발언은 총 일곱 차례였는데, 네 차례가 민생관련 경제정책이었고, 세 차례가 정치적 문제였다. 특히 그는 민생 문제에 관심이 많았다.

〈표 4-4〉 이재형의 7대 국회 의정활동: 본회의, 재경위, 특위 발언의 핵심 주제

| 구분 | 분야 | 발언의 핵심 주제(발표 날짜) |
| --- | --- | --- |
| 본회의 | 경제 | 등유 면세(1967. 12. 13), 근로소득세 면세점 인상(1968. 6. 28), 산업은행법 개정문제(1968. 9. 9), 정부 양곡 수매가 인상 (1970. 7. 16) |
| | 정치 | 3선개헌 반대(1969. 8. 12, 1969. 9. 13), 〈민주전선〉 압수 사건(1970. 7. 14) |
| 재경위 | 조세, 관세 | 등유 면세(1967. 12. 5), 관세 면제자료 요청(1968. 6. 12), 삼성재벌에 대한 보복성 증여세(1968. 6. 20), 근로소득세 면세점 인상(1968. 6. 22), 소득세법 개정안(1968. 6. 27), 세법 개정 (1968. 11. 2, 11. 6), 근로소득세 세율 조정(1968. 11. 16), 정치보복성 세무사찰, 밀주 단속(1970. 11. 13) |
| | 외자 도입 | 차관도입의 난맥상(1967. 12. 12), 포항제철 차관 도입(1968. 11. 9), 한국개발금융에 대한 재정차관(1969. 7. 10) |
| | 예산 | 예산 통과 후 법 상정(1967. 12. 19), 도로정비사업 국채 발행 (1968. 6. 20), 예산정책의 난맥상(1968. 6. 20), 추경의 모순(1968. 6. 20), |
| | 금융 | 중소기업은행법 개정안(1967. 12. 19), 금융기관의 경영 합리화와 민영화(1968. 3. 16), 국민은행 증자(1968. 6. 27), 산업은행 채권 발행 국회동의권 삭제(1968. 6. 28), 산업은행 증자(1968. 7. 2), 정부소유 대한통운 주식 불하(1968. 10. 26), 외환은행 증자 (1969. 4. 28), 산업은행의 대불(代拂) 문제(1969. 7. 10), 신용협동조합에 보조금 지급(1970. 11. 12) |
| | 농업, 양곡, 목축업 | 양곡 정책의 난맥상(1968. 6. 18), 양곡도입 특혜 의혹(1968. 6. 18), 농업용수(1968. 9. 6), 한해 대책(1968. 9. 8), 양곡 연불 도입 (1968. 12. 20, 1969. 4. 24), 공장부지 전환 농지 문제(1969. 4. 24), 비싼 비료 값(1970. 7. 14), 엽연초 품질향상 문제(1970. 11. 16), 낙농차관(1970. 12. 21), 낙농인 육성(1970. 12. 21) |
| | 국영기업 | 대한항공 경영 합리화(1968. 6. 21) |
| 특위 | 6·8 선거 부정조사 | 1차 회의(1967. 12. 8) ~ 18차 회의(1968. 11. 9) |
| | 김영삼 테러 사건 조사 | 1차 회의, 이재형 위원장 선출(1969. 7. 11) ~ 6차 회의(1969. 7. 16) |

본회의 발언도 서민이 사용하는 등유에 대한 세금 면제, 근로소득세 면세점을 8천 원에서 1만 원으로 상향 조정, 정부의 양곡 수매가 인상 등을 주장했다. 또 산업은행을 비롯한 국책은행을 정부가 마음대로 지배 관리하는 관치금융을 바로잡기 위해 노력했다.

물론 이재형은 야당 지도자로서 중요한 정치적 현안을 외면하지 않았다. 예컨대 본회의에서 두 차례 3선개헌 반대토론을 했다. 또 신민당이 발간하는 〈민주전선〉에 김지하의 시 〈오적〉(五賊)이 게재되었다는 이유로 정부가 강제 압수한 사건을 강력히 항의하는 본회의 발언도 했다. 특히 그는 1년간 6·8 총선 부정조사 특위를 구성하기 위한 활동을 했다. 또 3선개헌을 앞두고 김영삼 의원 테러 사건이 발생하자 조사 특위 위원장으로 활동하면서 민감한 정치적 현안을 해결하기 위해 애썼다.

이재형은 7대 국회 4년간 재정경제위원으로 활동하면서 민족주의적 시장경제론자의 시각에서 박정희 정부의 저임금 성장위주 대외의존 경제정책의 문제점을 날카롭게 지적했다. 예컨대 그는 1970년 11월 12일 재경위에서 신용협동조합에 대한 국고보조금 지급 이유를 따졌다. 행정부가 그 근거를 제대로 대지 못하고 "정부와 국제개발처(USAID) 간의 합의로 주기로 했다"고 답변하자, "국제개발처라고 하면 국회의원들이 놀랄 줄 아느냐?"고 비판했다.[83] 그는 외국기관에 의존하여 경제정책을 수립하고 집행하려는 행정부의 반민족적

83 운경재단, 《운경 이재형 선생 어록집 II》, 287~288쪽.

태도를 바로잡으려고 노력했다.

다음으로 이재형의 재경위 활동을 살펴보면, 그가 박정희 정부의 조세정책, 관세정책, 외자도입정책, 예산정책, 금융정책, 양곡정책과 목축업을 포함한 농업정책 등 경제 전반의 문제를 날카롭게 지적하고 합리적인 방안을 제시하려고 노력했음을 알 수 있다. 특히 경제관련 수치를 정확히 제시하면서 행정부 고위관리들의 주의를 환기시켰다. 예컨대, "정부는 추경예산 내국세가 1968년 1,520억 원과 1969년 1,977억 원을 비교하면 차이가 30% 정도라고 주장한다. 그러나 1968년 본예산의 경우 1,260억 원, 1969년은 1,977억 원이므로 56%의 증액이 있었다"고 지적하면서 정부 예산정책의 난맥상을 파헤쳤다.[84]

그러나 이재형의 의정활동은 구조적 요인으로 박정희 정부의 정책을 바로잡는 데 한계를 보여 주었다.

첫째, 본질적으로 권위주의 체제였던 박정희 정권은 야당을 국정 파트너로 인정하지 않고 귀찮은 존재로 생각했기 때문에 이재형을 비롯한 야당의 목소리에 귀 기울이지 않는 경향이 강했다. 3선개헌 전후로 야당 탄압이 더욱 거세졌다. 1969년 김영삼 의원 테러 사건, 1970년 〈민주전선〉 압수 사건, 〈사상계〉를 지원한 김세영 야당 의원에 대한 세무사찰과 사퇴압력 등이 대표적 사례다.

둘째, 박정희 대통령이 기술관료를 중시하고 행정부 위주로 국정

---

84 위의 책, 252쪽.

을 운영하는 바람에 야당은 물론 여당과 국회마저 무시하는 경향이 강했다. 이재형은 이를 바로잡기 위해 노력했으나 허사였다. 예컨대 행정부가 세계은행(IBRD) 출자금 8, 300만 원을 예산에 넣어 통과시킨 후 이를 뒷받침하는 법안을 상정하자, 이재형은 법안도 만들지 않고 예산부터 책정한 '무법' 행위를 질타했다. 그는 재경위에서 "우리는 여기에 앉아서 당신들 얘기하는 것을 듣고 손들러 온 줄 알아? 여기는 국회야!"라고 강력히 항의했다.[85] 행정부가 중소기업은행 증자를 위해 여당 의원 발의로 법안을 내자, 여당이 행정부의 하수인 노릇을 해서는 안 된다고 지적했다.[86] 그리고 국회를 무시하며 자료 제출을 회피하고 거부하는 행정부의 처사를 강력히 비판했다.[87]

셋째, 7대 국회의 야당 의석이 44석 내외로 전체 의석의 4분의 1에 불과했기 때문에 여당이 다수결주의로 밀어붙이는 바람에 입법을 비롯한 의정활동에 한계가 있었다. 1967년 재경위에서 신민당은 의석수가 적어 예산심의와 국정감사를 동시에 진행하는 데 어려움을 겪는다고 호소했다.[88] 1968년 이재형은 근로소득세 면세점 인상을 위해 노력했으나 여당의 수적 우위를 돌파하기 힘들어지자, "다수의 영도는 될지언정 수시로 소수의 의견이 용납되는 과정이 있을 적에 그것은 다수거나 소수가 신봉할 가치가 있는 체제"라고 지적했

85 위의 책, 187~188쪽.

86 위의 책, 188~191쪽.

87 위의 책, 247~249쪽.

88 위의 책, 182~183쪽.

다.[89] 당시 그를 비롯한 야당 국회의원들은 근로소득세 면세점을 8천 원에서 1만 원으로 상향 조정할 것을 주장하다가, 9천 원으로, 다시 8,500원까지 타협했으나 공화당 국회의원이 청와대를 다녀온 후 이를 거부했다. 박정희 정부의 행정부 독주와 공화당의 기계적 다수주의 앞에서 그는 정치적 좌절감을 느꼈을 것이다.

## 5. 신민당 당수 경쟁과 새로운 정치적 선택

1969년 박정희 대통령의 3선개헌안이 통과된 후 야당은 '만년야당'이 될지도 모른다는 위기감이 팽배했다. 이를 극복하기 위해 40대 기수론이 등장한 가운데 이재형은 1970년 신민당 당수 경쟁에 나섰으나 실패했다. 신민당 대선후보 경선 후, 당권을 장악한 유진산과 대선후보가 된 김대중은 연합해 유력한 당권경쟁자인 이재형을 배제했다. 이에 대응하기 위해 1971년 2월 이재형은 신민당 탈당을 선언했다.

이제 이재형을 중심으로 1969년 3선개헌 이후 정당정치를 분석해 보자. 시기는 40대 기수론이 나온 1969년 11월부터 이재형의 탈당 선언이 나온 1971년 2월까지이다.

---

89 위의 책, 221~222쪽.

### 1) 신민당 내 40대 기수론 등장

신민당은 3선개헌 저지에 실패한 후 심각한 위기에 봉착했다. 이제 박정희 대통령의 독재가 본격적으로 시작되는 상황에서 민주주의를 지킬 수 있는 방안이 마땅치 않았던 것이다. 국회를 비롯한 정상적 정치과정을 통해 독재에 저항할 수 있는 길이 보이지 않았다. 더구나 신민당은 3선개헌 투쟁과정에서 쓰러진 유진오 총재가 입원 중이어서 리더십 공백상태였다.

3선개헌이 국회에서 통과한 지 2개월 만인 1969년 11월 8일, 김영삼 원내총무가 아무도 예상치 못한 공식 선언을 발표했다.

> 우리 야당은 빈사상태를 헤매는 민주주의를 회생시키는 데에 새로운 각오를 다져 앞장서야 할 사명 앞에 있습니다. 이 중대하고 심각한 사명의 대열에서 깊은 의무감과 굳은 결단, 그리고 벅찬 희생을 각오하면서 1971년 선거에 신민당의 대통령 후보로 나설 결의를 당원과 국민 앞에 밝히는 바입니다. 90

이 선언은 당내 서열을 중시하는 신민당의 질서를 흔드는 폭탄선언이었다. 당시 김영삼의 나이는 불과 42세로 대통령 후보가 되기에는 상대적으로 매우 젊은 편이었다. 이 선언으로 신민당은 벌집

---

90 운경재단, 《정치 이전의 것을 하러 왔소》, 357쪽.

쑤셔 놓은 꼴이 되었다. 이재형을 비롯한 당 간부들은 전후 사정을 파악하기 위해 노력했다. 이재형은 당 사무총장인 고흥문에게 연락했으나, 그도 금시초문이었다.

나중에 밝혀진 바로는 당시 김영삼은 병원에 입원 중인 유진오 총재에게만 이 일을 사전에 알렸기 때문에 아무도 모르고 있었다. 김영삼이 속해 있던 계보의 수장인 유진산조차 까맣게 모르고 있었다. 이재형을 비롯한 당의 노장파는 김영삼의 선언을 젊은 정치인의 치기 어린 행동으로 보았다. 처음에 그냥 돌발적 사건으로 여겨졌던 그의 선언은 당내 리더십 공백 상황과 맞물려 점차 엄청난 정치적 파장을 낳았다.

당시 신민당은 3선개헌 국민투표에서 전례 없이 392만 표라는 큰 차이로 참패했기 때문에 국민의 지지가 약화되고 있다는 위기감을 느꼈다. 또 개헌안의 국회 표결을 앞두고 뇌동맥경화증으로 입원한 유진오 총재를 대신할 리더십이 없어 당은 완전히 구심점을 잃었다. 한편 개헌반대 투쟁과정에서 강경파로 등장한 김세영, 장준하 등 비주류는 당직자 인책을 요구하면서, 당 체질개선 운동을 주도하였다. 그러나 당 체질개선 운동은 말만 무성할 뿐 아무런 진전이 없었다.

이런 상황에서 김영삼의 폭탄선언이 나오자 당내 소장파의 지지가 잇따랐다. 그의 선언이 나온 지 열흘 뒤인 11월 18일, 김대중도 대통령 후보 지명전에 나설 뜻을 밝혔다. 이른바 40대 기수론이 당내는 물론 여론의 지지를 얻자, 1970년 1월로 내정된 신민당의 전당대회가 매우 불투명해졌다. 사실 이 전당대회는 유진오 총재 중심으로 당 체질개선과 당풍쇄신을 하기 위해 조기에 소집된 것이다. 그런데 유 총재의 요양이 장기화되면서 그의 정계복귀가 불투명해졌기 때문에 당내 분위기가 달라지기 시작했다. 그가 1971년 대선후보가 될 수 있을지 의문시되었고, 급기야 거취결정을 강요당하는 입장이 되었다.

1969년 12월 초, 병 치료를 위해 일본에 있던 유진오 총재가 유진산 부총재에게 편지를 보내 정무회의에서 결정한 1월 26일 전당대회를 무기 연기할 것을 요청했다. 이제 신민당은 전당대회 개최 여부를 두고 계파 간 힘겨루기가 시작되었다. 애초에 전당대회 개최를 주장했던 비주류는 이제 연기론을 찬성하게 되었다. 비주류는 전당대회에서 주류의 유진산이 당수가 되는 것을 막고자 했다.

이미 진산계는 김영삼 의원의 대선후보 출마선언 직후 모임을 가지고 유진산을 차기 총재로 추대할 것을 결정한 상태였다. 진산계의 계획은 1월 전당대회에서 당권을 장악한 후 5월의 정기 전당대회 이후에 대선후보를 결정한다는 것이었다. 이들은 유진오 총재의 와병에 따른 당의 리더십 공백상태를 더 이상 방치할 수 없다는 정치적 명분을 앞세워 1월 전당대회를 추진했다. 비주류 인사가 일본으로 가서 유 총재에게 직접 전당대회 연기를 요구했다. 1970년 1월 2일, 진산이 급히 일본으로 건너가 두 차례에 걸쳐 유 총재와 회담을 가졌다.

1월 7일 진산이 이른바 도쿄 선언을 발표했다

나는 요양을 계속해야 할 건강상의 이유로 총재직을 사퇴한다. 전당대회는 예정대로 1월 26일에 열되 대통령 후보 지명대회는 오는 9월까지 미루기로 유진산 수석부총재와 합의했다.

전혀 예상치 못한 일이었다. 불과 10여 일 전에 대회 연기를 요청했던 유 총재가 자신의 의사를 완전히 뒤엎은 것이었다. 유 총재의 도쿄 선언을 두고 갖가지 추측이 난무했다. 유 총재가 유진산에게 말려들었다, 둘 사이에 모종의 협약이 있었다, 당권은 유진산이 갖고 유 총재는 추후에 대권후보로 나서기로 했다 등의 말이 나왔다. 그러나 자세한 내막이 밝혀지지 않은 채 신민당은 당권을 두고 진산계와 반진산계가 치열한 싸움을 전개했다. 이 과정에서 당내 계파 간의 이합집산이 일어났다. 그리고 당수 후보로 이재형이 정치적 주목을 받기 시작했다.

### 2) 1970년 신민당 당수 경쟁에서 패배

당시 신민당의 계파구성을 분석해 보면 다음과 같다.

첫째, 당의 최고 집행기구인 정무회의는 외형상으로 각 파벌 간에 완전한 세력균형을 이루고 있었다. 주류 7인, 비주류 7인, 유진오 총재가 이끄는 필동계 6인 등으로 상호견제와 안정체제가 구축되어 있었다.

둘째, 1968년 전당대회 이후 이재형이 독자적 세력을 확장함으로써 그동안 약화되었던 구 신한계가 두각을 나타내기 시작했다.

셋째, 신민당에 합류한 이후 줄곧 진산계에 의존하던 유진오 총재가 권한을 강화하면서 자파세력을 확장하기 시작했다.

마지막으로, 조직적 세력을 갖지 못한 중도계 인사들(박기출, 박병배, 장준하, 정운갑, 임철호, 정상구, 신동목, 이상돈 등)이 당의 한 축을 이루고 있었다.[91]

이런 파벌 구조 속에 당내 주류이던 진산계는 결속을 다졌다. 진산계는 수적으로 우세했기 때문에 당권경쟁에서 승리할 수 있다고 확신했다. 고흥문, 양일동, 이민우, 김수한, 유치송 등이 진산계의 주축이었다. 이들은 당내 합의를 통해 유진산을 당수로 추대하고자 했지만, 여의치 않으면 표 대결을 통해 당권을 장악하겠다는 속셈이었다. 그러나 겉으로 단단하게 보였던 진산계 내부에 분열이 발생했다. 대선후보 출마를 선언한 김영삼이 유진오 총재의 유임을 주장하면서 진산계에서 이탈했다. 김영삼의 주장에 윤제술, 신상우, 서범석, 조윤형, 김현기 등이 동조하면서 이른바 신주류가 등장했다.

진산계에 속하지 않는 정치인들은 자연스럽게 반진산계를 형성했다. 반진산계는 이재형을 중심으로 한 구 신한계, 정일형을 중심으로 한 구 민주계, 장준하와 박기출 등이 주도하는 중도파가 참여하는 연합체였다. 겉으로 보기에는 반진산계도 제법 세력을 형성하고 있었다. 그러나 당당한 외형과 달리 수많은 계파가 연합함으로써 구심점이 없다는 약점을 안고 있었다. 따라서 이들이 유진산과의 경쟁

---

91 위의 책, 362쪽.

에서 승리하려면 각 계파 간의 견고한 제휴가 필요했다.

이런 상황에서 비주류는 당권경쟁에서 이재형을 진산의 대항마로 지목했다. 이들은 이재형이 비주류의 연합전선을 이끌어 유진산의 당권장악을 막을 수 있을 것으로 판단했다. 이재형은 구 신한계를 기반으로 신민당 창당에 참여했지만 1968년 전당대회에서 부총재를 맡으며 한때 진산계와 가까운 범주류로 분류되기도 했다. 하지만 원칙주의자인 그의 정치노선은 권모술수에 능한 유진산과 궤를 달리했다. 당권을 장악하려는 진산계의 속셈이 표면화되자마자 그는 이미 반대 입장을 분명히 밝혀 놓은 상태였다. 게다가 그는 진산계에 이어 두 번째로 큰 자신의 계보를 거느리고 있었다. 정치적 경륜을 보더라도 5선의 그는 유진산에 필적할 만한 당수 경쟁자가 될 수 있었다. 특히 유진산에게 가장 큰 약점인 정치자금 문제에서 흠이 없을 뿐만 아니라 탄탄한 재력가로 알려졌다.

전당대회에 대비하여 비주류가 반진산 연대를 구체적으로 모색하기 시작했다. 1970년 1월 9일, 정성태, 김재광, 정헌주, 김응주, 장준하, 정운갑, 박영록, 이정래, 태완선, 이상돈 등이 회합을 가지고 당수 경쟁에서 승리하는 방안을 논의했다. 최대 현안은 비주류의 양대 거물인 이재형과 정일형 부총재의 제휴 문제였다. 정일형은 비주류의 한 축을 담당하던 구 민주계의 수장으로 상당한 세력을 가지고 있었다. 양자 간의 제휴 없이는 진산을 이길 수 없다는 것은 명약관화했다.

그러나 복잡한 당내 계파들의 정치적 계산 때문에 결국 이재형과 정일형은 유진산과 맞설 후보 단일화에 실패했다. 이재형계와 정일형계는 서로 자신들이 상대방보다 세력이 크다고 믿고 있었다. 그렇지만 단일세력으로 진산계를 넘어설 수 없다는 생각을 공유하고 있었다. 그리하여 두 사람이 모두 경선에 참여하되 1차 투표의 과반수 미달로 2차 투표에 들어갈 경우 두 사람 중 득표수가 적은 쪽이 상위 득표자를 집중 지원하기로 합의했다. 절반의 성공이었다.

이 가운데 진산계도 당권경쟁에서 이기기 위해 재야세력의 포섭에 나섰다. 자유당 시절부터 가까웠던 이재학 등 구 자유당계를 흡수하고, 김준섭 등 민주당계 22명과 윤길중 등 혁신계 10명을 자신의 지원부대로 영입했다. 뒤에 40대 기수의 한 사람으로 등장하는 이철승의 입당도 이루어졌다. 뿐만 아니라 유진오계의 대부분을 포섭했음은 물론 조한백 부총재와 홍익표 등 비주류계 일부의 지지도 받아냈다. 반면 정일형계는 김대중계와 연합했고, 이재형은 윤보선계와 국민의 당계의 지지를 얻었다.

당시 언론은 진산계의 세력이 가장 강하다고 보았지만 반진산 세력도 무시할 수 없다고 인정했다. 따라서 1차 투표에서 진산계가 과반을 얻어 승리하기는 힘들 것으로 보았다. 결국 이재형과 정일형 후보 중에서 누가 더 많은 표를 얻느냐, 그리고 2차 투표에서 양자가 약속대로 상대방을 적극적으로 지지할 것이냐는 것이 최대의 관심사였다.

1970년 1월 26일, 마침내 서울 시민회관에서 신민당 전당대회가 열렸다. 대의원 606명이 참석한 가운데 곧바로 총재 선출을 위한 투표가 실시되었다. 1차 투표 결과, 이재형은 192표로 유진산에 이어

2위를 차지했다. 유진산이 286표, 정일형이 125표였다. 이론적으로 볼 때 이재형과 정일형의 표를 합하면 유진산의 표를 넘어설 뿐만 아니라 과반보다 많기 때문에 이재형이 총재가 될 수 있었다. 김원만, 한건수 등 이재형계의 가슴은 설레기 시작했다. 약속대로 정일형은 신상발언을 통해 당수경쟁 포기를 선언했다. 정계에 투신한 지 꼬박 20여 년 만에 이재형이 명실상부한 정통 야당의 당권을 쥘 수 있는 기회가 다가오고 있었다.

전당대회는 속개되었고 2차 투표가 시작되었다. 그런데 이게 어찌된 일인가? 2차 투표는 예상과 달리 유진산의 완승으로 끝났다. 그것도 유진산 327표, 이재형 276표로 무려 51표의 차이였다. 철석같이 믿었던 정일형 지지표의 30% 이상이 약속을 지키지 않은 셈이었다. 정일형이 약속대로 이재형 지지를 공개적으로 표명했으나, 투표에서는 자파 대의원 개개인의 의사에 맡겨 버리면서 적극적 지지에 나서지 않은 탓이었다. 물론 그 틈새를 놓치지 않고 대의원 개개인을 상대로 회유에 나선 진산계의 전략이 한몫을 했다. 진산계는 지방 대의원들을 특정 여관에 합숙시키며 표 단속은 물론 돈 봉투를 안겨 주며 매수하면서 각종 수단을 동원한 것으로 알려졌다. 당시 이재형을 도와준 신민당 중앙당 조직부장 박종진은 이재형이 "돈 안 드는 정치를 하겠다는 원칙" 때문에 패배했다고 증언했다.[92]

3선개헌으로 국회를 보이콧하던 신민당은 유진산이 새 총재로 등

---

92 위의 책, 365쪽.

장함에 따라 노선을 바꿀 가능성이 높아졌다. 유진산은 "이제 신민당은 종래와 같은 극한투쟁을 삼가고 신축성 있는 태도로 임해 국회가 효율적으로 운영되도록 할 방침"이라고 천명했다. 박정희 정부는 원칙주의자 이재형보다 진산이 야당 총재가 된 것을 반가워했다. 공화당은 야당과의 대화와 협상을 통해 국회를 정상화한다는 명분 아래 1970년 1월, 원내총무 김택수를 김진만으로 교체했다. 후자는 정치경험이 풍부한 구 정치인 출신으로 1963년 공화당에 참여한 후 이른바 4인 체제의 핵심인사가 되었다. 그러나 여야 간 협상에 진전이 없어 공화당은 계속 단독으로 국회를 운영했다.

1970년 5월, 유진산은 여야 협상과 관계없이 독자적 등원을 결정했다. 9개월 만에 국회가 정상화되었다. 등원과 함께 야당은 새로운 요구를 내놓았는데, 작년 11월에 야당이 내놓은 정치개혁안보다 훨씬 양보한 것이었다.

야당의 새로운 정치개혁안 내용은 다음과 같다.

① 내무부 대신 선거관리위원회가 유권자 명부를 작성한다.
② 국고에서 선거비용을 마련하여 양대 정당에 똑같이 배분하는 제도를 도입한다.
③ 도시 인구증가를 고려하여 선거구 재획정을 통해 도시 선거구를 늘려 도시 유권자의 대표성을 높인다.

세 번째 안은 당시 도시화가 급속도로 진행되면서 농촌 인구는 줄어들고 도시 인구는 늘어나고 있었기 때문에 도시에서 강세인 야당이 도시 선거구를 늘리려는 것이었다. 여야의 선거법 협상을 거쳐 야당은 도시 선거구를 늘리는 데 성공했다. 그 결과 국회의원 정수가 175명에서 204명이 되었다. 농촌 선거구를 가진 국회의원들의 반발을 줄이기 위해 농촌 선거구를 줄이지 않고 그대로 둔 채로 도시 선거구만 늘렸기 때문이다.

### 3) 1970년 신민당 대선후보 경쟁과 이재형의 선택

유진산 체제가 출범한 지 일주일 만인 1970년 2월 2일, 윤보선이 전격적으로 신민당 탈당을 선언했다. 젊은 신진세력은 즉각적으로 당내 민주화를 촉구하고 나섰다. 특히 40대 기수론을 처음으로 제창하고 나선 김영삼과 이에 뒤늦게 합류한 김대중, 그리고 마지막 후발주자인 이철승이 점차 세력을 확장하기 시작했다.

한편 신민당은 지난 전당대회를 앞두고 40대 기수들이 주장한 "당수와 대권후보 동시 지명"을 간신히 무마하면서 후보 지명대회를 6월로 연기한 상태였다. 앞으로 반년 이내에 당은 어떤 방식으로든 대선후보를 결정해야 할 형편이었다. 이재형을 비롯한 수많은 신민당 지도자가 대선후보 선정 시기와 방식을 두고 치열한 공방전을 벌였다.

첫 번째 쟁점은 40대 대선후보에 대한 찬성 여부였다. 유진산은 40대 기수들을 '구상유취론'(口尙乳臭論)과 '정치적 미성년자론' 등으로 깎아내렸다. 위계질서와 선후배 서열을 중시하는 보수야당의 전통이 사라질지 모른다는 위기의식의 발로였다.

그렇다면 40대 후보의 대안은 무엇인가? 이런 물음에 해답을 찾는 과정에서 이재형은 본의와 상관없이 그의 대권 출마설이 거론되었다. 이미 유진산은 당권 획득 직후 40대 기수들과 대권후보 경선은 절대 하지 않을 것이라고 천명했다. 따라서 당권은 비록 유진산에게 돌아갔지만, 당내 2인자로서 이재형의 존재감은 한층 커졌다. 여기에 몇몇 비주류 노장파들이 뜻을 보탬으로써 이재형이 40대 기수론의 대안으로 부상했던 것이다.

이에 이재형은 "범국민적 후보를 뽑기 위해 재야 각계를 망라한 야당 대통령 후보 추대기구를 구성"할 것을 주장했다.[93] 유진산도 이러한 이재형의 뜻에 동조하고 나섰다. 그러나 그는 이재형을 견제하기 위해 재야의 허정, 백낙준, 이범석 등의 옹립을 주장했다. 노장들과 40대 기수들 간의 힘겨루기가 계속되는 가운데 시간은 흘러 대선후보 선정을 약속한 6월 말이 다가왔다.

6월의 마지막 화요일에 유진산은 신민당 정무회의에서 뜻밖의 제의를 하고 나섰다.

> 현재 후보경쟁으로 거론되는 사람이 당내에서만 무려 7명이 되고, 또 당 외에 있는 분을 모시자는 사람도 있습니다. 이러한 당론의 격심한 분열 속에서는 지명대회를 열 수 없다고 생각됩니다.[94]

---

93 위의 책, 376쪽.

94 위의 책, 377쪽.

여기서 유진산은 후보로 지목된 7명의 이름을 일일이 거론했는데, 유진오, 김영삼, 김대중, 이철승, 정일형, 박기출, 김홍일 등이었다. 그는 의도적으로 이재형을 제외한 채 지명대회 연기를 주장했다. 결국 노장 중심으로 이루어진 정무회의는 6월 지명대회를 9월로 연기했다.

이후 진산은 도저히 갈피를 잡을 수 없는 정치적 행보를 보였다. 8월에는 진산 본인이 대선후보에 출마할 뜻을 비쳤다. "정치라는 것은 변화하는 여건을 따라가는 것인데, 내가 불출마의 뜻을 밝힌 일이 있다고 해서 마치 대통령 후보 문제에 대한 나의 공민권을 박탈하려는 듯한 일부의 태도는 심히 불쾌한 일이 아닐 수 없다"고 말한 것이다. 당연히 40대 기수들이 반발했다. 이들은 진산에게 불출마 약속을 지켜 달라고 강력히 요구했다.

그러자 진산은 당내에 대통령 후보 조정 12인 위원회를 발족하면서 "만장일치의 감격스러운 추대가 성사될 수 있도록 해 달라"고 당부했다.[95] 위원회가 후보 단일화를 이룰 수 있을 것으로 믿는 사람은 아무도 없었다. 당 총재인 유진산은 책임을 회피하기 위해 위원회를 발족했던 것이다. 결국 진산이 시간을 벌기 위한 권모술수에 불과했다. 원칙을 중시하는 이재형은 신민당의 장래가 심히 걱정스러웠다.

대선후보 선출 문제와 관련하여 진산의 애매모호한 태도가 계속

95 이 위원회에 양일동, 정성태, 박병배, 이충환, 김재광, 신도환 등이 참여했다(위의 책, 377쪽).

되자, 40대 기수 세 사람이 모여 공동전선을 펴기로 합의했다. 세 사람이 단일화에 노력하고, 단일화가 이루어지지 않으면 선의의 경쟁을 할 것과 1차 투표에서 모두 과반수 미달이면 2위와 3위는 1위를 만장일치로 추대하고, 다른 경쟁자가 있으면 1위에게 표를 몰아줄 것 등이 주요 내용이었다.

세 사람의 합의가 도출되자 이재형은 앞장서서 그들의 경쟁을 지지하는 입장을 표명하고 나섰다. 이재형이 비로소 40대 기수들의 목소리를 긍정적으로 받아들이자, 신민당 내 주요 인사들이 이들의 경쟁을 공식적으로 지지하기 시작했다. 김홍일, 정헌주 등이 지지를 표명하면서 당의 체제개편까지 요구하고 나섰다.

이런 상황에서 고흥문이 당내 혼란을 피하기 위해 진산이 후보 경쟁에 나서지 않도록 설득했다. 처음에는 요지부동이던 진산도 차츰 고흥문의 주장에 동조했다. 그가 드디어 "내가 만약 지명전을 포기한다면 40대들도 마찬가지로 여기에 상응하는 노력이 있어야 할 것이오"라고 주장했다.[96]

1970년 9월 25일, 진산은 40대 후보 3명과 그동안 조정 역을 맡아오던 고흥문 등 4명을 자택으로 불러 자신이 한 말의 의미를 더욱 정확히 밝혔다. 그는 40대 후보 3명 중 한 명을 추천하는 권한을 자신에게 달라고 요구했다. 이는 "우리 중 누가 후보로 결정되더라도 승복한다"라고 결정한 세 사람의 합의를 역공한 것이었다. 진산은 만

96 위의 책, 378쪽.

약 자신의 제안을 받아들이지 않는다면 세 사람의 서약정신과 근본적으로 모순되는 것이라고 거세게 몰아붙였다.

김영삼과 이철승은 결국 그 자리에서 진산의 제안을 수락하고 말았다. 하지만 김대중은 즉각적 대답을 보류했다가 다른 제안과 함께 거부의 뜻을 표명했다. 그는 진산 단독이 아니라 당내 6인의 지명단을 구성하여 추천한다면 추천권을 위임하겠다고 제안했다. 그는 진산 외에 이재형을 필두로 정일형, 양일동, 홍익표, 서범석 등을 지명단으로 추천했다.

자신의 제안을 김대중이 거부하자 진산은 후보 지명대회 이틀 전인 9월 27일 아침 일찍, 당내 중진들을 모아 놓고 "김영삼과 이철승 둘 중에서 한 명을 후보자로 추천하여 일사불란한 당의 단합을 과시하겠습니다"라고 선언했다. 그리고 그는 두 사람으로부터 자신의 추천에 무조건 승복하겠다는 서약서에 날인을 받았다. 두 사람은 서로 자신이 진산의 추천을 받을 것이라고 믿었다. 김영삼은 민주당 구파 시절부터 진산과 같은 계보에서 활동했다는 오랜 인연을 믿었다. 한편 이철승은 총재 경선에서 진산을 밀었다는 점과 자신의 숙부와 진산의 친분이 아주 두텁다는 점을 믿었다.

진산은 두 사람으로부터 서약을 받고 나서도 자신이 누구를 낙점하고 있는지 쉽게 밝히지 않았다. 다만 그날 저녁에 그는 당내 2인자인 이재형에게만 속내를 털어놓았다. 이재형은 즉시 김영삼을 자택으로 불러 이를 알려 주었다. "조금 전에 유 당수를 만난 자리에서 기왕 추천권을 행사할 바에는 김영삼 씨를 추천하도록 건의했소. 그리고 유 당수도 그럴 생각이라는 대답을 받아냈소이다."[97] 이제 김영삼이 후보 지명을 받을 것으로 예상되었다. 진산계가 후보 지명대회 대의원의 5분의 2가 넘고, 당내 제2의 계보를 지닌 이재형이 김영삼을 밀기로 했으니 결과는 이미 나온 것과 마찬가지였다.

1970년 9월 29일, 드디어 신민당 대통령 후보 지명대회의 막이 올랐다. 대회가 열렸던 시민회관의 분위기는 압도적인 김영삼의 승리를 예상했다. 그가 과반수만 넘기면 되지만 계산상으로 3분의 2도 능가할 수 있다는 섣부른 예측이 나왔다. 그러나 투표 결과는 당 내외 예상을 뒤엎는 이변을 낳았다. 총 904명의 대의원 중 885명이 참가한 1차 투표에서 김영삼 421표, 김대중 382표, 백지투표 78표, 무효표 2표였다. 백지투표는 대부분 이철승 지지표였다. 유진산의 추천을 받은 김영삼이 김대중보다 39표를 더 획득했으나 과반수에는 22표가 모자라 2차 투표에 들었다.

김영삼과 주류 측은 당황한 빛이 역력했고, 김대중 측은 사실상 승리했다며 환호성을 올렸다. 대회장은 순식간에 아수라장이 되었다. 78표의 백지투표는 즉각적으로 이철승의 것으로 지목받았다. 이 후보가 진산에게 약속한 것을 지키지 않은 것으로 보였다. 이처럼 예상을 뒤엎는 1차 투표 결과로 장내는 긴박감이 넘쳐흘렀다. 김영삼 후보와 김대중 후보 진영의 참모들은 마지막 순간까지 부동표를 흡수하기 위해 뛰어다녔다.

---

97 위의 책, 380쪽.

대회 분위기는 급속도로 김대중 쪽으로 기울어졌다. 김영삼 측은 이철승계의 이탈 외에도 이재형계뿐만 아니라 범진산계와 당수 직계의 표를 얻지 못했다는 자책감에 시달렸다. 급기야 진산계의 주류는 이재형을 찾아와 전당대회 연기안의 철회까지 약속했으나 이미 때는 늦었다. 진산이 당권을 빼앗기는 위험을 무릅쓰고 이러한 약속을 지킬지는 아무도 알 수 없는 일이었으니 이재형은 이를 믿을 수 없었다.

결국 이철승계와 이재형계의 상당수가 호남출신이자 구 민주당 신파 출신이었으므로 김대중 지지 쪽으로 기울었다. 더욱이 사태를 관망하던 조연하는 마침내 "김영삼 씨에게는 미안한 일이지만, 유 당수에게 본때를 보여 주기 위해 불가피하다"는 통보를 보냈다. 이제 김대중의 후보 지명이 눈앞에 다가왔다. 2차 투표 결과 김대중 458표, 김영삼 410표, 기타 16표로 김대중이 과반보다 15표를 넘어서는 승리를 거두었다. 반면 김영삼은 1차 투표보다 11표가 줄어들었다. 이로써 작년 11월부터 시작된 신민당 대선후보 경선은 11개월 만에 막을 내렸다.

1970년 신민당의 대선후보 경선은 4가지 측면에서 우리나라 정치사에 커다란 이정표를 남겼다.

첫째, 한국 정당이 민주적 방식으로 대선후보를 선출할 가능성을 보여 주었다. 그동안 여당은 경선 없이 당수가 자동적으로 대선후보가 되었다. 한편 야당은 당내 보스가 밀실에서 대선후보를 결정하는 경향이 강했다. 그런데 신민당이 과거의 비민주적 대선후보를 선출

방식에서 탈피한 것이다.

둘째, 후보 지명대회의 패자들이 그 결과에 깨끗이 승복하는 선례를 남겼다. 과거에 야당 지도자들은 당수나 후보 경선에서 패배하면 승복하지 않고 탈당하여 신당을 창당하기도 했다. 그러나 이번 지명대회에서 패자인 김영삼은 김대중의 승리가 선포되자 단상에 올라 약속을 지킬 것을 만천하에 선포했다.

셋째, 신민당 지도부의 세대교체가 확실히 가시화되었다. 비록 패배했지만 지명대회를 거치면서 김영삼과 이철승이 승자인 김대중과 함께 당내에서 확고한 지지기반을 마련했다.

마지막으로, 세 대선후보가 지방 대의원의 지지를 얻기 위해 노력한 결과 중앙당과 지방당의 연계가 더욱 튼튼해졌다. 과거에는 이런 경선이 거의 없었기 때문에 지방 대의원들은 중앙당 보스가 지시하는 대로 따르는 경향이 강했다. 그러나 이 경선을 계기로 지방 대의원들도 자신의 소신에 따라 후보에게 투표하여 당과 일체감이 커짐으로써 신민당의 지방조직이 과거보다 활성화되었다. 이는 다가오는 대선과 총선에서 신민당 선거운동에 큰 자산이 될 것으로 예상되었다.

#### 4) 1971년 신민당 탈당 선언

대선후보 지명대회 후 신민당의 중심이 급격히 40대로 이동하는 현상이 나타나면서 당내 세대갈등이 불거졌다. 그동안 서열을 중시해온 보수야당이 40대를 대통령 후보로 내세우면서 50, 60대인 당 지도부는 충격에 빠졌다. 40대가 갑자기 제1야당의 대통령 후보가 되어 노회한 박정희 대통령을 상대로 대선을 제대로 치를 수 있을지도 의문이었다. 당시 56세이던 이재형 역시 앞으로 40대가 당을 맡아 대선을 치르는 것이 불안했다.

더 심각한 당내 갈등은 대표위원 유진산의 리더십을 둘러싸고 일어났다. 진산이 추천한 김영삼 후보가 패배한 것은 곧 그에 대한 불신임이기 때문에 대표위원직에서 물러나야 한다는 주장이 대두되었다. 당시 진산은 박정희 정권의 권위주의가 갈수록 기승을 부리는데도 여전히 온건노선을 주장했다. 그는 야당이 "반대를 위한 반대"를 해서는 안 되고, 특히 장외투쟁보다 국회에서 대여투쟁을 해야 한다는 입장이었다. 그러나 국회에서 여당이 수적 우위를 앞세워 독주하는 바람에 야당의 역할은 매우 제한적이었다. 진산 반대파들은 신민당이 박정희 독재정권의 '들러리' 역할을 하고 있다고 비판했다.

지명대회가 끝나자마자 반대파는 당헌에 따라 1970년 11월 중에 전당대회를 요구했다. 특히 당을 선거체제로 전환하기 위해 전당대회가 필요하다고 주장했다. 이에 반해 유진산 당수체제 유지를 원하는 주류 측은 1971년 선거를 앞두고 당의 기능을 약화시킬지도 모른다는 이유를 내세워 전당대회 연기를 획책했다. 양측은 자신들의 주장을 관철하기 위해 서로 세력을 모으려고 노력했다. 유진산 중심의 주류세력은 '당풍쇄신 동지회'를 조직하여 세력을 규합했다. 한편 당권에 도전할 야심을 가진 이재형, 정일형, 이철승을 비롯한 비주류세력은 '수권태세강화 추진위원회'를 조직하여 전당대회에 대비했다.

이런 상황에서 김대중 후보가 전당대회 연기를 주장하는 주류세력에 동조함으로써 전당대회를 연기하게 되었다. 그 대신 당을 사실상 당수와 대통령 후보가 공동으로 이끄는 선거체제로 바꾸기로 했다. 이는 유진산 당수와 김대중 후보 간의 정치적 타협의 산물이었다. 전당대회 개최를 주장했던 이재형은 크게 실망했다. 특히 김대중이 대선후보 경선에서 자신을 배제하고 김영삼을 지지했던 유진산과 손을 잡은 것이 이재형에게는 도무지 이해할 수 없는 일이었다. 대선후보가 된 김대중이 유력한 당수 후보인 이재형을 배제하기 위해 일시적으로 진산과 손잡은 것이라고 해석할 수밖에 없었다. 다시 말해 이재형을 밀어내기 위해 유진산과 김대중이 의기투합했다는 것이다.

이런 해석은 정치적 현실로 나타났다. 11월 28일 신민당 중앙상무위원회는 전당대회 연기를 결정하고 당헌을 개정하여 정무회의 기능을 정지시켰다. 당은 1971년 양대 선거가 끝날 때까지 과도기적 당 운영기구로서 선거대책위원회를 구성했다. 선거대책위원회는 최고의결기구로 운영위원회, 집행기구로 선거대책본부를 두었다. 전자는 30명 이내로 하고, 대표위원(유진산)이 의장이 되고, 대표위원 외에 김대중 후보, 정무위원 20명 전원, 선거대책 본부장, 그리고 유진산 당수와 김대중 후보가 합의하여 선임한 위원들로 구성되었다. 선거대책본부장에는 비주류의 정일형이 임명되었고, 운영위 부의장에는 양일동, 고흥문, 홍익표가 선출되었다.

이 과정에서 당내 2인자인 이재형은 철저히 배제되었다. 진산이 자신의 최대 라이벌인 이재형을 견제하기 위해 아무런 정치적 역할을 부여하지 않았던 것이다. 그가 운영위원에서 빠지리라 예상한 사람은 당 내외에 아무도 없었다. 이재형뿐만 아니라 이재형계로 꼽히는 사람들은 철저히 소외되었다. 진산은 1970년 당권경쟁에서 이재형을 누르고 총재 자리에 올랐지만 당시 이재형이 획득한 45%의 지지율은 항상 그를 불안하게 만들었다. 다음 총재 경선에서 이재형에게 당권이 넘어갈지도 모르기 때문에 진산은 철저히 그를 견제했던 것이다.

한편 대통령 후보로 내정된 김대중은 당내 제3세력으로 떠오르면서 진산과 손잡고 제2세력인 이재형을 견제하기 시작했다. 이재형은 당내에서 정치적으로 매우 어려운 상황에 직면했다. 더구나 김대중의 거만한 행동이 그를 자극했다. “지금 어느 야당 인사는 당사에 들어가 보면 벌써 대통령이 다 된 듯이 거만하게 행동하고 있다. 정치 대선배로서 야당의 터를 닦아 놓은 우리가 들어가도 인사는커녕 오히려 인사를 받으려 하니 인격적으로 도저히 용납할 수 없다”고 보았다.[98] 1971년 1월 20일, 미국 방문을 앞둔 김대중이 직접 사직동을 찾아와 일련의 사태에 대해 해명하고 이해를 구했지만 그땐 이미 그의 마음이 돌아서 있었다. 김대중에 대한 그의 분노는 사그라들지 않았다. “그때 그 친구를 장학량이 서안에서 장개석을 가두듯이 우리 집 지하실에 가둬 두말 못하도록 해야 했었는데 …”라고

98 위의 책, 400쪽.

후회하기도 했다.[99]

엎친 데 덮친 격으로 이재형은 총선을 앞두고 지역구 선정에서 또 다시 치유하기 어려운 상처를 입었다. 그는 서울의 종로·중구를 지역구로 희망했으나 당 지도부가 일방적으로 거부했다. 조직책 심사 7인 소위원회가 영등포 지역구를 맡을 것을 요구했다. 기가 막힐 노릇이었다. 그때 그가 남긴 말은 "나는 더 이상 신민당에서 국회의원 할 생각이 없다"는 것이었다.[100] 이처럼 진산과 김대중은 자신들의 정치적 야망을 달성하기 위해, 그리고 자신들의 파벌을 키우는 데 혈안이 되어 이재형을 철저히 배제했다.

1971년 2월 8일, 이재형은 더 이상 참을 수 없어 일간지에 신민당 탈당 성명서를 게재했다.

> 나는 오늘 신민당과 결별할 것을 결심했다. 이와 같은 결론을 맺게 된 결정적 이유는 신민당은 도무지 정권을 교체할 의사도, 능력도, 그리고 자격도 없는 집단이라고 판단되었기 때문이다. 신민당은 공화당 정권과 싸워서 이를 타도하려 하기보다는 오히려 이에 의존 기생해서 제1 야당의 당수 후보 아니면 국회의원에 안주하기 위하여 국민과 역사를 속이며 야당 놀이를 하고 있는 집단이다. 신민당에서 공화당 정권과 싸우려는 자는 멸(滅)하되 협상하려는 자는 흥(興)하고 있다. …[101]

---

99 〈대한일보〉, 1971. 2. 13; 운경재단, 《정치 이전의 것을 하러 왔소》, 391쪽 재인용.
100 운경재단, 《정치 이전의 것을 하러 왔소》, 391쪽.
101 위의 책, 386쪽.

굽힐 줄 모르고 타협을 싫어했던 곧은 성격의 이재형은 33세의 젊은 나이로 정계에 발을 들여놓은 뒤, 39세에 상공부 장관, 40대에 국회부의장을 역임하고, 5선 의원으로서 파벌싸움이 심한 야당에서 거목으로 우뚝 섰다. 그러나 1969년 박정희 정권의 3선개헌 이후 날로 권위주의 통치가 심해지는 상황에서 야당이 제 갈 길을 가지 못하고 있는 것이 너무 안타까워 신민당 탈당을 결심했다. 이로써 그는 1963년 군정에서 정치활동을 재개한 후 시작한 8년간의 야당생활을 청산했다.

그날 이재형은 광화문에 있는 정민회 사무실에서 기자회견을 가졌다. 정민회는 그가 열과 성을 다해 창립하고 키워왔던 한국정치문제연구회의 후신이었다. 그를 믿고 따르던 정민회 회원 100여 명이 참석한 자리에서 "나의 정치적 목적이 수포로 돌아갈 것이 분명한 정당에 남아서 육체와 영혼을 불사르기보다는 10년이 걸리든 20년이 걸리든 나라의 담당 세력이 될 엘리트 집단 하나를 키우는 것이 나의 유일한 소망입니다"라고 선언했다.[102] 이재형의 폭탄선언 이후 신민당 내부에서 "수뇌부가 해도 너무했다"는 자성론이 쏟아져 나왔으나 이미 엎질러진 물이었다. 그는 신민당의 당수 유진산과 대통령 후보 김대중을 노골적으로 지목하여 비판하면서 자신의 감정을 감추지 않았다.

당시 언론은 이재형의 탈당이 향후 정계에 미칠 여파에 대해 "신민

---

102 위의 책, 389쪽.

당에 '마이너스 3'의 영향을 끼친다면 공화당엔 '플러스 2'이고 국민당엔 '플러스 5'쯤 될 것"이라고 정리했다.[103] 국민당은 1971년 양대 선거를 앞두고 윤보선이 만든 당으로 장준하, 박재우 의원 등이 참여했는데, 이범석을 대통령 후보로 추대하고자 노력했다. 이범석과 각별한 사이인 이재형이 만약 국민당에 참여한다면 큰 힘이 될 것은 확실했다. 한편 일부에서는 그가 국민당과 신민당 탈당세력은 물론 재야세력을 규합하여 거국적 신당을 창당할 것이라는 설이 나돌았다.

그러나 이재형은 "국민당에 가기 위해 신민당을 탈당한 것은 아니며, 현재로서는 어느 정당이고 갈 생각이 없다"는 입장을 분명히 했다. 그리고 그의 탈당으로 동요하던 정민회 회원들에게는 "인정이나 의리를 쫓아 정치 행로를 결정해서는 안 되며, 당선이 가능한 사람은 신민당에 그대로 남아 있어도 좋다"고 선언했다. 이러한 당부에도 그의 탈당 직후 이들은 전원 탈당 불사를 주장하면서 '9인 대책위원회'를 구성했다.[104] 그 후 원내진출 가능성이 높은 사람과 과격파를 제외한 '5인 소위원회'가 구성되면서 더욱 신중하게 행동통일에 나섰다. 정민회에 따르면 당시 접수된 중앙상무위원급과 전당대회 대의원급 탈당계만도 200여 장에 달했다.[105]

탈당을 선언한 지 4일째 되던 2월 12일, 이재형은 모든 것을 정민

---

103 〈경향신문〉, 1971. 2. 13; 운경재단, 《정치 이전의 것을 하러 왔소》, 392쪽 재인용.

104 김형돈, 박제환, 송방용, 심재현, 이옥동, 이필호, 이형진, 정준현, 한건수 등이다(운경재단, 《정치 이전의 것을 하러 왔소》, 393쪽).

105 위의 책, 393쪽.

회의 5인 소위원회에 맡긴다는 말을 남긴 채 외유에 나섰다. 약 1개월 동안 미국, 일본 등지를 돌아보기 위해 서울을 떠난 것이다.

1971년 4월 27일에 시행된 대선에서 신민당 김대중 후보는 패배했고, 공화당 박정희 후보는 94만 표 차이로 승리했다. 두 후보가 서로 지역주의 선거전략을 구사하는 바람에 선거 결과는 심각한 지역 편차를 보였다. 박 후보는 영남에서 160만 표 차이로 이기고, 김 후보는 호남에서 박 후보의 2배로 득표했다. 그러나 호남지역의 인구와 투표율이 저조하여 김 후보는 영남에서 잃은 표를 만회할 수 없었다. 이 선거에 나타났던 영호남 지역대결이 여전히 한국 정치의 발목을 잡고 있다.

대선 직후 이재형은 새로운 정치세력을 창출하려 시도했다. 1971년 5월 6일 그는 윤보선의 자택을 방문했다. 신민당을 탈당한 지 꼭 석 달 만의 일이었다. 마침 그날은 국회의원 후보등록 마감일이기도 했다. 수많은 기자와 당원이 모인 윤보선의 안국동 자택은 매우 어수선했다. 장시간에 걸친 이재형과 윤보선 간의 협상은 빈손으로 끝났다. 많은 사람은 이재형이 국민당의 전국구 1번을 맡을 것으로 예상했으나 실현되지 못했다.

당시 소문에 따르면, 그날 협상에서 윤보선은 이재형에게 전국구 후보 1번과 당의 요직을 약속하는 조건으로 거액의 자금지원을 요청한 것으로 알려졌다. 이재형은 당 운영자금을 내놓는 조건으로 전국구 후보 1번과 당권을 요구했다. 그의 목적은 새로운 정치세력의 창출이었기 때문에 당권이 필요했던 것이다. 윤보선이 끝내 이것을 받아들이지 못함으로써 협상은 결렬되었다. 이후 그는 오랫동안 정치적 침묵에 들어갔다.

이재형이 신민당 탈당 성명서에서 지적한 대로 당이 국회의원 공천과 당권싸움에 몰두하는 바람에 박정희 정권의 독재를 방치하는 결과를 초래했다. 1971년 5월 25일 예정된 총선을 앞두고 신민당은 공천파동으로 지도부가 붕괴되었다. 이른바 '제2의 진산 파동'이 발생했던 것이다. 유진산 대표가 자신의 지역구를 다른 사람에게 물려주고 전국구 1번 후보로 등록하자, 청년당원들이 폭력을 휘두르는 가운데 비주류가 유 대표를 제명처분하고 김대중을 당수권한대행으로 결정했다. 공천과 당권을 둘러싼 유진산계와 김대중계 간의 이전투구는 양측이 모두 물러나고 전당대회 의장 김홍일을 당수권한대행으로 선출함으로써 휴전상태에 들어갔다.

총선 후 신민당은 새 지도부를 구성하기 위해 1971년 7월 20~21일 전당대회를 개최한 결과 유진산계가 미는 김홍일이 김대중을 누르고 대표위원에 당선되었다. 과도체제인 김홍일 체제는 너무 허약하여 1971년 12월 국가비상사태 선언, 국가보위에 관한 특별조치 변칙 통과 등 박정희 정권의 일련의 비민주적인 조치에 속수무책이었다. 1972년 5월 전당대회를 앞두고 신민당은 다시 당권경쟁에 매달렸다.

유진산의 당수 복귀를 저지하기 위해 김홍일, 김대중, 양일동이 연합하여 전당대회를 세 차례나 연기하여 9월에 개최하게 되었다. 그러나 이 전당대회는 반쪽 대회가 되었다. 유진산계는 시민회관에서 유진산을 만장일치로 대표위원에 선출했다. 이에 맞서 반유진산계는 김홍일 대표위원 집에서 별도의 전당대회를 개최하고 시민회관 대회의 무효를 선언한 후 전당대회를 12월로 연기한다고 결정했다.

양측이 법정소송을 통해 정통성 경쟁을 벌이는 와중에 10월 17일 박정희 대통령이 유신을 선포하고 국회해산과 함께 모든 정당활동을 중지하는 바람에 신민당은 날벼락을 맞았다. 제3공화국이 막을 내리고 유신체제가 들어선 것이다. 이재형이 우려한 대로 신민당은 자유민주주의가 무너지는 것도 모르고 국회의원, 당수 자리를 놓고 다투다가 박정희 대통령의 종신집권을 허용했다.

이재형은 1971년 신민당 탈당을 선언한 후 1980년 민주정의당에 참여할 때까지 거의 10년 동안 침묵했다. 그가 신민당 탈당을 선언하고 나섰을 때나, 그리고 유진산과 김대중 간의 당권 싸움을 보면서 야당의 장래를 걱정했을 때나 그의 침묵이 그렇게 오래가리라고 생각한 사람은 아무도 없었다.

1971년 총선을 앞두고 신민당에서 벌어진 제2의 진산 파동, 신민당 분열, 박정희 정권의 국가비상사태 선포 후 유신체제 도입, 긴급조치 남발, 신민당의 무기력, 재야와 학생들의 유신반대 운동, 그리고 그 지루했던 박정희의 1인 독재가 막을 내리는 순간까지 이재형은 사직동과 산본리 농장에서 혼자서 나라의 장래를 걱정했다. 이 모든 것이 1971년 그가 신민당을 탈당하면서 예상한 일이었다.

이재형이 정치현장을 떠난 후 많은 사람이 그를 그리워했다. 그는 언제나 엄격한 원칙과 명분을 가지고 행동했기 때문이다. 그도 다시 정치에 나설 때가 오기를 기다리고 있었다.

## 6. 정치사적 의미: 제3공화국과 이재형에 대한 평가

정치사적으로 제3공화국에 대한 이해와 평가는 매우 논쟁적이다. 따라서 이 시기에 야당 지도자로 활약한 이재형에 대한 평가도 논쟁적일 수밖에 없다. 긍정적으로 평가하는 학자들은 제3공화국을 민족사에서 유례를 찾아볼 수 없을 정도로 부국의 기초를 닦은 시기로 본다.[106] 또 이러한 업적은 박정희 대통령의 리더십 없이는 불가능했다고 주장한다. 이와 대조적으로 제3공화국을 부정적으로 평가하는 학자들은 권력욕에 불타는 박정희와 그의 추종자들이 군부의 정치개입으로 민주주의를 말살하고 권위주의 통치를 통해 야당을 비롯한 국민을 탄압한 점을 강조한다. 또 고도경제성장은 박정희의 리더십보다 노동자와 농민을 비롯한 수많은 국민의 피땀 어린 노력의 결실이라고 주장한다.[107]

이러한 상반된 평가는 이재형을 비롯한 야당 지도자에 대한 평가로 연결된다. 전자는 야당 지도자들이 파벌싸움, 반대를 위한 반대만을 일삼고 민생과 안보를 비롯한 국정을 제대로 돌보지 않은 무책임한 지도자라고 비판하는 경향이 강하다. 이와 달리 후자는 야당이 박정희 정권의 강압정치에 맞서 민주주의를 지키기 위해 분투했고,

---

106 대표적으로 김일영, 2001, 《한국 현대정치사론》, 서울: 논형 ; 하야시 다케히코, 1995, 《박정희 시대: 한국, 위로부터의 혁명 18년》, 선우연 역, 서울: 월드콤 참조.

107 대표적으로 홍석률, 2012, "4월혁명 직후 정군운동과 5·16 쿠데타," 〈한국사연구〉, 158권, 197~230쪽 참조.

또 정책 대안을 제시했으나 권위주의 정권의 독주로 국정에 제대로 반영되지 못했다고 주장한다.

이제 이러한 상반된 평가를 염두에 두고 이 시기 야당 지도자로서 이재형의 업적과 한계를 객관적으로 살펴보자. 제 3공화국에서 박정희 정권의 권위주의 통치가 점차 심해짐에 따라 이재형은 민생을 챙기기보다 반독재 민주화 투쟁에 주력하게 되었다. 5·16 직후 그는 군부세력이 도입한 정정법 때문에 공민권을 6년간 박탈당했다가 1년 만에 회복했다. 그는 한일수교 반대, 3선개헌 반대에 앞장섰지만 박정희 정권의 강압 조치로 성공할 수 없었다.

이재형은 7대 국회에 진출하여 원내 활동을 통해 국가발전에 이바지하려 했으나 1967년 부정선거를 바로잡는 문제와 3선개헌을 저지하는 문제에 몰두하여 민생을 제대로 챙길 수 없었다. 본래 그는 재정경제 전문가로서 국가재정이나 경제발전 문제에 깊은 관심을 가졌지만, 박정희 행정부의 독주로 국회가 제 기능을 발휘할 수 없었다. 박정희 정권은 행정부 기술관료 주도로 근대화와 산업화를 추진했기 때문에 야당은 물론 여당마저 통치과정에서 점차 소외되었다.

이재형을 비롯한 야당 지도자들이 반독재 민주화 투쟁을 열심히 전개했지만 당장에 가시적 성과를 올리지 못했던 것은 당시 한국 민주주의의 사회·경제적 기반이 허약했기 때문이다. 1960년대에 한국은 전통적 유교정치 문화가 여전히 강했다. 당시 한국은 산업화 초기 단계로 농업인구가 많았고, 농촌 유권자들의 정치의식 수준이 상대적으로 높지 않았다. 이들은 관존민비 사상에 근거하여 정부·

여당을 지지하는 것이 당연하다고 생각하는 경향이 강했다. 여당은 선거 때마다 관권과 금권을 동원하여 농촌 유권자들의 표를 얻었다.

결과적으로 농촌에서는 여당 지지표가 많은 반면, 도시에서는 야당 지지표가 많아서 '여촌야도' 현상이 지속적으로 유지되었다. 이러한 현상이 나타난 이유는 당시 한국 민주주의가 1945년 해방과 더불어 '위에서 주어진 민주주의'였기 때문이다. 다시 말해, 서구 유권자가 스스로 자유와 권리를 쟁취한 것과 달리 한국 유권자는 별다른 노력 없이 정치엘리트들로부터 민주주의를 선물받았다. 한국 유권자는 자신의 손으로 자유와 민주주의를 스스로 쟁취한 것이 아니므로 국민 주권의식이 약했다.

따라서 야당의 민주화 투쟁에 대한 국민의 지지가 비교적 약했다. 많은 국민의 최대 관심은 가난을 물리치는 것이었다. 이재형을 비롯한 야당 인사들은 박정희 독재와 맞서 외로운 싸움을 벌였다. 물론 도시 대학생들과 지식인들의 지지가 있었지만 전국에서 야당에 대한 지지는 전반적으로 약했다. 당시 한국의 사회·경제와 정치·문화 상황은 그가 멋진 민주정치를 펼치기에 좋은 환경이 아니었다.

이러한 열악한 사회·경제적 환경 속에서 이재형은 정치적 역경을 극복하면서 마침내 통합야당의 2인자가 되었다. 1960년대 초반에는 수많은 야당 지도자들이 등장하여 경쟁하다가 점차 원로들이 퇴장했다. 1968년 이래 그는 통합야당 신민당의 부총재직을 수행하면서 리더십을 발휘했다. 특히 한국정치문제연구회를 창립하여 야당의 정치적 역량을 향상시키기 위해 노력했다. 1970년에는 신민당 당수 경쟁에 나섰으나 고배를 들었다.

1970년 가을에 신민당 대선후보 경선에서 40대의 김대중이 선출된 후 신민당 내에 큰 세력재편이 일어났다. 유진산계와 김대중계가 유력한 당수 후보였던 이재형을 심하게 견제하는 바람에 마침내 그는 신민당을 탈당했다. 이후 새로운 정치세력을 만들려고 기회를 노렸으나 그를 위한 정치공간은 열리지 않았다. 박정희 정권이 유신체제를 도입한 후 야당에 대한 정치적 탄압이 심해졌기 때문이다. 그는 1980년까지 약 10년간 정치적 침묵을 지켰다.

이재형의 정치적 포부를 가로막은 최대의 장애물은 야당의 파벌싸움이었다. 그는 1963년 국민의 당을 시작으로 민중당을 거쳐 신한당으로 갔다가 마침내 신민당으로 합류했다. 파벌싸움으로 분열된 여러 야당을 통합시키기 위해 노력한 결과 통합야당인 민중당과 신민당 창당에 기여했다. 그러나 결국 그는 신민당 내 파벌싸움에 희생되었다.

1970년 유진산과 당수 경쟁에서 패배한 후 진산계의 견제로 이재형은 종로·중구 지구당 위원장 선정에서 밀려났다. 원칙에 충실하고 타협을 모르는 그가 야당 내 파벌싸움에서 승리하기는 쉽지 않았을 것이다. 특히 권모술수에 강한 유진산과의 당권경쟁에서 승리하기는 더욱 어려웠을 것이다. 1969년 말 40대 기수론이 등장한 후 신민당 내 세대교체가 일어나면서 결국 유진산마저 오래가지 못하고 물러났다.

이재형의 정치관은 아직도 긴 여운을 남긴다. 1988년 국회의장직을 마친 후 기자간담회에서 어느 기자가 "한마디로 정치란 무엇입니까?"라고 묻자, 이재형은 "다 국민을 속이는 짓이여!"라고 대답했다.[108] 그는 늘 '국민을 속이지 않는 정치를 해야 한다'는 결심을 가슴속에 품고 있었다. 그가 1971년 신민당을 탈당한 것은 당이 지나치게 국민을 속인다는 절박한 심정에서 비롯된 것이라 볼 수 있다. 항상 정치의 정도(正道)를 걷기 위해 노력한 그는 1971년 무렵 신민당은 정도에서 너무 벗어난 길을 걷는다고 판단했던 것이다. 이것이 그가 신민당을 탈당한 배경이라고 볼 수 있다.

---

108 김우룡, "정치꾼은 선거를, 정치인은 다음 세대를 걱정," 〈중앙 SUNDAY〉, 2021. 3. 13.

제 5 장

# 제5공화국

## 격동의 시대에 부름을 받다

강원택

## 1. 민주정의당 창당과 정치 재개의 배경

1979년 10・26 사건과 함께 18년간 계속되던 박정희 체제가 붕괴되었다. 기존 체제는 무너졌지만 새로운 정치적 질서를 이끌어 나갈 대안세력은 존재하지 않았다. 유신체제의 붕괴가 외부세력의 도전에 의한 것이 아니라 내부의 분열에 의해 이루어졌기 때문이다. 따라서 기존 체제의 붕괴와 함께 권력의 공백이 생겨났고, 이는 정치적 불안으로 이어졌다. 이때 전두환을 필두로 하는 신군부가 그 공백을 이용하여 군부 반란을 통해 권력을 장악했다.

1979년 12・12 사태부터 1980년 5・17 계엄 전국확대까지는 유신체제 붕괴 이후 정치적 불안이 고조되던 시기이자 신군부가 대통령 시해사건 수사를 빌미로 권력장악을 모색하던 시기였다. 새로운 질서가 마련되어야 할 시기였지만, 신군부의 등장으로 공포와 불안감이 교차하던 시기였다. 이재형은 이 시기의 불안한 정국을 꿰뚫어 보고 있었다.

그는 자신을 찾아온 지인에게 당시의 시국상황을 다음과 같이 은유적으로 표현했다.

"박 군, 닭장에 족제비가 들었어!"

"예? 그게 무슨 말씀이신가요?"

"닭장에 족제비가 들어와서 닭을 잡아먹으려고 하니까 닭들이 온통 난리야."

"……?"

"그런데 갑자기 엄청나게 큰 족제비가 나타나서 작은 족제비를 쫓아내 버렸어, 그러니 닭들이 얼마나 좋아했겠나."

"……?"

"아, 그런데 나중에 알고 보니 그 큰 족제비 녀석이 닭들을 다 잡아먹어 버리고 말더군."[1]

독재체제인 유신체제가 몰락했지만, 그보다 더한 상황이 올 수 있다는 사실을 시사하는 이야기다. 실제로 이후 신군부의 권력장악 시도가 본격화되었다. 12·12 군사반란을 통해 군권을 장악한 신군부는 1980년 5월 17일 계엄 전국확대 조치를 통해 마침내 자신들의

---

1 박종진, "인생살이의 교과서," 운경재단, 《(속) 운경 이재형 선생 평전》, 77~78쪽.

‘긴 시간에 걸친 쿠데타를 완성’시켰다.[2]

1980년 5월 31일 사실상 군사정부인 국가보위비상대책위원회가 만들어졌다. 그리고 이들의 정책을 입안할 입법기관으로 국가보위입법회의를 설치하여 제 5공화국 출범의 토대를 닦았다. 신군부의 도전에 무기력했던 최규하 대통령은 1980년 8월 16일 사임해야 했고, 마침내 정권은 전두환을 필두로 하는 신군부에 완전히 넘어갔다.

한편, 광주에서는 신군부의 권력장악에 대한 저항이 일어났고, 이는 신군부의 잔인한 진압으로 이어졌다. 또 다른 한편에서는 정권장악 이후의 정치질서를 만들어내기 위한 정당 창당작업이 시도되었다. 기존 정치인들은 거의 대부분 정치활동을 규제받고 있었지만 일부 정치인들은 새로운 정당 창당에 깊이 간여했다.

전두환은 유신체제 방식인 통일주체국민회의를 통해 사임한 최규하에 이어 대통령에 당선되었다. 그리고 새로운 헌법을 마련하여 1980년 10월 22일 대통령 임기 7년과 단임제를 골자로 하는 제5공화국 헌법을 국민투표를 통해 확정했다. 신군부는 제5공화국 출범을 준비하면서 자신들의 권력을 뒷받침할 정당 창당을 준비했다. 당명은 민주정의당(民主正義黨, 약칭 民正黨)으로 결정되었고, 1980년 11월 28일 창당발기준비위원회가 구성되었다.

이들은 발기취지문을 통해 “민주, 복지, 정의사회를 구현하고 겨

---

2 강원택, 2018, “10 · 26 이후 정국 전개의 재해석: 전두환과 신군부의 ‘긴 쿠데타’,” 〈역사비평〉, 124호, 118~157쪽.

레의 염원인 조국 통일의 꿈을 이뤄 나가려는 새 시대의 국가 지표를 달성"하고자 하며, 이를 위해 "국가관이 투철하고 개혁의지와 신념을 지닌 참신한 인사, 국민으로부터 신뢰와 존경을 받는 유능한 인사, 폐습에 물들지 않고 올바른 가치관을 지닌 깨끗한 인사들을 널리 모아 범국민적인 정당"을 지향해 나가겠다고 선언했다. 민정당 창당작업은 신군부가 직접 주도했고, 특히 권정달과 이종찬이 중요한 역할을 담당했다.

권정달은 민정당 창당에 대해 다음과 같이 회고한다.

> 5공 헌법 개헌작업과 동시에 새로운 정당을 만드는 창당작업이 신군부를 중심으로 시작됐다. 보안사에서 이를 주도했기 때문에 나는 보안사 정보처장으로서 시대적 사명을 지고 창당준비를 했다. 사실 민주정의당 창당 준비작업은 개헌 이전부터 전 사령관의 지시로 이종찬, 윤석순, 이상연, 이상재 씨 등 안기부 요원들과 사전 실무작업을 진행한 것으로, 창당에 필요한 사람들을 만나 자문하고 적임자를 영입하기도 했다. 이때 구 정치인 중에서 최초로 영입된 사람이 공화당의 최영철 씨, 신민당의 박권흠 씨, 오세응 씨 등으로 기억된다.
>
> 1980년 11월 말경에 15인 발기준비위원회를 구성했는데 그 명단은 다음과 같다. 발기인 대표는 유석현 씨(독립운동가)였고, 입법회의에서 윤길중(재야 정치인), 권정달, 이종찬, 정계에서 박권흠, 최영철, 군부에서 이범준 장군, 학계에서 이용희, 재계에서 정수창(대한상공회의 회장), 문화계에서 김춘수(시인), 송지영(문예진흥원장), 노동계에서 이찬혁, 이헌기, 언론계에서 박경석(《동아일보》), 여성계에서는 김현

자 씨(이화여대) 등 각계 인사를 두루 참여시켰다.

15인 발기인 중에서도 나와 이종찬 씨가 신군부 대표로 참여해 사실상 창당 준비작업을 주도했다.[3]

민정당 창당의 초기 작업이 일단락된 상황에서 신군부는 이재형을 당 대표로 모실 계획을 세웠다. 민정당에서 그를 선택한 이유는 무엇이었을까?

민정당 창당작업에 참여했던 이종찬은 이렇게 말한다.

모든 조직이 마찬가지겠지만 인선작업에서 가장 중요한 일 중 하나는 역시 조직을 대표하는 인물을 찾는 일이었다. 그동안 한국 정치는 너무나 험악한 과정을 거쳐서 웬만한 사람은 모두 얼굴에 상처가 나 있었다. 국민이 존경하면서도 참신한 인물을 찾기란 쉬운 일이 아니었다.

그러던 중 9월 초 어느 날, 갑자기 청와대에서 운경 이재형 선생을 모시는 문제에 대해 의견을 제시하라는 지시가 떨어졌다. … 나는 운경 선생을 대표로 모시는 문제에 적극 찬동했다. 그분은 원래 정치를 시작할 때 족청에 가까웠다. 지금도 그의 사직동 자택 사랑방에는 철기 이범석 장군의 사진이 이승만 대통령의 사진과 나란히 걸려 있다. 운경은 기본적인 노선과 철학이 정립된 뒤에 정치를 시작했지, 국회의원을 하려고 정치를 한 것이 아니었다.

9월 4일 오전 10시. 권정달과 함께 사직동 이재형 선생 댁으로 찾아

---

3 "권정달 회고록: 5공 비화 ⑥ 두 차례 체육관 대선으로 출범한 제5공화국," 〈일요서울〉, 2013. 10. 14.

갔다. … 권정달이 먼저 말문을 열었다.

"각하께서 새로운 시대에 새로운 당을 창당하려는 의지가 굳으신데 사실 우리는 정당을 잘 모르고, 앞으로 선생님 같은 어른들께 지도를 받아야 해서 이렇게 찾아뵙게 되었습니다."

그러나 운경은 의외로 직접적인 언급을 피했다.

"요새 국제 정세도 대단히 복잡해서 나라의 장래가 정말로 걱정되는군요."

말을 돌렸다. 권정달이 급해졌는지 담배를 꺼내 물었다. 운경은 그런 권정달을 꿰뚫어 보듯 라이터까지 꺼내 불을 붙여 주는 것이 아닌가? 그날 운경은 수락한다는 어떤 언질도 안 준 채 직접 전두환 대통령을 만나겠다는 것만 분명히 했다. 대단히 노련한 화술과 자세였다. 우리는 그분을 모시기로 작심하고 그 댁에서 물러나왔다.[4]

이종찬에 따르면, 민정당 창당작업은 1980년 7월 초부터 본격화되었다.

7월 3일 아침, 나는 삼청동에 있는 국보위로 전두환 상임위원장에게 불려갔다. 부속실에서 대기하던 중 권정달 보안사 정보처장이 들어왔다. … 한 시간 뒤쯤 위원장실로 들어갔다.

"이제부터 권 처장을 중심으로 새 역사를 만들어가는 과업을 잘 추진하길 바랍니다."

열심히 하겠다는 말만 남기고 우리 일행은 다시 보안사로 이동해 권

---

4 이종찬, 2015, 《숲은 고요하지 않다: 이종찬 회고록》, 1권, 파주: 한울, 374~375쪽.

정달 처장실로 갔다. 보안사 복도에서 허문도 비서실장을 만났다. 그가 대뜸 이렇게 말했다.

"선배님, 오늘 아침에 정당 만드는 태스크포스로 부장님께 신고했지요?"

나는 그제야 아침에 삼청동에 모였던 사람들이 창당작업팀이었음을 알아차렸다.[5]

구체적 날짜가 적혀 있지 않지만 9월 초에 이재형을 만난 것은 7월 초 창당활동이 시작된 이후 두 달이 넘은 때였다. 창당작업이 상당한 정도 진행되자 공식적 창당을 앞두고 당을 대표할 얼굴이 필요하다고 판단했던 것으로 짐작할 수 있다. 이후 정치 일정을 보면, 1980년 10월 27일 제5공화국 헌법이 발효되었고, 11월 22일 정치재개가 허용되었으며, 11월 28일 민정당 창당발기준비위원회가 결성되었다. 따라서 이재형에게 접촉한 시점은 보안사에서 권정달과 이종찬을 중심으로 한 내부적 작업이 대략 마무리되고, 이제 외부에 그 실체를 보이고 공개적 창당작업을 본격화하기 직전이었다.

창당 주역인 권정달은 그 과정을 다음과 같이 말한다.

새로운 정당을 구상하면서 가장 큰 고민 중의 하나는 창당 실무자 대부분이 정치 경험이 전무하다는 것이었다. 이때 그러한 고민을 해결해 줄 수 있는 인사로 운경 어른을 적극 천거했던 분이 노태우 전 대통령

---

5 위의 책, 364쪽.

이었다. 노 전 대통령은 청렴도나 정치경륜 혹은 바른 정치를 이끌어 오신 분으로 어른을 따를 분이 없다며 대표위원으로 어른을 모셔 와야 한다는 입장이었다.[6]

신군부는 18년의 박정희 체제와 그 이후의 정치적 혼란을 뒤로하고 제 5공화국을 세우면서 '국민이 존경하면서도 참신한 인물'을 당 대표로 내세우고 싶었던 것이다. 이재형을 당 대표로 모시는 과정에서 노태우 전 대통령의 역할이 적지 않았다.

당시 노 전 대통령의 역할에 대해 5공화국 시절 국회의원을 지낸 안병규는 상세히 설명했다.

10년 가까이 정치에서 손을 떼고 강태공처럼 시간을 낚고 있던 선생인지라 나는 "그렇다면 여당에라도 들어가시지요"라고 변죽을 울려 보았다. 굳이 반대하지 않는 것 같아 나는 노태우 당시 보안사령관 쪽에 선생을 여권에서 영입할 의사가 있느냐고 타진해 보았다.

그러고 있는데 어느 날인가 운경 선생한테서 또 연락이 왔다. "글쎄, 젊은 군인(당시 대령)들이 날 찾아와서 새로 만들어지는 정당을 만들어 달라는 것이 아니겠소. 내 그럴 수 없다고 잘라 말했지요"라는 것이다.

후일담이지만 신군부 쪽에서는 이런 식으로 접촉했다가 뜻대로 되지 않으니까 대신 다른 사람을 접촉하고 있다는 말이 들려왔다. 나는

---

6 권정달, "원로의 역할 다하신 정계 어른," 운경재단, 《운경 이재형 선생 평전》, 20쪽.

노 사령관 쪽에 대고 전 대통령이나 노 사령관이 직접 나서야 한다고 설득했다.

며칠 후 노 사령관이 운경 선생을 뵙겠다는 연락이 왔다. 노 사령관이 보낸 자가용으로 운경 선생을 효자동 안가(安家)까지 모시고 가서 곧이어 도착한 노 사령관과 인사를 시키고는 그 자리에서 먼저 빠져나왔다. 운경 선생은 노태우 사령관과의 이날 만남에서 좋은 인상을 가졌던 것으로 느낄 수 있었다.[7]

인용한 글에서 이재형이 말한 '젊은 군인들'은 권정달과 이종찬을 말하는 것으로 보인다. 이들이 그를 만나 도움을 청했지만, 당시 "운경은 끝내 입을 열지 않았다."[8] 이런 상황에서 노태우 당시 보안사령관이 힘을 보태기 위해 나섰고, 직접 그의 참여를 설득한 것으로 보인다. 물론 그가 최종적으로 민정당 창당에 참여하기로 결정한 것은 전두환 대통령을 만난 이후이지만, 노태우 사령관과의 만남은 참여 결정에 중요한 계기가 된 것으로 보인다.

그렇다고 해도 제5공화국에 참여하는 것은 이재형에게 쉬운 결정이 아니었을 것이다. 신민당 탈당과 정계 은퇴 이후 10년의 세월이 흐른 뒤였다. 더욱이 그는 10·26 이후 정치 전개과정을 관망하며 '엄청나게 큰 족제비'의 등장을 걱정스럽게 바라보고 있었다. 그런데 왜 그는 제5공화국에 참여했을까? 7대 국회를 마지막으로 정계

7 안병규, "우리 시대의 마지막 선비," 《(속) 운경 이재형 선생 평전》, 100쪽.

8 운경재단, 《정치 이전의 것을 하러 왔소》, 428쪽.

를 떠났다가 신군부의 정치참여 제안을 받아들인 이유는 무엇일까? 더욱이 야당도 아니고 여당인 민정당에 참여한 이유는 무엇일까?

당시에도 이런 의구심을 가진 이들이 적지 않았는데 이재형은 이렇게 대답했다.

> 하루는 서린호텔 일식집에서 만나 얘기를 나누던 중에 박범진이 말을 건넸다.
>
> "항간에서는 오랜 야당생활을 해오신 선생님이 왜 야당이 아니고 여당으로 가시게 되었는지 의아해하는 얘기가 많습니다."
>
> 그러자 선생은 그 특유의 느릿느릿한 어조로 말씀하시는 것이었다.
>
> "이런 시기에는 여당이나 야당이나 다를 것이 있나? 다 국민을 속이는 짓이지 …. 어쨌든 이 사람들이 잘못된 길로 가지 않도록 방향을 잡아 주어야 돼요."[9]

이재형은 정치인으로서 자신의 역할이 "이 사람들이 잘못된 길로 가지 않도록 방향을 잡아 주는 일"이라고 생각했다. 사실 민정당 구성원들은 정치적 경험이 일천하고 연령도 매우 젊은 편이었다.

훗날 민정당 사무총장을 지낸 권익현은 당시 상황을 이렇게 말했다.

> 민정당이 창당되고 11대 국회가 열렸을 때, 당시 의원들의 평균연령은 50세가 채 되지 않았다. 표면적으로 우리의 정치는 유례없는 젊음과

9 이종률, "운경 선생과 나," 운경재단, 《운경 이재형 선생 평전》, 218쪽.

패기의 시대를 맞이하고 있었다. 하지만 그것은 역설적으로 그만큼 예측불허의 위험성을 내포하는 것이었다.[10]

결국 이재형은 '젊은 혈기의 아마추어들에게 이 나라를 그냥 맡길 수는 없는 게 아니냐'는 생각에서 참여를 결정한 것으로 보인다.[11] 언제 정치참여를 생각했느냐는 기자의 질문에 대한 답변도 같은 맥락에서 이해할 수 있다.

> 언제부터 정치참여를 생각하셨습니까?
>
> 국정자문회의에 나가서 나라가 미증유의 위기에 있다고 느낀 거야. 그런데 위기인 줄 아는 사람은 소수야. 위기를 실감하는 사람도 해결방안이 아득한데 이래서야 하면서 나선 거요. 이제 침몰을 면하려면 나부터 역사에 징용(徵用)되어야 한다고 결심했다고나 할까.[12]

국정자문회의는 제5공화국 헌법에서 처음 마련한 제도로 1980년 12월 18일 '국정자문회의법'을 공포하면서 등장했다. 국정자문위원은 대통령, 국회의장, 대법원장, 국무총리 또는 내각수반의 직에 있던 사람과, 기타 정치, 경제, 사회 등 각계 원로에 해당하는 사람 중에서 30인 이내로 대통령이 위촉하도록 했다.[13] 대통령을 비롯한 국

---

10 권익현, "계산기 달린 냉장고," 운경재단, 《(속) 운경 이재형 선생 평전》, 20쪽.
11 방우영, "운경을 생각한다," 운경재단, 《운경 이재형 선생 평전》, 115쪽.
12 운경재단, 《정치 이전의 것을 하러 왔소》, 447쪽.
13 "국정자문회의법," 국가법령정보센터, https://www.law.go.kr.

가 최고위직들이 참여하여 경험이 많은 각계 원로들로부터 국정자문을 받도록 한 제도였다.

하지만 '서슬 퍼런 시절'에 국정자문회의는 원로들의 자문보다는 신군부의 주장을 듣는 자리였을 것이다. 이재형은 같은 산전수전 다 겪은 원로로서 의욕만 넘칠 뿐 서툴고 불안한 그들의 모습에서 국가적 위기감을 느꼈던 듯하다. 그는 신군부가 만든 국정자문회의에서 앞뒤 가리지 않고 치닫는 젊은 군인들을 누군가 나서서 막아야 한다고 생각했을 것이다.

이재형의 보좌관을 지낸 장경우의 증언 역시 그가 민정당 참여를 결정할 당시의 심경을 잘 보여 준다.

> 10여 년 만에 내가 정계로 돌아온 것은 특정한 감투나 권력이 탐이 나서가 아니오. 이 어려운 시기를 외면하기보다는 올바른 정치를 정착시킴으로써 족적이나마 남겨야 할 국가 원로의 한 사람으로 이 마당에 뛰어든 것이오. 지금의 민정당의 조직책을 보면 85%가 정치 초년병이오. 이들을 어떻게 하면 잘 지도하고 훈련을 시켜 집권 여당의 책무를 감당할 수 있을까 고심하고 있소. 저 사람들은 기성의 직업 정치인들을 무조건 매도하고 있는데 난 그렇게 생각하지 않소. 그들은 국민과 함께 생사를 같이해 온 사람들이오. 이제 와서 물에 빠졌다고 하여 그들을 건져 주지는 못할망정 오히려 밟고 일어서려고만 하면 되겠소.[14]

---

14 장경우, "자네는 나하고 전국 일주나 하지," 운경재단, 《운경 이재형 선생 평전》, 251쪽.

이재형은 〈동아일보〉 1980년 12월 3일자 인터뷰에서도 비슷한 이야기를 했다.

> 지금 많은 사람들이 정치활동이 묶여 있어. 그 사람들도 맨 처음 출발선에 섰을 때는 갓 잡은 은어처럼 싱싱했었지. 정치에는 구렁이 있을 수 있는 거야. 지금 묶인 사람의 열 배도 넘는 사람들이 '참신'이라는 간판을 걸고 그 구렁을 향해 가고 있어. 빠지면 안 돼. 지금 우리 같은 상황에서는 시도해 볼 여유가 없어. 단번에 성공적으로 건너야 해. … 탄약만 많다고 전쟁에서 이기는 것은 아니라고. … 문제는 의지야.[15]

그렇다고 해도 그 어려운 결정을 올바르게 내리기 위해서는 그에 합당한 정치적 명분과 자신이 기여할 수 있는 역할에 대한 분명한 답을 받아야 했다. 권정달과 이종찬이 이재형을 찾아왔을 때, 이재형이 전두환을 직접 만나 그의 의중을 직접 듣고 싶어 했던 것도 이와 관련이 있을 것이다. 이재형은 정치참여의 명분을 민주주의 회복에서 찾았다.

청와대에서 전두환을 만났을 때도 그는 이러한 생각을 피력했다.

> 이 땅의 민주화와 평화 정착을 위해 일해 달라고 하더구만. 신당 창당의 산파(産婆) 역할을 해달라는 말이었어. 그래서 내가 물었지. 경제는 경제인에게 맡기고 국방의 일은 각하가 더 잘 알고 있지 않느냐. 그

---

15 운경재단, 《정치 이전의 것을 하러 왔소》, 448쪽.

렇다면 내가 도울 수 있는 일은 민주주의뿐인데 각하가 정말로 민주주의를 하실 수 있겠느냐, 그랬더니 "바로 그것입니다. 꼭 이 땅에 민주주의를 심고 싶습니다. 도와주십시오" 하더군. 그래서 내 흔쾌히 약조를 했던 게야.[16]

그런데 당시 상황에서 이재형은 전두환의 말을 믿고 '민주주의를 심는 일'이 가능하다고 생각했을까?

앞서 언급한 대로, 1979년 10·26 사건 이후 '서울의 봄'에 대한 기대감은 전두환을 비롯한 신군부의 12·12 군사반란과 5·17 계엄 확대라는 쿠데타로 무너졌다. 국회와 정당은 모두 해산되었고, 정치지도자들은 구금 혹은 가택연금에 처해졌으며, 대다수 정치인은 정치활동이 금지되었다. 이와 함께 국가보위비상대책위원회 체제 하에서 삼청교육대, 언론통폐합, 언론인 해직, 공직자 숙청 등 공포와 억압의 통치가 지속되었다.

이러한 상황에서 신군부 세력은 제5공화국을 준비했다. 민주정의당 창당 역시 그 준비작업 중 하나였다. 1960년 5·16 이후 김종필이 중앙정보부를 중심으로 민주공화당 창당을 은밀히 준비했다면, 신군부는 보안사령부를 중심으로 민주정의당 창당작업을, 중앙정보부를 통해 야당인 민주한국당과 한국국민당 창당작업을 진행했다. 신군부는 여당뿐만 아니라 관제야당까지도 창당했던 것이다. "이런

16 위의 책, 449쪽.

시기에는 여당이나 야당이나 다를 것이 있나? 다 국민을 속이는 짓이지"라는 이재형의 말도 바로 이런 현실을 넌지시 내비친 것이다.[17]

정권을 총칼로 장악했고 이후 체제 정비작업도 매우 억압적이고 폭력적인 상황에서 "정말로 민주주의를 하실 수 있겠습니까?"라는 이재형의 질문은 의미심장한 것이었다. 현실적으로 당시 상황에서 당장에 민주주의를 실현할 수 있다고 기대하기는 어려웠다. 실제로 많은 이들에게 전두환 체제는 '독재자 없는 독재체제' 혹은 '박정희 없는 유신체제'로 간주되었다.[18]

그렇다면 당시 상황에서 생각할 수 있는 '민주주의를 심는 일'은 무엇이었을까? 전두환이 권력을 장악하면서 자신을 이전의 박정희 정권과 차별화한 것은 무엇보다 단임임기의 준수였다.

그는 줄곧 단임제를 강조했고, 그것을 자신의 정치발전에 대한 기여로 생각했다.

> 나는 다만 "단임을 실천함으로써 대통령이, 헌법과 국민이 정해 준 임기를 마치면 물러난다는 당연한 원칙을 지키는 선례를 우리 헌정사에 처음으로 기록해 놓겠다"는 말을 아마 수천 번은 몰라도 수백 번은 되풀이해 강조했을 것이다. … 단임실천을 강조한 것은 뒤를 돌아보며 전임자를 헐뜯으려고 한 것이 아니라 미래를 향한 나 스스로의 다짐이었다.[19]

---

17 이종률, "운경 선생과 나," 운경재단, 《운경 이재형 선생 평전》, 218쪽.
18 손호철, 2011, 《현대 한국정치 이론, 역사, 현실, 1945~2011》, 서울: 이매진, 337쪽.
19 전두환, 2017, 《전두환 회고록》, 3권, 파주: 자작나무숲, 613쪽.

전두환은 대통령 취임 후 집무실에서 임기 중 자신이 해야 할 일을 생각나는 대로 적어 보았는데, 그중 첫 번째가 평화적 정권교체였다고 회고록에서 기술했다.

> 무엇을 할 것인가? 하나, 평화적인 정권교체를 반드시 이룬다. 헌법이 규정하는 바에 따라 임기를 마치면 정권을 이양한다. 너무도 당연한 일, 하지만 또한 우리는 아직 한 번도 겪어 보지 못한 일이기도 하다. 퇴임하는 1988년이 되어도 나는 아직 환갑에도 못 미치는 58세에 불과하다. 그리고 지금까지 아시아에서는 집권하고 나서 환갑도 안 된 나이에 권좌에서 물러난 사람이 없다.
>
> 권력에 깃든 마성을 경계하고 또 경계하자. 내가 아니면 안 된다는 내면의 속삭임이 어느 날 갑자기 들려올지도 모른다. 또 내가 대통령에서 물러나면 많은 것을 잃게 될 사람들의 반대가 있을 수도 있다. 이 모든 것을 꼭 이겨내자. 그리고 역사를 순리대로 흐르게 하자. 이것이 나의 첫 번째이자 가장 중요한 과업일 것이다.[20]

실제로 5공화국 헌법을 만드는 과정에서도 임기 문제가 중요하게 거론되었다. 그때 전두환은 단임제에 대한 자신의 확고한 의지를 강하게 표명했다.

이종찬은 7년 단임임기가 결정된 과정을 이렇게 기술했다.

---

20 전두환, 《전두환 회고록》, 2권, 22쪽.

알고 보니 그날이 개헌안에 대한 마지막 검토였다. 이날 가장 먼저 토론된 것은 대통령의 임기였다. '4년에 한 차례 중임'으로 하는 것이 타당하다는 지적이 있었지만, 그 규정은 자유당과 공화당 정권에서 결국 3선개헌으로 이어졌고 그런 불행한 정치사에 대한 국민적 감정이 남아 있기 때문에 단임으로 한다는 원칙을 확정했다.

이 단임 문제에 대해서는 특히 전두환 장군의 의지가 확고했다. 그러면서 그는 임기를 6년으로 하는 것이 좋겠다고 말했다. 나중에 7년으로 바뀌긴 했지만 애초 작업단계에서는 이렇게 6년이었다. 이 회의 이후 개헌안이 최종 확정되는 단계에서 전두환은 "럭키 세븐으로 하자"면서 7년 안을 조심스럽게 제시했다고 박철언이 회고한 바 있다.[21]

이러한 맥락에서 전두환 대통령이 생각한 '민주주의를 심는 일'은 바로 단임 대통령제의 실현이었다고 할 수 있다. 이재형과 전두환이 만난 자리에서 단임제 실현에 대한 이야기가 오갔는지 알 수 없지만, 단임실천이 '민주주의를 하는 것'이라고 간주했을 가능성이 크다. 당시 시대적 상황이 박정희의 18년 집권의 종식과 사실상 1인 종신집권 체제인 유신의 붕괴 직후였다는 점을 감안할 때, 단임제 실천은 민주주의 실현에서 결코 작지 않은 의미가 있었다.

1981년 5월 6일 이재형이 당 대표로서 제5공화국에서 처음 개회된 11대 국회에서 한 교섭단체 대표연설은 그 생각의 일단을 드러낸다. 당시 연설의 마지막 부분에서 의미심장한 발언을 확인할 수 있다.

---

21 이종찬, 《숲은 고요하지 않다: 이종찬 회고록》, 1권, 369쪽.

존경하는 국회의장, 의원 동지 여러분! 그리고 국무총리 이하 국무위원 여러분!

정치에는 절대적 완성이란 없는 것이라고 말들을 합니다. 우리의 제5공화국도 이제 막 출범한 것이지 완전하게 정비된 것은 아닙니다. 그러나 본 의원이 마지막으로 강조하고 싶은 것은 이제 막 출범한 우리의 제5공화국의 국기(國基)를 확고히 다져 조국통일을 향한 초석이 되게 할 사명이 본 국회와 정부는 물론 3,800만 모든 국민에게 주어져 있다는 사실입니다.

국내외에 걸쳐 해결해야 할 문제가 산적되어 있는 이 시간에 민주정의당을 대표해서 본 의원이 정치적 소신의 일단을 피력한 것은, 이 땅에 영원히 존재해야 할 제5공화국의 장래를 민의의 전당에서 흉금을 털어놓고 의논해 보고자 함이었습니다. 지난해 종신 대통령에 추대되었던 세네갈의 상고르 대통령이 이를 고사하고 물러났을 때 전 세계의 민주시민들은 크나큰 감명을 받고 동시에 한없는 찬사를 보내었습니다.

1988년 2월 어느 날, 단 한 번 7년 임기가 끝나자 토착화된 민주주의에 의해 교체된 새 정권을 뒤로하고, 활짝 웃음을 머금은 얼굴로 두 손을 흔들며 청와대를 물러나는 57세의 정치인의 모습을 보게 될 때, 전 세계 인류는 보다 큰 감명을 받게 될 것입니다. 이날은 바로 전두환 대통령 개인뿐만 아니라 우리 국민 전체가 얼마만큼 위대하며 우수한가를 세계에 입증하게 될 것입니다.

그러기 위하여 우리는 당파를 초월해서 서로 힘을 합해 항상 성숙된 솜씨로 국정을 논의하며 진전을 서로 서두릅시다. 감사합니다.[22]

---

22 운경재단, 《운경 이재형 선생 어록집 II》, 137~138쪽.

당시 대표 보좌관이던 장경우는 이 부분은 이재형이 직접 추가한 것이라고 증언했다.

> 제11대 국회 개원 때의 일이었다. 여러 관계자의 자문을 받아 당 대표 연설문을 작성하여 사직동 자택을 찾아갔다. 대표연설의 초고문을 읽어 드리자 운경은 머리를 흔들었다. 그리고는 연설문의 마지막 부분을 추가하라며 그 자리에서 구술을 하는 것이었다.[23]

이 연설문은 제5공화국에 참여한 이재형의 마음을 잘 드러내고 있다. 앞서 언급한 대로, 제5공화국 출범 전후 상황은 결코 긍정적으로 평가할 수 없다. 공포와 강압에 의한 또 다른 군인의 지배체제였기 때문이다. 그러나 이재형은 이를 두고 "정치에는 절대적 완성이란 없는 것이라고 말들을 합니다. 우리의 제 5공화국도 이제 막 출범한 것이지 완전하게 정비된 것은 아닙니다"라고 지적했다. 에둘러 표현했지만 "우리의 제 5공화국도 이제 막 출범한 것이지 완전하게 정비된 것은 아닙니다"라는 표현에서 알 수 있듯이, 현재의 정치상태가 꼭 긍정적이라고 보기는 어렵다는 것이다.

이재형이 "민의의 전당에서 흉금을 털어놓고 의논"하고 싶은 이야기는 단임 대통령제의 실현에 대한 강조였다. 세네갈 상고르 대통령의 사례를 들어 전두환 대통령의 단임 약속이 지켜져야 한다는 점을

---

23 장경우, "자네는 나하고 전국 일주나 하지," 운경재단, 《운경 이재형 선생 평전》, 253쪽.

분명히 했던 것이다. 그는 "1988년 2월 어느 날, 단 한 번 7년 임기가 끝나자 토착화된 민주주의에 의해 교체된 새 정권을 뒤로하고, 활짝 웃음을 머금은 얼굴로 두 손을 흔들며 청와대를 물러나는 57세의 정치인의 모습을 보게 될 때, 전 세계 인류는 보다 큰 감명을 받게 될 것입니다"라고 말하면서 1988년 2월의 단임제 실현, 정권교체의 중요성을 부각시켰다.

그 시절에 감히 대통령에게 단임제의 약속을 지키라고 요구하는 것은 지금 생각해도 쉽지 않은 일이다. 그러나 이재형은 제 5공화국 국회 첫 대표발언에서 대통령을 향해 단임 약속의 실천을 요구했다. 당시 연설의 앞부분에도 단임제의 중요성이 강조되었다.

> 건국 이래 우리나라 헌정사는 1인 장기집권을 둘러싼 공방전의 연속이었습니다. 몇 차례 평화적 정권교체의 길을 막아 버린 결과, 그때마다 갈등과 대립이 격화되어 국론을 분열시켰고 국력을 분산시켰습니다. … 그러나 이번 제 5공화국 출범을 앞두고 새로 만들어진 헌법과 두 차례의 선거 결과는 지난 35년간 민주주의의 시행착오로 빚어진 장기집권, 부정부패, 선동정치, 극한투쟁, 타락선거 등 버려야 할 유산들을 적지 아니하게 제거하는 데 성공했음을 반증하고 있습니다.[24]

이러한 맥락에서 이재형이 민정당 당 대표 제안을 받고 전두환 대통령을 만났을 때 "내가 도울 수 있는 일은 민주주의뿐"이라고 말한

---

24 운경재단, 《운경 이재형 선생 어록집 II》, 132~133쪽.

것은 단임제 확립과 관련이 깊다고 할 수 있다. 18년간의 박정희 체제가 10·26 사건으로 무너졌을 때 장기집권의 문제점이 지적되었다. 박정희는 3선개헌, 유신 등 장기집권을 시도했고 그 결과 비극적 최후를 맞이했다. 이승만 정권 역시 부산 정치파동이나 4사 5입 개헌 등 무리한 방식으로 장기집권을 추구하다가 몰락했다.

따라서 단기적으로 권위주의 체제를 극복하기 어렵더라도 단임제가 확립되면 한국 민주주의 발전을 기대할 수 있다고 생각하는 이들이 적지 않았다. 아마 그들은 유신 이전, 더 정확히 3선개헌 이전의 박정희 체제로 복원하는 것이 한국 정치를 정상화하는 길이라고 여겼던 듯하다. 즉, 유신 이전 상태로의 복귀를 민주주의 회복으로 보았던 것이다.

이는 사실 1987년 민주화 이후에도 나타난 특성이다. 이재형의 당시 심정을 이해하기 위해 1987년 개헌협상 때 관계자들의 인식에 대해 살펴볼 필요가 있다. 1987년 6·29 선언 이후 헌법개정을 위해 여야 간 협상이 시작되었다.[25]

6·29 선언 이후 대략 한 달 뒤인 7월 24일 민정당과 통일민주당은 개헌협상을 위한 기구로 부총재급의 '8인 정치회담'을 구성하고 그 일주일 뒤 첫 회의를 가졌다. 민정당에서는 권익현·윤길중·최영철·이한동 의원이, 통일민주당에서는 이용희, 이중재(김대중계),

---

25 이하 논의는 강원택, 2017, "87년 헌법의 개헌과정과 시대적 함의," 〈역사비평〉, 119호, 12~37쪽 참조.

박용만, 김동영(김영삼계)이 참여했다. 1987년 헌법개정은 8인 정치회담에서 주요 사안이 모두 논의되고 합의되었다. 8인 정치회담은 매우 효율적으로 진행되었다. 7월 31일 시작되어 한 달 뒤인 8월 31일에 헌법 시행일과 국회의원 총선 시기 등에 관한 부칙을 제외한 110여 개의 쟁점에 대해 대체적으로 합의를 도출했다.

한편, 국회에서는 8인 정치회담의 진행상황에 맞추어 1986년 구성되었던 개헌특위를 재구성했다. 1987년 8월 14일 채문식 의원을 위원장으로 헌법개정특별위원회가 구성되었고, 8월 31일 개헌 실무작업을 담당할 헌법개정안기초 소위원회가 구성되었다. 10인 소위원회에서 만든 개정안은 9월 17일 개헌특위 안으로 채택되었고, 10월 12일 국회 본회의를 통과했으며, 보름 뒤 국민투표를 통해 최종 확정되었다. 7월 31일 8인 정치회담의 첫 회의 이후 10월 27일 국민투표로 확정되기까지 개헌은 석 달 만에 완성되었다.

당시에 헌법개정이 신속히 마무리될 수 있었던 이유는 새로운 정치질서 마련이라는 시급함도 있었지만 '되돌아갈 곳'이 있었기 때문이다. 김영삼, 김대중 등 당시 정치지도자들은 민주화의 의미를 '유신 이전 상태로의 복귀'로 이해했다. 박정희 유신체제에 맞서 민주화 운동을 이끌었던 이들은 전두환의 제 5공화국을 유신체제의 연장으로 바라보았다. 따라서 6·29 선언으로 상징되는 민주화는 정치적 경쟁이 나름대로 보장되었던 유신체제 이전, 곧 제3공화국으로 회귀하는 것을 의미했다.

대통령의 임기나 부통령제와 같이 민감한 정치적 사안을 제외하면, 여야 협상에서 이견이 생길 때마다 1962년 말 개정된 제3공화국 헌법이 중요한 참고자료가 되었다. 통일민주당이나 김영삼과 김대중이 4년 중임 대통령제를 제안한 것도 제3공화국의 헌법 규정이 그러했다는 사실과 관련 있을 것이다. 현실적으로 정치 일정이 촉박한 상황에서 제헌 수준의 헌법개정을 논의하기는 어려웠다. 더욱이 대통령직선제 개헌을 요구한 김영삼과 김대중에게 가장 중요한 것은 대통령의 임기였고 이외의 것은 큰 관심사가 아니었을 것이다.

이러한 점은 민정당이든 통일민주당이든 큰 차이가 없었다. 8인 정치회담에 민정당 대표로 참여한 이한동은 협상과정에서 문제가 있을 때나 특정 조항이 쟁점이 되었을 때, 제 3공화국 헌법이 '모범답안' 같은 기능을 여러 차례 했다고 말한 바 있다. 이처럼 '87년 체제'의 헌법개정을 이루어낸 이들은 당시의 민주화를 유신체제 이전 상태로 복귀하는 것으로 이해했다.

1987년에도 주요 정치인들이 민주화를 유신 이전 상태로 복귀하는 것으로 여겼다는 점에서 1981년 이재형이 단임제 확립을 민주주의 실현이라고 생각했던 것을 이해할 수 있다. 그는 단임제가 곧 유신 이전 상태로의 복귀이므로, 한국 정치발전에 기여할 수 있다고 보았다. 제5공화국이 "막 출범한 것이지 완전하게 정비된 것은 아닌 상태"임을 지적하고, 그다음에 단임제 실현을 언급했다.

그는 1988년 3월 국회의원 선거법 개정을 위해 개회한 140회 임시회의 개회사에서도 유신 이전으로의 복귀를 언급했다.

> 작년 10월 12일, 개정 헌법안을 국회에서 발의할 때 스스로의 잔여 임기를 근 1년이나 단축하는 부칙 규정까지 삽입한 우리 12대 국회는, 국회도 새로운 13대 국회의원을 선출하여 새 행정부와 함께 제6공화국을 맞이하고 싶었던 것이 아닙니까? 거기에는 정치인으로서의 우리 모두의 이상과 새 시대, 새 정치를 갈망하는 국민들의 꿈이 걸려 있었다고 하겠습니다. 어찌된 일이든 간에 우리가 제4공화국부터 실시해 온 소위 유신 선거법의 굴레를 벗어 버리기 위해서는 금회기 내에 국회의원 선거법 개정을 서둘러 기어이 처리해야 합니다.[26]

이재형은 헌법개정과 6공화국 출범을 "정치인으로서의 우리 모두의 이상과 새 시대, 새 정치를 갈망하는 국민들의 꿈"이라고 했다. 그리고 이를 마무리하려면 "유신 선거법의 굴레를 벗어 버리기" 위한 선거법 개정이 중요하다고 강조했다. 민주주의 회복은 유신 이후 왜곡된 정치를 바로잡는 것이라는 그의 인식을 여기서도 확인할 수 있다.

전두환이 단임제를 강조하고 그 실천의지를 피력했다고 해도 제5공화국의 초기에, 11대 국회 개원 직후 대표연설에서 대통령에게 단임제를 지키라고 말하는 것은 상당한 용기가 필요했을 것이다. 이재형은 노련한 정치인답게 세네갈의 사례를 들고, 한국 정치뿐만 아니라 국제적 차원의 성과도 이야기하며 단임제의 필요성을 강조했다.

이재형은 연설에서 "전 세계 인류는 보다 큰 감명을 받게 될 것"이며 "전두환 대통령 개인뿐만 아니라 우리 국민 전체가 얼마만큼 위대

---

26 운경재단, 《운경 이재형 선생 어록집 II》, 178쪽.

하며 우수한가를 세계에 입증하게 될 것"이라며 단임제의 의미를 일깨웠다. 그는 "본 의원이 정치적 소신의 일단을 피력한 것"이라고 말하며 단임제 준수의 중요성을 강조했다. 단임제야말로 유신 이후 혹은 3선개헌 이후 왜곡된 한국 민주주의의 회복을 가능하게 할 것으로 보았던 것이다. 이 연설을 통해 그는 민주주의에 대한 자신의 믿음과 용기를 잘 보여 주었다.

이상의 과정을 거쳐 이재형은 제 5공화국에 참여했다. 그러나 당에서 직면하게 된 현실은 그리 녹록하지 않았다.

## 2. 민주정의당 대표위원으로서의 민주화 노력

제 5공화국은 군의 지배라는 점에서 박정희 체제와 근본적 차이는 없었지만, 당시 이들은 자신들의 통치를 박정희 시대와 차별화해야 했다. 민정당은 창당 과정에서 당강령이나 기본정책 등에서 이전과 다른 모습을 보여야 했다. 그 과정에서 상당한 진통을 겪었다. 민정당 창당이념의 우선순위를 '민족'과 '민주'에 두고 창당을 준비하는 인사들 간에 의견이 갈렸다. 이재형은 이종찬 등과 함께 민족을 첫 번째로 두어야 한다고 주장했다. 이에 대한 반대의견이 강한 상황에서 '민족주체를 바탕으로 한 민주주의 정치운영'을 민정당 참여 조건으로 내세웠던 이재형은 '민족'을 양보할 수 없었고 결국 그의 뜻이 관철되었다.

이종찬은 그 과정을 다음과 같이 회고한다.

나는 선생의 뜻에 적극 호응하며 배성동 의원 등과 함께, '민족'을 최우선에 놓고 민주, 정의, 복지, 통일의 다섯 가지 항목을 아우르는 정강을 마련하였다. 하지만 당 일각에서는 국제화된 시대에 있어서 민족이 정강의 첫 번째 항목으로 자리한다는 것은 현대의 조류에도 맞지 않을뿐더러, 자칫하면 국수주의로 비칠 수도 있다며 반대의 목소리가 높았다. 당시 정강 정책의 채택에 관해서는 격렬한 논쟁이 벌어지기도 했는데 그러한 주장은 당의 핵심인사들에 있어서 더욱 강경했다. 선생님의 뜻을 따르던 나를 비롯한 몇 명의 힘만으로는 그들을 설득하기가 버거웠다.

반대의 목소리가 점점 커지자 선생께서 적극 나섰다.

"민족이 들어가지 않으면 대표를 맡을 수 없어!"

그 한마디로 끝이었다. 반대의 목소리는 수그러들었고 '민족'은 정강의 첫 번째 위치에 오를 수 있었다.[27]

결국 이재형의 뜻이 관철되면서 민주정의당의 창당선언문과 강령에 '민족'이 우선순위로 들어가게 되었다.

다음은 민정당 창당선언문의 일부이다.

이제 우리는 이러한 시대의 요구와 겨레의 부름에 순응하여 새 시대를 이끌어갈 새로운 양심세력을 모아 '민주정의당'의 깃발을 높이 들고 이에 창당을 선언한다.

우리는 민족, 민주, 복지, 정의, 평화통일 노선을 추구하려 한다.

---

27 이종찬, "내게 정치를 가르쳐 주신 스승," 운경재단, 《운경 이재형 선생 평전》, 227~228쪽.

우리는 식민지적 잔재와 사대의타(事大依他) 의식을 청산하여 민족정기와 주체의식을 드높이고 민족사적 정통성을 확립함으로써 통일민족국가 형성에 주도적 역할을 다하려 한다.

우리는 깨끗한 정치, 믿을 수 있는 행정, 1인 장기집권(一人 長期執權)의 방지 그리고 정의로운 사회를 구현하라는 국민의 여망에 부응하기 위하여 우리 실정에 맞는 민주이념을 정립하고 이를 발전, 정착시키는 데 모든 힘을 기울이려 한다.

우리는 북한 공산집단보다 절대우위의 입장에 설 수 있도록 국방을 배양하여 국가의 존립과 민족의 생존을 더욱 확고히 하고 평화통일의 기반을 구축하며 개방적 국제관계를 강화함으로써 세계평화와 번영에 이바지하려 한다.

우리는 성장과 복지의 조화로 국민생활의 균등한 향상을 기하며 개인의 창의를 존중하고 기업의 자유를 보장하며 공익에 필요한 만큼의 계획 기능을 가미하여 시장경제 질서를 지향하려 한다.

우리는 정직하고 근면하며 성실한 사람이 보람을 느끼고 존경받을 수 있는 올바른 가치관과 윤리의식을 확립하여 서로 신뢰할 수 있는 건전한 사회풍토를 조성하려 한다.

우리는 민족문화의 주체성과 창조성을 함양하고 교육의 기회 확대와 혁신을 통하여 창조적인 인간개발에 힘쓰고자 한다.

이제 우리는 새 시대를 이끌어갈 전 민족적 주도세력을 한데 모아 우리의 지표인 정의로운 민주복지국가의 꿈을 이룩하는 데 우리의 모든 힘과 정열을 쏟을 것이다.[28]

---

28 현대한국사연구회, 1982, 《제 5공화국 전사(前史)》, 부록 3편, 1168~1170쪽.

위의 창당선언문에서 민정당이 추구할 노선은 민족, 민주, 복지, 정의, 평화통일의 순서임을 확인할 수 있다. 한 가지 더 주목할 점은 '1인 장기집권의 방지'가 명기되어 있다는 점이다. 이는 이재형이 정치참여를 결정하면서 중요하게 생각했던 핵심적 사안이었는데 창당선언문에 포함되었다.

민정당 강령 10개 항 역시 민족이 우선적으로 제시되었다.

① 선열들의 빛나는 독립정신의 계승
② 민족사적 정통성에 입각하여 평화적 방법에 의한 조국의 자주통일 실현과 통일민주복지국가의 건설
③ 안전보장을 기하면서 남북대화를 적극 추진
④ 1인 장기집권 배격 및 민주제도 정착
⑤ 자율성과 민주성을 높이고 지방자치제를 점차적으로 실시
⑥ 노력과 능력에 대한 정당한 보상이 있는 정의사회 건설
⑦ 시장경제 원칙하에 기업의 자유를 창달하되 공익에 필요한 정도의 계측기능으로 경제의 효율 제고
⑧ 민생의 안정
⑨ 평생교육과 창조적 민족문화 계승발전
⑩ 이념과 체제가 다른 국가와도 호혜평등 원칙에 따라 협조관계 수립[29]

---

29 위의 책, 2241쪽.

민정당 강령 10개 항 중 앞의 두 항이 민족을 다루었다. 네 번째 항목에 '1인 장기집권 배격 및 민주제도 정착'이 포함된 것도 눈길을 끈다. 이처럼 창당이념, 창당선언문, 당강령을 마련하는 과정에서 이재형의 의지가 상당히 반영되었다.

민정당 창당 후 이재형은 민정당 대표위원을 맡았는데, 통치과정에서 당의 역할을 중요하게 생각했다. 이는 11대 국회에서 그가 했던 첫 교섭단체 대표연설에 잘 드러난다.

> 이와 함께 덧붙여 드리는 말씀은 새 시대의 국회는 구시대처럼 행정부의 하위에 종속하는 것이 아니라 대등한 위치에서 행정부에 충고, 협조하는 입장이 되어야 하며, 다수당은 으레 민주성이 부족하고 권위적으로 흐르던 구시대의 통념을 과감히 수술해야겠다는 것입니다.
>
> 정당의 권위와 비중은 이제 주장만으로는 구현될 수 없습니다. 제구실을 다하면서 국민의 언론을 창달시키는 가운데 언제나 겸허한 자세로 국민과 정부를 연결하는 교량작용을 해야 하는 것입니다.[30]

여기서 국회나 집권당을 바라보는 이재형의 입장을 확인할 수 있다. 우선 대등한 위치에서 당정관계를 추구해야 한다는 것이다. 1970년대 이후 박정희 체제에서 당정관계는 사실상 무의미한 것이었다. 1971년 오치성 내무부 장관 해임 건의안 가결을 주도한 공화당 내 김성곤 중앙위원장, 길재호 사무총장, 백남억 당의장, 김진만 재

30 운경재단, 《운경 이재형 선생 어록집 II》, 137쪽.

정위원장 등 이른바 4인방 체제를 박정희가 응징하고 당을 직접 통제하에 둔 이후부터 공화당의 자율성은 사라졌다. 유신체제 수립과 함께 대통령이 임명한 국회의원들로 구성된 유신정우회까지 생겨나면서 공화당은 아무런 자율성을 가질 수 없었다.

이재형은 제 5공화국 출범을 통해 당정관계, 정부·국회 관계가 "행정부의 하위에 종속하는 것이 아니라 대등한 위치에서" 이루어져야 한다고 주장했다. 또한 다수당, 곧 집권당이 "민주성이 부족하고 권위적으로 흐르던 구시대"의 관행에서 벗어나야 한다고 강조했다. 사실 당정관계가 변화해야 당이 "국민과 정부를 연결하는 교량작용"을 담당할 수 있다. 이재형은 당 운영과 관련하여 시대적으로 매우 중요한 점을 당 대표 연설을 통해 제기한 것이었다.

그러나 현실에서 전두환 체제는 본질적으로 유신체제의 틀에서 크게 벗어나지 못했다. 더욱이 이른바 '실세들'은 정치적 경험이 없거나 일천한 사람들이었다. 당정관계에서 당의 자율성을 확보하려는 이재형의 노력은 현실의 벽에 부딪혀야 했다. 또한 5공화국 초기에 거칠 것이 없이 등등했던 신군부의 위세로 그는 당 대표로서 어려움을 겪었다. 당 대표위원임에도 당의 주요 결정이나 당무에서 종종 소외되었던 것이다.

다음의 글들은 이러한 당시 상황을 잘 보여 준다.

사실, 당시 당의 모든 운영은 사무총장을 중심으로 이루어지고 있었다. 당 소속 의원들이 당사를 들른다 해도 대표위원을 찾기보다는 사무총장실만 방문하고 돌아가기가 일쑤였다. 심지어는 당내의 국장들도 대부분의 사안을 대표에게 보고하기보다는 사무총장에게 보고하는 것으로 그치고 말았다. 내가 알기로 이러한 행태는 당시의 사무총장이 일부러 그렇게 만든 것도 아니요, 강압적인 압력이 있었던 것도 아니었다. 어떻게 보면 정도의 차이는 있지만, 대표는 상징적인 대외적 업무를 맡고 실질적인 행정처리는 사무총장이 맡는다는 이전의 관습을 순리대로 따른 것일 수도 있다. 하지만 문제는 원칙과 격식에 있었다. 31

주요 뉴스는 3층에 있는 사무총장실에서 나왔고, 출입기자들도 그러한 사실을 너무나도 잘 알고 있었다. 사람들은 자연히 3층으로 떼 지어 몰려들었다. 6층의 운경 방은 한담이나 하고 돌아가는 방처럼 되었다. 32

민정당의 창당 과정이야 익히 알려진 대로 돌발적인 긴급사태에서 이루어진 정계개편이었다. 그러한 과정에서 선생께서 대표위원으로 추대는 받으셨지만 실제 권력을 가지지 못한 처지였고, 그로 인해 군출신에게 소외당하는 경우도 있었음은 부인할 수 없는 사실이다. 33

---

31 권익현, "계산기 달린 냉장고," 운경재단, 《(속) 운경 이재형 선생 평전》, 18쪽.

32 봉두완, "아름다운 사랑을 따라간 노정객," 운경재단, 《운경 이재형 선생 평전》, 125쪽.

33 윤석순, "당헌과 당규를 당 운영의 원칙으로 고수한 정계의 원로," 운경재단, 《운경 이재형 선생 평전》, 180쪽.

이재형이 당을 운영하면서 겪은 갈등은 특히 당 사무총장인 권정달과 관련되어 있었다.

> 운경은 당의 전권을 휘두르던 권정달 총장과 당 운영을 놓고 보이지 않는 신경전을 펼쳐야 했다. 권 총장은 육사 15기 출신으로 5·18 이후 보안사 정보처장에서 예편, 입법회의를 만들고 민정당의 골격을 세운 개혁세력의 핵심인물이었다. 그만큼 민정당 창당 초기 그는 당무, 원내, 정책 등 3권을 한 손에 쥔 총사령관과도 같았다. 그에게 이처럼 당의 3권 통수권이 부여된 근본적인 원인은 그들 스스로가 당장의 현실을 과도기로 인식하고 있었다는 데서 출발하고 있었다. 즉, 자신들의 세력이 대표위원직에 오를 때까지 당을 심장부인 사무총장 중심 체제로 이끌고 나가겠다는 의지의 표현이었던 것이다.[34]

당시 "자신들의 세력이 대표위원직에 오를 때까지" 과도기로 간주한 측면이 있겠지만, 사실 권정달이 아니었더라도 당시 당 운영에서 당 대표의 역할은 제한적이었다. 권위주의 체제하에서 집권당의 총재는 대통령이었고, 유신 이후 대통령은 집권당을 직접 관리해왔다. 전두환 체제 역시 이 모델을 그대로 답습했다. 전두환 대통령이 집권당의 총재였고, 당의 실무는 당 사무총장이 담당했다. 당 총재와 사무총장 사이에 놓인 당 대표위원의 위상은 애당초부터 애매할 수밖에 없었다.

---

34 운경재단, 《정치 이전의 것을 하러 왔소》, 453쪽.

실제로 이재형 이후 민정당 대표위원은 진의종, 정래혁, 권익현, 노태우로 이어졌는데, 그 가운데 가장 실세라 할 수 있는 노태우 대표조차 전두환 총재의 눈치를 보아야 했다. 그런 점에서 볼 때 이재형이 국회연설에서 '대등한 당정관계'라는 바람직한 통치방안을 제시했지만, 당시 5공화국 실세 중 그 의미를 이해할 수 있는 사람은 거의 없었을 것이다. 이재형은 자신이 생각했던 것과 다른 대표위원의 처지가 되었다.

하지만 이런 상황에서도 이재형은 꼬장꼬장한 성격대로 그의 권위에 도전하는 것을 용납지 않았다. 대변인 봉두완은 "실세 중 한 사람이던 당시 사무총장은 당사 6층에 있는 대표위원실에 드나들기를 죽기보다 싫어했다"고 기억한다.[35]

> 사무총장이다, 원내총무다, 대변인까지 끼리끼리 몰려다니면서 발길이 뜸한 상황은 운경 입장에서는 도저히 용납될 수 없는 경우였다. "왜 요즘 내 방에 자주 들르지 않느냐?"고 내뱉듯이 던지는 물음에 대해 나는 엉겁결에, "대표위원이 무서워요" 하고 대답했다. 자리를 함께했던 기자들은 일제히 신문 가십난에 '대표위원이 무서워요!' 하고 써댔다. 운경을 무서워한 사람은 나뿐만이 아니었다.[36] 권정달 사무총장은 선

---

35 봉두완, "아름다운 사랑을 따라간 노정객," 운경재단, 《운경 이재형 선생 평전》, 125쪽.

36 위의 책, 126쪽. 장경우의 회고에 따르면, 당시 봉두완 의원은 당에서는 권정달이 극성이고, 위에 올라가면 할아버지가 야단친다는 농담을 자주 했다고 한다(장경우, "자네는 나하고 전국 일주나 하지," 운경재단, 《운경 이재형 선생 평전》, 255쪽).

생의 부름을 두려워했고 마주치기조차 꺼려할 정도였다.[37]

이재형은 당 운영의 원칙으로 당헌과 당규를 내세우면서 원칙대로 당을 이끌고자 했다.

당의 노선이나 당무 및 예산집행에 영향력을 행사하려고 노력했고, 그 때문에 권 사무총장과의 갈등도 있었다. 당시 대부분의 결정은 총장이 직접 청와대와 협의해서 결재를 받아오는 것이 관례였기 때문이다. 그러나 운경 선생은 항상 당헌, 당규집을 옆에 두고 수시로 참조하면서 따지곤 했다.

"민주정당이라면 당헌, 당규를 준수해야 하는 거예요. 절차와 과정을 무시하면서 민주주의를 제대로 하기는 어려워요."

이런 설교를 받은 힘센 당직자들이 한둘이 아니었다.[38]

이재형이 당 운영원칙으로 당헌과 당규를 내세우는 데 대해 누구도 이의를 제기하기 어려웠을 것이다. 당헌과 당규는 당 운영과정에서 대표위원의 권위를 지키는 효과적인 무기였다. 하지만 그가 단지 당 운영에서 자신의 권위를 내세우기 위해 당헌과 당규를 활용했다고 보기는 어렵다. 그는 당헌, 당규 등의 기본원칙을 중시했다.

민정당 창당 이전에 당 대표 영입을 위한 접촉에서 이재형이 했던

---

37 위의 책, 255쪽.

38 이종률, "운경 선생과 나," 운경재단, 《운경 이재형 선생 평전》, 219쪽.

말은 그가 원칙을 중시하는 인물이라는 사실을 잘 보여 준다.

> 그간 누구누구가 그 문제로 다녀갔다고 말씀하시면서 "당을 만들려면 정강과 당헌이 있어야 하는데 그 개요를 설명하는 사람이 없어" 하시면서 "당의 정강 정책, 당헌이야 전당대회를 통해서 확정된다는 것을 모르는 바는 아니지만 그 시안을 통해서 당의 진로를 알아야만 대표가 될 수 있다, 없다 하는 판단기준이 될 것인데 그것을 설명하는 사람이 없어!" 하시면서 매우 부정적인 입장을 보이셨다.[39]

위의 글은 정치적 명분과 원칙을 중시하는 이재형의 모습을 잘 보여 준다. 11대 총선에서 전국구 예비후보 순번과 관련된 사건도 그의 이런 특성과 깊이 관련되어 있다.

다음은 당시 권정달 사무총장 보좌역이던 강창희의 회고다.

> 11대 총선을 대비해 마련한 전국구 예비후보 순번 결재를 위해 대표위원실에 갔다 온 권정달 사무총장의 안색이 좋아 보이질 않았다. 운경 선생이 순번을 다시 짜 오라고 했다는 것이다. 그 이유는 나와 장경우 보좌역의 순번 때문이었다. 나를 전국구 예비후보 4번으로 정한 권 총장은 장경우 대표위원 보좌역을 8번으로 올렸는데 이를 본 선생께서는, 어떻게 대표위원 보좌역보다 사무총장 보좌역의 순번이 높을 수

---

39 이범준, "의롭지 않으면 천하(天下)를 얻을 수 있어도 택하지 않는다," 운경재단, 《운경 이재형 선생 평전》, 202쪽.

있느냐며 질책하셨다는 것이었다. 그때까지도 전국구 예비후보 순번은 그냥 이름이나 걸어 놓는 것으로 알고 있던 나는, 순번을 바꾸겠다고 선선히 대답했고, 그래서 장경우 보좌역과 내 전국구 순번은 서로 맞바뀌게 되었다. 40

그러나 이재형과 권정달 사무총장의 더 큰 갈등은 11대 국회에서 원 구성을 두고 일어났다.

권정달은 그때의 상황을 다음과 같이 회고한다.

제11대 국회는 4월 11일 개원했는데 앞서 총선 직후 나는 원 구성 과정에서 청와대 허화평 보좌관 등과 여러 자료를 갖고 서로 협의했다. 이렇게 해서 국회의장에는 정래혁, 여당 부의장에는 채문식, 이 밖에 각 분과 상임위원장을 결정했다. 당직 인선에는 이종찬 의원이 원내총무가 됐다. 당시는 국회 상임위원장을 다수당이 차지했던 때다. 그래서 법사위원장에 김숙현, 내무위 김종호(서정화 씨의 부탁), 국방위 김영선, 재무위 김용태, 농수산위 김식, 상공위 이태섭, 문공위 이홍수, 노동복지위 이찬혁 의원 등이 배정됐다. 정무장관에는 정종택 의원으로 결정하고, 인선 초안을 들고 청와대로 들어가 전두환 대통령에게 결재를 받았다.

그런데 이 과정에서 당 대표였던 이재형 의원(민정당 전국구 1번)을 건너뛰고 대통령 결재를 받은 것 때문에 내가 곤욕을 치렀다. 당시 내 생각은 이재형 대표에게 일일이 결재를 받다 보면 선임 원칙이 다 헝클

40 강창희, "강 군, 정치를 오래할 거지?" 운경재단, 《운경 이재형 선생 평전》, 11쪽.

어질 것 같아서 먼저 대통령 결재를 받았던 것이다. 그런데 이 일은 그냥 넘어갈 수 없는 문제로 커지고 말았다. 또 본의 아니게 보안사령관으로 있던 노태우 장군과 유학성 중앙정보부장이 인사 내용을 알려 달라고 하기에 먼저 노 사령관에게 이렇게 저렇게 인사들의 선임 배경을 알려 준 것이 주영복 국방부 장관을 거쳐 국방부 출입기자들의 귀에까지 흘러 들어갔다.

이런 경로로 이 대표가 알지 못한 상태에서 공개적으로 보도됐다. 이 대표에게 사전에 요구했던 사항을 포함해 인선결과 보고를 앞두고 이미 확정된 것 같은 신문보도가 나온 것이다. 그러자 이 대표는 자기도 모르게 결정된 인사 내용을 듣고 단단히 화가 났는지 사직동 자택에서 나오려고 하지 않았다. 그래서 내가 이 대표의 집으로 찾아가 무릎 꿇어가며 잘못했다고 빌었지만 소용이 없었다. 이 대표는 화가 풀리지 않는지 하얗게 된 얼굴로 "대통령을 직접 만나야겠다"고 했다. 그래서 내가 "만나시라"고 하고 돌아와 청와대로 가서 전 대통령에게 이런 사정을 보고했더니 이 대표를 모시고 들어오라고 했다.

그다음 날 이 대표를 모시고 청와대로 가서 전 대통령을 만났다. 이 대표는 전 대통령을 만난 자리에서 "각하! 모든 당의 운영을 당헌, 당규대로 하도록 해 주십시오. 이 약속을 해 주십시오"라며 "지난 인선 문제에 대해 저로서는 용인할 수 없는 일"이라고 항의했다. 이에 전 대통령은 "그러겠다"고 약속해 이 사건은 고비를 넘길 수 있었다.

나로서는 이 대표의 분노를 수습하기 위해 인사 안을 다시 복수로 만들어서 이 대표의 결재를 받아 다시 대통령의 결재를 받아오는 시늉을 하려고 차에 올라 북악산 한 바퀴를 돌고 당으로 돌아가는 해프닝도 있었다.

그 후 4월 11일 제11대 국회 개원을 앞두고 이 대표는 장출혈로 청량리에 있는 성바오로병원에 입원했다. 그래서 내가 병원으로 찾아가 "대표님, 국회 개원식은 저희들이 잘 치르도록 하겠으니 병원에서 치료하면서 계시라"고 했다. 이 대표는 이 말을 듣고 침상에서 벌떡 일어나 "무슨 소리냐. 개원식에 참석하겠다"며 팔에 꽂혀 있는 링거 바늘을 빼내고 일어서는 것이 아닌가.

돌이켜 보면 이 대표는 민정당 창당 정치인 중에서 상징적인 인물로 참여한 분이다. 전주 이 씨 왕손이기도 한 그분은 일찍이 30대에 제헌 국회의원과 상공부 장관을 지낸 거물 정치인이다. 이 대표는 당시 연로한 나이에도 전통적인 기풍과 권위의식이 대단했다.[41]

이재형은 전두환 대통령을 만난 자리에서도 "모든 당의 운영을 당헌, 당규대로 하도록 해 주십시오. 이 약속을 해 주십시오"라고 말했다. 꼬장꼬장하게 원칙을 강조하는 그의 성격을 여기서도 확인할 수 있다. 권정달은 이 사건을 "가장 곤혹스러웠던" 일로 기억하고 "죄송스러움이 앞선다"고 했다.[42]

기세등등하던 5공 초기 신군부를 향해 "운전면허 갓 딴 사람들이니 험한 길 급히 달리지 말고 한눈팔지 말라"고 충고하던 이재형은 신군부가 불가근불가원의 자세로 대할 정도로 매우 까다롭고 다루

---

41 "권정달 회고록: 5공 비화 ⑧ 민정당 100만 당원 시대 개막," 〈일요서울〉, 2013. 10. 28.

42 권정달, "원로의 역할 다하신 정계 어른," 운경재단, 《운경 이재형 선생 평전》, 21~22쪽.

기 힘든 인물이었다.[43]

이재형이 당 대표로서, 나라의 원로로서 보여 준 용기 있는 모습은 특히 이철희·장영자 사건에서 잘 나타났다. 이철희·장영자 사건은 1982년 5월 "단군 이래 최대의 금융사기 사건"이라고 당시 언론에서 표현할 만큼 거액의 어음사기 사건이었다. 이로 인해 당시 철강업계 2위이던 일신제강과 도급순위 8위이던 공영토건이 부도가 났고, 수많은 피해자가 발생했다. 무엇보다 전두환 대통령의 친인척이 연루된 사건이라는 점에서 정권의 도덕성에도 큰 상처를 주었다. 이 사건이 전두환 정권에서 갖는 의미는 결코 작지 않다. 전두환 정권은 '정의사회 구현'을 제1의 구호로 내세웠기 때문이다.

권정달은 이철희·장영자 사건이 전두환 정권에 미친 영향을 이렇게 말했다.

> 5공 정권이 실패하게 된 가장 결정적인 계기는 이철희·장영자 사건이라고 여겨진다. 정권 초기인 1982년에 일어난 이 이철희·장영자 어음사기 사건은 대통령의 친인척이 연루되고 최고 권부인 청와대까지 의심을 받으면서 권력의 도덕성과 정당성에 결정적 흠집을 내었다. 금융실명제 실시와 세제개혁 등 민정당이 추진하려던 주요 개혁 프로그램도 이 사건으로 무산되었다.[44]

---

43 "해방 후 한국 헌정사의 '증인': 타계한 이재형 전 국회의장," 〈중앙일보〉, 1992. 1. 30.
44 강창희, 2009, 《열정의 시대》, 서울: 중앙북스, 44쪽.

이 사건을 지켜보면서 이재형은 자신이 감당해야 할 역할을 하기로 결정했다. 그러나 대통령의 친인척이 연루된 사건을 두고 그들을 처벌해야 한다고 대통령에게 직언하기란 쉽지 않은 일이었다. 그는 '임금에게 상소를 올리는' 심경으로 전두환 대통령과의 면담을 신청하기로 결정했다.

다음의 글들은 당시 이재형의 용기와 결단을 잘 보여 준다.

> 선생은 사건이 점차 확대되어 가자 마침내 큰 결단을 내리고 있었다. 정권의 실세들은 물론 각계인사들을 통해 자료를 수집한 선생이 나를 불렀다. 경호실장에게 대통령과의 면담을 주선하는 것이었다. 선생이 대통령과 만나는 날이었다. 운경 선생은 사직동 자택에서 목욕과 이발을 하고 시간을 기다리고 있었다.
>
> "옛말로 하면 임금에게 상소를 올리는 것하고 무엇이 다르겠나. 이것이 내게는 득이 없어도 할 말은 해야지. 나라의 장래를 위해서도 통치권자가 옳은 길을 갈 수 있도록 이 말만은 해야 되겠어. 이것이 훗날 어떤 결과를 가져올지 … ."
>
> 운경 선생은 조그만 메모지에 자신이 해야 할 말을 적어 놓고 자택을 나섰다. 거기에는 대통령이 친인척 관리의 잘못을 사과하고, 인척과 측근을 멀리해야 한다 등의 내용이 적혀 있었다.
>
> 광화문 뒷길에서 운경 선생을 장세동 경호실장의 차로 전송한 한 달여쯤 뒤, 이·장 사건과 관련하여 이규광 광업진흥공사 이사장의 퇴임을 비롯한 몇몇 조치가 취해졌다. 45

---

45 장경우, "자네는 나하고 전국 일주나 하지," 운경재단, 《운경 이재형 선생 평전》, 255쪽.

이철희 · 장영자 사건으로 사회가 한창 떠들썩할 때 … 선생은 오랜 숙고 끝에 전두환 대통령을 예방하고는 자신의 견해를 밝혔다. 과거의 왕조 시대는 아닐지언정 그래도 한 국가의 대통령 앞에서 그의 인척을 나무라기가 어려웠던 듯 한동안을 망설이던 운경은 마침내 자신의 의도를 감출 수가 없었던 것이다. 대통령을 만나고 오신 운경은 내게 이렇게 말씀하셨다.

"옛날에도 사약(死藥)이란 게 있었다고 말씀드렸어."[46]

이철희 · 장영자 사건으로 나라가 어수선할 때였다. 사회에서는 대통령이 무소불위의 권력을 휘두르는 상황이기에 일어날 수 있는 사건이라고 바라보고 있었고, 학원가의 소요는 더욱 격렬해지고 있었다.

선생께서 불렀다.

"대통령이 올바르게 정치를 하도록 당에 있는 우리가 도와야 해. 읍참마속(泣斬馬謖)하는 심정으로 친인척을 끊어야 대통령의 영(令)이 추상(秋霜)같이 설 수 있어."

선생은 함께 청와대로 들어가자고 하셨다. 나 역시 사태를 수습할 수 있는 길은 그 방법밖에 없음을 느끼고 있었던 터라 흔쾌히 따라나섰다. 선생의 뜻은 그러한 불미스런 사태를 가져온 책임을 먼저 당에서 져야 하고 다음에 친인척 문제를 다뤄야 하는 것이었다.

선생과 나는 대통령에게 당직자 전원이 물러나야 함을 말씀드렸다. 대통령은 그렇게 하면 사태의 수습이 안 된다며 대표위원과 원내총무만은 자리를 지키고 있어야 한다고 했다.[47]

---

46 왕상은, "청주 한 잔을 기울이며 정국을 걱정하던 운경," 운경재단, 《운경 이재형 선생 평전》, 161쪽.

이재형이 대통령을 만나고 온 후인 5월 18일 검찰은 대통령의 처삼촌인 이규광 광업진흥공사 이사장을 구속 수감했고, 정부 여당에 대한 대폭의 인사조치를 취했다. 물론 이러한 결정이 내려진 것에 그의 조언이 결정적이었는지는 알 수 없다.

당시 이재형 외에도 이 사건의 처리를 두고 여러 의견이 대통령에게 제시되었다.

> '쓰리 허'[48]와 군부에서는 이규광 씨 등 관련이 있는 친인척을 예외 없이 엄벌에 처하고 차제에 이규동 대한노인회 회장(전 대통령의 장인), 김상구 평화통일자문회의 사무차장(전 대통령의 동서), 전경환 새마을운동본부 사무총장(전 대통령의 동생) 등 친인척을 모든 공직에서 물러나게 해야 대통령의 권위가 살아날 수 있다고 주장했다. 언론 역시 샅샅이 파헤치라고 목소리를 높였다. 유학성 안기부장도 군부의 의견을 대변했다. 반면 이종원 법무장관을 비롯한 몇몇 인사들은 사건을 확대시켜서는 안 된다고 주장했다.
>
> 난처한 입장에 빠진 전 대통령은 군부의 의견을 따르지 않을 수 없게 되었다. 전 대통령은 수사 확대에 반대하던 이 장관을 경질하고 사건을 철저히 수사하라는 엄명을 내렸다. 그에 따라 사건을 일으킨 장영자와 대통령의 처삼촌인 이규광 씨를 비롯해 은행장, 기업체 간부, 전직 기관원 등 30여 명이 무더기로 구속됐다.[49]

---

47 이종찬, "내게 정치를 가르쳐 주신 스승," 운경재단, 《운경 이재형 선생 평전》, 228쪽.
48 허화평 정무 제1수석비서관, 허삼수 사정수석비서관, 허문도 정무 제1비서관.
49 노태우, 2011, 《노태우 회고록 상권: 국가, 민주화, 나의 운명》, 서울: 조선뉴스프레스, 288~289쪽.

이처럼 이철희·장영자 사건 처리에 대해 전두환 대통령이 결심을 내리기까지 각계 의견을 두루 들었을 것이다. 그러나 위에서 언급한 이들과 달리 신군부의 실세가 아닌 이재형이 직접 대통령 면담을 신청해서 대통령의 인척과 관련된 사건에 대해 직언한 것은 매우 용기 있는 행동이라고 할 수 있다. 이는 그가 국회연설에서 말한 대로, "국민과 정부를 연결하는 교량작용"을 해야 하는 당의 입장에서 마땅히 할 일이기도 했다. 오랜 정치 경륜 속에 원칙을 중시하는 이재형의 모습이 이 사건에서도 잘 드러난다.

실제로 이철희·장영자 사건 이후 수습과정에서 다음의 기사에서 보듯이 이재형과 민정당은 적극적인 역할을 담당했다.

> 민정당의 이재형 대표위원도 20일 "장 여인 사건 사후 수습책은 민심 안정에 역점을 두는 정치적 영단만이 남아 있다"고 말했다. … 지난 16일 민정당의 이재형 대표위원이 청와대로 당 총재인 전두환 대통령을 방문한 것으로 알려졌는데 민정당 당직개편은 그 시기 결정에 대한 문제가 검토되고 있는 것으로 전해지고 있다. … 이와 관련, 이 대표위원은 20일 오전 "내각이 이번 사건과 관련, 취하는 행동을 보고 당적 차원의 조치도 있을 것"이라고 말했다. … 한편, 민정당은 종합적인 시국수습방안을 마련, 곧 당 총재에게 건의할 것으로 알려졌다.[50]

그러나 당 대표위원으로서 이재형은 줄곧 어려움을 겪었다. 권위

---

50 〈동아일보〉, 1982. 5. 20.

주의 체제하의 대통령이 당 총재로 있는 상황에서 당 대표의 역할은 원천적으로 제약을 받을 수밖에 없다. "생전에 국회의사당 근처에도 안 가 본 사람과, 평생 의회민주주의를 위해 모든 것을 바친 사람이 한목소리로 곡조 부르는 게 그리 쉬운 일은 아니었"기 때문이다.[51] 그런 제약 속에서도 이재형은 당헌, 당규가 자신에게 부여한 역할을 다하기 위해 노력했다. 따라서 "사실 민정당에서 이재형의 역할은 외줄타기와 같이 버거운 싸움이기도 했다."[52]

당 대표위원직의 사임을 앞두고 이재형은 기자들에게 다음과 같이 말했다.

> 지난 2년은 민정당의 창당과업을 완성하는 기간이었다. 그동안 창당과업이 성공적으로 마무리지어졌다면 그것으로 본인의 임무는 끝난 것이고, 미진했다면 더 이상 그 자리에 있을 능력이 없는 사람이 아니겠습니까.[53]

이재형은 당 대표위원에 머무는 동안 군부 권위주의 체제하에서 민주주의 원칙을 지키는 것을 자신의 역할로 생각했다. 그는 당 대표로서 자신의 역할을 군복의 색을 뜻하는 '카키색을 벗기는 것'으로 은유적으로 표현했다.

---

51 봉두완, "아름다운 사랑을 따라간 노정객," 운경재단, 《운경 이재형 선생 평전》, 124쪽.

52 윤길중, "위기관리 능력을 갖춘 현실적인 정치인," 운경재단, 《운경 이재형 선생 평전》, 178쪽.

53 〈경향신문〉, 1983. 3. 21.

"내가 카키색 벗기는 일을 해야 되지 않겠나!"

내 생각으로는 신군부의 등장은 불가항력이고 구 정치인의 빌미도 없지 않았으니, 기왕에 성립되는 정권을 정치적으로 순치하는 것이 옳은 일이 아닌가 하고 생각하시는 것으로 보였다. 또 신군부 초기에 등장한 공약이나 주장을 정권의 합리화를 위한 상징조직으로 보기보다는 실천의지를 다소나마 가진 것으로 이해하고 계셨다.[54]

이와 같은 '카키색'과 관련하여 이재형이 행했던 노력은 그가 민정당 대표직을 물러나는 자리에서 극적으로 표현되었다. 이임식은 강당에서 전 사무처 직원과 소속의원 전원이 참석한 가운데 열렸다. 그는 이임 연설을 했는데 원고로 작성되지 않은 즉흥 연설이었다. 이 연설문 전문(全文)은 기록으로 찾을 수 없지만 대체로 다음과 같은 내용이었다.

"민주를 표방하는 우리 민정당의 색깔이 언제부터인지 병영(兵營) 색깔로 변해가고 있습니다."[55]

무엇보다도 운경을 운경답게 드러내 보인 것은 민정당 대표위원 퇴임사였다. 민정당에 스며 있는 짙은 카키색을 조금이나마 엷게 하려 했지만 뜻을 이루지 못하고 퇴임하고 만다던 운경의 일성, 그것은 운경만이 할 수 있었던 군인정치에 대한 신랄한 질책이었다.

---

54 김도현, "내가 카키색 벗기는 일을 해야 되지 않겠나," 운경재단, 《운경 이재형 선생 평전》, 31쪽.

55 이종률, "운경 선생과 나," 운경재단, 《운경 이재형 선생 평전》, 220쪽.

"그간 민정당사는 병영의 색깔로 칠해질 위기를 여러 번 맞았으나 다행히 병영의 색깔이 칠해지지 않았다. 앞으로도 당사는 병영의 색깔이 칠해지지 말아야 할 것이다."[56]

"물러나는 나와 여러분 모두가 당사에 민주주의의 깃발을 올리고, 당사의 카키색 빛깔을 민주주의로 채색해 나가야 합니다."[57]

"저 쑥색으로 아름다운 민정당사의 색깔을 카키색으로 바꾸려는 측이 있어, 그것을 막으려고 애썼다. 지금도 쑥색인 저 당사는 얼마나 보기가 좋으냐."[58]

이재형은 민정당 당사 색인 쑥빛과 군복 색인 카키색을 절묘하게 비교하면서 군부 지배체제 속에서 정당민주주의, 의회민주주의를 지키고, 군과 민의 조화를 위해 애쓴 자신의 역할을 감동적으로 표현했다.

그는 대표직 퇴임 이후 〈조선일보〉와 1983년 3월에 가진 인터뷰에서 유사한 표현을 통해 자신의 심경을 더 분명히 드러냈다.

나는 엷은 쑥빛으로 칠해진 관훈동 155번지의 오뚝 솟은 9층 당사(黨舍)가 민주주의의 색감을 줄 수 있도록 노력했습니다. 그것이 더 강렬

56 주돈식, "참여 속의 개혁," 운경재단, 《(속) 운경 이재형 선생 평전》, 262쪽.
57 윤길중, "위기관리 능력을 갖춘 현실적인 정치인," 운경재단, 《운경 이재형 선생 평전》, 179쪽.
58 남재희, "카키색을 막고 쑥색을 지킨 운경 선생," 운경재단, 《운경 이재형 선생 평전》, 86쪽.

하고 농도 짙은 민주주의 본산의 이미지를 갖게 하느냐, 아니면 그나마 퇴색해서 다른 어떤 것을 연상케 하느냐는 끊임없는 도전으로 당사 주변을 감돌 것입니다. 나는 마치 구름이 청공(靑空)에 뭉쳤다가 흩어지는 것과 같이 내가 선택했던 길을 걸어왔고 잠시 머물다가 비켜서는 것으로 생각합니다.[59]

이 글에서 이재형은 민정당 참여를 결정하고 당 대표로서 신념을 지키고자 노력했던 심경을 솔직히 표현했다.

## 3. 12대 국회 국회의장으로서 의회 정상화 기여

이재형은 12대 국회가 개원하면서 국회의장에 선출되었다. 12대 국회의 정치적 상황은 11대 국회와 완전히 달랐다. 11대 국회가 신군부의 의도대로 여당인 민정당과 '관제야당'인 민한당, 국민당의 '2, 3 중대'의 구성으로 이루어졌다면, 12대 국회는 '선명야당', '체제도전 야당'인 신한민주당이 100석이 넘는 거대야당으로 등장했다. 김영삼과 김대중이 이끄는 신한민주당은 창당한 지 한 달도 채 되지 않아 치러진 1985년 2·12 총선에서 주요 대도시의 의석을 차지하면서 67석으로 제 1야당으로 부상했다. 그 후 민한당 의원 중심으로 많은 의원이 신한민주당으로 이적하면서 103석으로 늘어났다.

---

59 운경재단, 《정치 이전의 것을 하러 왔소》, 474쪽.

이재형이 국회의장을 맡은 12대 국회는 이처럼 체제도전적인 '선명야당'에 민정당이 맞서야 하는 상황이었다. 전두환 대통령이나 5공 실세들의 입장에서는 이런 상황에서 국회를 이끌어갈 적임자는 이재형 이외에 다른 대안이 없었을 것이다. 실제로 12대 국회는 원 구성 문제부터 여야 간의 입장 차이로 개원일인 4월 11일보다 한 달 이상 늦어진 5월 13일에 개원했다. 이재형 입장에서도 자신의 정치적 역량을 보여 주기에 민정당 대표보다 국회의장직이 더 나을 것이라고 생각했을 듯하다. 제헌국회 때부터 오랜 의정 경험을 가졌고, 김영삼과 김대중을 비롯한 야당 의원들과도 친분이 있었기 때문이다.

아래의 에피소드는 야당 지도자들을 비롯하여 야당 의원들과 거리낌 없이 지내던 이재형의 위상을 잘 보여 준다.

> 1987년도이던가, 국회의장실에서 각 당 대표들과 회동하였던 때이다. 환담 도중에 3김 씨 중 누군가가 접견실에 걸려 있는 역대 국회의장 사진을 보며 말했다.
>
> "아니, 어째 국회의장 중에는 김 씨 성을 가진 사람이 한 명도 없나?"
>
> 그때였다. 운경이 웃으며 말하는 것이었다.
>
> "아, 김 씨 성을 가진 분들이 어디 국회의장 할 맘을 가지고 있나요? 다 대권에만 신경을 쓰니 당연한 일 아니에요."
>
> 좌석은 그 한마디에 웃음바다가 되었다.[60]

---

60 김인규, "김 씨들이야 대통령만 생각하지, 국회의장이야 맘에 찹니까?," 운경재단, 《운경 이재형 선생 평전》, 53쪽.

의회주의자인 이재형은 여야가 정치력을 발휘하여 대화와 타협에 의해 국회를 이끌어야 한다고 믿었다. 1985년 5월 13일 12대 국회 첫 회의에서 국회의장으로서 행한 개회사는 이러한 그의 생각을 잘 드러낸다.

> 근간 여야를 막론하고 정치영역에서 모든 어려운 현안을 물 흐르듯 순리에 따라 풀어야 한다는 말이 사용되고 있는데, 이는 참으로 옳은 말이며 진리라고 본인은 생각합니다.
>
> 비록 우리 국회에 여야가 있고 소속 정당과 교섭단체를 달리하며 또 의원 각자의 정치적 소신과 견해가 상이하다 하더라도, 국민의 생존권을 보위하고 조국과 민족의 융성과 번영을 염려하며 이를 이룩하고자 하는 점에서는 그 궤를 같이한다고 믿습니다. 따라서 허심탄회하게 흉금을 털어놓고 논의한다면 어떠한 난점도 끝내는 타결될 것입니다. 매사를 사리에 따라 풀어나가는 슬기를 발휘한다면 우리 제12대 국회는 새로운 국회상, 새로운 의정상을 창조해낼 수 있을 것이라고 확언하는 바입니다. …
>
> 지난 11대 국회는 과거 역대 국회보다 대화와 타협을 통해 민주적 의정을 능률적으로 운영하는 선례를 남겼다고 평가되고 있습니다마는, 그러나 국민적 시각에서는 반드시 그와 같은 긍정적 관점만이 있는 것도 아님을 우리는 유의해 보아야 하겠습니다.
>
> 지난 총선거에서 나타난 민심이 바로 그러한 일면을 웅변으로 말해주고 있습니다. 우리 국민들은 보다 더 신뢰와 존경을 받는 국회가 되어 주길 갈망하고 있을 뿐만 아니라 차원 높은 비판적 시각과 정치적 소망을 간직하고 있음을 본인은 알고 있습니다.[61]

이재형은 국회의장을 지내면서 때때로 정치적으로 곤혹스러운 상황을 맞이했다. 그 대표적 사례가 1986년 유성환 의원의 국정질의와 관련된 이른바 '국시(國是) 파동'이다.

10월 14일 제12대 정기국회 본회의에서 유성환 의원은 우리나라의 국시가 반공이 아니라 통일이 되어야 한다는 요지의 발언을 했다.

> 우리나라의 국시가 반공입니까? 반공을 국시로 해 두고, 올림픽 때 동구 공산권이 참가하겠습니까? 나는 반공정책은 오히려 더 발전시켜야 된다고 보는 사람입니다. 그러나 이 나라의 국시는 반공이 아니라 통일이어야 합니다.
>
> 오늘날 강대국들의 한반도 현상고착 정책에 많은 국민들이 우려를 하고 있습니다. 적어도 분단국에 있어서의 통일 또는 민족이라는 용어는 이데올로기로까지 승화되어야 합니다. 먹고, 자고, 걷는 것, 국군이 존재하는 것 모두가 통일을 위한 수단이어야 합니다. 통일이나 민족이라는 용어는 공산주의나 자본주의보다 그 위에 있어야 합니다.
>
> 통일원의 예산이 아시안게임 선수 후원비보다 적은 것은, 사실상 통일을 기피하는 것 아닙니까? 국가의 모든 정책, 사회 기풍, 모든 역량을 통일에 집중할 때가 왔습니다. 우리가 추구하는 가장 위대하고 영원한 화해는 통일입니다.62

---

61 운경재단, 《운경 이재형 선생 평전》, 143~144쪽.

62 유성환, 2012, 《최후 진술》, 파주: 명성서림, 91~92쪽.

여기까지 발언하고 난 후 유성환 의원이 발언이 강제 중단되었다. 당시 유 의원의 국정질의 때 이재형이 국회의장으로서 사회를 보고 있었다. 우리나라의 국시가 반공이 아니라 통일이어야 한다는 주장은 지금으로서는 특별할 것도 없지만, 반공에서 집권의 정당성을 찾고 있던 군부 권위주의 체제에서는 체제에 대한 도전으로 받아들여질 수밖에 없었다. 국회의원이 국회 내에서 한 발언이었지만 전두환 정권에서는 국회의원의 면책특권을 무시하고 유 의원을 국가보안법 위반혐의로 구속했다. 국회의원이 회기 중 원내 발언을 이유로 구속된 것은 헌정사상 처음 있는 일이었다.

민정당은 유성환 의원의 체포동의안을 처리하기로 했다. 처음에는 야당의 반대를 우려하여 국회 본회의장을 피해 '날치기 통과'를 계획했다. "몰래 버스 3대를 동원해 서초동 뉴코아 백화점, 당산동 인공폭포, 광화문 시민회관 앞에 각각 배치해 놓고 그곳에서 의원들을 실어와 새벽에 전격적으로 통과시킨다"는 것이었다. 결국 10월 16일 밤 최영철 국회부의장이 국회 경호권을 발동하여 국회예산결산위원회 회의실에서 민정당 의원들의 만장일치로 체포동의안을 가결시켰다.[63] 유 의원은 이듬해 4월 징역 1년에 자격정지 1년을 선고받아 의원직을 상실했지만, 1992년 대법원에서 면책특권 취지로 공소기각이 확정되었다.

그런데 유성환 의원이 발언할 때 이재형은 그 발언이 가져올 정치

---

63 강창희, 《열정의 시대》, 82~84쪽.

적 후폭풍을 읽었고, 그렇기 때문에 유 의원을 만류하기 위해 부단히 애썼다.

유 의원은 당시의 상황을 이렇게 회고했다.

> 그래서 참으로 어려운 선거에서 대구 시민들의 그 인정으로 눈물로 12대에 인제 등단했는데. 등단하니까 이재형 의장이 "자네 25년 걸렸어" "무슨 말씀입니까?"이라니까, "도의원에서 국회의원 오는 데 25년 걸렸어". 그러지 않아도 통일 국시 연설할 때 자기, 의장이, 사회도 했거든. 자기는 내가 하도 고생한 걸 아니까, 그 음성을 나중에 들어 보면 알아요. 내가 막 연설하는 데 "유성환 의원, 유성환 의원, 유성환 의원, 유성환 의원", 이게 한 일곱, 여덟, 아홉까지 올라갔어. 나중에 가서는 영감이 막, "유성환 의원, 니 우에 올라왔는데 니 잡혀갈라고 말하노", 이 말이라. 그래도 내 끝까지 했어요. 나중에 마이크 꺼지고도.[64]

위의 글에서 이재형은 여당출신 국회의장으로서 체제도전적 발언을 막으려 한다기보다 어려운 정치적 상황에서 후배 의원의 안위를 걱정하는 모습을 보인다.

이후 이 사건에 대한 감회를 묻는 기자에게 그는 당시의 심적 고충을 다음과 같이 표현했다.

---

64 유성환, 2012, 《유성환 구술 산출물》, 김영삼 대통령 국내 인사 구술사업, 김영삼민주센터.

유성환 의원 구속 동의, 예산안 여당 단독처리에 대한 지금의 감회가 따로 있습니까?

한마디로 작년에도 그랬지만 이번 국회도 비정상적인 처리를 두 번 했는데 … 왜 내가 이 시기에 의장인지 상을 찌푸리며 생각할 때가 있지요. 감회가 뭐요. 땡감을 씹어도 이것보다는 덜할 거요. 후일 의장을 맡거나 의원을 맡는 사람들이 이런 일들을 두 번 다시 겪지 않았으면, 기도하고 싶은 심정입니다.[65]

이재형의 동료 의원들에 대한 배려와 동지애는 이민우 신한민주당 총재가 의원 사직서를 냈을 때도 나타났다. 1986년 12월 24일 당시 신한민주당 총재였던 이민우는, 개헌 협상 7개 조건을 제시하며 전두환 정권이 이 조건을 받아들이면 내각제 개헌을 논의할 용의가 있다고 밝혔다. 이른바 '이민우 구상'이다. 이 총재의 이런 발언은 대통령직선제 개헌으로 개헌 정국을 이끌어가던 김영삼, 김대중과 노선을 달리하는 것이었다.

이민우는 그의 구상에 대해서 "직선제로 선출된 대통령으로 하여금 내각제 개헌의 가부를 묻게 하자는 것으로 정부 여당이 추진하던 내각 음모를 저지하기 위한 제안이었다"고 후일 자신의 입장을 밝혔다.[66] 당시 전두환 정권은 '이민우 구상'에 적극적으로 동조한 반면, 김영삼과 김대중은 이를 야권 분열을 야기하는 배신행위로

---

65 〈동아일보〉, 1986. 12. 18.

66 이민우, "진정 사심 없이 나를 사랑한 지도자," 《(속) 운경 이재형 선생 평전》, 139쪽.

간주했다. 두 김 씨와 결별한 이민우는 1987년 11월에 정계 은퇴를 선언했다.

이재형은 이민우가 제출한 국회의원 사퇴서를 반려했었다.

그 얼마 뒤 나는 국회의원 사퇴서를 제출했다. 의원 임기를 1년이나 앞둔 때였지만 이 나라의 민주화를 위해 내게 주어졌던 역할이 끝났음을 알았던 것이다. 하지만 사퇴서 수리를 두고 또다시 공방(攻防)을 치러야 했으니 바로 운경 때문이었다.

"이 어지러운 때에 국가 원로가 국사를 생각해야지, 사퇴서만 던지면 다 되는 거요?"

운경은 의원직 사퇴서 수리를 거부했다. 나는 그때 운경에게 내 심경을 이렇게 전했다.

"정치적 동지라는 것이 대의를 위해 싸우다 한날한시에 죽을 수 있는 것이 동지가 아니오. 그런데 평생을 군사독재 정권에 맞서 싸워왔던 동지들이 나를 배신했어. 역사의 두려움을 모르는 사람들과 어떻게 더 이상 정치를 할 수 있단 말이오. 진실은 시간이 흐르면 밝혀질 테니 그때 다시 얘기합시다."

며칠 동안이나 내 화풀이를 받으면서도 사퇴서를 수리하지 않던 운경도 그 말에는 아무 말 없이 도장을 찍었다. 국민이 뽑아 준 국회의원이 나라를 생각해야지 그럴 수가 있느냐고 못내 아쉬워하며 사퇴서를 수리하던 운경의 모습은 지금도 눈에 선하다.[67]

67 위의 책, 139~140쪽.

한편, 이재형이 국회의장으로 재직하는 동안에 발생한 심각한 정치적 사안은 학원안정법 제정이었다. 1985년 학생들의 소요가 심해지자 전두환 정권은 학생시위를 막기 위한 방안으로 학원안정법 제정을 추진했다. 전두환 대통령의 지시에 따라 허문도 정무 1수석과 장세동 안기부장이 그 법안 제정을 추진했다. 이 법안의 요지는 "학원소요 관련 범법학생에 대하여 검사의 요청으로 학생선도교육위원회의 결정을 거쳐 문교부 산하 교육시설, 교정시설, 군부대 등 일정 장소에 수용하여 3개월 이내의 기간 동안 집중적인 의식전환 교육 등 특별선도 교육을 실시하고, 교육 이행자는 형사처벌 면제, 제적 불가 혜택을 부여한다"는 것이었다.[68]

이에 대해 야당은 대학의 자율을 파괴하는 학원탄압이며 삼청교육대 방식의 발상이라고 비판했다. 여당 내에서도 반대의견이 적지 않았지만, 전두환 대통령은 학원안정법 제정에 반대한 이종찬 원내대표를 전격 경질했다. 학원안정법 제정에 대한 강한 의지를 보인 것이다.

이후 상황은 더욱 어렵게 돌아갔다. 야당의 반대뿐만 아니라 교수, 문화인, 지식인의 반발이 일어났고, 학생들의 반발도 거세졌다. 광주에서는 학원안정법 제정에 반대한 한 젊은이가 분신자살을 하기도 했다.[69]

---

68 정일준, 2011, "학원안정법파동 연구: 한국 민주화 이행에서 통치와 정치 그리고 사회운동," 〈사회와 역사〉, 91호, 273쪽.

69 운경재단, 《정치 이전의 것을 하러 왔소》, 491쪽.

이런 상황에서 이재형에게도 법 제정에 대한 도움을 청하기 위해 청와대 비서관이 찾아왔다.

> 학원법 파동이 나던 당시의 일이다. … 하루는 청와대에서 수석비서관 한 명이 방문했다. 형식은 학원법에 대한 대통령의 의중을 전달하는 자리였지만 그 비서관의 말은 아주 고답적(高踏的)이고 경우에 따라서는 협박으로 들리기까지 했다. 즉, 이미 대통령의 뜻으로 결정 난 일이니 아무 말 말고 가만히 있으라는 말투였던 것이다.
>
> 선생께서 가만히 있을 리 없었다. 평상시에는 우회적(迂廻的) 말씀으로 자주 사람을 골탕 먹이던 선생이었지만 그날은 어찌나 화가 나셨던지 곧바로 호통을 치셨다.
>
> "청와대의 뜻을 전달했으면 그것으로 당신의 임무는 끝이야. 당신이 뭔데 국회의장한테 이래라저래라 말이 많은가? 내각 직접 대통령을 만나 보지!"[70]

여기서 말하는 수석비서관은 아마 허문도 당시 정무수석일 가능성이 크다. 허 수석은 1960년대 말 일본이 대학 내 분쟁을 해결하기 위해 한시적으로 운영했던 '대학운영에 관한 임시조치법'을 들먹이며 전두환 대통령을 설득하는 한편 당과 정부를 압박했다.[71]

이철희·장영자 사건 때처럼 이재형은 다시 대통령을 찾기로 했다.

---

70 김봉규, "국회의원은 모두가 어린애들이야," 운경재단, 《(속) 운경 이재형 선생 평전》, 25쪽.

71 노태우, 《노태우 회고록 상권: 국가, 민주화, 나의 운명》, 308쪽.

"조광조는 선비로서 정치에 끌려 들어갔다가 결국은 사약을 받았지요. 나도 옛날 같으면 그렇게 됐을지 모르지…. 요즘 자꾸 그 조광조가 걷던 길, 고민하던 모습이 현실처럼 떠올려진단 말이에요. 그때는 왜 사림(士林) 중에 벼슬을 한다는 것을 수치로 여기고 정치권력과는 멀리하지 않았어요? 그러나 조광조는 임금이 보낸 가마를 타고 입궐, 사림파의 맹비난을 받았거든요. 벼슬에 눈이 어두워졌다는 거죠."

띄엄띄엄 말씀하시는 운경의 모습은 국회의장으로서의 권위보다는 진보적 재야학자의 비장한 각오 같은 것을 느끼게 하는 것이었다. 머뭇거리듯 그는 말을 이었다.

"몇 번 망설였지요. 하지만 이번에는 대통령을 만나면 꼭 말을 해야겠어요."

그러면서도 그는 구체적으로 무슨 문제를 어떻게 말해야겠다는 언급은 피했다. 그러나 그 자리에 동석한 기자들은 대충 그 뜻을 헤아렸다. 예컨대 당시 세상을 떠들썩하게 하던 '학원안정법' 문제가 그것이었다.[72]

대통령이 직접 지시한 조치에 대해 이재형은 그것이 불가한 일이라고 말하기 위해 다시 나섰다. 이와 함께 그는 이 위기를 정치적으로 풀어내기 위해 노력했다. 그는 1985년 8월 13일 노태우 민정당 대표와 비밀리에 자리를 갖고 학원안정법 제정을 막아야 한다는 점을 강조했다. 다음 날에는 민정당, 신민당, 국민당 등의 3당 대표 회동을 주선했다. 그다음 날인 15일 전두환 대통령은 이민우 신민당 총

---

72 이도형, "조정(調停)과 중용(中庸), 불굴의 정치인," 운경재단, 《운경 이재형 선생 평전》, 192쪽.

재와, 16일에는 이만섭 국민당 총재와 회동을 가졌다. 학원안정법 제정을 둘러싼 갈등은 그런 과정을 통해 해소되었다.

이처럼 이재형은 자신의 국회연설대로 "정치영역에서 모든 어려운 현안을 물 흐르듯 순리에 따라 풀어야 한다"는 입장에서 문제해결을 추구했다. 그의 이런 입장은 야당의 지지까지 이끌어냈다.

12대 개원 국회가 끝난 후 이재형은 야당의 찬사까지 받았다.

개원 국회가 끝나던 날, 신민당이 발표한 폐회 성명에는 우리 의정사상 일찍이 들어 보지 못한 희귀한 대목이 적혀 있었다. "의회의 권능을 회복하는 데 기여했던 국회의장 등 인사들에게 각별한 평가를 한다"는 성명이 발표되자 정가에서는 이재형 국회의장을 가리켜 "야당으로부터 찬사를 받은 최초의 국회의장 아니냐"며 이내 화제가 됐다.

12대 개원 국회는 예상했던 대로 '성역을 깨는 소리'에 '벽을 지키려는 강경'이 맞서 고함과 야유가 쏟아져 쉴 새 없이 '긴장'이 감돌았다. 이런 본회의장 분위기를 추슬러가는 이 의장의 솜씨는 '일품'이라 할 만했다. 꾸짖고 달래고 때로는 특유의 기지로 웃음을 자아내며 본회의장의 소란을 잠재울 때마다 의사당의 여야 의석에선 "역시 운경!"이라는 탄성이 터져 나왔다. 이 탄성은 환영의 뜻이기도 했고 불만의 표시이기도 했다.

그러나 맞대 놓고 불만을 터뜨리지는 못했다. 꾸짖음의 대상이 되는 쪽은 주로 민정당. 신민 측의 '과격 발언'에 대해 고함을 치고 나서면 "사회는 내가 보는 것이니 조용히 하라"고 주의를 주는 한편, 야 측을 향해서는 "격한 용어가 아니라도 논리로 정부를 꼼짝달싹 못하게 할 수 있지 않느냐"고 훈계조로 타이르면 시끄러운 고비도 웃음 속에서 넘어갔다.

자기 당이 추천해 뽑은 의장으로부터 야단을 맞은 민정 의석(民政議席)은 당장에는 섭섭해 하기도 하고 당황해 하기도 하고 심지어 의사진행 발언을 통해 '정식'으로 유감을 표시하는 '진풍경'을 빚기도 했지만, 지나고 나서는 '운경의 명사회'에 고개들을 끄덕였다. 12대 개원 국회는 11대와 달리 그만큼 살얼음을 딛고 가는 듯했다. 한차례 소란이 지난 뒤 "거북스러운 얘기를 조용히 들을 줄 알고, 또 거북스러운 얘기도 조용히 듣지 않을 수 없게 하는 것이 의회인(議會人)"이라고 한 이 의장의 얘기는 여야가 깊이 새겨들을 만한 '명언'이었다.[73]

이재형의 이런 모습은 6·29 선언으로 이어지는 대통령직선제에 대해서도 마찬가지로 찾아볼 수 있다. 그는 대통령직선제 요구에 일찍부터 전향적 입장을 취하고 있었다.

"실은 내가 어제 청와대에 다녀왔네. … 청와대를 가기 위해 중앙청을 지나는데 시위가 벌어지고 있더구먼. 아주 격렬한 시위였어. 운집된 경찰 병력도 아주 많아서 영문을 모르는 외국인들이 보았다면 마치 전쟁이 난 줄로 착각할 정도였지. 그것을 보면서 나는 많은 것을 느꼈네. '이 나라가 참으로 많이 성장했구나' 하는 그런 생각을 한 거지.

자네도 생각해 보게. 예전에 우리가 그런 소요사태를 보았다면 우리는 우리의 앞날을 절망적으로 단정지었을 거네. 그리고 사실 그 정도

---

73 〈동아일보〉, 1985. 7. 1.

의 혼란이 야기되던 지난날에는 항상 무슨 사달이 나지 않았었나. 하지만 이제는 사정이 틀려. 학생도 시민도 분명히 자신의 주장을 가지고 있고 그 주장에 대해 책임도 질 만큼 성숙해진 거야. 국가의 이름으로 국민을 일방적으로 이끌던 시대는 이제 더 이상 존재하지 않는다는 얘기이지. 이제는 정말로 국민 스스로에게 맡길 것은 맡기고 풀 것은 풀어야 하네. 이건 나의 진심이고 그래서 어제 대통령에게도 나의 뜻을 그대로 전했네."

선생의 말씀은 놀라운 사실이었다. 선생이 그날 본 시위는 4·13 호헌조치에 반대하는 시위였다. 따라서 풀 것은 풀어야 한다고 대통령에게 선생이 직접 건의한 것이 사실이라면 그것은 개헌을 통해 대통령직선제를 받아들이라는 말을 한 셈이 된 것이다.[74]

1987년 전두환 대통령의 4·13 호헌조치는 직선제 개헌에 대한 국민적 여망을 저버리는 결정이었고, 그에 따라 격렬한 시민의 저항이 전국 각지에서 일어났다. 이때 이재형은 호헌조치 대신 직선제를 받아들이라고 전두환 대통령에게 전했던 것이다.

이재형의 개헌에 대한 태도는 국회 내 개헌특위가 운영되던 1986년 말의 인터뷰에서도 확인할 수 있다. 인터뷰에 '합의개헌'과 '절차에 따른 개헌'을 원하는 그의 의중이 잘 드러나 있다.

---

74 황소웅, "노동당 같은 당(黨)을 만들고 싶다," 운경재단, 《(속) 운경 이재형 선생 평전》, 302~303쪽.

**합의개헌이 안 되면 이 정국은 어떻게 되는 겁니까?**

합의개헌이란 말이 헌법에 규정된 개헌 절차와 어떻게 연결되나 생각해 본 적이 있습니다. 그러나 합의개헌이란 말은 헌법개정 조항에 따른 이상의 것도 이하의 것도 될 수가 없지요. 말하자면 절차대로 발의하고 의결하고 국민투표 하는 것을 배제하는 것이 아니란 얘깁니다. 그러니까 합의개헌이란 헌특에서 합의할 수 있는 정치적 바탕을 마련하면 좋겠다는 의미일 것입니다. 대표들이 허송세월한 것이 국민들에게 미안하다고 좀더 노력한다 했으니 그 약속이 성실히 이행되길 바랍니다. 파국은 더 이상 안 됩니다. 그렇게 되면 1988년에 가서도 현행 헌법에 매달리게 돼요. 그러니 반드시 개헌해야 합니다.

**여당 단독으로 개헌 발의를 하면 의장께서는 어떻게 하시겠습니까?**

단독 발의 운운하다가 부인하기에 '그러면 그렇지'라고 생각했지. 합의개헌 한다고 해 놓고 혼자 하겠다는 것은 정상 상황에선 이루어질 수 없는 거지. 정치 이상의 방법이 있다면 몰라도.[75]

4·13 호헌조치 무렵 직선제 도입의 필요성에 대한 이재형의 언급은 당시 노태우 대표를 모셨던 이병기의 다음 글에서도 확인된다.

운경 선생께서도 4·13 호헌조치로 나라가 들끓고 있을 때 나를 불러서 하신 말씀이 있다.

"지금 정말로 필요한 사람이 노 대표인지 몰라. 그 사람은 군복을 벗

75 〈동아일보〉, 1986. 12. 18.

은 지도 벌써 7년여가 돼가니 그 사람이 반군반민(半軍半民)으로서 징검다리 역할을 해 주는 게 지금의 정치상황으로 볼 때 최상일 수 있어. 그러니 일단 국민의 뜻을 따르라고 하게!"

선생은 노 대표를 인정하시면서 대통령직선제 수락을 권하였던 것이다. 마침 대표 진영 내부에서도 한 달 전쯤부터 논의되어 오던 일이라 진행 중이라는 말씀을 드렸더니 아주 어린애처럼 좋아하셨다. 내가 당시의 노 대표에게 그러한 선생의 의중을 전달했음도 물론이다. 그리고 후에 두 분이 그 일로 하여 단 둘이 만났던 걸로 알고 있다.[76]

6월항쟁으로 대통령직선제 요구가 높았던 상황에서 전두환 대통령과 일부 측근들은 직선제 수용을 진지하게 검토하고 있었다. 노태우 당시 민정당 대표이자 대통령 후보는, 위에서 지적한 대로, 이재형을 찾아가 이에 대한 의견을 구했다.

그도 그럴 것이 바로 전날 나한테서 직선제를 받아들이자는 얘기를 듣고 반발했던 노 대표는 이날 이재형 국회의장을 찾아가 도움을 청하고 있었던 것이다. 노 대표는 내가 직선제를 받아들이라고 했다는 얘기를 전하면서 "직선제로는 당선이 어려우니 전 대통령을 만나 마음을 바꿀 수 있도록 해 달라"고 부탁했다는 것이다.

그런데 이재형 의장은 "나도 과거 박정희 대통령 시절에 야당생활을 하면서 민주화 투쟁을 한 사람이다. 내 마음에도 직선제가 들어 있다"

---

76 이병기, "더듬수의 달인(達人), 정치 10단," 운경재단, 《(속) 운경 이재형 선생 평전》, 146쪽.

고 말하면서 직선제를 해도 이길 수 있다는 믿음으로 나의 결심을 따를 것을 촉구했다는 것이다.[77]

그 과정에서 처음에 직선제 수락을 주저하던 노 대표가 사직동으로 운경을 찾아와 고민을 털어놓으며 의논했다는 얘기를 선생께 들은 일이 있다. 그때 운경 선생은 직선제를 받아들이고 한번 정면 돌파를 하도록 권고했다고 한다.[78]

그리고 6·29 선언을 한 날 노태우 대표는 이재형에게 전화를 걸어 반응을 물었다. 사실 당시 노 대표는 6·29 선언에 대한 일반 국민의 반응을 알지 못하여 몹시 불안해하고 있었다.

6·29 선언이 나오던 날이다. 나는 노태우 전 대통령을 모시고 국립묘지를 들러 현충사를 참배했다. 그리고 근처의 식당에 자리를 잡았을 때 당시의 노 대표가 나를 불러 운경 선생께 전화를 대라고 했다.

이윽고 전화가 연결되고 노 대표가 첫마디 말문을 열었다.

"선생님, 제가 일을 저질렀습니다."

그날의 전화 통화는 상당히 오래 지속되었고 노 대표의 얼굴에는 시종 웃음이 가시지 않았다. 마치 큰일을 치르고 난 후의 만족감에 들떠 있는 아이의 얼굴 같았다.[79]

---

77 전두환, 《전두환 회고록》 3권, 631쪽.

78 이종률, "운경 선생과 나," 운경재단, 《운경 이재형 선생 평전》, 220쪽.

79 이병기, "더듬수의 달인(達人), 정치 10단," 운경재단, 《(속) 운경 이재형 선생 평전》, 146쪽.

노태우 대표는 이재형과의 통화 이후 6·29 선언에 대한 긍정적 반응을 확인할 수 있었다.

이처럼 국회의장으로서 이재형은 정치적 고비마다 중재자로서, 정치적 원로로서 모든 어려운 현안이 물 흐르듯 순리에 따라 풀려나갈 수 있도록 많은 기여를 했다. 노태우 대표가 민정당 후보가 되도록, 6·29 선언을 통해 정치적 위기를 넘어서도록 많은 도움을 주었다. 그러나 정작 노태우가 대통령이 당선된 후에는 정치적으로 함께하지 못했다.

그것은 선거운동 과정에서 일어난 다음과 같은 일 때문이었다.

노태우 전 대통령이 대통령 후보가 되느냐 안 되느냐는 어려움에 봉착했을 때, 운경 선생은 전두환 대통령을 비롯한 여권 실세들에게 노 대표를 대통령 후보로 지명해야 한다고 백방으로 노력한 것을 옆에서 지켜본 나는 잘 알고 있다. 그러나 대통령 후보가 되는데 이렇게 중요한 역할을 한 운경 선생이 노태우 전 대통령이 대통령이 된 뒤 탈당하고 다시 초야로 돌아가는 사태가 벌어졌다.

1987년 대선 때였다. 토요일을 며칠 앞둔 12월 12일 여의도에서 100만 명이 모이는 정치집회가 있었다. 당에서 운경 선생을 찾아가 그날 연사로 나와 달라고 요청했다고 한다. 운경 선생은 "내가 3부 요인의 한 사람인데 어떻게 찬조 연설을 할 수 있느냐"고 거절했다고 한다.

이 말을 전해 듣고 선거대책본부에서는 노 후보 앞에서 당성(黨性)이 없다고 선생에 대한 성토가 대단했다는 후문이던데 아마 이때의 일로 서운하게 생각했던지 운경 선생을 전국구 대상에서도 빼 버리고 말았다.[80]

1987년 민정당 대통령 후보의 선거대책위원회 위원장 제의를 거부하고, 여의도 유세에 불참했던 일도 선생에게 있어서는 빼놓을 수 없는 얘기이다. 선생이 아니면 감히 실행치 못했을 일이다. 일국의 국회의 장으로서 특정 정당의 후보를 지지할 수 없다는 신념과 의지를 끝까지 꺾지 않으신 고집, 그로 인해 결국 정계 은퇴라는 길을 맞이하지만 선생은 끝끝내 의연하셨다.[81]

후일 안병규는 "만일 그때 노태우 후보가 직접 운경 선생과 자리를 만들어 정중히 권했던들 그때까지 운경 선생이 진심으로 아끼고 좋아했던 노 후보를 위해 단상에 나서지 않았을까 하는 생각이 든다. 자신을 알아주는 사람을 위해 목숨도 내놓는다는 선비가 무엇인지 몰랐구나, 격식과 절차를 중시하는 운경 선생 같은 분을 모실 때 그 절차가 어떠해야 하는지 몰라도 너무 몰랐구나 하는 생각이 든다"고 말했다.

그러나 현역 국회의장을 선거유세에 부른 노태우 후보 선거캠프의 무례함이 더 큰 문제였다. 도움이 필요했다면 도울 수 있는 방법은 많았을 것이다. 하지만 이재형의 말대로, 일국의 국회의장을 특정 후보 선거운동을 위한 운동원처럼 나서 달라고 한 것은 정치적으로 무례한 일이었다. 원칙을 중시하는 꼬장꼬장한 성격의 그로서는

80 안병규, "우리 시대의 마지막 선비," 《(속) 운경 이재형 선생 평전》, 101쪽.
81 황재홍, "술도 못 먹는 기자(記者)가 무슨 기자야!" 운경재단, 《(속) 운경 이재형 선생 평전》, 309~310쪽.

그 제의를 받아들일 수 없었던 것이다. 그로 인해 이재형은 정치에서 물러나게 되었지만, 권위와 원칙을 중시해온 그다운 모습의 퇴장이었다.

## 4. 정치사적 의미: 제 5공화국과 이재형에 대한 평가

이미 오랜 세월이 흘렀지만 제 5공화국의 역사적 의미는 여전히 애매해 보인다. 유신체제 몰락 이후 대다수 국민은 민주주의 회복을 원했지만, 또 다른 군인들의 지배체제가 만들어졌다. 민주화된 오늘의 관점에서 제 5공화국은 유신체제와 민주화 시기 사이의 일종의 '전이 기간'(*transition period*)의 의미를 갖는다고 볼 수 있다. 유신의 몰락이 체제 내부 엘리트의 갈등으로 이루어졌지만, 제5공화국에서 민주화 운동을 거치면서 민주주의 체제 수립과 체제 전환에 대한 사회적 합의가 만들어지는 과정을 확인할 수 있기 때문이다. 이재형이 다시 정치활동을 재개한 시기가 바로 이 기간이다.

특히 당시 1980년대의 주요 정치지도자들과 대다수 국민이 생각하던 정치과제와 민주화 의미를 살펴볼 필요가 있다. 제 5공화국이 출범한 것은 박정희 체제 18년이 종식된 이후이다. 즉, 1972년 유신체제 출범 이후의 암흑기를 지난 직후였다. 1960년 4·19 혁명이 부정선거에 대한 항의였듯이, 당시 국민은 한국 정치에서 가장 중요한 문제가 절차적 민주주의 회복이라고 생각했다. 1987년 6월항쟁 역시 대통령직선제로 상징되는 절차적 민주주의 회복을 위한 것이었다.

그러한 점에서 박정희 체제가 몰락한 상황에서 새로이 등장한 제5공화국에서는 3선개헌과 유신체제로 상징되는 장기집권 문제를 극복하고 단임제 실현을 통해 권력교체가 주기적으로 이루어질 수 있는 상황을 민주화로 받아들였다. 물론 이재형을 포함한 대다수 사람들이 정당 간 정권교체까지 기대했는지는 불투명하다. 그렇지만 장기집권과 독재를 막 벗어난 상황에서 단임제 실현은 민주주의를 향한 중요한 진전이라고 간주될 수 있다. 전두환이 단임제 실현을 통해 "민주주의를 심겠다"고 말한 것은 그래서 이재형에게도 매우 의미 있는 약속으로 받아들여졌을 것이다.

그럼에도 전두환 정권은 또 다른 군부 권위주의 체제였다. 학원안정법 파동에서 보듯이 여전히 강압적이고 권위주의적인 통치방식을 유지했다. 또 국시파동에서 보듯이 의회정치의 자율성과 독립성도 제한적이었다. 이러한 상황에서 이재형은 초기에 당 대표로서, 후기에 국회의장으로서 활동했다. 당시 그의 활동 속에서 우리 사회의 시대적 상황에 대한 고민과 바람직한 변화 방향에 대한 진지한 모색을 찾아볼 수 있다. 물론 "운경이 5공에 참여하신 것은 두고두고 아쉬운 점이다. 후세에 모범을 보여 주어야 했을 어른으로서 정권참여보다는 통일운동에 앞장서 주셨다면 좋았을 것"이라는 평가도 가능하다.[82]

---

82 김상현, "4 · 19 인연과 정계 은퇴의 악연," 운경재단, 《운경 이재형 선생 평전》, 41쪽.

그러나 '엄청나게 큰 족제비'가 갑작스럽게 등장하여 '닭을 모두 잡아먹으려는 긴박한 상황', 그리고 '젊은 혈기의 아마추어들'이 나라를 이끌어 가는 상황에서 누군가 나서서 잘못된 길로 가지 않도록 방향을 잡아 주어야 했다. 이재형은 오랜 정치적 경륜에서 우러나는 권위와 꼬장꼬장한 원칙, 그리고 의회주의자로서 애정 어린 동지애와 배려로 그 어려운 시기의 정치를 현명하게 풀어냈다.

부록

# 운경 이재형의 〈한국정치〉 게재 원고*

## 1. 회지 〈한국정치〉를 내면서

뜻을 같이하는 당의 많은 중견인사들이 모여서 지난 11월 4일에 본회의 창립을 보았습니다.

그리고 첫 사업으로 월요강좌를 가졌으며 여기 그 내용을 담아 〈한국정치〉라는 이름 아래 제1집을 내놓게 되었습니다. 세미나에 참석치 못한 회원 여러분에게 다소나마 참고가 되었으면 합니다.

아시다시피 공화당 정권의 독선과 독주는 일익(日益) 우심(尤甚)하여 민주 한국의 앞날은 지극히 암담한 형편이며, 이를 견제・제거해야 할 유일한 야당인 우리 신민당은 자체의 부조리와 허탈상태에

* 이 글은 한국정치문제연구회에서 1968년부터 1970년까지 발간한 회지 〈한국정치〉 1~9집에 실린 운경 이재형 선생의 글을 심지연 경남대 명예교수가 정리한 것이다.

서 맴돌고만 있어 그 소임을 다하지 못하고 있는 실정입니다.

이러한 상황에서 신민당을 근대적인 정당으로 육성·강화하고 야당으로서의 사명을 다할 수 있도록 미력이나마 기울여 보자는 충정에서 본 연구회가 발족된 것은 우리가 다 아는 사실입니다.

유해무익한 파쟁의 지양, 퇴폐한 당풍의 쇄신과 아울러 뚜렷한 비전과 적정한 정책 등은 근대 정당의 필수조건이며, 정치인이라면 누구나 지녀야 할 신조이기도 합니다. 이러한 의미에서 신민당의 과거는 대여투쟁 면에서나 집권태세 면에서나 허다한 모순과 약점을 지니고 있었다는 것을 우리는 다시 한 번 자각해야 하겠습니다.

이제 본 연구회가 회원 각자의 정치적 자질을 높이는 동시에 당을 올바로 지키고 키워 효율적인 대여투쟁은 물론 차기 집권을 가기(可期)케 하는 참된 사명을 다할 수 있도록 서로 단합하고 노력하는 것이 우리의 당면 과제가 아닐까, 또한 국민적 요망에 부응하는 길이 아닐까 하고 생각하는 바입니다.

–〈한국정치〉, 1집, 1968, 1, 1~2쪽.

## 2. 가변환율의 불가변

영국의 방화(磅貨) 평가절하 단행과 미국의 불화(弗貨) 방위강화에 뒤따라 일어난 최근의 세계적 금(金) 파동에도 아랑곳없이 우리나라의 환율은 가변단일환율임에도 불구하고 270원대의 불변시세를 계속 유지하고 있다.

이는 틀림없이 놀라운 일이다. 그러나 믿음직한 일은 아닌 것 같다. 정부가 아무리 외환보유고의 급증을 과장하여 선전했지만 파월(派越) 군민(軍民)의 피나는, 아니 생명을 걸고 벌어들인 연간 약 1억 5천만 달러의 외화를 주축으로 한 근간 수년래의 외화수입만으로는 이미 상환기에 돌입한 외채의 연부금 반제와 석유산업을 비롯한 외화대체산업의 원료수입액이 종전의 제품수입액을 훨씬 능가하는 사실, 그리고 네거티브제도 채택으로 인한 사치적 소비물자의 수입 등, 지출원인의 격증을 감당하기에는 본래 넉넉할 수가 없었던 것이다.

정부의 금년 초의 실제 가용외환은 1억 달러 정도였다. 그것도 석유를 비롯한 각종 원자재, 부족 양곡 및 건설용 중기 등의 수입으로 바닥이 나고 있다. 마침내 4월 25일부터 대통령의 특명으로 김포 세관은 외국여행에서 돌아오는 모든 공무원의 보따리를 샅샅이 뒤져 사치품은 일절 몰수하는 조치를 취하게 되었다. 1967년 연두교서에서 소비가 미덕인 사회의 실현도 머지않았다고 공언(公言)하던 그러한 사회의 건설을 촉진하기 위해서 이와 같이 서두르는 것이 아니고, 당장 발등에 불이 붙어서 그리하는 것일 것이다.

기실 우리나라의 외환사정은 진작 위기에 돌입하고 있는 것이다. 그러함에도 불구하고 가변단일환율에 있어 불변의 시세는 유지되어 왔고 또 유지되어야 하게 되어 있다.

왜 무엇 때문에 그리고 누구를 위해서이냐. 작년 호남지방의 한해(旱害)로 인한 식량부족을 핑계로 수십 명의 업자로 하여금 미국으로부터 캘리포니아산 미(米) 24만여 톤과 맥류(麥類) 6만여 톤을 소위 USANS 방식에 의한 35개월 연불(延拂)로 수입하기로 한 식량이 현재 부산, 인천 등지 항구에 착하(着荷)되어 정부는 양특(糧特)회계에서 현품을 인수하는 대로 대금을 업자에게 지불하고 있다. 작년 선거 전에도 근 20만 톤의 소맥을 USANS 방식으로 모 업자로 하여금 관세까지 면세 도입케 하여 벼락부자를 만들어 주었다.

연불금리는 연 6분이고, 우리나라 적금이나 정기예금의 금리는 연 3할이다. 업자는 수입양곡 대금을 은행에 예치했다가 그 기한에 미국 상사에 지불하면 금년분 약 5천만 달러에 대한 35개월간의 금리 차액만도 3,500만 달러, 즉 100억 원이 넘는다. 100억 원의 특혜를 10여 개 상사에 아무 조건 없이 거저 줄 정부나 여당이라고는 아무도 믿을 수 없다. 정치적 거래와 흑막의 개재가 분명함은 추측되고도 남음이 있다.

그러나 100억 원의 폭리는 환율이 35개월 후에도 270원대의 불변율을 유지해야만 보장되는 것이다. 만일 환율을 300원대가 훨씬 넘는 미 본토 달러의 시중 시세대로 인상한다면 현재에도 폭리는커녕 당장 파산하게 될 것이다.

가변환율에 대한 불가변(不可變)의 보장이 1달러당 기(幾) 10원씩 특혜의 대가로 오고간 지는 가변단일환율이 실시된 지 얼마 안 되어서부터 정치자금 조출의 방법으로 세워진 대부분의 시설의 경우도 그러했었다고 본다. 공화당 정권이 그렇게 억세고 무소불위의 태세를 과시하지만, 이들 소수 특혜업자 앞에서는 가변환율을 가변

(可變)할 능력을 스스로 상실하고 마는 온순하고 힘없는 정부 여당이 되고 말았다.

이러한 정권하에서 일계(日系) 이민의 후예들이 생산한 가주산(加洲産) 미(米)를 국산미보다 훨씬 비싼 가마니당 4,300원씩에 수입해 먹어가며 4년에 한 번씩 호된 부정선거를 치러 나가야 할 우리 국민들을 위해 신민당과 당원들은 무엇을 해왔으며, 또 장차 무엇을 해야 할 것인지, 5·3, 6·8 부정선거 1주년이 다가오는 이 마당에 심심한 반성과 다짐이 있어야 할 것이다.

–〈한국정치〉, 3집, 발행일자 미상, 1~4쪽.

## 3. 부익부 빈익빈의 조세정책

개인의 살림살이에 가계가 있듯이 한 나라의 살림에도 일정한 계획이 있다. 수입에서도 계획을 세워야 된다. 그것을 정부의 예산이라고 한다. 근대 민주국가에서 예산은 집권자의 일방적 의사로 결정하는 것이 아니고 국민의사를 대표하는 국회의 의결을 통해서만 성립되며, 그것은 곧 나라 살림살이의 방향의 대강과 내용의 세목을 숫자로 결정 표시한 것이다.

현재 우리나라는 이른바 개발도상의 국가라고 해서 연년이 정부의 예산규모는 팽창되고 확대되어 간다. 예산이 팽창되어감에 따라 그 예산을 뒷받침하는 국민의 부담인 세금의 규모도 무한이 커가고 있다. 그것이 보통 커가는 것이 아니라 비약적으로 커가고 있다.

그러면 과연 우리나라에서 최근에 그 예산규모가 어느 정도로 커지며, 우리 국민이 물고 있는 세금이 어느 정도로 증가되며, 그것이 또한 어느 정도로 올바르게 국리민복을 위해서 사용되며, 또한 그 가중일로의 부담은 모든 국민에게 공평하고 알맞게 부담되는가 등에 대해서 민주국가의 주인인 국민이 상세하게 알고 있는지 자못 의심스럽다. 우리나라 헌법에는 예산은 공개주의를 원칙으로 하고 있다. 이것은 물론 민주주의 국가의 당연한 제도이다. 그러나 실제로 예산은 세목이 국민에게 자세히 알려지지 않고 있으며, 또 공개를 위한 정부의 노력도 부족하지만 이것을 알고자 하는 국민의 성의도 또한 부족하다.

예산공개주의 원칙에 의해서 정부는 먼저 국가에서 얼마만 한 예산을 편성해서 어떻게 사용하는가를 국민에게 알려야 되는 것이다. 이것을 알리기 위해서 정부의 예산은 간단하고 명확하게 짜여야 하는데 우리나라의 예산은 영·미 등 대국에 비해서 무한히 복잡하게 짜여 있다. 이처럼 복잡하고 다단하게 편성되어 있는 것은 그것을 설령 국민에게 공개·공포한다 하더라도 국민이 일견(一見) 하에 그것을 이해하지 못하게 되어 있기 때문에 형식만 공개이지, 비공개적 예산을 집행하고 있는 것과 다름이 없다.

우리나라는 현재 일반회계 외에 30여 개의 특별회계가 있다. 이 모든 회계를 총괄해서 얼마만큼 돈을 걷어서 얼마만큼 돈을 지출하느냐 하는 수입·지출의 실액(實額) 을 낸 것을 예산의 총계라고 하는 것인데 이 총계는 도저히 그 내용을 파악하기 어려운 것이다. 전문가로서도 이 회계에서 저 회계로 돈이 넘어가고, 저 회계에서 이 회계로 돈이 넘어와서 숫자의 상호교체 속에 이루어지는 이 회계의 총계를 여러 날을 두고 계산해도 산출하기 어려운 것이거늘, 일반 국민으로서는 도저히 알 길이 없는 것이다.

모든 국민은 국민 하나하나가 모여서 3천만이 이루어지는 것이므로, 자기 하나가 세금을 얼마를 부담한다든가, 자기 하나의 경제형편이 어떻다 하는 것이 국가의 살림살이인 국가예산과 직결됨에도 불구하고 마치 자기 한 표가 하찮은 것처럼 생각해서 선거를 망치는 것처럼 국가예산에 대해서도 대단히 등한한 것이 실정인데, 하물며 예산이 이처럼 수많은 특별회계 속에 복잡하게 편성되어 있어 일반 국민은 국가예산의 상세한 내용을 전혀 알 수 없게 되어 있고, 따라서 이처럼 알 수 없게 되어 있기 때문에 더욱 무관심하게 방치해 버리게 된다. 그러나 일반회계를 비롯한 이와 같이 많은 특별회계로서 편성된 정부의 예산은 결국 세금을 비롯한 국민의 각종 부담으로 충당되고 있을진대 우리는 정부예산의 합목적 여부와 국민부담의 합리성 여부에 대해 언제나 관심과 비판을 기울일 권리와 의무가 있는 것이다.

1968년도의 우리나라 예산의 재정규모는 2,657억 원에 달한다. 1967년에는 1,869억이었고, 1966년에는 1,479억이었다. 따라서 정부의 예산은 해마다 3~4할씩 증대되어 가고 있다. 1969년도의 예산은 3,243억이 된다.

5·16이 일어난 1961년의 우리나라 예산은 613억 원이었는데, 그 후 7년이 지난 1968년에는 그 당시에 비해서 2천억 이상이 늘었고 배수(倍數)로는 4배가 늘어서 2, 657억이 되었고, 내년도인 1969년에는 2, 600억이 늘어서 5배 반이 되는 것이다.

박 정권은 집권 이래 나라의 살림의 규모를 연년세세에 3할 내지 4할씩 늘려서 드디어 1969년에는 3, 243억이라고 하는 방대한 예산을 국민 앞에 내어놓게 된 것이다. 번영된 국가의 양상은 오히려 확대되어 가는 예산의 팽창에서 찾아볼 수도 있는 것이어서 예산이 늘었다는 사실만을 가지고서는 비난의 이유가 될 수는 없다. 문제점은 이 예산이 어떻게 조달되고 사용되느냐 하는 데 있는 것이다.

계곡에 물이 많이 흐른다고 해서 홍수가 나는 것은 아니다. 삼림이 무성한 서구 제국의 계곡에는 비가 오지 않아도 물은 양안에 가득히 흘러서 부의 원천이 되고 있으나 우리나라와 같이 삼림이 메마른 나라에는 평상시에 물 한 방울 없는 계곡에 어쩌다가 소나기 한 줄기만 내려도 홍수가 나서 막심한 피해를 보게 된다. 물이 많아서 홍수가 나는 것이 아니고 물에 대한 준비, 즉 이수(理水) 정책이 제대로 되어 있지 않을 경우 적은 물에도 큰 수해를 보게 되는 것과 같이 예산규모가 크게 팽창되더라도 그것이 합리적이고 경제적이고 안정적일 경우에는 그 나라의 살림살이를 발전적 방향으로 이끌어가게 되는 것이고, 반대로 예산의 규모는 작다 하더라도 그것이 불요불급한 곳에 남용되고 낭비가 될 것 같으면 비록 적은 금액이라도 국민의 혼란과 국민경제의 파탄을 초래할 수 있는 것이다.

그러므로 7년 전인 1961년도에 613억 원밖에 안 되던 예산을 5배 반 이상을 늘려서 3, 243억 원까지 팽창하게 된 것이 과연 잘된 것이냐 하는 것을 그 외형보다 내용 면에서 비판해 보아야 한다.

정부는 이렇게 예산을 늘릴 적마다 이것을 '개발예산'이라고 한다. 즉, 국민의 경제적 발전을 위해서 공장을 세우고 국토를 개발하고 산업을 진흥시켜서 국민경제 수준을 향상시키고 조국을 근대화시키는 데 소요되는 예산이라고 표현하고 있다. 그러므로 우리는 이 예산이 과연 정부가 말하는 '개발예산'인가 아닌가를 고찰해 보지 않을 수 없다.

경제적인 개발에 중점을 둔 예산이라고 하면, 그 예산의 많은 비중을 투융자에 두어야 하는 것이다. 공무원의 봉급이나 정부청사의 건립 등의 일반경비라든가, 국방비라든가 하는 데 사용하는 것보다 공장을 짓고 전력을 비롯한 자원을 개발하며 영농자금을 대주고, 산업개발자금을 조달해 주는 투융자 면에 역점을 두고 있다고 한다면 이것은 문자 그대로 개발을 위한 예산이 되는 것이고, 반대로 이 방대한 예산의 많은 부분이 그러한 생산을 위하는 데 쓰이지 않고 주로 소비에만 쓰인다고 하면 이것은 말로만 '개발예산'이지, 내용은 거꾸로 '소비예산'이라고 할 수 있을 것이다.

금년도 예산 2, 657억 원 중에 일반경비가 1, 184억 원이요, 국방비가 646억 원이요, 개발예산은 불과 814억 원밖에 안 되는 것이다. 이것은 1967년에 비하면 일반예산이 2할 6분이 증가하였고, 국방비는 21%가 증가되었는데, 역시 개발자금인 투융자는 17%밖에 안 늘고 있다. 이와 같이 매년 3할 내지 4할씩 예산규모를 늘려가면서 그 늘리는 것이 경제개발을 위해서 쓰이는 자금이 늘어서 예산이 증대되었다고 한다면 일반경비나 국방비보다 투융자가 훨씬 늘었어야 할 터인데 상술한 바와 같이 증대되는 내용을 분석하면 투융자보다 기타 경비가 배 이상씩 늘었다고 하면 결론적으로 '개발예산'이라고 하는 것은 허위에 불과한 것이라고 나는 단언한다.

예를 들면 농민의 경우, 작년에 비해 금년에 살림살이가 늘어서 많은 경비를 쓰게 되었을 때 그 내용이 비료를 사고 농기구를 구입하고 경지를 정리하고 산지를 개간하는 등에 많은 비용이 투하되었다고 하면 이것은 곧 확대재생산하에 수입증대를 가져오는 생산적이요, 개발적인 가계예산이 되는 것이다. 그런데 이와 반대로 농가예산이 격증되었을 경우에 그 내용이 위와 같은 생산적인 것이 아니고, 인건비를 올려 주고 노동복 입던 것을 고급양복을 해 입고 상자 놓고 쓰던 것을 자개장롱을 사들이고 앰프로 듣던 것을 비싼 라디오를 사 놓는 등으로 소비 면에 많은 돈이 들었다고 하면, 이 살림은 수입원천에 변함이 없는 까닭에 다음 해는 쪼그라드는 살림이 되고 말 것이며, 이 가계예산은 잘살기 위한 예산이 아니고 도산을 초래하기 쉬운 예산이 되는 것이다. 불행히도 이 후자의 내용과 똑같은 경위를 대한민국의 예산에서 찾아볼 수 있다.

정부의 이와 같은 팽창 일로를 달리는 예산은 그네들이 입버릇처럼 말하는 "개발을 위해서 부득이한 예산"이 아니고 개발예산이라고 하는 미명하에 실제는 한없는 낭비와 사치와 순 소모적인 불건전한 예산이라고 생각한다.

그러면 이처럼 연년이 천정부지로 격증되어온 이 예산을 무엇으로 감당하며 왔는가 하는 내용을 고찰해 볼 필요가 있다.

금년도의 예산액이 2,657억 원이라는 것을 전술하였다. 이 중 국민의 직접 부담인 내국세가 차지하는 비율이 70%를 차지하고 있다. 즉, 1,520억 원을 국민의 세금으로 충당하고 있다. 다음에 연초전매수익금이 164억 원이요, 기타 조세 이외의 정부 수익금이 182억 원이고 미국의 원조인 대충자금이 272억 원이다.

명년(1969년)도의 경우는 총 규모 3,243억 원인데 이 예산 중 국민의 내국세 부담이 2,451억 원이 된다. 즉, 국민이 75%의 조세부담을 하게 되는 것이다. 따라서 1968년도에 비해서 60%의 증대를 가져온 것이다. 연초 수익금은 164억 원에서 224억 원이 되는데, 담배와 세금은 다 같이 국민의 주머니에서 나오는 것이므로 조세와 동일한 것이다. 이것을 합치면 2,675억 원이 순 국민부담이 되는 것이다. 따라서 총예산의 85%를 세금과 전매수익금으로 충당하고 있는 것이다.

반면에 조세와 전매사업 이외의 정부수입으로서 1968년도에 182억 원이었던 것이 1969년도에는 116억 원으로 줄어들고 있다. 이것은 재언할 필요도 없이 국유지나 기타 쓸 만한 것은 심지어 공원까지 다 팔아먹어서 거의 바닥이 나고 있으므로 이처럼 격증하는 예산 속에 정부수입은 격감되고 있는 것이다. 한편 대충자금 등 외국원조도 1968년도의 272억 원에서 1969년도에는 210억 원이 되어 62억 원이

나 줄어들고 있다.

이와 같이 국민들의 직접부담이 아닌 조세 외의 수입이라든지 미국으로부터의 원조는 이렇게 역으로 격감되어 가고 이제는 2,600억 원에서 3,200여억 원으로 팽창해가는 이 예산을 순전히 세금과 전매사업 속에서 지탱해 나가려고 하는 우리나라 살림살이는 그 자체도 고단하거니와 이것을 부담하고 나아갈 우리 국민의 전도(前途)가 실로 암담한 것이다.

정부는 이처럼 국민부담은 격증에 격증을 거듭하고 있어서, 5·16 당시의 178억 원 세금에 비해 1967년도에는 5.5배가 늘어 1,040억 원이 되었고, 1968년도에는 그 당시의 8배가 되는 1,520억 원이 되었고, 1969년도에는 그것의 13배가 되는 2,451억 원이 되는 것이다.

이것은 오늘날 3천만 국민 전체가 무는 예산의 총액을 가지고 고찰한 것이다. 그러나 이것을 국민소득 면에서 분석해 보면, 즉 국민소득에 대해서 과세하는 비율을 따져 보면 1968년도에는 국민소득 중에서 14.4%를 세금으로 바치는 것이 되고, 1969년도에는 15.4%로 담세율이 상승하게 되는 것이다. 1967년도에는 12.3%였고, 1966년도에는 10.9%였고, 1965년도에는 8.6%였다. 불과 몇 년 동안에 담세율은 배 이상으로 증가되고 있다.

정부가 말하는 국민소득이 1인당 150달러라 하더라도 이것은 국제적으로 볼 때에 저소득 국가에 속하는 것이다. 오늘날 미국은 3천 달러가 초과되어 있고 일본은 1천 달러의 소득을 올리고 있는데, 몇천 달러의 소득을 올리는 나라에서도 15%의 담세율을 적용한다고 할 경우 예를 들어 1천 달러 소득의 경우 850달러가 남게 된다. 그러나 150달러의 소득의 경우 150달러라고 하는 것은 자기 개인의 인간적인 생활을 하는데도 부족한 것인데, 그중에서 15%를 과세하였다고 하는 것은 그 율(率)이 선진국의 고소득과는 비교할 수 없는 것이다. 즉, 먹고 남는 자에게 15%와 기본생계비도 안 되는 사람에게 15%의 과세라고 하는 것은 근본적으로 다른 것이다.

따라서 한국과 같은 150달러 미만의 저소득국가에서 15% 과세는 생명 유지의 기본적 수단을 침해하는 것이고, 동시에 이것은 국민의 의무로서의 세금이 아니고 생명의 일부를 희생하는 것이라고 하여도 결코 과언이 아니다.

그리하여 이 같은 150달러 미만의 저소득 중에서 15%의 세금을 낸다고 하면 나머지(105달러)를 가지고 생계를 유지하고, 더 나아가서 후일의 더 많은 생산을 위해서 투자할 수 있는 여력은 국민의 수중에 남아 있을 수 없는 것이다.

정부는 이 15%의 세금을 걷어서 국민 전체의 내일의 소득향상을 기할 수 있는 확대재생산을 위한 투융자에 사용하는 것이 아니다. 전술한 바와 같이 일반경비나 국방비로 낭비하고, 투융자의 비율은 날로 줄어들고 있어서 정부의 예산은 불안한 것이다. 따라서 내일은 오늘보다 더 암담한 운명이 기다리고 있는 것이라고 생각한다.

전 국민이 내는 세금을 3천만의 개인당으로 그 납세의 비율을 따져 보면 1961년에는 178억 원의 국민 세부담이었으므로 1인당 600원씩 납세하던 것이 1968년도에 1, 520억 원이 되어서 1인당 5천 원이 되었고, 1969년에는 2,400억 원대가 되어 국민 1인당 8천 원대로 상승하게 되는 것이다.

이와 같이 박 정권이 생긴 지 7년 만에 우리 국민은 8배의 세금을 내게 되고 9년이 되는 1969년에는 13배의 세금을 내는 가혹한 처지에 놓이게 되는 것이다.

그런데 보다 더 중요한 문제는 이와 같이 많은 세액을 모든 계층이, 국민이 다 같이 공평하게 그 처지에 적합하게 담세하는 것인가 하는 문제다. 만일에 이것이 공평하게 과세되고 있다고 하면 그래도 우리는 최후로 한 번 더 참아 볼 수도 있는 것이다. 그러나 그 내용이 그렇지 않은 것이 현실이라고 생각한다.

세금에는 크게 분류해서 내국세와 관세가 있다. 관세란 세관에서 외국 수입물품에 부과하는 과세이므로, 이것은 국내 산업을 보호한다든지 또는 국민이 소비해서는 안 될 사치품을 수입할 경우 과세하는 것이기 때문에 이것은 논외로 한다.

국세에는 직접세와 간접세가 있다. 직접세는 소득이 있는 당사자가 직접 납세의 의무자가 되는 것이고, 간접세는 소득의 유무 간에 납세자와 담세자가 다른 것이다. 예를 들면 버스회사의 사장이 교통세를 내고 있으나 그 사람이 내는 것이 아니고, 승객의 버스요금에 포함되어 있는 것이므로 이것을 간접세라고 한다. 납세의 원리에 비추어 보면, 소득이 많은 사람이 많이 내고 적은 사람은 적게 내도록 하는 직접세가 세금의 중심이 되는 것이다.

그런데 우리나라에는 이 원리가 적용되지 않고 있다. 구(舊) 정권하에서만도 간접세의 비율이 직접세보다 낮았던 것이다. 이것이 점차적으로 간접세가 더 늘어나서 최근에 와서는 직접세가 훨씬 줄어들게 되었다. 1966년에는 직접세가 40%로 간접세가 60%로 되었다. 1967년에는 직접세가 38%이고 간접세가 62%로 되었고, 1968년도는 이와 동일하다.

간접세는 대중(大衆) 과세로서 우리가 일용 필수품을 구입할 때에 모든 세금이 부수되는 것이다. 이것은 빈부의 차가 없이 납세하는 결과가 되는 것이다. 즉, 빈부의 차이에 따라서 전 국민에게 공평하게 과세시키는 것이 아니고, 간접세를 통해서 더 많은 액수를 많은 대중에게 무차별하게 세금을 받아내고 있다는 증거가 되는 것이다.

그리하여 모든 간접세가 늘어가고 있다. 1968년도의 물품세가 225억 원에 달하였는데, 이것이 1969년도에는 78억 원이 증가되어 308억 원으로 늘어나서 37%가 더 증가된 것이다. 주세(酒稅)도 1968년도에 116억 원이었는데 1969년도에는 310억 원으로 늘게 되어 32.5%가 증가되는 것이다. 그러나 법인세는 1968년도에 247억 원이 1969년도에는 310억 원으로 증가되어 25%가 증가되는 것이다. 여기에서 우리가 볼 수 있는 것은 일반 대중이 부담하는 간접세인 주세는 32.5%가 증가하는 데 비해 대재벌이 무는 직접세인 법인세는 25%가 되어 결과적으로 대중이 무는 세(稅)는 높은 율로 올라가고 재벌이 무는 세는 낮은 비율로 올라가고 있는 것을 알 수 있다.

이처럼 거의 기하급수적으로 팽창되는 세금이 공평하게 부과되는 것이 아니고, 내는 층에 따라서 상후하박(上厚下薄)이 되고 있다는 것을 확인할 수 있다. 나아가서 대중이 무는 직접세마저 결코 공평하게 무는 것이 아니다. 이른바 갑종 근로소득세가 좋은 예인데 이것이 금년 1968년도에 189억 원이다. 현재 남한의 근로자수는 335만 명인데, 이 중에 8천 원 이상의 소득자가 140만 명이 되어 이들이 189억 원의 세금을 내는 것이다. 또 일반 개인기업자가 20만 5천 명이 사업소득세를 내고 있는데, 이것이 1968년도에 175억 원이다.

여기에서 일반 근로자는 보통 기업자보다 훨씬 비싼 세금을 물고 있다고 하는 것을 알 수 있다. 그러나 이 개인기업자는 대기업자에 비하면 또 문제가 안 되는 것이다. 남한에 6,800개의 회사가 있는데, 1968년도에 246억 원을 내는 것이다. 여기에서 우리는 직접세 중에 많은 높은 비율을 먼저 희생적으로 근로자가 내고 그다음에 중소기업자가 내는 것이고, 그다음 순위가 대기업체가 내고 있다는 것을 알 수 있다.

이와 같은 것을 고찰해 볼 때에 우리나라의 세금정책은 간접세의 비율을 높여서 대중과세를 하고, 직접세의 내용에서도 영세한 근로자를 가장 압박하고, 영세기업인은 대회사보다 더 많은 수탈을 당하고 있는 처참한 상태 속에 세금전쟁을 치르고 있다고 말할 수 있다.

이처럼 무력한 국민이 과중한 납세에 허덕이고 있는 반면에, 이 대중과는 달리 세금을 면세받고 있는 특정 부류가 있다는 것을 지적하지 않을 수 없다. 세법에는 면세규정이 있는 것이다. 예를 들면, '신진' 자동차의 국내 공업을 촉진시키기 위해서 3년간 면세를 한다든가, 축산업의 육성이라 해서 수백만 평의 국유림을 불하해서 대기업을 하는 자를 면세한다든가 하는 것이다.

이와 같은 감면(減免) 세액을 따져 보면, 1966년도의 내국세 704억 원에 감면세한 것은 87억 원이다. 1967년에는 내국세 1,040억 원에 1,340억 원을 감면하였다.

영세 대중이 납세를 못할 경우에는 '붉은 딱지'가 찾아오지만 대중이 모르는 배후 한구석에는 이처럼 천문학적 숫자의 세금이 감면되는 것이다. 이것은 공화당 정권이 정권유지비와 관련되어 이루어지는 것이라는 의혹을 면하기 어려울 것이다.

결론적으로 정부의 예산규모는 천정부지로 팽창 일로에 있고 이에 따라 국민 대중의 조세부담은 일익 늘어만 가고 있으며, 그것도 소득의 계층에 따라서 공평하게 부과되는 속에 늘어가는 것이 아니라 특수층을 제외한 대중으로 전가되어서 공화당 정권의 조세정책은 날로 부익부 빈익빈의 사회적 모순과 불안을 조장, 격화시키는 역할을 하고 있는 것이다.

-〈한국정치〉, 6집, 1968, 1, 251~271쪽.

## 4. 3선개헌 반대의 논리

허리가 굽고 머리가 희끗희끗한 늙은 아버지가 만득(晩得)의 어린 자식 손목을 잡고 험한 길을 걸어 현인 피타고라스를 찾아와 간절히 묻기를 "내가 귀여운 자식을 어떻게 길러야 훌륭한 사람을 만들 수 있을까요?"라고 묻자, 피타고라스도 한참 생각에 잠기더니 이윽고 대답하기를 "가장 훌륭한 법을 가진 나라의 시민으로 만드시오"라고 말했다.

이것은 헤겔의《권리와 법의 철학》가운데 있는 우화를 필자가 풀어 옮긴 것이지만, 이 짧은 이야기는 우리에게 커다란 충격을 준다. 훌륭한 법이 있고 그 법이 훌륭하게 지켜지는 나라의 시민이 되는 것이 얼마나 간절한 인류의 염원이었으며, 악법이나 좋은 법을 지배자의 악용 때문에 시달린 인류의 현실로서의 역사가 얼마나 참혹한 것이었나를 우리는 알게 된다.

더구나 우리나라처럼 민주주의의 역사가 짧아 집권자는 자기 좋은 대로 법을 만들고 고치고 그것도 모자라 위헌, 위법의 불법행위를 거침없이 자행하면서 국민에게만 일방적인 준법과 관용을 강요하는 풍토에서 우리가 우리 아들을 훌륭하게 키우는 길은 일류학교에 보내는 것이나 불의로 치부한 재물을 남겨 주는 것이 아니라, 그 아래서 집권자를 포함한 모든 국민이 평등하게 삶을 영위하는 민주주의 생활이며 국가의 상위법이 가진 고유의 정당성을 실현하며 국가권력이라 할지라도 법의 하위에 예속하는, '법의 지배'의 원리를 이 땅 위에 확고히 세우는 것이다.

오래전부터 정계 한쪽에서 불안스러운 조바심 가운데 예측되던 '대통령 3선 허용'을 골자로 하는 개헌 논의가 작년 말에 한 공화당 고급간부에 의해 관측기구가 띄워지더니 그동안 심각한 당내 정비작업을 거쳐 드디어 금년에 들어오면서 표면적으로 거론되고 개헌

스케줄까지 예측되고 있다.

현재의 집권당인 공화당은 원초적으로 헌법파괴 행위로 집권하여 그 후 불법 위헌적인 부정선거로 정권을 연장하였고, 계속하여 헌법 법률 위반행위를 자행하니 이번 개헌 논의도 새삼 놀랄 바 없으며, 또 공화당의 본질이나 생리로 볼 때 어떤 참혹한 희생과 악랄한 방법을 써서라도 기어이 강행하고야 말 것이라고 진작부터 체념할지 모르나 대통령 3선 금지조항 폐지가 포함된 이번 개헌안은 우리와 우리 자손의 민주주의 생활과 법질서를 영원히 파괴하려는 헌법파괴 음모로서, 합법을 가장한 더욱 가증스러운 쿠데타임이 분명하므로 헌법을 옹호하고 반민주적 헌법개정을 단호히 반대하는 것은 이 나라 민주주의 법질서와 그것을 옹호해야 하는 민주시민의 엄숙한 의무이며, 또 신성한 권리라고 생각한다.

공화당 개헌론자의 주장에 의하면, ① 그동안 현 헌법의 결함이 발견되었으며, ② 경제건설을 계속 추진하기 위하여, ③ 북괴의 적극화해가는 대남공작에 대처하기 위해, 대통령 3선을 금지하고 있는 현행 헌법을 개정해서 동일인에게 계속 정권을 맡길 수 있도록 해야 한다는 것이다.

공화당의 이러한 주장은 ① 현행법이 그 전문(前文)에서 못 박아 밝혀 두었듯이 4월혁명 이념을 계승, 구체화한 것으로서 4월혁명에 가장 본질적 정신, 즉 동일인의 장기집권과 거기서 오는 독재, 부패를 반대, 청산한다는 현 헌법의 가장 본질적인 '정치적 결단으로서의 헌법'의 정신과 원칙을 전면 부정하는 헌법파괴인 것이며, ② 특정

자연인의 장기집권을 위해 국가 기본법인 헌법을 개정하는, 법 앞에서의 평등이라는 우리 헌법의 기본원칙과 입법원칙을 부정하는 것이며, ③ 국가 기본법인 헌법의 불안정을 까닭 없이 일으켜서 여기에 의거하고 있는 국가의 불안정을 스스로 초래하고 있으며, ④ 본질적으로 3권이 집중하고 있는 대통령책임제의 대통령직을 동일인에게 무기한 장악하게 하여 여기에 필연적으로 따르는 독재와 부패를 합법적으로 항구히 제도화하자는 것이다.

이처럼 공화당의 개헌 주장은 한 치도 용납받을 수 없는 것으로서 만약 이런 개헌 기도(企圖)가 계속된다면 법의 존엄과 법에 대한 신뢰에 기초하는 국민의 법의식은 완전 파괴되고 말며, 현재에도 벌써 극도로 만연하고 있는 부패와 빈부 양극화 체제를 더욱 심화시키어 여기서 오는 좌절감과 부정의식 때문에 국민적 통합성은 와해되고 이로 인하여 경제건설과 사회안정의 가능성은 절멸할 것이니, 이는 바로 공화당이 북괴의 대남공작에 대처한다는 것과는 정반대의 위험한 길인 것이다.

근대 입헌주의 헌법의 가장 본질적 성격은 일국의 국민적 의지, 이상, 이익의 정치적 결단으로서의 헌법인 것이다. 한국 헌법도 일본 식민통치에서의 해방과 조선의 봉건적 통치를 청산하는 정치적 결단으로서의 자유민주주의 정치질서를 선언하는 법적인 약속이요, 귀결이다. 이것은 우리 헌법 전문에 명시하고 있는 바이며, 따라서 우리 헌법 전체는 전문에 명시된 자유민주주의 정치질서의 정치적 결단으로서의 성격에 지배된다고 하겠다. 그러므로 정치적 결단으로서의 헌법정신, 원칙의 한계 내에서 해석, 통용되어야 하며 이의 개정도 이 한계를 벗어날 수 없으며, 만약 이 한계를 벗어난다면 그것은 '헌법의 파괴'이며 다른 새로운 헌법의 제정인 것이다.

오늘날 헌법학계에서 설사 이 헌법 제정의 한계를 실정법적 논리로는 부인한다고 하더라도 현실적 또는 이념적으로는 이미 인정하지 않을 수 없는 것이니 '드 로무로'의 말처럼 영국 의회가 남자를 여자로 만드는 것 이외는 무엇이나 할 수 있는 전권을 가졌다 해도, 지금 당장 영국에 소비에트 제도를 시행할 수 없는 것과 같이 헌법을, 설사 헌법에 규정한 절차에 의한다고 하더라도 3·1 정신과 4·19 의거와 5·16 혁명의 이념에 배치되는 방향으로의 헌법개정은 헌법파괴이지, 헌법개정이라고 할 수 없는 것이다.

우리 헌법 전문에 선언하고 있는바 "정치적 결단으로서의 3·1 운동의 숭고한 독립정신을 계승하고 4·19 의거와 5·16 혁명의 이념에 입각한다"고 하는 것은 자유민주주의 정치질서를 선언하는 우리 국민의 의지, 이상, 이익을 표현하는 일반적·포괄적 선언이다.

그러므로 이 일반적 포괄적인 선언을 더욱 구체적으로 밝히고 규정해 보는 것은 요즘 개헌 논의에 비추어 설사 개헌이 가능하다 해도 그 한계가 어디에 있어야 하는가를 한정해 주는 본질적 기준을 정하는 것이 될 것이다.

물론 여기서 말한 3·1 정신은 외국통치에서부터의 우리 민족의 절대 독립을 말하는 것이며, 4·19 의거란 1960년 이승만 독재에 반대하여 전국의 학생이 봉기하고 전 국민이 호응하여 이승만 1인 독재를 타도하고 다시는 이 나라에 이러한 1인 독재의 장기집권이 있어서는 안 되겠다는 피로 물들인 국민적 투쟁과정과 그 성과와 결과를 말하는 것이며, 5·16 혁명이란 합헌정부를 군사폭력으로 타도하고 집권한 사실행위를 말함이 아니라 5·16 혁명 뒤 혁명주체들이 엄숙히 공약한 바대로 정치적 실체에까지 이르지 못한 4·19 의거를 현실적으로 실천하겠다는 이념일 것이다.

따라서 우리는 현행 우리 헌법의 정치적 결단이란 독립한 민족으로서의 자유민주주의적 정치질서라는 일반적 선언을 1인 독재의 장기집권을 절대 금지함으로써 구체적으로 현실화해 간다는 것으로 요약, 규정할 수 있다.

이것은 우리나라 헌법개정의 역사와 이 유명한 대통령 중임제한 규정의 유래를 회고해 본다면, 하나의 이론(異論)도 허용할 수 없이 명백해진다.

"대통령의 중임을 일차에만 한(限)한다"는 조문은 헌법 제정 때부터 채택되어 소위 '발췌개헌' 때도 차마 고치지 못하다가 1954년 이승만 씨의 3선에 현실적인 장애로 대두되자 1954년 11월 27일 일부 이승만 광신도를 제외한 전 국민에 대한 살인적 폭압과 전 세계 민주여론의 반대와 조소(嘲笑) 속에 그 유명한 4사 5입, 헌법과 수학 공리(公理) 위반의 엉터리 산술로서 초대 대통령, 즉 이승만에 한해서는 중임제한을 적용치 않는다고 고친 것이며, 마침내 3·15 부정선거와 4·19 의거로 독재정권은 타도되고, 이 더러운 헌법 조문은 의거학생의 사실행위로 파괴되고, 그들의 성스러운 선혈로 깨끗이

씻어 없애 버린 것이다.

이것은 5·16의 헌법 전면 개정 시에도 다칠 수 없는 성역으로 남아 있었는데, 그것은 현행 헌법 제정과정에서 군사정부 지배하의 공청회에서도 1차 공청회에서는 대통령 중임은 1차에 한해서만 가(可)하다는 쪽이 58.3%, 1차도 부족하다는 쪽이 10.7%로 나왔고, 2차 공청회에서는 임기 4년에 1차 중임 8명, 5년에 1차 중임 1명, 4년에 중임 금지 1명, 5년에 중임 금지 1명, 4년을 원칙으로 하되 초대 대통령만은 6년 1명으로서 도대체 2차 이상 중임을 허용하자는 의견은 지나는 말로도 나온 적이 없으며, 한 번만 중임을 허용할 것인가 아예 한 번도 허용치 말 것인가만 논의되었고, 이 헌법의 제안 설명에서도 명백히 대통령의 임기는 4년으로 하고 1차에 한하여 중임할 수 있게 하여 장기간의 집권으로 인한 권력의 고정화 또는 독재화를 방지하도록 하였다고 밝히고 있다.

이처럼 "대통령은 1차에 한하여 중임할 수 있다"는 헌법 제69조 3항은 단순한 대통령 임기에 관한 규정이 아니라 우리에게는 20여 년의 이 나라 국민이 겪은 참혹한 시련과 수많은 애국시민의 피를 바치고 얻은 높은 교훈이며, 민주 법질서를 요구하는 전 국민의 간절한 염원이요, 단호한 결의의 결정(結晶)이다.

이를 바꾸려는 자!

그는 이 모든 것을 총살하려는 자이며, 마침내 역사가 보여 준 참혹한 전철(前轍)에 스스로 자기의 시체를 놓으려는 자라고 우리는 서슴없이 경고하고 또 충고하지 않을 수 없다.

시련 속에서 끈덕지게 민주주의를 성장시켜온 각국의 헌법사는 그 나라 특유의 헌법이 겪은 시련과 이를 지키려는 민중의 의지, 단호한 결의가 담겨져 있으며 민주주의를 사랑하는 각국의 민중은 이를 뼈저리게 기억하고 그것을 바탕으로 더욱 자각적으로 민주주의의 이상과 그들의 자유와 이익을 지켜간다.

프랑스의 '페탕 내각'이 독일군에게 점령되고 그 압력 아래서 1940년 7월 10일 나치스 '수권법'에 의하여 페탕에게 헌법 제정권을 준다고 하는 괴상한 헌법을 공포하여 '비쉬 괴뢰 독재정권'의 기초를 만들어 준 2차 세계대전 때의 뼈아픈 경험을 가진 프랑스는 해방 뒤 새 헌법에서 그 94조에 전부 또는 일부가 외국 군대에 의해 "본토가 점령되고 있는 경우에는 어떤 개정 수속도 착수되거나 수행되어서는 안 된다"고 규정하여 이런 쓰라린 경험을 다시는 되풀이하지 않을 것을 표현하고 있다.

이탈리아의 경우에도 무솔리니는 동국(同國) 헌법이 연성헌법인 점을 이용하여 합법성, 정통성의 외관을 가지면서 실질적으로는 본래의 헌법 원리와는 정반대인 통치원리를 도입하여 정부 수장권(首長權) 강화를 법률로 제정하고 헌법기구를 폐지하여 실질적으로는 헌법을 파괴, 폐지하였다.

이 통절한 경험의 반성으로 해방 뒤 이탈리아는 신헌법 138조에서 헌법개정 절차를 강화하고 139조에서 "공화정체는 헌법개정의 청중이 될 수 없다"고 규정하여 파쇼적 독재에 대한 영구적인 반대의 결의를 보이고 있다.

독일의 경우에도 '바이마르 헌법'을 형식적으로는 폐지도 개정도 하지 않았지만, 수권법 등 실질적으로 헌법의 기본원리를 전적으로 부인하는 입법에 의해 헌법을 정지, 파괴한 체험에 비추어 독일연방공화국 기본법 79조는 헌법개정 절차를 강화하고 개정의 한계를 명시함으로써 전체주의 반대의 기본원리를 보이고 있으며, 일본의 경우에도 소수 과두 지배자의 부질없는 전쟁 도발에서 겪은 쓰라린 국민적 체험에서 교전권을 인정치 않고 영구히 전쟁을 포기하고 군대를 갖지 않을 것을 규정하고 있다.

이와 같이 인류 보편의 이념, 이상을 각국은 자국의 특수한 현실과 경험에 비추어 독특한 강조점을 두고 이 헌법원리를 옹호할 것을 요구하고 있다.

우리의 경우 민주주의의 가장 쓰라린 체험은 1인 독재의 장기집권과 여기서 오는 제 폐단이었다. 따라서 대통령 중임제한의 규정은 개정의 대상이 될 수 없는 우리 헌법의 특수한 원칙이라고 우리는 못 박아 단정한다.

우리의 길지 않은 헌정사 가운데도 1950년과 1951년 두 번 헌법 개정안이 제안되어 도중에서 좌절되었고 다섯 번 개정되었는데, 1차는 1952년에 대통령직선제를 중요 내용으로 하는 발췌개헌이고, 2차는 1954년에 이승만 정권 당시 대통령에 대한 중임제한 폐지를 골자로 하는 4사 5입 개헌이었고, 3차로 4·19 뒤 내각책임제 개헌이고, 4차는 4월혁명 세력의 압력에 의한 반민주행위자 처벌을 위한 것이었고, 5차가 5·16 뒤 개정한 현행 헌법이다.

우리는 한국 개헌사에서 독특한 몇 가지 특징을 찾아낼 수 있으니, 즉 ① 두 번의 유산된 개헌안을 포함하여 모든 개헌안은 권력구조의 개편을 내용으로 하고 그것은 개헌 제안 세력이 권력을 획득 또는 연장하기 위한 것이었고, ② 이 이외의 조항은 전혀 불필요한 것이거나 또는 시행할 의사가 없는 공문(空文)으로서 노골적 권력에의 집착을 감싸기 위한 장식용이었고, ③ 국민 기본권의 신장을 위한 개헌은 한 번도 없었으며, ④ 개헌과정이 두 번은 헌법과 법률을 위반한 것이고, 세 번은 혁명의 압력 아래서 변칙적으로 만들어진 것으로 한 번도 정상화 수속에 의한 것이 아니었다(여기서 제4차 개헌은 반민주행위자를 처벌하라는 특수한 압력하에서 이루어진 것이니 ①, ②, ③에는 해당되지 않는다).

따라서 한국 개헌사가 주는 교훈은 집권자는 정권을 획보(獲保), 연장하기 위해 개헌을 주장해 왔고, 일단 이런 개헌이 기도되면 어떤 방법으로든지 성공시키고야 만다는 것이다. 이것이 우리를 슬프게 하는 한국의 개헌사이다.

지금 공화당에 의해 기도되고 있는 또 하나의 개헌도 본시 앞에 지적한 ①, ②, ③, ④와 정확히 일치하는 것으로 예측되니, ① 현 대통령이 계속 집권할 수 있도록 현행 헌법을 개정하자는 것과 대통령에 대한 탄핵소추 발의를 더 어렵게 하자는 것과 국무위원의 국회 출석을 더 어렵게 하자는 것이요, ② 국회의장의 당적 이탈, 임기 4년 보장, 장관의 의원 겸직 등은 액세서리 같은 별 필요성이 없는 것들이며, ③ 기본권 신장을 위한 것은 하나도 없으며, ④ 이제까지 공화당의 집권태도로 보아 목적 달성을 위해서는 어떤 수단이라도 동원할 작정을 가진 것으로 예측된다.

특히 이번 개헌은 1954년에 이승만 대통령의 3선을 위한 개헌안과 그 대상이 일치하며 심지어 그 제안의도의 표현까지 일치하고 있다. 여당 간부가 말한 개헌의 필요성은 ① 경제건설을 계속하고, ② 새로운 북괴 도발에 대처하고, ③ 이를 위해서는 현 대통령이 계속 집권하는 수밖에 없는데 그 길을 만들어 주어야 한다는 것이다. 이것은 바로 15년 전 당시 자유당 간부였던 이(李) 모 의원의 개헌안 제안 설명, ① 전쟁으로 인한 부흥이 시급하고, ② 계속 국난을 타개하려면, ③ 이분(이승만) 밖에 이 나라를 이끌 사람이 없는데 국민이 또 이분을 모시고자 할 때 그 길을 만들어 주어야 한다는 것과 꼭 같다.

그런데 그 결과는 개헌을 하고 집권한 사람에게는 참담한 개인적인 비극이었고, 반대하는 국민은 그 꽃다운 자식을 수백 명씩 생죽음시키는 통곡할 비극이었다. 상처 가득한 역사를 안고 있는 우리나라 국민은 이러한 슬프고 쓰라린 역사가 되풀이하는 것을 꿈에도 바라고 있지 않다. 이렇게도 빨리 되풀이한다는 것은 너무나 큰 시험이다.

이번 개헌을 해야 할 사람에게는 참으로 필요하고 '네로'가 불타오르는 로마를 보듯 유쾌한 것이지만, 상처뿐인 이 나라 개헌과 관(官)을 옹호해야 할 민주시민에게는 너무나 가혹한 매질이다. 그러나 꿋꿋이 참고 마침내 이겨야 할 매질이다. 한국 개헌사에서 우리는 집권자의 적나라한 집권욕과 여기 희생된 국민의 눈물만 읽게 되지만, 정상적으로 민주주의가 성장한 나라의 헌법 변천사에서는 그 나라 국민의 민주주의를 위한 싸움과 그 싸움의 성과와 이상을 규범화해 나온 피나는 노력을 읽을 수 있다.

헌법이 하나의 사회현상으로 결국은 변화하는 사회의 현실적 제조건의 법적 귀결의 요약이기는 하지만, 근대 헌법의 출발에서부터 일관하고 있는 본질적 성격을 놓쳐서는 안 된다. 즉, 피치자 대중의 정치적 자각과 대두되는 종래의 치자(治者) 주권자로부터 국가권력을 쟁취하고 주권자의 지위에 자기를 올려놓고 자기의 주권을 대표에게 신탁하여 새로운 정치체제를 만들어내고 그 아래서 국가기관의 권한과 국민의 참여를 규정하고 보장하는 것으로서 마침내 국가권력의 제한규범으로서 현대 헌법의 의의를 요약할 수 있게 한 것이다.

미국에서 수정 해석을 통한 헌법의 변화는 하나하나 기본권의 신장이었으며, 영국에서 수많은 헌법적 법률의 추가는 군주권(君主權)의 제한과 국민 대표 권리의 성장과정이었다. 우리로서는 이러한 성장과정은 못 걷는다 해도 기왕에 이루어진 성과마저 후퇴시킨다는 것은 집권욕 이외에는 어떤 논리로도 설명될 수 없다.

오늘날 대통령책임제하에서의 대통령 중임제한은 세계적 입법 추세로서 미국 수정헌법 제22조 수정이나, 필리핀 입법헌법 제7장 제4조, 중국 헌법 제47조 등이 이를 규정하고 있으며, 이른바 후진국 독재의 신대통령제를 이루고 있는 나라 인도네시아, 최근 곤경에 빠진 파키스탄 등이 대통령 무기한 연임을 허용하고 있는 것이다.

그것은 3권이 실질적으로 집중한 대통령책임제하의 대통령이 장기집권을 기도한다면 사실상 이를 저지할 수 없으며, 여기에는 필연적으로 독재와 부패가 따르게 되는 것이다. 따라서 이를 제도적으로 규제하지 않고는 어쩔 도리가 없는 것이다. 스페인, 포르투갈의 침체와 갈등이 이를 말해 주며 수많은 후진국의 독재와 부패, 혼란이 이를 말해 준다. 헌법은 국가 기본법으로서 국가 존립의 기본조건, 국가질서의 기본원칙, 국가권력의 법적 근거와 발동조건 등에 관한 규범이기 때문에 특별한 안정성이 요청되며 암시적으로 또는 묵시적으로 특별한 존중을 요구하고 있다.

오늘 높이고 지킬 것을 요구하던 법이 내일 느닷없이 바뀌고 없어지는 일이 거듭한다면 국민의 법의식, 준법정신은 동요하고 국가의 당연한 요청인 질서, 법의 지배는 와해되니 국가 기본법인 헌법의 불안정은 그것에 의거하고 있는 국가 자신의 불안정을 불러오는 것이다.

물론 헌법이 변화하는 현실에 기능하지 못할 만큼의 적응성을 잃어서는 안 되지만 그러기에 헌법에는 안정성과 적응성의 조화가 특별히 요청되고 입법자에게는 장래의 정치, 경제, 사회의 주요 변화에 대한 전망안(展望眼)과 특별한 연구 신중성이 요구된다.

우리는 물론 현 헌법이 완비된 '불멸의 대전(大典)'이라고는 생각지 않으며, 국민이나 야당에서도 개정을 요구하는 부분이 없지 않다. 그러나 이번 공화당이 제기하는 것과 같은 특정인의 장기집권을 위해 최고 규범인 헌법의 안정성을 파괴하고 권위를 실추시키는 것은 용납될 수 없으며, 우리나라의 개헌사를 기억할 때 현 정세하에서 어떤 개헌 논의도 결국은 집권당의 부당한 개헌 기도에 이용당하고 말 것이 분명하기에 헌법개정을 위한 어떤 논의도 불요(不要) 하고 오직 헌법 옹호의 자세만이 요구된다.

오늘날 우리에게 더욱 긴급히 또 절실히 고쳐야 할 것은 헌법이 아니라 헌법을 자의대로 개악하려는 헌법 경시의 사고, 태도, 행위이다. 우리 헌법 가운데는 아직 한 번도 시행되지 못한 훌륭한 민주주의의 이상이 사문화되어 헌법 교과서에서밖에 효력이 없는 조항이 허다하며 국민의 기본권은 헌법에 규정된 실질에 도달하려면 아직도 끝없는 노력이 필요하고, 집권자는 자기 필요에 따라서는 임의로 내용과 방법을 택하여 헌법과 법률에 위반하는 사실행위를 거듭하고 있다.

지방자치제를 비롯하여 헌법에 규정한 지 10년이 가깝도록 시행할 생각도 계획도 없는 사문화된 민주주의의 본질적 자유권의 내용을 날이 갈수록 유린하는 중앙정보부를 비롯한 수많은 권력기구의 음성적 · 양성적 압박으로부터 국민의 자유권의 본질적 의의를 회복해 주고 생활 속에서 실감케 하여 반공의 근본적 자세를 구축해야 할 것이며, 수익권(受益權) 을 현실 속에 실현시켜 전 국민의 인간다운 생활을 보장해 주어야 할 것이며, 지난번 향토방위군법 때처럼 법률도 통과하기 이전에 아무런 법적 근거 없는 사실행위를 강행하고 사후에 법적 분식(粉飾) 을 하는 따위의 위헌 · 위법적인 권력자의 사실행위를 근절시켜야 할 것이다.

헌법을 옹호하고 헌법의 완전 실현을 위하여 모든 성의와 노력을 다한 뒤에 그러고 나서 그런 사람들만이 헌법개정을 논의할 자격을 가질 것이다.

빈부 양극화 체제 위에 독재권력을 영구히 장악하고 국민의 참여를 금지한 근대화를 강행하는 고속도로, 박 대통령 중임제한 폐지를 내용으로 하는 헌법개정을 반대하는 국민적 노력은 곧 우리 기본정신을 구체적으로 실천하는 그것이며, 독재와 부패로 와해된 국민적 통합성을 되찾는 길이며, 평화적 정권교체를 제도적으로 보장하여 민주 법질서에의 신뢰와 자신(自身)을 국민의 생활 속에 실감하게 하며, 격동하는 국내외 정세와 적극화하는 북괴 도발에 대처하는 생신(生新)한 용기를 주는 길이다.

지금 집권자를 포함한 우리 한국 국민이 고쳐야 할 것은 헌법이 아니라 헌법 경시의 사고, 태도, 행위요, 감행하여야 할 것은 헌법 개정이 아니라 헌법 옹호와 헌법의 완전 실현이라고 나는 민주적 질서를 신뢰하는 국민과 더불어 다짐한다.

그리하여 '장식적 헌법'의 지위에 있는 우리 헌법을 '규범적 헌법'으로 끌어올리자.

– 〈한국정치〉, 7집, 1969, 4, 11~31쪽.

## 5. 우리는 왜 3선개헌을 반대하는가?

우리가 개헌을 반대하는 것은 헌법개정에 관한 명문규정을 몰라서가 아니라 헌법 중에는 개정할 수 있는 부분이 있고, 개정할 수 없는 부분이 있다. 박정희 씨의 3선을 위한 개헌은 개정할 수 없는 부분을 개정하려는 것이기 때문이다. 공화당에 나는 반문한다. 헌법을 개정할 수 있는 규정이 있다 해서 당신들은 헌법 제1조(공화체제 선언), 제35조(국회의 입법권), 제69조(법원의 사법권) 등도 절차만 밟으면 개정할 수 있다고 생각하는가.

1인에 의한 장기집권을 금지한 헌법 제69조 3항은 전술한 헌법 제1조, 제35조, 제69조 등에 못지않게 중요한 의의를 갖고 있는 우리 헌법에서 가장 본질적 성격을 구성하는 중요한 조항인 동시에 이는 영원한 국민적 의지와 이상과 이익에 대한 전 국민의 정치적 결단으로서 전취된 것이다. 그러므로 이 조항에 대한 개정은 그 원리에 있어 국민의 정치적 참여보장을 위한 치자(治者) 권력의 제한규범으로서의 현대 헌법사에 역행되는 것이며, 현실적으로는 박 정권에 의하여 억압된 국민 기본권의 헌법선(憲法線)으로까지의 회복을 위하여 안간힘을 쓰고 있는 민주적 국민에 대한 포악한 도전인 것이다.

박 정권이 합헌적인 민주당 정권을 군사폭력으로 타도 집권하였음에도 불구하고 헌법 전문에 4·19 의거와 5·16 혁명이념에 입각 운운한 것은 군사 쿠데타라는 반민주적 사실행위 그대로의 의의를 제3공화국의 건국이념으로 헌법정신에 도입한 것은 아니다. 그것은 어디까지나 3·15 부정선거로 절정을 이룬 이승만 1인 독재를 타도하고 장기집권이 있어서는 안 되겠다는 피로 물들인 4·19의 국민적 투쟁과정과 5·16 혁명주체들이 엄숙히 공약한 바대로의 정치적 실체에까지 이르지 못한 4·19 의거를 현실적으로 실천하겠다고 하는 바로 그 염원과 이념을 의미하는 것일진대, 장기집권을 또다시 획책하기 위한 3선개헌은 법리적으로 위헌을 범하는 처사가 될 뿐만 아니라 5·16 혁명이념에 대한 박정희 정권의 자기 부정인 동시에 5·16 혁명은 시원적으로 정권욕을 충족시키기 위한 저속한 그리고 비겁한 군사 쿠데타에 불과하였다는 것을 사실상 반증하는 것이 된다. 혁명주체세력을 구성했던 많은 공화당 의원들이 3선개헌을 반대하는 이유의 일단도 여기에 연유한 것이 아닌가 짐작된다.

공화당이 그간에 벌여온 개헌 주장의 논거는 ① 현행 헌법의 결함점(缺陷点)의 보완, ② 경제건설의 계속 추진과 북괴의 적극화해 가는 대남공작에 대한 대비, ③ 박정희 씨 내지 박 정권과 대체될 인물과 정치세력의 결여 등을 이유로 내세우고 있을 뿐 대통령 3선 금지조항 폐지로 인한 전술한 헌법 폐기의 엄연한 혐의에 대하여서는 일언(一言)의 변해(辯解)도 없다.

그들의 이러한 근본원리를 외면한 지엽적인 주장이 결코 3선개헌에 대한 논증이 될 수 없음이 자명하지만, 그것조차 모순과 당착으로 일관되어 있다. 첫째로, 헌법의 결함을 말하기 전에 지방자치의 묵살, 탄핵재판소 구성 회피 등 박 정권이 범하고 있는 위헌사태의 시정이 보다 시급하다.

둘째로, 국방과 건설을 위해서 대통령 3선개헌이 필요하다고 하는데 이 헌법 제정 당시인 1962년에는 1970년대에 있어서의 국방과 건설이 필요치 않다고 생각되어서 3선개헌 금지조항을 삽입하였으며, 또 1967년에는 국방과 건설이 필요 없다고 보아서 3선만의 개헌으로 그치라고 하는 것인가. 건국 이래 우리는 공산 위협에 직면하지 않은 때가 없으며 국방이 장기집권의 이유가 될 수는 없는 것이다. 경제문제에 이르러서는 이미 결정된 30여 개가 넘는 부실업체를 비롯하여 20여억 달러의 외채로 인한 외환위기, 그리고 경제행정에 수반되어 고질화되어 가는 부정과 부패, 빈부 간 격차의 심화 등 성과보다 실패가 더 크지 않은가.

셋째로, 대치역량의 구축은 민주정치의 조직 원리임에도 불구하고 제 3공화국 집권 10년에 어찌하여 대치할 인물도 세력도 마련되지 않았다는 말인가. 그것이 사실일 경우 노력해도 되지 않았다면 영도자로서 무능무위를 자증(自證)한 것이요, 고의로 그렇게 하였다면 독재자의 수법을 답습한 것으로밖에 볼 수 없으니, 어찌되었든 간에 박정희 씨의 책임을 면할 길이 없다.

넷째로, 개헌 찬반은 자유로운 것이며 합법적으로 해야 한다고 하면서 야당의원의 매수, 협박, 개헌반대 시위의 금지·방해, 개헌반대 학생에 대한 과잉 제재 등 공화당에 의한 개헌은 이미 수단과 방법을 가리지 않고 추진되어 가고 있다. 현재까지 상황이 이미 이럴진대 박정희 씨가 대통령으로 있는 이 정부의 관장하에서 이루어질 개헌에 대한 국민투표가 공정히 시행될 것으로 공화당 자신은 생각하고 있는가.

3선개헌 금지조항은 거듭 말하거니와 1인에 의한 장기집권으로서 초래되는 독재와 부패가 불러일으킬 수 있는 혁명을 제도적으로 미연에 방지하기 위한 혁명방지 조항인 것이다. 스스로 혁명을 일으킨 그들이 다시는 이 나라에 혁명이라는 불행한 사태를 초래하지 않기 위하여 제정한 그 혁명 금지조항을 이제 그들의 손으로 폐기하려 한다. 그것은 바로 한국의 민주주의에 대한 도살행위요, 한없는 독재 추구 이외에 아무것도 아니다. 이것은 일찍이 6·8 부정선거 이후 의식적으로 조직적으로 준비되고 계획되고 추진되어 온 것이다.

3권을 한 손에 쥔 독재에로의 열화와 같은 집념에 의하여 살기 띤 무리들과 우리는 대치한 지 이미 오래다. 민주주의를 신봉하는 국민들의 전위부대로서, 한국의 진정한 헌정의 수호자로서의 신민당과 소속 국회의원들은 죽음으로써 이를 저지할 엄중한 사명을 이 순간에 느끼고 있다.

우리는 우리의 모든 것을 다 바쳐서 원내외에서 개헌저지의 투쟁을 전개할 것뿐이다.

–〈한국정치〉, 8집, 1970, 1, 181~186쪽.

## 6. 세계여행을 다녀와서: 법주사 야외강좌 현장에서

지난 2월 11일 한국을 떠나서 그저께 돌아왔습니다. 돌아와 보니 새로이 발족한 정민회(政民會)가 속리산 법주사에서 야외강연회를 어제 시작하게 되었다는 말씀을 들었습니다. 또 평소에 과거의 한국정치문제연구회 시절부터 우리에게 많은 것을 깨우쳐 주신 여러 고명하신 교수들께서 이 불편한 데까지 와 주시게 되었다는 말씀, 그분들의 명단을 보고 과거 어느 때보다도 충실한 강좌를 갖게 되었구나 하는 느낌을 갖고 어제 예정대로 와서 전국에서 오신 동지들과 고락을 같이하면서 강의를 들으려 했습니다마는 다른 사정으로 늦었습니다. 와 보니 벌써 이열모(李烈模) 선생하고 탁희준(卓熙俊) 선생의 강의는 끝나고, 신상초(申相楚) 선생의 강의도 반 정도밖에 못 듣고 말아 지각하게 된 것을 무척 안타깝게 생각합니다.

나는 1956년 그리고 1961년, 1963년, 1967년, 그리고 이번, 그렇게 해서 다섯 번을 미국 땅을 밟아 보았습니다. 이번에는 미국을 비롯해서 중남미 지방을 돌아서 다시 동남아 쪽에 가서 필리핀, 태국, 자유중국, 일본, 이러한 나라를 돌아왔습니다. 우리는 1945년 양단(兩斷)된 채로 해방이 되었습니다. 그날부터 오늘까지 25년 동안에 사실상 우리 국토를 양단시켜 놓고, 또 우리를 해방시켜 준 미국의 처분만을 바라보고 믿고, 그리고 의지하고 이렇게 살아온 것입니다.

1950년대까지는 미국 땅을 밟아 본 사람, 미국 땅에서 미국을 끌고 나가는 사람을 대해 본 사람들은 누구도 미국은 확실히 새로운 세계의 영도자요, 우리와 더불어 자유를 사랑하고 민주주의를 신봉하는 모든 민족과 국가를 이끌고 나가는 사람들이다, 이런 확실한 것을 그들로부터 받을 수 있었던 것입니다. 이 미국이 꿋꿋이 살아 나가는 한, 민주주의와 자유를 신봉하는 우리의 바퀴를 키우는 것이고, 우리는 생을 보장받을 수 있다, 이러한 넘치는 신뢰감을 그들로부터 느낄 수 있었던 것입니다.

그러나 1960년도에 들어서서 미국의 태도는 흐려졌습니다. 우리가 세계의 어느 땅을 지켜 주고, 어느 국민들을 위해서 피를 흘리는 것은 자유와 민주주의를 위해서 그렇게 해주는 거다, 미국의 생각이 흐려져서 자유고 민주주의고 간에, 우선 공산당을 싫어하고 공산주의와 싸워 주는 나라다 하면 그것으로 족하다, 하는 데까지 후퇴하는 느낌을 가졌던 것입니다. 그러나 작금의 우리의 동자(瞳子)에 비친 미국의 모습은 그것마저도 엷어가는 것 같습니다. 뭣 때문에 우리가 많은 국비를 써가면서, 평안히 살 수 있는 많은 국민들을 죽여가면서 소련이나 중공과 같은 거대한 국가의 원수와 미움을 받아가면서 하찮은 사람들과 하찮은 땅덩어리를 지켜줘야 할 것이 뭐 있느냐, 그런 생각을 이 사람네들이 갖기 시작한 것이 아니냐 하는 이런 느낌을 갖는 것입니다.

아까 안병욱(安秉煜) 교수께서도 말씀하셨습니다마는 피히테(Fichte)가 독일을 부흥시켰을 적에 여러 가지 이야기를 독일 국민들에게 한 가운데, 독일 민족은 세계를 바로 이끌어 나갈 수 있는 민족이라는 자부심을 가져라 이랬다 하는 것 아닙니까? 미국 사람들이 세계를 위하여 노력하고 세계를 위해 싸워 주고 그렇기 때문에 세계를 끌고 나가는 영광과 자랑을 가질 수 있다는 이 자부심을 버려서 베트남에서 손들고 철군하는 것입니다. 미국의 지도자는 죽기 싫어하고 싸우기 싫어하는 국민들의 비위를 맞춰 주는 것입니다.

피히테와 같이 미국이 의연한 자세로서 세계에 독재주의와 싸울 적에는 세계평화와 자유가 보장된다, 그렇기 때문에 우리는 괴로워도 모든 자유와 민주주의를 사랑하는 국민들을 위해서 싸워야 할 것 아니냐는 이러한 자신 있는 설득을 국민보고 하려고 하는 그러한 지도자보다는 오냐 죽지 않도록 해준다, 오냐 세금 덜 물어서 덜 괴롭혀 주마 하고 국민들의 표나 얻어서 대통령이 되고 상원의원이 되려고 하는, 이 세계를 끌고 나가고 움직여 보려고 하는 그 숭고한 철학이 퇴색된 그러한 사람들에 의해서 끌려가고 있더라, 이것이 베트남 문제를 그토록 다루는 그 근본에 있어서의 미국의 자세의 변화가 아닌가 이렇게 느껴지는 것입니다.

그것은 베트남에서만 그치는 것이 아닙니다. 대만 사람까지 합해서 1,300만 명, 대륙에서 넘어온 100만 명 남짓한 이 장개석 정부 하나를 짊어지고 다니면서 왜 7억 명이나 8억 명이 되는 중공 사람들하고 우리가 원수가 져 가지고 이렇게 적(敵)을 살 것이 뭐 있느냐? 저 아프리카의 중립국가 거기까지 아우성 소리를 들을 것이 뭐 있느냐? 중남미에 의존하는 세력부터 비위를 살 것이 뭐 있느냐? 이것도 귀찮은 존재라는 것입니다.

지난 연말부터 저 바르샤바에서는 중공 대표와 미국 대표가 공공연히 미국 국기하고 중공 국기를 옥상에 꽂아 놓고 회담을 시작하는가 하면, 지난 18일에는 중공에 여행을 금지했던 미국 시민에 대한 중공 여행 금지조처를 풀어 버렸습니다. 일본의 섬유 문제로 미국을 대표했던 길버트 단장이 머지않아서 중공을 찾아간다는 것입니다. 장개석 정부가 귀찮다는 것입니다.

한국은 어떻게 보고 있느냐. 그다음 차례는 한국에 올 것이 아니냐, 이러한 소름 끼치는 느낌이 느껴지는 것입니다. 한국 문제를 한국의 방위까지를 포함해서 군사, 경제, 모든 문제를 일본에 떠맡긴다, 아시아의 모든 문제를 미국은 일본에 떠맡긴다 한다, 그러나 그것을 받을 일본도 아닙니다. 우리 자신이 일본의 비호를 받아서 살아가는 것을 백성이건 아니건 그것은 고사하고, 일본 자체가 재미있는 문제는 떠맡지만 골치 아픈 문제는 떠맡지 않으려고 하는 생각도 있는 것입니다.

솔직히 말씀해서 일본 국민과 일본의 정치지도자 머릿속에는 한국은 하나로 비쳐 있습니다. 말로는 대한민국이다 그러지만 그 사람들 머릿속에는 국제연합이라는 그 기구 속에서 대한민국을 승인한 그것과, 김일성 정권을 승인하지 않는 그 차이만 있는 것이지 다른 것이 없습니다. 대한민국은 정당한 정부라고 하는 상표가 하나 붙어 있는 상품이라 하면, 김일성 정권은 상표는 붙어 있지 않지만 그것도 정권입니다.

우리 대한민국 사람들, 일본 사람들이 볼 적에는 너희 대한민국 사람들은 국제연합에서의 승인을 받은 국가라고 하는 그 상표 붙은 상품으로 보아 달라, 그리고 승인을 받지 아니한 북한이라는 상품은 상품이 아니라고 해주기를 바랄지는 몰라도, 우리가 볼 적에는 상품은 마찬가지다, 단지 상표 붙은 상품과 상표권을 못 얻은 상품의 차이만 있는 것인데, 왜 상표권을 못 얻었다고 그래서 아무것도 아니라고 우리를 가지고 괴롭게 구느냐, 60이나 70 먹은 늙은이들이 북한이 저의 고향이라고 그래서 좀 갔다 오겠다고 해서 그것 가지고 너희가 뭣 때문에 떠드느냐, 이것이 일본 국회에서의 논의되는 바로 그대로의 녹음 전달입니다.

브란트 서독 수상은 동독에 가서 독일문제를 독일 사람끼리 다룬다고 그럽니다. 그 사람이 잘나서 그런 것이 아닙니다. 1958년에 유명한 아데나워가 처음 한 번 UN 총회에 갔었습니다. UN 총회를 튀어나오면서 "독일이 통일되기 전에는 나는 다시 UN에 발을 들여놓지 않는다"고 하면서 UN의 문을 걷어차고 나온 것입니다. 그네들은 UN이라는 기관에 의지해서 독일의 번영을 생각해 본 사람들이 아닙니다. 그것보다는 자기네가 바른 정치와 열심히 일하고 노력하고 정당하게 국민들을 끌고 나가서 서독이 번영하고 부강(富强) 되어 갈 적에 독일의 통일을 할 수 있다는 이런 결심을 하고 오늘날까지 20년간 노력해온 사람들입니다.

우리는 양단해 놓은 그 사람들을 그 한쪽을 바라보고 그 사람들의 덕분에 우리가 살아가고, 그 사람들 덕분에 우리가 통일될 수 있다 하고 거기에만 매달려 왔던 우리들이 아닙니까? 우리가 지금 평양을 쫓아가면 됩니까?

미국과 중공, 미국과 소련에 대해서도 국제 정세의 견해에 대한 함수(函數)를 가지고 신상초 선생이 말씀을 하시는 것을 유심히 들었습니다. 바로 그대로입니다. 우리는 솔직히 말해서 미·소가 들러붙든지 어떻게 하든지, 엇각이 나서라도 더 강렬한 격화된 대립이 미·소간에서라도 있어 주어야 되지 않겠느냐 하는 생각을 가지고 있습니다. 그러한 경우가 이젠 거의 사라져가는 것 같습니다. 그러면 그다음 한국 사람은 한국 문제를 너희끼리 다루어라 해가지고 민족자결, 이러한 주의로 우리에게 문제를 던져 줄 것이냐, 그런 경우도 있다고 아까 말씀하셨습니다마는 그러한 경우조차 없을 것입니다.

우리는 잔뜩 기댔던 사람들이 저희의 입장 때문에 우리를 귀찮게 생각하는 그날이 가까워지는 이 마당에 있어서 김일성이는 소련을 붙잡든지, 중공을 붙잡아 가지고 더 강렬한 공산주의의 유대 강화 속에서 우리에게 달려 들어올 것이 아닌가? 이렇게 볼 적에 우리는 어떻게 해야 될 것인가, 또 우리가 의지했던 그 세력이 우리에게 대하는 태도가 달라졌을 적에 우리는 여기서 어떻게 해야 될 것이냐?

적게는 신민당, 그 신민당도 단합해서 우람하게 1971년을 바라보고 나가는 그럴 처지도 못돼 있는 우리, 크게는 우리 3천만이 희망과 결의를 가지고 자기의 문제는 자기가 처리해 보려고 굳은 결의조차 가지고 있지 않은 우리, 이런 것을 두루 살펴야 하겠습니다.

우리에게 불리하게 돌아가는 이 국제 정세 속에 우리가 그것 하나만을 바라보고 25년을 걸어온 이 마당에 변화가 있다 할 적에 아무

준비도 대책도 결실도 없는 우리가 어떻게 해야 할 것이냐? 안병욱 교수가 도산(島山) 선생의 말씀을 들어서 우리에게 시사해 주신 그것, 그것이 원리다, 이렇게 안 교수의 강의를 들으며 느꼈습니다.

약기(略記)하고 우람한 말씀을 못 드리고 제 느낀 대로는 이와 같은 불안과 서글픔 속에 되돌아 왔다는 것을 여러분께 말씀드리고 저의 여행 소감으로 대신하고자 합니다.

내일까지 강의가 계속한다고 합니다. 자리가 불편하고 날씨도 아직 쌀쌀합니다만, 이 의의 있는 세미나, 특히 이 모시기 어려운 강사, 내일은 민병기(閔丙岐) 교수, 그리고 우리가 늘 존경하고 신뢰하던 지명관(池明觀) 선생, 이 두 분의 강의가 남았다고 합니다. 열심히 경청하셔서 메마른 우리 마음에 커다란 양식(良識)을 장만하고 용기와 소신을 가지고 돌아가 주시길 바랍니다.

감사합니다.

―〈한국정치〉, 9집, 1970. 8. 5~14쪽.

# 참고문헌

## 1차 자료 (고전·자서전·국가 기록)


Aristotle, *Politics.*

Montesquieu, Baron de, *The Spirit of the Laws.*

Plato, *Republic.*

U. S. Senate, 1976, *Hearings before the Subcommittee on Multinational Corporation of the Committee on Foreign Relations*, Washington, D. C, Government Printing Office.

국회사무처, 1945~2016, 《국회속기록》.

______, 1945~2016, 《국회회의록》.

______, 2016, 《의정자료집》.

金度演, 1968, 《나의 人生白書》, 康友出版社.

김종필, 2016, 《김종필 증언록 1》, 서울: 와이즈베리.

김준연, 1949, 《독립노선》, 서울: 흥한재단.

《老子》.

노태우, 2011, 《노태우 회고록 상권: 국가, 민주화, 나의 운명》, 서울: 조선뉴스프레스.

《論語》.

박용만, 1986, 《제1공화국 경무대 비화》, 서울: 내외신서.

朴齊炯, 1975, 《近世朝鮮政鑑》(上), 서울: 탐구당.

白南薰, 1973, 《나의 一生》, 서울: 解慍 白南薰 선생 기념사업회.

백두진, 1976, 《백두진 회고록》, 서울: 대한공론사.

신철식, 2017, 《신현확의 증언》, 서울: 메디치.

雲石선생 출판기념위원회, 1967, 《張勉 박사 회고록: 한 알의 밀이 죽지 않고는》, 서울: 가톨릭출판사.

유성환, 2012a, 《유성환 구술 산출물》, 김영삼 대통령 국내 인사 구술사업, 김영삼 민주센터.

______, 2012b, 《최후 진술》, 파주: 명성서림.

尹潽善, 1967, 《구국의 가시밭길》, 韓國政經社.

尹濟述 선생문집 간행위원회, 1989, 《芸齋選集》(상), 성지사.

윤치영, 1991, 《윤치영의 20세기》, 서울: 삼성출판사.

이영석, 1987, 《정구영 회고록: 실패한 도전》, 서울: 중앙일보사.

이윤영, 1984, 《白史 李允榮 회고록》, 서울: 사초.

이종찬, 2015, 《숲은 고요하지 않다: 이종찬 회고록》, 1권, 파주: 한울.

장택상, 1973, "滄浪遺稿," 장병혜 편, 《상록의 자유혼》, 경산: 영남대 박물관.

전두환, 2017, 《전두환 회고록》 2·3권, 파주: 자작나무숲.

趙炳玉, 1959, 《나의 회고록》, 서울: 민교사.

중앙선거관리위원회, 2020, 《선거통계시스템》.

《哲宗實錄》.

황현, 1910, 《梅泉野錄》.

## 단행본

Almond, Gabriel A. & G. B. Powell, 1978, *Comparative Politics*, New York: Little, Brown & Co.

______ & G. B. Powell, 1992, *Comparative Politics Today: A World View*, New York: Harper Collins Publisher.

Cumings, Bruce, 1990, *The Origins of the Korean War*, Vol. II, Princeton: Princeton University.

Henderson, Gregory, 1978, *Korea: The Politics of the Vortex*, Cambridge: Harvard University Press.

Kennedy, Paul, 1987, *The Rise and Fall of the Great Powers: Economic Change and Military Conflicts from 15 to 20*, New York: Random House.

Lasswell, H. D. & Abraham Kaplan, 1952, *Power and Society: A Framework for Political Inquiry*, London: Routledge & Kegan Paul.

Mankiw, N. Gregory, 2007, *Macroeconomics*, New York: Worth Publishers.

Mason, Edward S. *et al.*, 1980, *The Economic and Social Modernization of the Republic of Korea*, Cambridge, Mass: Harvard University Press.

Morris, Ian, 2014, *War! What is it Good For? Conflict and the Progress of Civilization from Primates to Robots*, New York: Farrar, Straus and Giroux.

Weber, Max, 1958, *The Protestant Ethic and the Spirit of Capitalism*, New York: Charles Scribner's Sons.

강창희, 2009, 《열정의 시대》, 서울: 중앙북스.

金學俊, 1987, 《李東華 評傳》, 서울: 민음사.

김남식, 1984, 《南路黨 硏究》, 파주: 돌베개.

김용호, 2020, 《민주공화당 18년, 1962~1980년: 패권정당운동 실패의 원인과 결과》, 서울: 아카넷.

김일영, 2001, 《한국 현대정치사론》, 서울: 논형.

대림산업, 1999, 《大林 60年史》, 서울: 대림산업주식회사.

朴正熙, 1968, 《來日을 찾는 마음》, 新書閣.

서희경, 2020, 《한국 헌정사 1948~1987》, 서울: 포럼.

손세일, 1977, 《이승만과 김구》, 서울: 일조각.

손호철, 2011, 《현대 한국정치 이론, 역사, 현실, 1945~2011》, 서울: 이매진.

신복룡, 2011, 《한국정치사상사》(상·하), 서울: 지식산업사.

______, 2021, 《한국사에서의 전쟁과 평화》, 서울: 선인.

심지연, 2004/2009, 《한국정당정치사》, 서울: 백산서당.

운경재단, 1997a, 《운경 이재형 선생 평전》, 서울: 삼신각.

______, 1997b, 《운경 이재형 선생 어록집 II》, 서울: 삼신각.

______, 1998, 《(속) 운경 이재형 선생 평전》, 서울: 삼신각.

______, 2002, 《정치 이전의 것을 하러 왔소》, 서울: 삼신각.

柳珍山, 1972, 《해뜨는 地平線》, 한얼문고.

이용원, 1999, 《제2공화국과 장면》, 서울: 범우사.

이임광, 2012, 《어둠 속에서도 한 걸음을: 대한민국 경제의 큰 그림을 그린 회남 송인상 이야기》, 서울: 한국능률협회.

인촌기념회, 1976, 《인촌 김성수전》, 서울: 인촌기념회.
전주이씨 대동종약원, 1993, 《운경 이재형 선생 조의록》, 서울: 전주이씨 대동종약원.
중앙선거관리위원회, 1973, 《대한민국 정당사 제1집: 1945~1972년》, 서울: 중앙선거관리위원회.
하야시 다케히코, 1995, 《박정희 시대: 한국, 위로부터의 혁명 18년》, 선우연 역, 서울: 월드콤.
한국일보사, 1981, 《재계 회고 8: 송인상 편》, 서울: 한국일보사.
한승주, 1983, 《제 2공화국과 한국의 민주주의》, 서울: 종로서적.
해위 윤보선대통령 기념사업회, 1991, 《외로운 선택의 나날: 4 · 19와 5 · 16, 유신독재의 소용돌이 속에서》, 서울: 동아일보사.
현대한국사연구회, 1982, 《제 5공화국 전사(前史)》, n. p.

## 논문

Lee, Chae-Jin, 1972, "South Korea: Political Competition and Government Adaptation," *Asian Survey*, 12(1) (January).
Lee, Hyuck-Sup, 1984, "The U. S. - Korean Textile Negotiation of 1962~1972: A Case Study in the Relationship between National Sovereignty and Economic Development," Ph. D. Dissertation, University of Michigan.
Seligman, Lester G., 1971, "Elite Recruit and Political Development," In Johnson L. Finkle & Richard W. Gable, eds., *Political Development and Social Change*, New York: John Wiley & Sons, Inc.

강원택, 2017, "87년 헌법의 개헌과정과 시대적 함의," 〈역사비평〉, 119호.
______, 2018, "10 · 26 이후 정국 전개의 재해석: 전두환과 신군부의 '긴 쿠데타,'" 〈역사비평〉, 124호.
김병우, 2003, "大院君의 宗親府 强化와 '大院位 分付,'" 〈진단학보〉, 96집, 진단학회.
김일영, 1995, "농지개혁, 5 · 30 선거, 그리고 한국전쟁," 〈한국과 국제정치〉, 11권 1호(봄 · 여름호), 서울: 경남대 극동문제연구소.
박명림, 1996, "제 2공화국 정치균열의 구조와 변화," 백영철 편, 《제 2공화국과 한국민주주의》, 파주: 나남출판.

백영철, 1996, “제 2공화국의 의회정치: 갈등의 처리 과정을 중심으로,” 백영철 편, 《제 2공화국과 한국민주주의》, 파주: 나남출판.

심지연, 1990, “민주당 정권의 본질,” 사월혁명연구소 편, 《한국사회 변혁운동과 4월혁명 1》, 서울: 한길사.

______, 1995, “해방의 의미와 해방정국의 전개,” 《한국현대정치사》, 서울: 법문사.

안병직, 2002, “과거 청산과 역사서술: 독일과 한국의 비교,” 《역사 속의 한국과 세계》, 서울: 역사학회 창립 50주년 역사학 국제회의.

이갑윤, 1996, “제 2공화국의 선거정치: 7 · 29 총선을 중심으로,” 백영철 편, 《제 2공화국과 한국민주주의》, 파주: 나남출판.

이계희, 1991, “권위주의 정권하의 야당정치 연구: 신민당(1967~1980)을 중심으로,” 서울대 박사학위 논문.

李氣鴻, 1965, “農地改革 始末記,” 〈신동아〉, 8월호.

이승연, 2000, “조선조 《주자가례》의 수용 및 전개과정,” 〈전통과 현대〉, 12호, 서울: 전통과 현대.

이종원, 1996, “이승만 정권과 미국: 냉전의 변용과 대체세력의 모색,” 〈아메리카 연구〉, 40권 3호.

정윤재, 2001, “장면 총리의 정치리더십과 제 2공화국의 붕괴,” 한국정신문화연구원 편, 《장면 · 윤보선 · 박정희》, 백산서당.

정일준, 2011, “학원 안정법 파동 연구: 한국 민주화 이행에서 통치와 정치 그리고 사회운동,” 《사회와 역사》, 91호.

조일문, 1970, “정치자금의 이론과 현실적 고찰,” 〈사상계〉, 2월호.

최장집, 1996, “제2공화국하에서의 민주주의의 등장과 실패,” 백영철 편, 《제 2공화국과 한국민주주의》, 파주: 나남출판.

“콜론 어쏘시에이츠 보고서: 美國의 對亞細亞 政策,” 〈사상계〉, 1959, 9월호.

한국정치문제연구회, 1968~1970, 〈한국정치〉, 1~9집, n. p.

홍석률, 2012, “4월혁명 직후 정군운동과 5 · 16 쿠데타,” 〈한국사연구〉, 158권.

## 비학술 단문(短文)

강영훈, 2019, "철기 장군 이범석 시대 회상," 이범석 편, 《우등불》, 서울: 백산서당.

"민주당 분당론의 밑바탕," 〈사상계〉, 1960, 9월호.

申相楚, 1961, "檀君 以來의 自由의 破綻·收拾·再建," 〈사상계〉, 10월호.

이성춘, 1984, "김종필은 왜 후계자가 되지 못했나?," 〈신동아〉, 8월호.

"좌담회: 7·29 총선을 이렇게 본다," 〈사상계〉, 1960, 9월호.

"7·29 선거 난동," 〈사상계〉, 1960, 9월호.

## 번역서

Baradat, Leon P., 1994, *Political Ideologies: Their Origins and Impact*. New York: Routledge. 신복룡 외 역, 2005, 《현대정치사상》, 서울: 평민사.

Ferrill, Arther, 1987, *The Origins of War*, New York: Routledge. 이춘근 역, 1990, 《전쟁의 기원》, 서울: 인간사랑.

Merriam, Charles, 1964, *Political Power*. 신복룡 역, 2006, 《정치권력론》, 서울: 선인.

Rigby, Andrew, 2001, *Justice and Reconciliation: After the Violation*. 장원석 역, 2007, 《과거 청산의 비교정치학》, 제주: 온누리.

마키아벨리, 2020, 《군주론》, 신복룡 역, 서울: 을유문화사.

쿠로파트킨, 알랙쎄이 니콜라비츠, 2007, 《러일전쟁: 러시아 군사령관 쿠로파트킨 장군 회고록》, 심국웅 역, 서울: 한국외국어대학출판부.

플루타르코스, 2021, 《플루타르코스 영웅전》, 신복룡 역, 서울: 을유문화사.

## 정기간행물

〈동아일보〉

〈조선일보〉

〈중앙 SUNDAY〉

## 인터넷 자료

http://blog.naver.com/ubo/220310571869(검색일: 2021. 1. 7.)

http://db.history.go.kr.item(검색일: 2020. 10. 10.) 임채민, "잘 몰랐던 경남문학지대 5: 함안 출신 양우정," 〈경남도민일보〉, 2007. 12. 21.

http://m.newspim.com/news/view/201910290122(검색일: 2021. 1. 10.)

http://people.aks.ac.kr.front(검색일: 2020. 10. 10.)

## 인터뷰 자료

신해룡(전 국회예산처장) 인터뷰, 2020. 9. 7.

이두용(운경재단 고문) 인터뷰, 2020. 11. 26.

## 연구진 약력

(게재순)

### 심지연 (좌장 · 책임 편집자)

경남대 명예교수이다. 서울대 정치학과를 졸업하고, 서강대에서 정치외교학 박사학위를 받았다. 경남대 정치외교학과 교수, 한국정치학회 회장, 한국정당학회 회장, 한국정치외교사학회 회장, 국회혁신자문위원회 위원장, 국회입법조사처 처장, 국회운영제도개선자문위원회 위원장, 한국간행물윤리위원회 제1심의위원회 위원, 문화재청 문화재위원회 근대문화분과 위원, 동아일보 기자 등을 역임했다. 주요 저서로 《한국민주당연구》 1 · 2, 《조선신민당연구》, 《인민당연구》, 《허헌연구》, 《김두봉연구》, 《미소공동위원회연구》 등이 있다.

### 신복룡 (연구자)

건국대 명예교수이다. 건국대 정치외교학과를 졸업하고, 건국대에서 정치학 박사학위를 받았다. 건국대 정치외교학과 교수, 석좌교수, 미국 조지타운대 객원교수, 한국정치외교사학회 회장, 한국정치학회 이사, 독립운동사전편찬위원회 편찬위원, 총무처 고등고시 위원 등을 역임했다. 주요 저서로 《동학사상과 갑오농민혁명》, 《한국정치사》, 《한국분단사연구: 1943~1953》, 《한국사 새로 보기》, 《이방인이 본 조선의 풍경》, 《한국정치사상사》, 《해방정국의 풍경》, 《한국사에서의 전쟁과 평화》 등이 있고, 주요 역서로 《한말외국인기록》(전 23권), 《入唐求法巡禮行記》, 《삼국지》, 《플루타르코스영웅전》 등이 있다.

김용호 (연구자)

서울대 아시아연구소 〈아시아 브리프〉 편집위원장이자 윤보선민주주의연구원 원장이다. 서울대 정치학과를 졸업하고, 미국 펜실베이니아대에서 정치학 박사학위를 받았다. 인하대 정치외교학과 교수, 한림대 정치외교학과 부교수, 외교안보연구원(현 국립외교원) 조교수·부교수, 영국 옥스퍼드대 인촌 펠로, 한국정치학회 회장, 한국정당학회 회장, 외교부 정책자문위원, 중앙선거관리위원회 위원·전자선거추진협의회 위원장 등을 역임했다. 주요 저서로 《민주공화당 18년, 1962~1980년: 패권정당운동 실패의 원인과 결과》, 《외교영토 넓히기: 대한민국의 수교 역사》, 《한국정당정치의 이해》, 《북한의 협상 스타일》, 《비교정치학 서설》(공저) 등이 있다. 역서로 《민주주의 이론 서설: 미국 민주주의의 원리》 등이 있다.

강원택 (연구자)

서울대 정치외교학부 교수이다. 서울대 지리학과를 졸업하고, 영국 런던정치경제대에서 정치학 박사학위를 받았다. 서울대 한국정치연구소 소장, 숭실대 정치외교학과 부교수, 미국 듀크대 방문교수, 한국정치학회 회장, 한국정당학회 회장, 대통령 직속 미래기획위원회 위원, 국회의장 직속 헌법개정자문위원회 위원, 참여연대 의정감시센터 소장 등을 역임했다. 주요 저서로 《한국의 정치개혁과 민주주의》, 《한국의 선거정치》, 《한국정치 웹 2.0에 접속하다》, 《하나의 유럽》, 《한국 선거정치의 변화와 지속》, 《통일 이후의 한국 민주주의》, 《보수정치는 어떻게 살아남았나: 영국 보수당의 역사》 등이 있다.